자본주의에 희망은 있는가
Trouble in Paradise

자본주의에 희망은 있는가
Trouble in Paradise

슬라보예 지젝 지음 | 박준형 옮김

문학사상

차례

프롤로그_ **서로 전혀 다른 우리** _ 6

1장 진단   애널리스트는 무엇으로 하시겠습니까? _ 31

위기? 무슨 위기?
달걀을 깨뜨렸는데, 오믈렛은 없다
이제 존 갈트가 누구인지 모두 알고 있다!
부채가 삶의 방식이 되어버린 사회

2장 정밀진단   소금에 절인 고기는 어떠세요? _ 85

구름에 둘러싸인 자유
뱀파이어 vs 좀비
냉소주의자들의 순진함
법의 외설적인 면
초자아 혹은 금지된 금지

3장 예후   등심이 어떨까요? _ 147

니체와 햄릿
나일에서의 죽음
요구…… 그 이상
고통이 주는 매력
전 세계에 퍼져 있는 분노와 우울증
두 사람 사이의 공유된 시각
우크라이나의 레닌

4장 교훈 원하는 대로 드리겠습니다! _ 227

자본주의의 최선보다 스탈린주의의 최악이 낫다

선물의 경제로 회귀

유럽중심주의가 남긴 상처

G 플랫이 아니라 A

새로운 마스터를 위하여

고통의 권리

부록 주의해요! Nota bene! _ 303

배트맨과 트라우마

배트맨, 조커, 베인

유토피아의 흔적

폭력, 무슨 폭력?

웨더맨과 가족의 가치

말뚝박기

추천의 말 _ 339

옮긴이의 말 _ 345

주석 _ 350

서로 전혀
다른 우리

1932년 에른스트 루비치가 만든 걸작 영화 〈천국의 말썽Trouble in Paradise〉은 부자들을 대상으로 절도 행각을 벌이는 유쾌한 도둑 커플 가스통과 릴리의 이야기다. 어느 날 가스통이 부유한 희생양 중 한 명이던 마담 콜레트와 사랑에 빠지면서 두 사람의 인생은 꼬여버린다. 영화 오프닝에서 흘러나오는 주제가의 가사는 영화의 제목인 '천국의 말썽'에서 '말썽'이란 단어가 어떤 의미인지를 암시한다. 노래와 함께 화면에 비쳐지는 이미지도 마찬가지다.

먼저 화면에는 '말썽'이라는 단어가 나타나고, 그 아래로 거대한 더블 침대가 보인다. 곧 침대 위로 '천국'이라는 거대한 글자가 모습을 드러낸다. 따라서 이 영화에서 '천국'이란 완벽한 성관계로 인한 천국을 뜻한다. 주제가의 가사는 다음과 같다. '여긴 천국이죠 / 서로의 팔이 엉키고, 우린 입을 맞추죠 / 하지만 무언가 부족해요 / 그래서 천국에서 말썽이 / 생겨나는 것이죠.' 잔인할 정도로 직설적으로 설명하면, '천국의 말썽'은 성관계를 맺지 못한다는 말을 감독이 다르게 표현한 것이다.

그렇다면 영화 〈천국의 말썽〉에서는 어디가 천국이고, 무엇이 문제일까? 영화의 주제라고 할 수 있는 이 부분은 근본적으로 모호하기 짝이 없다. 가장 일차적인 답은 다음과 같다. 가스통은 릴리와 마담 콜레트를 모두 사랑하지만, '진정한 천국'이라고 할 수 있는 성관계는 마담 콜레트와의 사이에서 뿐이다. 그래서 두 사람은 불가능하고 불완전한 사이로 남을 수밖에 없다. 충족되지 못한 두 사람의 관계는 영화 종반부에 우울한 기운을 남긴다. 영화 마지막 부분의 웃음과 떠들썩한 상황, 그리고 가스통과 릴리의 유쾌한 관계는 우울한 분위기가 안겨주는 공허함을 채울 뿐이다. 루비치 감독이 마담 콜레트 집에 놓인 커다란 빈 침대를 몇 번이나 다시 보여주면서 오프닝 장면에서 보았던 빈 침대의 이미지를 떠올리게 만드는 이유는, 이 점을 강조하고 싶은 의도 때문이 아닐까? 하지만 다음과 같은 정반대의 해석도 가능하다.

세련미가 넘치면서 서로를 보호하는 도둑 커플인 가스통과 릴리가 벌이는 위태로운 애정행각이 진짜 천국이고, 아름다운 조각상과 같은 마담 콜레트가 말썽꾼일 가능성은 없는 것일까? 축복인 동시에 원죄의 장소인 에덴동산에서 가스통을 꾀어내는 뱀이 콜레트라는 설정은 관객의 애간장을 태우는 아이러니는 아닐까? …… 위험하지만 매력적인 범죄가 가득한 생활이 실은 천국의 삶을 뜻하고, 범죄의 꼼수와 속임수를 쓰지 않더라도 따분하면서도 위선적인 상류층의 호화로운 삶을 보장하고도 남는 재산을 가진 마담 콜레트가 사악한 유혹일지도 모를 일이다.[1]

이 글의 묘미는 매력적이고 긴장감 넘치는 범죄 속에 천국과 같은 순수함이 자리 잡고 있으며, 에덴동산과 지옥은 매한가지이고, 상류층이 누리는 열매는 뱀의 유혹과 같다는 것이다. 하지만 이런 역설적인 뒤집기는 영화 속에서 처음이자 마지막으로 진심 어린 분노를 표출하는 가스통을 통해서 쉽게 설명된다. 그는 콜레트에게 기업의 이사회가 몇 년 동안 체계적으로 수백만 달러를 빼돌렸다는 사실을 알려준다. 하지만 콜레트는 경찰에 신고하기를 거부한다. 이때 가스통은 우아함과 역설적인 거리감을 배제한 채 여과 없이 분노를 표출한다. 그와 같은 평범한 도둑이 이사회보다 적은 돈을 훔쳤다면 즉시 경찰에 신고해야 한다고 생각하면서, 콜레트와 같은 상류층이 수백만 달러를 훔쳤을 때는 묵과한다는 책망이다. 이때 가스통은 "은행을 설립하는 일에 비교했을 때, 은행에서 돈을 훔치는 것을 범죄라고 할 수 있을까?"은행에서 돈을 훔치는 것보다 돈을 찍어낼 능력이 있는 은행을 만드는 것이 진짜 도둑질이라는 의미—옮긴이라는 브레히트의 유명한 대사를 재현하고 있는 것은 아닐까? 가스통과 릴리 커플의 직접적인 절도 행위와, 수백만 달러를 모호한 금융 행위로 속여 빼돌리는 일을 비교했을 때 어떻게 봐야 할까?

그런데 이때 또 짚고 넘어가야 할 사실이 있다. 가스통과 릴리의 범죄는 앞에서 설명한 대로 정말 '매력적이면서 긴장감이 넘치는 것'일까? 매력 넘치는 절도 행각 이면의 두 사람은 고급스런 취향과 전문적인 기술을 가진 부르주아, 그러니까 시대를 앞선 여피족이 아닌가. 반대로 이들은 사랑을 위해서는 모험과 위험을 감수하는 진정한 낭만파 연인들이다. 이후 가스통은 릴리와 무법자의 세계로 복귀하고, 원래의 '구역'으로 돌아가 일상적인 삶을 선택하는 현명함을 보여준다. 그러나 그의 행동에서 그가 후회하고 있다는 것을 확인할 수 있는데, 헤어짐에 대한 아쉬움과 우아한 정열이 엿보이는 마담 콜레트와의 마지막 만남에서 잘 드러난다.[2]

G. K. 체스터턴은 일찍이 탐정소설을 다음과 같이 설명한 적이 있다.

> 탐정소설은 문명이 가장 충격적인 출발점이며 가장 낭만적인 반항이라는 사실을 잊지 않도록 만든다……. 치안을 유지한다는 낭만 속에서 칼과 폭력이 난무해도 두려움을 느끼지 않으면서 고독하게 서 있는 탐정을 보면, 이들이 독창적이면서도 시적인 인물로 사회의 정의를 대변한다는 점을 또 한 번 기억하게 된다. 반면에 도둑과 노상강도는 변화라고는 전혀 모르는 어마어마하게 보수적인 존재들이고, 침팬지와 늑대에게나 걸맞은 대우를 받으면서 기억에서 잊히는 것으로 만족한다. 치안 유지를 부르짖는 낭만은…… 도덕심이 가장 어둡고 대담한 음모라는 사실에 기반을 두고 있다.

이 글이 가스통과 릴리를 표현하는 최고의 설명이 아닐까? 윤리적인 열정 속으로 타락하기 전에 이들 두 명의 도둑이 살고 있던 곳이 바로 천국은 아닐까? 범죄(절도 행위)와 성적인 혼란함 사이의 평행 상태는 이 영화의 핵심 요소 중 하나다. 만약 다양한 변화가 당연시되고 결혼의 의무가 우습고 고리타분한 대상이 되어버린 지금의 포스트모던 세계에서는 결혼을 고집하는 사람들이 오히려 진정한 반항이라는 설정이라면 어떨까? 만약 평범한 결혼이 가장 우울하고 대담한 변화라고 가정한다면 어떨까?

　루비치 감독의 또 다른 영화 〈삶의 설계Design for Living〉는 바로 이런 전제를 바탕에 깔고 있다. 영화 속에서 여자 주인공은 두 명의 남자와 만족스럽고 안정된 삶을 살아간다. 여자는 '일부일처제'라는 대담한 실험을 시도하지만, 결국 끔찍한 실패를 겪고 나서 남자 두 명과의 평온한 삶으로 회귀한다. 앞에서 소개한 체스터턴의 표현을 이용해서 영화의 결과를 재해석하면 아래와 같이 설명할 수 있다.

　　결혼은 그 자체로 가장 충격적인 출발점이고, 가장 낭만적인 반항이다. 한 쌍의 연인이 난잡스러운 쾌락과 다양한 유혹 속에서 두려움 없이 고독하게 결혼을 서약할 때, 결혼이 독창적이고 시적인 일이라는 사실을 또 한 번 기억하게 된다. 반면에 바람을 피우거나 난잡한 성교를 즐기는 사람들은 변화라고는 전혀 모르는 어마어마하게 보수적인 존재들이고, 침팬지와 늑대에게나 걸맞은 대우를 받으면서 기억에서 잊히는 것으로 만족한다. 결혼 서약은 결혼이 가장 어둡고 대담한 성적인 방탕이라는 사실에 기반을 두고 있다. [3]

　이런 대칭적인 모호함은 우리가 매일 직면하는 가장 근본적인 정치적 선택에서 영향력을 발휘한다. 냉소적인 순응주의는 평등과 민주주의, 결속의 해방적인 이상이 지루할 뿐 아니라 과도한 규제를 적용하는 회색 사회로 이어질 수 있어서 자칫 위험할 수도 있다고 말한다. 그리고 진정으로 하나뿐인 천국은 현존하는 '부패한' 자본주의 세계라고 말한다. 반면 극단적인 해방을 주장하는 논리는 자본주의의 역학이 사실은 지루하며, 지속적인 변화의 허울 속에서 고리타분하다고 제안한다. 그래서 해방을 위한 노력이 가장 대담한 모험이라는 전제에서 시작된다. 이 책의 목표는 후자를 주장하는 것이다.

프랑스에는 파리를 방문해 프랑스어를 알아듣는 척하는 영국인 속물을 비웃는 유머가 있다. 어느 영국인 남자가 고급 레스토랑 카르티에 라탱Quartier Latin을 방문해서, 프랑스어로 "애피타이저를 드릴까요Hors d'oeuvre?"라고 묻는 웨이터에게 "아니, 난 직업이 있소. 여기에서 밥을 사 먹을 정도는 된다는 말이요! 애피타이저나 추천해주시오"라고 말했다. 웨이터가 햄을 추천하면서 "소금에 절인 고기는 어떠세요Du jambon cru?"라고 말하자, 이 속물은 "지난번에 왔을 땐 햄 따위는 먹지 않았소. 하지만 좋아요, 이번에는 먹어봅시다. 메인 요리는 뭐요?"라고 반문했다. 웨이터가 "등심은 어떠세요 Un faux-filet, peut-être?"라고 권했을 때는 "진짜 요리를 가져오란 말이요! 돈은 충분하다고 하지 않았소? 빨리 가져와요!"라고 소리쳤다. 웨이터는 "원하시는 대로 해드리겠습니다J'ai hâte de vous servir!"라며 안심을 시켰지만, 속물은 또다시 "왜 원하는 대로 해줄 수 없다는 거요? 팁은 충분히 주겠소!"라고 응수했다. 드디어 남자는 자신의 프랑스어에 한계가 있다는 사실을 깨닫는다. 그래서 저녁 늦게 레스토랑을 나서면서 체면을 세우고 문화적인 소양을 증명하기 위해서 웨이터에게 레스토랑 이름에 맞게 라틴어로 작별 인사를 하려고 한다. 하지만 그가 뱉은 말은 "주의해요Nota bene!"였다.

이 책은 이 딱한 영국인이 저지른 실수를 모방한 다섯 개의 장으로 구성된다. 1장의 진단에서는 전 세계 자본주의 시스템을 개괄적으로 설명하게 될 것이다. 2장은 정밀진단이다. 다시 말해서 자본주의를 수용하게 만드는 이념을 비롯해 자본주의 시스템의 중심을 파헤칠 것이다. 그 다음의 3장은 예후이다. 지금의 시스템이 지속된다면 어떤 미래를 갖게 될지에 대한 시각과 추정되는 결과 및 그 이후에 관한 내용이다. 마지막은 결론 부분으로, 해방을 위한 노력이 이끌어낼 새로운 국면에 적합한 주관적이고 조직적인 형태를 설명한 '교훈Epignosis'(주관적인 관점에서 이 책이 제안하는 행동에 참여하면 얻을 수 있을 것으로 예측되는 지식을 일컫는 이론적인 용어)이다. 부록에서는 배트맨 영화의 최근작인 〈다크 나이트Dark Knight〉에서도 확인된 오늘날의 해방적 노력이 겪고 있는 난제를 설명하려고 한다.

이 책의 원제목인 '천국의 말썽Trouble in Paradise'에서 '천국'은 《역사의 종말End of History》(책을 쓴 프란시스 후쿠야마의 설명에 따르면 마지막으로 찾아낸 최선의 사회적 질서로서의 자유민주주의)에서 설명된 천국을 뜻한다. '말썽'은 후쿠야마에게 집필의 아이디어가 된 지속적인 위기를 말한다. 나는 알랭 바디우가 말한 '공산주의자의 가설Communist Hypothesis'이 지금의 위기를 진단할 수 있는 유일한 기틀이라는 생각에서 책을 쓰게 되었다. 아이디어는 2013년 10월에 한국 경희대학교의 초대를 받아 토론을 하던 중에 얻게 되었다. 처음 한국에 초대받았을 때, 가장 먼저 떠오른 생각은 '한국에서 공산주의에 관해 토론한다면 완전히 미친 짓이 아닐까?' 하는 것이었다. '냉전이 종식되었지만 한국은 여전히 이념적으로 분단된 국가라는 사실은 짐작을 넘어서 분명히 단언할 수 있지 않은가? 분단된 국가의 한쪽인 북한은 20세기 공산주의의 막다른 골목에 막혀 있고, 맞은편의 한국은 자본주의의 폭발적인 발전 속에서 유례없는 번영과 기술의 개발을 이루어낸 덕분에 한국기업인 삼성이 애플의 아성을 위협할 정도로 성장하지 않았던가? 이런 점에서 보았을 때, 한국은 전 세계 위기에 관한 토론이 크게 잘못되었다는 것을 단적으로 보여주는 예가 아닐까?'

　20세기 한국인들은 큰 고통 속에서 살았다. 심지어 지금도 한국에서 일제강점기 때의 이야기를 꺼내는 일은 금기시되어 있다는 말을 들었다. 당시를 이야기하면 그 시절을 기억하는 연장자들이 고통스러운 기억을 떠올리기 때문이라고 한다. 일제강점기의 피해 정도는 매우 심각해서, 한국인들은 끔찍한 상처를 잊고 일상을 지속하기 위해서 모든 노력을 다했다. 그래서 '잊지는 말되 용서하라'는 니체의 표준화된 공식을 완전히 반대로 적용하는 태도를 취하고 있다. 즉, 일본의 잔학성을 '잊되 절대 용서하지는 말라'는 것이다. 게다가 한국인들의 태도는 옳다. '잊지는 말되 용서하라'는 공식은 '당신을 용서하지만 당신의 행동은 절대 잊지 않겠다. 그래서 언제까지나 죄책감을 느끼게 하겠다'는 강력한 협박의 뜻이 교묘하게 담겨 있기 때문이다. 그렇다면 한국인들은 어떻게 고통을 이겨냈을까? 먼저 최근 한국의 수도인 서울을 여행한 이탈리아 사회학 이론가 프랑코 베라르디의 묘사를 언급하려고 한다.

　20세기 말이 되자 수십 년 동안 전쟁과 모욕, 기근과 끔찍한 폭격을 겪은 한국에서 물리적 및 인류학적인 풍경은 쓸모없는 추상적인 개념으로 전락했다. 그 당시 한국의 삶과 도시들은 현대적인 허무주의의 정점이 만들어내는 변화에 온순하게 몸을 맡겼다.

한국은 세계의 그라운드 제로Ground Zero, 폭탄이 떨어지는 지점, 미국
의 반핵 운동 단체를 이르는 말―옮긴이이고, 미래의 지구를 보여주는 청사진
이다…….

식민지와 전쟁, 독재와 기근을 차례로 겪은 한국인들의 마음
은 자연스러운 신체의 짐을 벗어던지고 스스럼없이 디지털 세
계로 진입했다. 이 과정에서의 문화적인 저항은 전 세계 어떤 국
가의 국민에게서도 확인된 적이 없을 정도로 적었다. 이 나라가
단 몇 년 만에 이루어낸 경제적인 발전은 기술의 혁명 덕분이라
는 것이 내 생각이다. 문화적인 공간의 부재 속에서 한국인들은
극단적인 수준의 개인화를 경험했고, 동시에 집단적인 마음의
궁극적인 연결로 쏠리게 되었다.

한국인들은 작은 화면에서 흘러나오는 그림, 트윗, 게임과 끊
임없이 상호작용을 나누면서 도시의 공간 사이를 외롭게 누비
는 개별적인 개체들이다. 서로 완전히 단절되어 있으면서도 끊
임없는 인터페이스의 흐름에 완벽하게 접속되어 있다…….

한국은 세계 최고의 자살률을 기록하고 있다……. 자살은
40세 이하 한국인들의 가장 일반적인 사망 원인이다……. 흥미
로운 점은 지난 10년 동안 자살로 인한 사망자가 2배로 늘어났
다는 것이다……. 약 두 세대를 거치는 동안 소득이나 영양수준,
자유, 해외여행의 가능성 등 다양한 조건은 분명 나아졌다. 하지
만 그 대가는 일상의 사막화, 일상생활의 끔찍한 가속화, 극단적
인 개인화, 위태로운 일자리와 일자리를 얻기 위한 제한 없는 치
열한 경쟁이다…….

최첨단 기술로 무장한 자본주의는 자연스럽게 끊임없는 생산성 증대와 업무 리듬의 강화를 의미한다. 또한 삶의 수준이나 영양 정도, 소비 면에서 인상적인 개선을 이루는 조건이기도 하다……. 하지만 현재의 고립은 다른 종류의 지옥과는 다르다. 업무 속도가 빨라지는 것과 인간의 감정이 인터넷 공간으로 옮겨가는 추세가 하나로 어우러지면서 사람들이 느끼는 새로운 종류의 외로움과 절망은 거부도, 반대도 할 수 없는 대상이다……. 고독, 경쟁, 무의미, 충동, 실패……. 매년 10만 명 중 28명은 여기에서 탈출하는 데 성공하고, 시도는 해보았지만 실패한 사람들의 수는 그보다 더 많다.

자살이 디지털로의 변화 및 불안정 노동자화와 연결된 인류학적 변형의 정점이라고 생각하면, 한국이 세계에서 최고의 자살률을 기록하고 있다는 사실은 전혀 놀랍지 않다.[4]

한국에 대한 베라르디의 묘사는 지난 수십 년 동안 이루어진 비슷한 부류의 묘사 중에서 가장 뛰어난 선례인 장 보드리야르의 묘사를 따르고 있는 듯 보인다. 보드리야르는 미국의 로스앤젤레스를 비현실적인 지옥에 견주었다. 이런 행동은 다른 국가나 도시를 자신들의 병적인 디스토피아를 투영하는 도구로 삼는 유럽 포스트모더니스트의 오만한 지적 행위와 유사한 활동으로 치부되기 쉽다. 물론 과장이 섞여 있긴 하지만, 여기에는 분명 진실의 알곡도 포함되어 있다. 아니, 심리분석에 관한 아도르노의 유명한 격언을 빌어서 더욱 정확하게 말해보면, 로스앤젤레스에 대한 보드리야르의 묘사에서 유일한 진실은 바로 과장이다. 베라르디가 서울을 묘사한 것 역시 마찬가지다. 이들은 역사를 잃어버린 공간이자 지구상에는 없는 공간의 이미지로 규정한다. 바디우는 우리가 이제껏 한 번도 경험해 보지 못한 사회적인 공간에서 살고 있다고 생각했다. 나치의 반유대주의마저도 끔찍한 방식을 사용하기는 했지만 세계를 향해 개방되어 있었다. 반유대주의는 당시 절체절명의 상황을 이겨내기 위한 방법으로 적을 만들어냈는데, 이것이 바로 '유대인 음모'였다. 이들은 목표를 설정하고, 목표 달성을 위한 방법을 규정했다. 나치주의는 그 추종자들이 세계적으로 '인지적 지도Cognitive Mapping'를 얻도록 허용하는 현실을 보여주었는데, 이때 자신들을 유의미한 존재로 포함시키려는 여지가 포함된다.

아마도 여기에서 자본주의의 가장 심각한 위험성 중 하나를 확인할 수 있을 것이다. 자본주의는 세계적이고, 세계 전체를 포용한다. 하지만 엄격한 의미에서 세상에 없는 이상적인 조합이고, 다수의 사람들로부터 조금이라도 의미가 있는 인지적인 지도를 박탈해버린다. 자본주의는 기본적으로 전체주의적인 의미를 가지지 않는 첫 번째 사회경제적 질서다. 적어도 의미 면에서는 국제적이지 않기 때문이다. 따라서 결국에는 세계적인 '자본주의 세계관'이나 '자본주의자들의 문명'이라는 말은 모두 적절치 못하다. 세계화의 근본적인 교훈은 자본주의가 기독교, 힌두교, 불교 등 서양과 동양의 모든 문명에 적용될 수 있다는 것이다. 자본주의의 세계적인 측면은 실제적인 세계시장의 역학으로서의 의미 없는 진실의 수준에서 형성된다.

유럽에서는 근대화가 몇 백 년 동안 진행되었다. 덕분에 근대화와 그 파괴적인 영향에 대해 문화적인 활동이나 새로운 사회적인 이야기 및 신화를 형성해서 적응할 수 있는 시간적 여유가 있었다. 하지만 그 외의 사회—대표적으로 이슬람 사회—는 보호막이나 잠깐 동안의 시간적 지연도 없이 이들의 영향에 고스란히 노출되었다. 그리고 각 사회의 상징적인 세계는 더욱 잔인하게 동요되는 바람에 새로운 (상징적인) 균형을 만들어낼 시간도 없이 (상징적인) 기반을 잃게 되었다. 갑작스러운 혼란 속에서 이슬람 사회는 완전한 붕괴를 막을 수 있는 유일한 방법으로 '원리주의'를 꺼내 들 수밖에 없었다. 소위 말하는 원리주의는 정신병자처럼 혼미하면서도 배타적으로 종교에 집착해서 현실을 신성화시키기 위한 직접적인 폭력을 행사한다. 그에 따른 모든 끔찍한 결과가 필연적으로 나타나고, 최종적으로는 터무니없이 자아를 신격화시키면서 희생을 강요하는 방식으로 복수를 자행하기에 이른다. 자아를 강조하는 것은 포스트모던의 자유방임주의와 새로운 원리주의가 갖는 공통적인 특성이다. 차이점은 즐거움이 요구되는 장소다. 자유방임주의는 스스로의 공간에서 즐거움을 찾고, 원리주의는 신의 영역에서 즐거움을 찾는다.[5]

역사가 사라지고 파괴된 한국을 여실히 보여주는 궁극적인 상징은 아마도 2012년 여름에 큰 인기를 끌었던 싸이의 노래 '강남 스타일'일 것이다. 흥미롭게도 유튜브에서는 강남 스타일의 뮤직비디오가 저스틴 비버의 '뷰티 앤 어 비트Beauty and a Beat'보다 더 높은 조회수를 기록하면서 지금까지 최고의 조회수를 기록했다. 이 점에 주목할 필요가 있다. 2012년 12월 21일에는 강남 스타일이 10억 뷰의 매직넘버를 달성했다. 마야 달력은 12월 21일에 세상의 멸망을 예고했는데, 예언이 맞아 떨어졌다고 말할 수 있을 것 같다.

강남 스타일의 뮤직비디오가 10억 뷰를 달성했다는 사실은 문명의 몰락을 알리는 신호탄이나 매한가지이기 때문이다. 싸이의 강남 스타일은 폭넓은 인기를 끌었을 뿐 아니라 대중을 무아지경의 상태로 이끌어서, 수만 명의 사람들이 노래를 부르면서 말을 타는 모습을 흉내 낸 싸이의 춤을 추도록 만들었다. 그 열기는 비틀스가 갓 인기를 얻기 시작했을 때 이후로는 목격한 적이 없었을 정도로 뜨거웠고, 싸이는 새로운 메시아로 부상했다. 주로 컴퓨터로 만든 멜로디는 밋밋하고 기계적이며 단순한 음절의 반복이지만, 싸이의 대표적인 말 타기 춤과 함께 절정에 달한다(가수의 이름인 싸이Psy는 '싸이트랜스Psytrance'의 줄임말이다). 이 노래의 흥미로운 점은 집단의 무아지경을 아이러니하게 묶어낸 방식에 있다. 노래의 가사는(뮤직비디오의 무대도 마찬가지다) 분명 강남 스타일의 무의미함과 멍청함을 비웃고 있으며, 심지어 미묘하게 체제에 반항하는 의미도 담고 있다. 하지만 사람들은 그 의미와 관계없이 멍청하고 반복적인 리듬에 사로잡혀 순수한 모방 행위에 참여했다. 예를 들면, 노래의 한 부분을 모방한 플래시몹Flash Mob이 전 세계에 들불처럼 번져나갔다. 강남 스타일은 아이러니에도 불구하고 이념이 된 것이 아니라, 그 속에 담긴 아이러니 덕분에 하나의 이념으로 부상했다.

싸이 노래에서 아이러니는 라스 폰 트리에 감독의 영화 〈브레이킹 더 웨이브Breaking the Waves〉에서 다큐멘터리 방식과 같은 역할을 한다. 영화에서 다큐멘터리와 흡사한 절제된 촬영 기법 덕분에 충격적인 내용이 엄격한 방식으로 선명하게 각인된 것처럼, 강남 스타일에서 스스로를 비웃는 아이러니는 멍청한 레이브 음악Rave Music의 주이상스jouissance를 선명하게 만들어준다. 뮤직비디오를 본 사람들은 강남 스타일의 혐오스러운 요소가 매력적이라는 것을 확인하게 된다. 말하자면, '싫어하기 위해서 사랑하는 것'이거나 혹은 혐오감을 느끼는 것을 즐기는 것이다. 멍청한데다가 선정적인 주이상스의 충동적인 본성에서 우리를 풀어낼 수 있는 것은 진정한 예술이다. 굳이 과장을 하지 않더라도 서울의 거대한 체육관에서 진행되는 '강남 스타일'의 공연과 그다지 멀리 떨어지지 않은 국경 너머 평양에서 수령 동지의 영광을 기념하기 위해서 벌이는 공연 사이에 평행선을 그릴 수 있지 않을까? 두 가지 경우 모두 선정적인 주이상스를 신성시하는 유사한 의식을 유도한 것은 아닐까?

한국은 다른 어느 곳과 마찬가지로 다양한 형태의 전통적인 지혜가 살아남아서, 근대화의 충격에 대한 완충장치의 역할을 하고 있는 것 같다. 이렇게 남아 있는 전통적인 이념들이 변화되어서 근대화를 촉진시키는 이념적 도구로 바뀌지 않았나 하는 것은 쉽게 확인할 수 있다. 소위 서양에서 이야기하는 좀 더 '부드럽고', 균형이 잡혀 있으며, 전체적이고, 생채적인 접근을 강조하는 동양의 정신(불교)을 예로 들 수 있다(말하자면, 집을 짓기 위한 기초공사를 위해서 땅을 팔 때, 티베트의 불교신자들은 벌레 한 마리 죽이지 않으려고 했다고 말하는 식이다).

논란의 여지가 있겠지만 자본주의의 역학에 참여하면서도 제정신의 모습을 유지하는 가장 효과적인 방법은 아마도 이런 식의 서양화된 불교나, 미칠 듯이 빠른 속도의 시장 경쟁을 마주한 채 내면의 거리감과 무관심을 설파하는 대중문화의 현상밖에 없는지도 모르겠다. 간단히 말해서 이제는 후기 자본주의의 전형적인 이념인 셈이다. 그런 점에서 '진짜' 동양의 불교를 가지고 서양의 불교에 맞서는 것은 이제 불가능하다고 봐야 한다. 일본에서 여기에 대한 분명한 증거를 찾을 수 있다. 일본의 최고 경영자들 사이에서는 지금도 '젠 경영Corporate Zen'이 폭넓게 유지되고 있을 뿐 아니라, 지난 150년 동안 훈육과 희생의 윤리를 바탕으로 한 일본의 빠른 산업화와 군국주의는 대다수의 젠 사상가들에 의해서 유지되었다.

여기에서 확인할 수 있는 것은 변증법적인 역사적 기능 변화의 논리다. 변화된 역사의 무리 속에서 남아 있는 근대화 이전의 과거가, 극단적인 근대화 속에서 정신적으로 참을 수 없는 상징으로서 기능을 시작할 수 있기 때문이다. 이념적인 상상 속에서 뱀파이어의 역할도 마찬가지다. 스테이시 애보트[6]는 영화라는 매개체가 원시적이고 민간설화에 불과하던 흡혈귀의 존재를 매우 근대적인 경험을 표현하는 뱀파이어로 거듭나게 했다고 설명했다. 요즘 영화에서 볼수 있는 뱀파이어는 망토를 두르고 관에 살고 있는 것이 아니라, 대도시에 거주하면서 펑크 음악을 듣고, 기술을 받아들이며, 어떤 상황이든 적응한다.

그렇다고 불교가 자본주의 이념으로 전락했다는 뜻은 아니다. 좀 더 명확하게 짚어보기 위해서 놀라운 예를 한 가지 들어보겠다. 1991년 리처드 타루스킨은 자신이 쓴 서평에서 세르게이 프로코피예프가 청년기 이후 작곡한 모든 곡은 하나같이 형편없다면서 혹독하게 비난했다. 그가 서구세계로 망명한 후 쓴 곡은 피상적인 근대주의 속에서 '멍이 들거나 썩었고, 버리거나 두 번 다시 들어볼 가치가 없는 곡'이라는 평가였다. 타루스킨은 프로코피예프가 스트라빈스키와 경쟁하려고 했지만, 실패했다고 단언했다. 심지어 프로코피예프도 이 사실을 깨닫고 결국 스탈린이 집권한 러시아로 되돌아갔지만, 그곳에서는 그의 음악이 '출세주의와 정치적 무관심을 가장한 잘못된 무관심' 때문에 망가졌다고 했다.

소련에서 그는 처음에는 스탈린과 한통속이었다가 곧 희생자로 바뀌었다. 하지만 그 이면에는 '그저 곡을 쓰는 음악가, 혹은 더 정확하게는 곡만 쓰는 음악가의 완벽한 공허함'[7]이 늘 자리 잡고 있었다는 주장이었다. 부당하게 가혹한 평가이지만, 프로코피예프의 정신병 환자와도 같은 면을 정확하게 지적하고 있다. 스탈린의 모함 속에 빠졌던 다른 소련의 작곡가들(드미트리 쇼스타코비치, 아람 하차투리안 등)과 달리 프로코피예프에게는 내면적인 의심이나 히스테리, 불안이 없었다. 그는 1948년의 반형식주의도 전혀 문제가 되지 않는다는 듯이 멀쩡하게 버텨냈다(프로코피예프가 소련으로 돌아간 1936년은 스탈린이 가장 악명을 떨쳤던 시기라는 사실이 그의 정신상태를 잘 보여준다).

스탈린 시절에 프로코피예프가 쓴 작품들의 운명은 정말 아이러니했다. 공산당의 노선을 충실하게 따랐기 때문에 진실되지 못하고 약한 곡이라고 비난을 받았지만(실제로도 그랬다), 스탈린에게서는 '반체제적인 명곡'이라면서 상을 받았다(피아노 소나타 7과 8번, 첫 번째 바이올린 소나타, 첼로 소나타). 특히 흥미로운 부분은 스탈린주의의 요구에 프로코피예프가 완벽하게 부응했던 이념적인 정당성이다. 그는 크리스천 사이언스Christian Science와의 연속선상에서 스탈린주의를 수용했다. 크리스천 사이언스의 영지주의靈智主義 세계에서 물질적인 현실은 단순히 외양에 불과하다. 따라서 물질을 잊고, 근면과 금욕을 통해서 영적인 축복에 편입되어야 한다. 프로코피예프는 동일한 입장을 스탈린주의에 적용해서, 단순함, 조화, 기쁨을 강조하는 스탈린의 미적인 기준의 중대한 요구를 크리스천 사이언스의 철학으로 바라보았다.

장 클로드 밀너가 사용했던 용어를 이용해서 설명해보면, 프로코피예프의 세계는 스탈린주의와 동질의 것은 아니지만, 그럴 가능성은 분명 충분했다. 프로코피예프가 스탈린주의의 현실에 단순하게 순응한 것은 아니었다. 지금의 현상에도 같은 문제를 제기할 수 있다. 불교의 정신적인 부분이 전 세계 자본주의와 동질의 것은 아니지만, 분명 그 가능성은 충분하다.

다시 한국의 사례에 대해 설명하면, 같은 분석을 2012년에 만들어진 다큐멘터리 〈프로파간다Propaganda〉로 확인할 수 있다. 인터넷에서 쉽게 감상할 수 있는 이 다큐멘터리는 서구 문화가 상업화를 위해서 자본주의와 제국주의와 대중에 대한 기만을 자행하고 있고, 무지하고 경계도 없는 좀비 같은 대중들 사이에서 어떻게 스며들고 있는지에 관한 내용이다. 뉴질랜드의 한 단체가 만들었지만, 북한 시민인 척하는 '모큐멘터리Mockumentary, 사실 보도 속에 픽션 요소를 넣은 기록물—옮긴이'다. 하지만 'Se non è vero, è ben trovato'라는 이탈리아 말처럼, 사실은 아니지만 꽤 설득력이 있는 영상이다. 영화는 대중을 속이기 위해서 공포와 종교가 사용되고 있으며, 언론은 더 큰 문제에 대한 사람들의 관심을 돌리기 위해서 다채로운 기사로 사람들의 정신을 홀리는 역할을 하고 있다고 지적한다. 그중 백미는 유명 인사를 숭배하는 문화를 비난한 것이다. 영화는 제3세계 아이들을 위해서 쇼핑을 하는 마돈나와 브래드 피트, 안젤리나 졸리에 대해 이야기한다. 그러면서 서구 사회가 유명 인사의 매력적인 생활에 집착하면서 노숙자와 고통받는 이들의 처지는 무시한다고 비난한다. 유명 인사는 스스로 깨닫지도 못한 사이에 상업화를 위한 도구가 되어버리고, 결국 제정신을 유지하지 못하는 무서운 지경에 빠져든다.

이것이 바로 우리 주위를 둘러싼 세계인데, 그중에서도 가장 대표적인 예가 마이클 잭슨이다. 특히 미국이 그에게 한 짓을 보면 이 받아들이기 힘든 진실을 확인할 수 있다. 〈프로파간다〉에서 수령 동지의 지혜를 언급한 부분을 여기저기 삭제하면, 누구나 소비주의, 상업주의, 문화주의에 대한 기본적인 비판—전통적인 마르크스주의자의 것이 아니라 서구의 마르크스주의자라고 할 수 있는 프랑크푸르트학파의 주장—을 깨닫게 될 것이다. 하지만 주의해야 할 부분은 영화가 시작하면서 흘러나오는 경고다. 해설자는 시청자에게 곧 보게 될 영상이 더럽고 추악하기 때문에 보는 사람을 충격과 공포에 빠뜨릴 것이라고 경고한다. 하지만 사랑하는 수령 동지는 시청자들이 외부 세계의 끔찍한 진실을 받아들일 정도로 성숙하다고 믿기로 했다는 설명이다. 마치 사랑과 보호 본능이 넘치는 엄마와 같은 존재가 아이들에게 불쾌한 사실을 알리기로 결정했을 때의 표현 같다.

북한의 특별한 이념적 상황을 이해하려면, 제임스 힐턴의 《잃어버린 지평선The Lost Horizon》에서 설명된 티베트의 외딴 곳에 위치한 가상의 골짜기인 샹그릴라를 언급하는 것을 주저해서는 안 된다. 이야기에서 사람들은 부패한 세계의 문명을 완전히 벗어나서, 엘리트의 자애로운 지배를 받으며 검소하고 행복한 삶을 살기 위해서 떠난다. 이런 면에서 보면, 북한은 오늘날 샹그릴라에 가장 가까운 곳이라고 할 수 있을까? 피에르 르장드르를 비롯한 라캉주의자들은 최근 아버지, 즉 상징적인 아버지의 권력이 하락하고 있다는 아이디어를 제안했다. 아버지라는 존재의 부재 속에서 병적인 나르시시즘이 폭발하면서, 원시적이고 실제적인 아버지의 환영에 기대곤 한다. 일축해버릴 수 있는 아이디어이지만, 지배자의 몰락이 당연히 해방을 뜻하지는 않으며, 더욱 억압적인 인물을 만들어 낼 수도 있다는 사실을 정당하게 지적한다. 북한에서는 아버지의 존재가 예측하지 못한 방식에 의해 효과적으로 약화되고 있다. 북한이 정말 전체주의와 유교적인 독재를 혼합한 스탈린주의의 마지막 보루일까? 다음은 북한에서 가장 큰 인기를 끌고 있는 정치 가요의 가사다.

> 당이여,
> 조선노동당이여,
> 하늘가에 흩어지고 땅에 묻혔다가도
> 나는 다시 그대 품에 돌아올
> 그대의 아들!
> 그대의 정겨운 시선,
> 살뜰한 손길에 몸을 맡기고
> 나는 영원히
> 아이 적 목소리로
> 부르고 또 부르리라.
> 어머니! 어머니 없이
> 나는 못살아!

김일성의 사망 후 지나친 애도 속에서 울려 퍼진 소리는 '어머니 없이 나는 못살아!'라는 것이었다. 또 다른 증거로 1964년에 북한에서 출판한 한국말 사전에 수록된 '어머니'와 '아버지'의 뜻을 살펴보겠다.

　　어머니 : 1) 아이를 낳은 여성. 용례 : 아버지와 어머니. 어머니의 사랑. 어머니의 자애로움은 산보다 높고, 바다보다 깊다. 또한 '아이가 있는 여성'의 맥락에서 사용할 수도 있다. 용례 : 세상의 모든 어머니는 자녀가 건강하게 자라서 뛰어난 당의 일꾼이 되기를 바란다. 2) 자신의 어머니와 비슷한 연령의 상대방을 존중해서 부르는 호칭. 용례 : 당의 소대장은 동만이의 어머니에게 '어머니'라고 부르면서 언제나 작업을 도왔다. 3) 모든 것을 사랑하고 살피며, 상대를 걱정하는 존재를 은유적으로 칭한 것. 용례 : 당의 간부는 끊임없이 사랑을 나누는 어머니가 되어야 하며, 당의 구성원들을 가르치고, 모든 활동에서 앞장서는 모범적인 어머니 같은 존재가 되어야 한다. 이는 누군가 춥고 아프지는 않은지, 음식은 제대로 먹고 있는지 등 모든 것을 돌봐야 한다는 뜻이다. 4) 어떤 것의 근원이 된 원천을 은유적으로 칭한 것. 용례 : 당은 새로운 모든 것의 위대한 어머니이다. 필요는 발명의 어머니이다.
　　아버지 : 아이를 낳은 어머니의 남편.[8]

어쩌면 북한의 정권이 3대째 세습되는 동안, 지도자의 부인이 공개적으로 언급되지 않은 이유가 이것 때문인지도 모른다. 북한의 지도자는 자웅동체이지만, 여성의 특징이 우세하다. 혹시 북한의 '군사력 최우선' 정책이나 가혹한 군사 훈련과는 모순되지 않을까? 그렇지는 않다. 이 두 가지는 동전의 양면이다. 여기에서 말하는 어머니의 존재는 이른바 '거세되지 않은' 전지전능하며 파괴적인 어머니다.

자크 알랭 밀레는 이런 어머니의 존재를 '절대 만족하지 못하며 아주 강력하다. 라캉주의가 만들어낸 어머니의 무시무시한 점은 강력한 동시에 만족을 모른다는 사실'이라고 설명했다.[9] 그런데 여기에 모순이 존재한다. 어머니가 전지전능할수록 만족하지 못한다는 것이다(만족하지 못하다는 것은 부족하다는 것과 일맥상통한다). 라캉주의에서 말하는 어머니는 '먹이를 쫓는 사자와 같다'는 뜻의 라틴어 'quaerens quem devoret'처럼 파괴의 대상을 갈구한다. 그래서 라캉주의는 어머니를 입을 벌리고 먹잇감을 노리는 악어로 표현한다.[10] 인용해보면 '파괴적인 어머니는 (사랑의 신호를 바라는 아이의 요구에) 대응을 하지 않고, 그만큼이나 전지전능해 보인다. 어머니가 대응하지 않기 때문에…… 날것 그대로의 힘을 휘두르는 실제 대상이 된다……. 만약 다른 누군가가 대응하지 않는다면, 어머니인 지도자는 파괴적인 힘으로 변한다'고 한다.[11] 김일성과 김정일에 대한 공식적인 묘사에서 여성적인 특징이 분명하게 차이가 나는 것은 우연이 아니다. B. R. 마이어스의 말을 인용해보겠다.

김일성은 국민들에게 유교의 엄격한 가장과는 다른 어머니다. 부드러운 표정으로 모두를 배려하며, 눈물을 흘리는 성인을 넓은 가슴에 품고, 몸을 굽혀 어린 병사의 구두끈을 묶어주고, 어린 아이들이 마음대로 매달리도록 놔두었다. 김정일에 이르기까지 전통은 이어졌다. 2세대 지도자인 김정일은 '이 세상 모든 어머니보다 더 위대한 어머니'라고 불렸다. 그가 군사 지향적인 정책을 실시했기 때문에 장군이라는 칭호로 불렸지만, 군사들의 건강과 안위를 얼마나 걱정하고 있는지를 강조하면서 군사시설을 둘러보는 김정일 장군에 대한 언론의 보도는 끊이지 않았다. 김정일의 외모에 대한 국제적인 조롱은 부당하고, 지루한 것이었다. 시험장에 아이들을 들여보내고 밖에서 기다리는 한국의 엄마들을 보면, 김정일과 똑같이 칙칙한 색깔의 파카와 축 처진 어깨, 오랫동안 고생한 것 같은 얼굴, 베개에 눌린 듯한 파마머리를 확인할 수 있다. 김정일의 외모는 두 번 생각할 필요도 없는 어머니의 모습이다.[12]

그렇다면 북한은 인도의 무시무시한 여신 칼리—자애로운 면과 무시무시한 면을 동시에 지닌 여신이다—가 권력을 가지고 있는 국가를 지향하는 것일까? 일단 북한이 가진 다양한 면을 구분해야 한다. 북한은 표면적으로 남성적인 군사 지향의 국가이며, 지도자를 '장군'이라고 칭하면서 '주체사상'이라는 이름의 자급자족 형태를 추구한다. 하지만 그 내면에는 모성적인 지도자에 의해서 지지되고 있다. 마이어스는 북한이 가진 이념의 기본 정신을 이렇게 설명한다. '북한 주민들은 너무나 순수하고 착해서, 위대한 아버지와 같은 지도자가 없으면 사악한 오늘의 세계에서 살아남을 수 없다.'[13] 이

것이야 말로 어머니에 대한 바람을 대신하기 위해서 라캉주의가 은유적인 대체물로 만들어낸 부성애에 대한 은유, 즉 아버지의 이름을 내세운 은유가 아닐까? 겉으로는 아버지의 이름(지도자 혹은 장군)을 내세우지만 그 저변에는 어머니의 보호적이면서 파괴적인 열망이 깔려 있는 것은 아닐까?[14]

뉴에이지New Age, 20세기 이후 나타난 새로운 가치를 추구하는 영적인 운동 및 사회활동-옮긴이의 진부한 주장 가운데 하나는 서구사회가 과도하게 지배, 훈육, 투쟁 등과 같은 남성적/부성적 원칙에 의해 지배되고 있기에 우리가 애정 어린 보살핌과 보호 같은 여성적 원칙을 강조함으로써 균형을 맞춰야 한다는 것이다. 하지만 인디라 간디부터 마거릿 대처까지 강한 여성 정치가들의 사례를 보면 이를 재고하게 된다. 이제 권력의 압도적인 인물들은 더 이상 가부장적 지도자에 국한되지 않는다. '전체주의'가 주인 담론라캉의 네 가지 담론 가운데 하나-옮긴이은 아니다. 하지만 수많은 혁명에서 낡은 지도자를 전복한 결과 더욱 살인적인 공포가 이어졌던 비극적인 경험을 보았을 때, 후기 자본주의가 가져온 자유자재로 변신할 수 있는 나르시시즘적 자아 파괴적인 교착상태를 빠져나갈 수 있는 방법으로, 가부장적이고 상징적 권위로 회귀한다는 것은 말이 되지 않는다.

이는 다시 베라르디의 평가를 떠올리게 만든다. 북한과 한국은 완전히 다른 나라가 되었지만 한 가지 기본적인 특성을 공유하고 있다. 바로 남한과 북한이 공히 탈가부장적 사회라는 점이다. 〈프로파간다〉 다큐멘터리가 특히 사실적이어서 받아들이기 어려운 이유는, 몽테스키외의 《페르시아 서간집Persian Letters》에서처럼 이미 익숙해진 문화를 순진한 외국인의 시각으로 확인할 수 있었기 때문이 아니다. 너무나 다른 북한과 한국의 모습이 두 나라의 공통된 특징 (영화의 제목인 프로파간다)으로 유지되고 있다는 사실, 즉 두 나라의 극단적인 영속성 속에서 역사는 모두 사라지고 없기 때문이다(이것이 바로 '프로파간다(선전)'라는 용어가 암시하는 것이다. 다큐멘터리는 북한의 이념적인 세계에 꼭 맞는 용어를 제목으로 사용했다).

　　유명한 유대교의 이야기 중에 다음과 같은 내용이 있다. 어린 아이가 랍비에게 오래전부터 전해 내려오는 놀라운 전설을 듣고 나서 "정말 있었던 일이에요? 진짜예요?"라고 물었다고 한다. 그러자 랍비는 "진짜 일어난 일은 아니지만 사실이란다"라고 대답한다. 실제 있었던 일은 아니지만 그보다 더 의미가 있는 상징적인 사실이라는 이 주장은 그 반대의 경우로 보완되어야 한다. 놀라운 사건이 있을 때, 우리들 대부분의 반응은 '실제 일어난 일이지만, 사실은 아니야'이기 때문이다. 그래서 우리는 브라질 상파울루의 카페 포토Café Photo처럼 아주 작더라도 희망의 불빛이 있다면 더할 나위 없이 감사해야 한다. 카페 포토는 '특별함이 있는 엔터테인먼트 공간'이라고 홍보되고 있고, 실제로도 그렇다. 그런데 이곳은 또 고급 콜걸이 고객들과 만나는 장소로도 알려져 있다. 대중에게는 잘 알려진 정보이지만, 홈페이지에는 이런 내용을 찾아볼 수 없다. 다만 공식적으로는 '오늘 저녁을 함께 보낼 수 있는 최고의 친구를 찾아드립니다'라고 소개되어 있다. 그런데 이 과정이 매우 특별하다는 사실이다. 콜걸들이—대부분은 인문학 전공의 여대생들이다—손님을 직접 선택하기 때문이다.

　　남자(잠재적인 고객)는 카페에 들어와 자리를 잡고, 음료를 주문한 후 기다린다. 여자들은 이 과정을 주의 깊게 관찰하다가 마음에 드는 남자가 있으면 테이블로 다가가서 음료 대접을 받는다. 두 사람은 문화생활 등의 지적인 주제에 관해 이야기를 나누는데, 가끔은 예술 이론에 관한 담소도 나눈다. 남자가 충분히 똑똑하고 매력적이라고 생각되면, 여자는 함께 침대로 가길 청하고 남자에게 비용을 말한다. 만약 그런 것이 있다고 한다면 매춘에 페미니즘적인 요소가 가미된 것인데, 이는 계급적인 제한으로 상쇄되는 경우가 많다. 콜걸과 고객이 모두 상류층이거나 적어도 중상류층이기 때문이다. 따라서 나는 겸손하게 이 책을 상파울루 카페 포토의 콜걸에게 바친다.

1장
진단 _

애퍼타이저는
무엇으로
하시겠습니까?

위기?
무슨 위기?

현재 한국의 상황을 보면 찰스 디킨스가 쓴 소설《두 도시 이야기 A Tale of Two Cities》의 유명한 도입부가 절로 생각난다. '그때는 희망의 봄이었고, 절망의 겨울이었다. 우리 앞에는 모든 것이 있었고, 우리 앞에는 아무것도 없었다. 우리 모두는 천국으로 향하는 동시에 반대의 방향으로 향하고 있었다.' 한국은 눈부신 경제 성장을 보이고 있지만, 광적이라고 표현할 수 있을 만큼의 업무 강도로 악명이 높다. 그곳은 통제할 수 없는 천국인 동시에 고독함과 절망의 지옥이며, 물질적인 풍요가 넘치지만 황량한 곳이고, 고대의 전통을 간직한 동시에 세계 최고의 자살률을 기록한 나라다. 이 극단적인 모호함은 현대사회 역사상 최고의 성공 신화로 손꼽히는 한국의 이미지를 뒤흔든다. 성공은 맞지만, 과연 어떤 성공일까?

〈스펙테이터The Spectator〉의 2012년 크리스마스 특별편은 '왜 2012년이 최고의 해인가'라는 사설로 시작되었다. 사설의 내용은 현대사회가 위험하고, 잔인하고, 갈수록 악화되고 있다는 인식을 정면으로 반박한 것이었다.

믿기지 않겠지만, 2012년은 인류 역사상 최고의 해다. 속빈 강정 같은 말처럼 들릴지라도 분명한 증거가 있다. 현재 지구는 전보다 굶주리지도 않고, 병에 걸리지도 않으며, 유례없는 번영을 누리고 있다. 서구사회는 아직 경제 불황을 벗어나지 못했지만 대부분의 개도국은 성장 중이다. 사람들은 역사상 가장 빠른 속도로 빈곤을 벗어나고 있으며, 전쟁이나 자연재해로 인한 사망률 역시 매우 낮다. 우리는 황금의 시대를 살고 있다.[1]

베스트셀러 작가인 매트 리들리는 이런 생각을 좀 더 구체적으로 발전시켰다. 다음은 그의 저서 《이성적 낙관주의자The Rational Optimist》를 위한 설명이다.

이 책은 우리 시대에 만연한 비관주의에 대한 반박이다. 아무리 부정하려고 해도 상황은 전보다 개선되고 있다. 1만 년 전, 지구상의 인구는 1,000만 명에 채 미치지 못했다. 지금은 60억 이상의 인구가 살고 있으며, 그중 99퍼센트는 구석기 조상들에 비해서 전보다 더 잘 먹고, 좋은 집에 살고, 더 많은 엔터테인먼트를 누리고, 질병으로부터 보호를 받는다. 지난 1만 년 동안 인간이 꿈꾸거나 필요로 하는 거의 모든 것을 누릴 수 있는 가능성은 믿기지 않을 정도로 높아졌다. 특히 지난 200년 동안은 그 속도가 가속화되었다. 칼로리, 비타민, 깨끗한 생수, 기계, 사생활 등 모든 면에서 마찬가지다. 발로 뛰는 것과는 비교할 수 없을 정도로 빠르게 이동할 수 있는 수단이 생겼으며, 소리 높여 외치는 것과는 비교할 수 없을 정도로 먼 거리에 떨어져서 서로 이야기를 나눌 수 있게 되었다. 하지만 이상스럽게도 이 눈부신 변화와 상관없이 사람들은 미래가 끔찍할 수밖에 없다고 굳게 믿는다.[2]

《우리 본성의 선한 천사The Better Angels of Our Nature》의 저자 스티븐 핑커는 여기에서 한 발 더 나아간다. 이 책의 홍보문구는 다음과 같다.

> 믿거나 말거나 우리는 인류가 존재한 이후로 가장 평화로운 순간을 살고 있다. 〈뉴욕 타임스〉 베스트셀러 작가 스티븐 핑커는 끊임없이 날아드는 전쟁, 범죄, 테러의 소식에도 불구하고 폭력은 오랜 시간 지속적으로 감소해왔다고 설명한다. 핑커의 야심찬 책은 인간의 본성이 폭력적이고 현대사회는 저주라는 믿음을 깨부수는 한편, 전보다 계몽된 세상에 관한 놀라운 단면을 심리학과 함께 제시하면서 인간의 본성을 파헤친다.[3]

언론, 그중에서도 특히 비유럽권의 언론에서는 이런 낙관적인 시각을 주로 경제에 집중된 보수적인 관점에서 곧잘 보도하곤 한다. 이들은 '경제가 위기라고? 무슨 위기?'라는 시각에서 낙관적인 태도를 취한다. BRIC국가들브라질, 러시아, 인도, 중국을 일컬음_옮긴이이나 폴란드, 한국, 싱가포르, 페루, 아프리카 남부 지역의 국가들을 살펴보자. 이들은 모두 경제적으로 풍요로워지고 있다. 지금까지 유일하게 확실한 패자는 서유럽뿐이며, 미국도 어느 정도는 패자로 볼 수 있다. 따라서 지금의 상황은 전 세계적인 위기가 아니다.

다만 경제적 번영이 서구사회에서 다른 곳으로 활발히 옮겨가고 있을 뿐이다. 심각한 경제난을 겪고 있는 포르투갈 국민들이 정복자가 아닌 경제적인 이민자로서 모잠비크와 앙골라를 비롯한 과거 포르투갈 식민지 국가로 이주하고 있다는 사실이 바로 그 상징이 아닐까? 서구사회가 부르짖고 있는 전 세계의 위기가 전반적인 개선 에서 나타나는 지엽적인 문제라면, 그 이름은 빛을 잃을 수밖에 없 다. 심지어 중국과 러시아의 인권 문제마저 50년 전에 비해 훨씬 나 아지지 않았던가? 위기가 지속되고 있다는 주장은 매우 유럽적인 시각이며, 그중에서도 특히 유럽중심주의의 반대자로 불리던 좌파 들의 시각이다.

여러 가지 조건이 필요하긴 하지만, 이들 합리주의자들이 제시 하는 데이터는 전반적으로 사실이다. 맞다. 우리의 삶은 1만 년 전 구석기 시대의 조상들보다 훨씬 나아졌다. 심지어 다카우 수용소 (독일의 나치 수용소로, 학살을 자행했던 아우슈비츠와는 달랐다)의 일반 수 감자마저 몽골의 노예보다는 처지가 나은 편이었다. 그 외에도 인 간의 삶이 전보다 나아졌다는 예는 많다. 하지만 이것만으로는 부 족하다.

먼저 반제국주의적인 희열은 일단 제쳐 두고, 다음의 문제를 생각 해야 한다. 유럽이 점차 쇠락하고 있다면, 어떤 헤게모니가 이를 대 체할까? 그 답은 '아시아의 가치를 가진 자본주의'다(물론 이는 아시 아인들과는 관계가 없으며 민주주의를 지지하기 위한 분명하고 현대적인 근대 민주주의의 성향을 뜻한다). 마르크스 때부터 좌익은 단 한 번도 진보적 인 적이 없었다. 마르크스는 자본주의와 자본주의의 듣도 보도 못한 생산성에 완전히 매료되어 있었다. 다만 그는 자본주의의 놀라운 성 공이 적대감을 낳는다고 주장했을 뿐이다. 우리는 이제 세계적인 자 본주의의 성장에 직면해서 마르크스와 똑같은 의무를 갖게 되었다. 반감을 만들어내는 어두운 시각을 털어내는 것이다.

이 모두는 현대의 보수주의가 진정한 보수주의가 아니라는 뜻을 의미한다. 이들은 자본주의의 지속적인 자기 쇄신을 받아들이면서, 전통적인 제도(예를 들면 종교)를 가지고 자본주의를 더 효율적으로 보완할 뿐이다. 자본주의가 사회에 미치는 파괴적인 영향을 막고, 사회적 단결을 지속시키기 위해서다. 오늘날의 진정한 보수는 전 세계 자본주의에 대한 적대감과 교착상태를 십분 인정하고, 단순한 성장에 반대하며, 발전에 대한 부정적인 시각에 귀를 기울인다. 이런 점에서 극단적인 좌파가 오늘날의 진정한 보수주의자들이라고 할 수 있다.

사람들은 '상황이 나빠서'가 아니라 기대가 어긋나기 때문에 반발한다. 프랑스 혁명은 왕과 귀족이 수십 년에 걸쳐서 조금씩 권력을 잃어버린 후에 발생했고, 헝가리의 1956년 혁명은 지식인들 사이에서 상대적으로 자유로웠던 토론을 거친 후 너지 임레가 총리로 임명된 지 2년 만에 발생했다. 2011년 이집트 혁명은 무바라크 대통령 집권 하에서 경제적인 성장 덕분에 교육 정도가 높아진 젊은 층이 전 세계적인 디지털 문화에 편승하면서 발생했다. 중국 공산당이 현재 공황 상태에 있는 것도 이 때문이다. 국민들은 전반적으로 40년 전에 비해 훨씬 나은 삶을 살고 있지만 사회적인 적대감(신흥 부자와 그 나머지 사이의 적대감)은 폭발하고 있고, 기대 심리는 전보다 훨씬 높다. 이 모두가 개발과 발전이 가진 문제점이다. 사회는 불평등해지고, 그 결과 새로운 불안과 적개심이 생겨난다. 사람들의 높아진 기대는 충족되기 어렵다. 아랍 민주화 운동 직전, 튀니지 혹은 이집트에서 대다수의 시민들은 수십 년 전에 비해 좀 더 풍족해졌지만, 만족도의 기준 역시 훨씬 높아졌다.

그렇다. 〈스펙테이터〉나 리들리, 핑커, 그 외 그들의 동조자들이 원칙적으로는 옳다. 하지만 그들이 강조하는 바로 그 사실들이 폭동과 반란을 위한 조건을 만들어내고 있다. 좌-케인스주의 경제학자 갤브레이스의 이야기가 (아마 사실이 아닐 수도 있지만) 피해야 할 실수에 대한 아주 좋은 예가 된다.

1950년대 말 소련으로 여행을 떠나기 전에, 그는 그의 반공산주의자 친구인 시드니 훅에게 편지를 썼다. "걱정 마. 나는 소련의 꾐에 넘어가지 않고 집으로 돌아와 그들이 사회주의라고 주장할거야!" 훅은 곧장 답장을 보냈다. "그렇지만 그게 내가 걱정하는 바야. 네가 집으로 돌아와 소련은 사회주의자들이 아니라고 주장할까봐." 훅을 걱정시킨 것은 개념적인 순수성에 대한 순진한 방어였다. 그 개념이란, 만약 사회주의적 사회를 건설하는 데 문제가 생긴다면, 사회주의 자체가 무효화되는 것이 아니라, 그저 제대로 실행시키지 못했을 뿐이라는 것이다.

오늘날의 시장 근본주의자들에게서도 이와 같은 순진함을 느낄 수 있지 않은가? 최근 프랑스에서 가진 TV 토론에서, 기 소르망은 민주주의와 자본주의는 필연적으로 함께한다고 주장하였는데, 나는 "오늘날의 중국은 뭡니까?"라면서 뻔한 질문을 하지 않을 수 없었다. 그는 날카롭게 "중국에는 자본주의가 없습니다!"라고 대꾸했다. 열정적인 친자본주의자 소르망에게는 만약 국가가 비민주적이라면 그 국가는 그야말로 올바른 자본주의국가가 아니고 자본주의의 왜곡된 형태를 실행하고 있을 뿐이며, 그것은 마치 민주적인 공산주의인 스탈린주의가 제대로 된 공산주의가 아니었음과 같다. 실수는 찾아내기 어렵지 않다. 이는 마치 "내 약혼자는 절대 약속에 늦지 않아. 왜냐하면 그 사람이 약속에 늦는 순간 그 사람은 더 이상 내 약혼자가 아니거든!"이라는 유명한 농담과 같다. 이것이 자유시장을 옹호하는 사람들이 2008년의 위기를 설명하는 방식이다. 그 위기는 자유시장의 실패 때문이 아니고, 국가의 과도한 규제 때문이다. 즉, 우리의 시장경제가 완전한 것이 아니었다는 사실, 그리고 경제가 여전히 복지국가의 손아귀에 있었다는 이유 때문이라는 것이다. 만약 그런 식으로 시장 자본주의의 순수함에 집착하고, 실패는 모두 우연한 사고에 의한 것이라고 치부한다면, 우리는 반대론자들의 성난 불만을 무시하는 순진한 진보주의에 머무르고 말 것이다.

성난 불만의 가장 놀라운 사례 하나는, 경제적 차원에서 높은 업무 강도와 실업 위기의 이상한 공존이다. 일자리가 있는 사람들의 업무 강도가 더욱 높아질수록, 실업의 위협이 더욱 만연해진다. 그러므로 오늘의 상황은 우리가 마르크스의 《자본론》을 읽으면서, 자본주의 재생산에 대한 일반적 주제보다는 프레드릭 제임슨이 설명했듯이, 《자본론》에서 실업이 가지는 근본적이고 구조적인 핵심성'에 치중해서 읽어야 한다. 즉, 실업은 자본주의의 기본 성질인 축적과 확장의 역학에서 구조적으로 분리될 수 없다.[4] 경제적인 측면의 '대립물의 통일성'이라는 극단적인 관점에서 볼 때, 실업을 생산하는 것은(점점 더 많은 노동자들을 쓸모없는 사람으로 만드는 것은) 자본주의의 성공(늘어난 생산성 등)이다. 축복(힘든 일이 줄어든 것)이 되어야 할 것이 저주가 되었다. 이런 방식으로, 세계시장은 자체적인 내재적 역학과 관련하여, '모든 사람이 한때는 생산적인 노동자였던 장소, 그리고 노동이 체계를 넘어서서 가격이 책정되는 장소'[5]가 되었다. 즉, 자본주의적 세계화가 진행되는 상황에서, 실업의 카테고리는 전통적인 '노동의 산업 예비군'이라는 개념을 넘어서는 새로운 특성을 얻었다.

실업의 카테고리에서, '전 세계적으로 역사에서 제외되었던 엄청난 다수의 인구들, 의도적으로 제1세계 선진국의 현대화 프로젝트에서 제외된 사람들, 가망이 없고 불가능하다고 치부돼버린 사람들'[6]을 고려해야 한다. 소위 '실패한 국가'(콩고, 소말리아), 기근이나 환경 재해의 피해자들, 실제로는 오래된 것처럼 말하지만 실제는 아닌 '인종 증오'에 사로잡힌 사람, 자선 활동과 NGO의 대상들, 또는 (보통은 같은 사람들이지만) '테러와의 전쟁'을 겪고 있는 사람들도 포함된다. 그러므로 실업의 카테고리는 확장되어서, 일시적으로 실업한 사람부터 더 이상 채용될 수 없는 사람을 포함하고, 영구적으로 실업인 사람, 그리고 슬럼가와 다른 빈민가에 사는 사람들(마르크스조차 '룸펜 프롤레타리아트'라고 종종 묵살했던 모든 사람들), 최종적으로는 고대의 지도에서 텅 비어 있었던 땅처럼 세계적 자본주의 과정에서 제외되었던 모든 지역, 인구, 또는 국가를 아우를 수 있어야 한다. '실업'의 이러한 순환적 확장이 우리를 마르크스에서 헤겔로 다시 데려가지 않을까? 즉, 해방을 위한 노력의 핵심에서 '폭도'가 또 다시 등장한다. 이처럼 카테고리를 다시 설정하면서 '인지적 지도'는 모두 바뀌게 된다. 역사적으로 무기력했던 배경이 해방을 위한 노력의 잠재적 대리인이 되는 것이다.

그럼에도 불구하고, 우리는 제임슨의 전개된 아이디어에서 세 개의 자격 조건을 추가해야 한다. 첫째, 제임슨이 제안한 기호학적 사각형Semiotic Square을 바로잡아야 한다. 제임슨의 조건은 (1) 노동자들, (2) (일시적) 실업자들로 이루어진 산업 예비군, (3) (영구적)

취업 불가능한 사람들, 그리고 (4) '공식적으로 고용되어 있는 사람'[7]이었지만 지금은 취업이 불가능한 사람들, 이 네 가지다. 더 적합한 네 번째 조건은 암시장과 빈민가에서 일하거나 심지어 노예와 비슷한 형태로 일하고 있는 '불법적으로 고용된 사람'이어야 하지 않을까?

둘째, 그는 '제외된' 사람들이 그럼에도 불구하고 세계시장에서는 '포함된' 사람들이 된다는 것을 강조하지 못했다. 오늘날의 콩고를 살펴보자. 아프리카의 '어둠의 심장'에서 아직도 폭발하고 있는 '원시 민족적 열정'이라는 허울 뒤에, 세계 자본주의의 윤곽을 파악하기는 쉽다. 모부투 정권이 몰락한 후의 콩고는 통일된 국가로 존재하지 않는다. 특히 동쪽 지역은 각 지역의 군 지도자들이 마약에 취한 어린이들을 포함한 군대를 통해 각자의 지역을 다스리는 영역으로 분할되어 있다. 각 관할 지역의 장군은 광물이 대부분인 지역의 자원을 이용하는 외국 기업이나 회사와 사업적 연결 고리가 있다. 이러한 연결 고리는 양쪽을 모두 만족시킨다. 기업은 세금 등을 지불하지 않고 광물 채취권을 가지게 되고, 장군들은 돈을 벌게 된다. 역설적인 것은, 이런 광물 대다수가 노트북과 스마트폰과 같은 첨단기술 제품에 사용된다는 것이다. 요약하자면, 단지 그 지역 사람들의 '야만적인 풍토'와 관련된 갈등 탓만 하는 일은 그만해야 한다는 것이다. 이러한 등식을 빼버리기만 한다면, 해외 첨단기술 회사와 '오래된 열정으로 진행된 인종 전쟁'의 조직 전체는 산산조각이 날 것이다.[8]

셋째, '공식적으로 고용된 사람'의 카테고리는 그 반대개념인 '교육받은 실업자'로 보충되어야 한다. 지금 학생들의 세대는 모두가 적절한 직장을 찾을 가망이 거의 전혀 없고, 이는 결국 대규모 시위를 낳는다. 이 틈새를 해결하는 최악의 방법은 교육을 시장의 수요에 직접적으로 종속시키는 것이다. 시장 역학 자체가 대학이 제공하는 교육을 '뒤떨어진 것'으로 만들지 않을 생각이라면 말이다. 취업할 수 없는 학생들은 (이집트에서, 그리고 그리스에서 영국까지 있었던 시위에서 이미 학생들이 그랬듯이) 다가오는 해방 운동에서 중요한 역할을 할 운명이다. 급진적인 변화는 꼭 가난한 사람들만으로 인해 발생하는 것은 절대 아니다. 취업할 수 없는 고학력 젊은이의 세대가 더해지면 (널리 이용 가능한 현대의 디지털 기술과 결합되어) 올바른 혁명적 상황의 가능성을 보여준다.

제임슨은 여기에 (역설적이지만, 상당히 정당화된) 또 다른 중요한 단계를 추가한다. 그는 이러한 새로운 구조적 실업을 '착취'의 형태로 규정한다. 착취당하는 사람들은 자본력이 이용하는 잉여가치를 생산하는 노동자들뿐만이 아니다. 모든 지역과 국가에서 착취당하는 사람 중에는 착취 임금 노동의 자본주의 소용돌이 속에 구조적으로 갇히지 않은 사람도 포함된다.

그렇다면, 우리는 착취의 개념을 어떻게 생각해야 할까? 급진적인 변화가 여기에 필요하다. 적절한 변증법적 뒤틀림으로, 착취는 자체적으로 그 반대개념도 포함하고 있다. 착취당하는 사람들은 생산하거나 '창조'하는 사람들만이 아니고, 창조할 수 없는 운명에 처해진 사람들도 (또는 이런 사람들이 더 많이) 포함된 것이다. 이쯤 되면 이민을 원했던 유태인 라비노비치에 대한 소련의 유명한 농담이 생각나지 않는가? 이민국에 있던 관료가 그에게 이민의 이유를 묻자, 라비노비치는 "그 이유는 두 가지입니다. 첫 번째는 소련에서 공산당들이 힘을 잃을 것이 걱정되는데, 새로 등장한 권력이 공산주의자들의 범죄를 우리 유태인들에게 모두 뒤집어씌울 것이 두렵습니다. 다시 반유태인 학살이 일어날 것입니다"라고 대답했다. 관료가 그의 말을 막으면서 말하기를 "말도 안 됩니다. 그 무엇도 소련을 바꿀 수는 없으며, 공산주의자들의 권력은 영원할 것입니다!" 그러자 라비노비치는 차분히 대답하며 "글쎄요, 그게 제 두 번째 이유입니다"라고 대답했다.

여기에서 국가 관료와 노동자의 대화를 쉽게 연상할 수 있다. "왜 당신이 착취당한다고 생각하나요?"라고 묻고, 노동자들이 "두 가지 이유입니다. 첫째로 내가 일을 하면, 자본주의자들이 나의 잉여가치를 이용해버립니다"라고 대답한다. 그러자 관료는 "하지만 당신은 이제 실업자인데요. 아무도 당신의 잉여가치를 이용하지 않아요. 당신은 아무 가치도 생산하지 않으니까요!"라고 응수하고, 노동자는 "그것이 내 두 번째 이유입니다"라고 대답한다. 모든 것은 자본주의 생산 전부가 노동자를 필요로 할 뿐만 아니라 직업을 찾을 수 없는 '산업 예비군'을 발생시키기도 한다는 사실에 전적으로 달려 있다. 후자는 자본주의 순환 밖에 있는 것이 아니라, 이 순환에 의해 노동하지 않는 형태로 활발히 생산되고 있다.

루비치의 영화 〈니노치카Ninotchka〉에서는 절묘한 변증법적 농담이 나오는 장면이 있다. 남자 주인공이 한 식당을 찾아 크림을 넣지 않은 커피를 주문한다. 그러자 웨이터는 그에게 "죄송합니다만 저희가 크림이 다 떨어졌습니다. 제가 우유를 넣지 않은 커피를 가져다 드려도 될까요?"라고 대답한다. 두 경우 모두, 남자는 커피만을 마시게 된다. 하지만, 이 한 가지 커피가 각 경우에서 두 가지의 다른 부정과 동반한다. 처음에는 '크림 없는 커피'이고, 두 번째는 '우유 없는 커피'다. 우리가 여기서 마주하게 되는 것은 차별성의 논리로, 부족함 자체가 긍정적 성질을 가지는 것이다.

이는 몬테네그로 사람들에 대한 오래된 유고슬라비아 농담에서 잘 드러난다. (구舊유고슬라비아 사람들은 몬테네그로 출신 사람들이 게으르다고 오해했다.) 몬테네그로 남자들은 잠을 자러 갈 때, 왜 침대 옆에 컵 두 개를 놓고, 하나는 물을 채우고 하나는 비워놓는 것일까? 왜냐하면 이들이 너무 게을러서, 밤새 목이 마를지 아닐지를 미리 생각하지도 못하기 때문이라고 한다. 이 농담의 핵심은 존재하지 않는 것 자체가 긍정적으로 받아들여져야 한다는 것이다. 물이 채워진 컵 하나를 갖는 것만으로는 충분치 않은데, 몬테네그로 남자는 목이 마르지 않다면 컵을 무시할 것이기 때문이다. 이 부정적인 사실 자체는 빈 컵으로 주목된다. 즉, 물이 필요하지 않을 때는 빈 컵이 비어 있기 때문에 구체화되는 것이다.

왜 이런 변증법적 농담으로 시간을 낭비하는가? 왜냐하면 이 농담들은 이념이 가장 순수한 형태로 우리의 이른바 탈脫이념적 시대에 어떤 역할을 하는지를 알려주기 때문이다. 소위 말하는 이념적 왜곡을 감지하기 위해서, 사람들은 말해진 것뿐만 아니라 말해진 것과 말해지지 않은 것 사이의 복잡한 상호작용, 즉 말해진 것에 암시된 말해지지 않은 것까지도 인지해야 한다. 크림이 없는 커피를 먹을 것인가, 우유가 없는 커피를 먹을 것인가? 여기에는 정치적인 등가물이 있다.

사회주의 폴란드에서 유명한 농담이 하나 있다. 어떤 고객이 상점에 들어와 묻기를, "여긴 버터가 없겠죠? 있나요?"라고 묻는다. 여기에 대한 대답은, "죄송합니다만, 저희는 화장지가 없는 가게입니다. 길 건너 저 가게가 버터가 없는 가게입니다!"이다. 또 오늘날 브라질에서 카니발이 열릴 때 온갖 배경의 사람들이 길거리에서 함께 춤을 추고 한동안 인종과 계급 차이를 지워버리는 모습은 또 어떤가? 하지만 일거리가 없는 노동자가 가정을 어떻게 지켜야 할지에 대한 걱정을 잊어버리고 자유로운 춤에 빠진다고 해도, 그것이 부유한 은행가가 사람들과 함께 즐거운 기분을 느끼면서, 얼마 전 가난한 노동자에게 대출을 거절했다는 사실을 잊어버리는 과정과 같다고 할 수는 없다. 두 사람 모두 길에 있지만, 노동자는 우유가 없이 춤을 추고 있고, 은행가는 크림이 없이 춤을 추는 것이다.

식품에 제목을 붙일 때도 결정적 요인인 또 다른 충격적인 부재의 예를 제공한다. 식품에 붙어 있는 라벨에서 '칼로리 없음' 혹은 '무지방', '무가당', '방부제 및 첨가물 없음'이라는 말을 얼마나 자주 보게 되는지 생각해보자. 여기서 문제는 '없음'이나 '무'라는 말이 (의식 중이든 무의식중이든) 또 다른 곳에서는 '있다'는 의미라는 사실을 받아들여야 한다는 것이다. (칼로리와 당이 없는 콜라? 그렇다 치자. 하지만 건강을 위협하는 인공 감미료는 있다)

이 역설은 그 역설 자체가 없는 상황이 되면 절정에 달한다. 즉, 커피가 없는 커피의 상황이다. 미국에서 진행되고 있는 보편적인 보건서비스에 관한 논쟁을 생각해보라. 보편적 의료서비스가 개인들의 선택의 자유를 빼앗는다고 주장하는 공화당 사람들은 실제 선택의 자유가 없는 상태에서 선택의 자유를 효과적으로 잘 옹호하고 있다.

다시 말해서, 공화당 측 사람들은 보편적 보건서비스에 반대함으로써 국가에서 시행하는 보편적 보건서비스가 대다수 국민들이 자유로운 노력을 통해서 더 많은 자유를 누릴 수 있게 만들어주는 네트워크로서 효과적으로 작용을 한다는 사실을 외면하고 있다. 그들은 단지 실업상태에 있는 것이 아니라, 그들의 실업이 그 자체로 (구조 전체의 원활한 작동을 도와주는) 긍정적 구성소다. '우유 없는 커피'가 긍정적 구성소인 것과 마찬가지다.

달걀을 깨뜨렸는데,
오믈렛은 없다

이번 위기는 지금까지와는 다른 종류의 실업사태를 보여준다. 이번 위기는 '지식재산권에 대한 접근과 강화를 막는 경제적인 장벽을 쌓으려는 시도에도 불구하고, 무료 제공의 원칙에 의해 좌우되는 상업 논리가 무형의 경제 및 인터넷을 통제하도록 만들려는 시도 때문에 자본이 구조적인 한계에 부딪혔다'는 사실을 보여주고 있다.[9] 다시 말해서, 이번 위기는 부적절한 금융규제의 결과일 뿐 아니라, '무형(비물질) 자본을 자본처럼, 그리고 인지 자본주의를 자본주의처럼 만들려는 시도가 갖는 본질적인 난점'을 드러낸다.[10] 그런 점에서 이 위기는 신경제에 대한 1990년대의 전망에 종지부를 찍는다.

즉, 디지털의 형태로 자본주의가 활성화되고, 프로그래머와 여타 지식 근로자들이 '창의적인 자본주의자'들로 변화될 것이라는 꿈(〈와이어드Wired〉 잡지에 보도된 적이 있다)은 사라져버렸다. 시스템을 제대로 유지하기 위해서 전보다 더 강력한 국가의 개입이 요구되는 이유는 이 때문이다. 여기에서 이중적인 아이러니를 놓치지 않아야 한다. 1990년에 국가사회주의가 해체된 이유가 경제와 사회적인 생활이 디지털로 바뀌는 과정에서 적용되기 어렵기 때문이라는 주장은 어느 정도 사실이다. 하지만 생산력과 생산관계 간의 충돌에 관한 전통적인 마르크스 이론은 여전히 자본주의를 약화시키고 있다. (따라서 기본 소득은 실직자들에 대한 지원을 연장시키기 위해서가 아니라 (예를 들면 사회보장을 위한 재분배 방식), 지식 기반 경제에서 '일반적인 지식'의 총생산성이 부의 핵심 원천이라는 사실을 인식하는 금융 요소로서 개념의 재정립이 필요하다.)[11]

공산주의는 우리가 현재 진행되고 있는 상황들을 판단할 뿐 아니라 심지어 적합하게 분석할 수 있는 유일한 지평이다. 무엇이 잘못되고 있는지 측정할 수 있는 편재遍在적 척도이기 때문이다. 이것이 바로 금융권력에 맞서 임금 노동과 생산자본이 타협해야 한다고 주장하는 신新리카도적 처방을 포기해야 하는 이유다.[12]

그런 처방은 사회민주주의적 복지국가 모델을 부활시키려고 애쓰는 것에 불과하다. 어떤 식이건 금융자본만을 악마화하는 것은, 자본주의 생산의 기본적인 적대를 그것에 '기생적'일 뿐인 금융자본에 전가함으로써 문제의 핵심을 흐리게 만드는 조작일 뿐이다. 또한 아이러니하게 '좌파 프리드먼학설Left Friedmanism'이라고 부를 수밖에 없는 노력도 좌시해서는 안 된다. 여러 학자 중 대표적 학자로 왕휘Wang Hui를 꼽을 수 있는 좌파 프리드먼학설은 우리가 현재 시장경제의 결과가 아닌, 시장경제의 왜곡으로 인한 결과를 보고 있다고 주장한다. 독과점과 압도적인 시장 내 독재자에 대한 저항은 시장에 대한 저항으로만 볼 수 없고, 이런 사회적인 저항 속에는 시장에서의 공정한 경쟁과 경제적인 민주주의를 위한 노력이 포함된다는 설명이다.[13] 위르겐 하버마스가 커뮤니케이션의 왜곡에 대해 주장한 개념을 떠올려보면(억압과 우위 등 언어 외적인 요소 때문에 왜곡되었다고 한다), 왕휘는 왜곡된 시장의 경쟁과 교환의 개념을 암시했던 것으로 보인다. 다음의 설명을 살펴보면, 이들이 정치, 문화, 사회적인 조건 때문에 왜곡되었다는 뜻을 짐작할 수 있다.

경제의 활동은 언제나 정치와 문화를 비롯해 여타 사회적인 조건 속에 내재된다. 따라서 공정한 시장 경쟁을 위한 조건을 위한 노력은 국가의 정치 시스템과 사회적인 관습, 다른 규제 체제를 없애는 것과는 다르다. 정반대로 시장의 조건을 완벽하게 만들어서 이들 시스템을 개혁, 제한, 확대한다. 그래서 공정한 상호작용을 위한 사회적인 조건을 만드는 것이다. 이런 면에서 사회적 평등과 공정한 시장 경쟁을 위한 노력은 국가적인 개입에 대한 반대와는 다르다. 이는 오히려 사회주의적 민주주의를 요구해야 한다. 말하자면, 국가가 각자 가지고 있는 사회의 민주적인 통제를 통해서 국가 내에서의 독점이나, 다국적인 독점을 보호하지 않도록 예방해야 한다.[14]

여기서 우리는 아무런 부끄러움 없이 정통 마르크스주의자의 입장을 취해야 한다. 왕휘는 착취와 초과생산으로 균형을 무너뜨리는 경향이 있는 시장 관계의 내재적인 논리를 과소평가한다. 우리가 경제를 너무나 실체화시킨 것은 아닐까? '경제'에 관해서 표준적인 해체주의적 작업을 수행함으로써 실체적인 통합적 장으로서 대문자 경제라는 건 없으며, '(소문자) 경제'라는 말이 뜻하는 것은 단지 다양한 실행과 담론이 횡단하는 불균질적 공간이라고 주장하는 건 어렵지 않다. 원시적인 노동 작업부터 자동 생산까지 물질의 생산, 국가 제도의 개입, 법적인 규제와 책임, 이념적인 꿈, 종교적인 신화, 압제의 이야기, 고통과 치욕, 부와 즐거움에 대한 개인적인 집착이 경제를 침범한다는 것이다.

이것은 분명 맞는 말이지만, 그럼에도 불구하고 자본의 '수학소mathem'가 있다. 경제의 심층적 '본질'이 있다는 말이 아니다. 마르크스가 《자본론》에서 해명하려고 한 것처럼 자본의 자기생산에는 형식적 모체matrix가 있다. 이 수학소, 즉 초역사적이고 초문화적인 형식적 모체는 자본의 '실재real'다. 이 자본의 실재는 전 세계에 자본주의가 진행되는 과정에서 변함없이 유지되었고, 위기의 순간에서는 광적인 특성을 통해 뚜렷하게 확인되었다. 마르크스는 전통적 구두쇠를 '얼빠진 자본가'라고 비유하면서 이러한 광기를 묘사한다. 자기의 보물(자본)을 순환시킴으로써 늘려나가는 '정상적인' 자본가와 달리 구두쇠는 자기의 보물을 꽁꽁 숨겨 놓는다.

> 수익 생산의 끊임없는 과정이 그들의 목적이다. 부를 좇는 경계 없는 탐욕과 교환가치를 추구하는 열정은 자본가 및 구두쇠들의 공통적인 특징이다. 구두쇠들은 얼빠진 자본가들이지만, 자본가는 합리적인 구두쇠다. 구두쇠들이 순환을 이용해서 돈을 아끼는 방식으로 추구하는 교환가치의 끊임없는 증가는 좀 더 명석한 자본가들에 의해서 실현되고, 이는 끊임없이 순환 속으로 내던져진다.[15]

그럼에도 불구하고, 구두쇠의 광기는 '일반적'인 자본주의의 부상 및 병리학적 일탈과 함께 단순하게 사라지지 않는다. 그보다는 자본주의 속에 내재되어 있다가, 경제적 위기가 찾아왔을 때 승리의 순간을 맞는다. 위기 속에서 가치를 잃는 것은 돈이 아니다(대부분의 생각과는 다르다). 우리는 상품의 '실제' 가치에 의존해야 하는데, 아무도 구매를 하지 않기 때문에 상품의 가치(실질적인 가치의 구현)가 무용지물이 된다.

> 위기 속에서 돈의 명목적인 가치, 즉 돈의 값은 갑자기 즉각적으로 '통화通貨'로 바뀐다. 이 세상의 상품으로는 더 이상 돈을 대체할 수 없다. 상품의 실질적인 가치는 이전의 가치보다 감소하고, 스스로의 형태 속에서 가치를 잃어간다. 부르주아는 번영에 취하고, 돈은 순전히 상상 속의 창조물이라고 거만하게 확신한다. "상품만이 돈이다"라고 말한다. 하지만 세상의 시장에서는 "돈이 상품이다"라는 그 반대의 외침이 떠돌게 된다……. 위기 속에서는 상품과 그 가치 사이의 대립인 돈이 완벽한 모순의 수준에 이른다.[16]

이때는 해체와 완전히 동떨어져서 페티시즘Fetishism이 순전한 광기 속에서 맹위를 떨치는 것이 아닐까? 위기가 찾아오면, 거부했지만 실행되고 있던 저변에 깔려 있는 믿음이 직접적으로 효과를 드러낸다. 지금 지속되고 있는 위기에서도 마찬가지다. 이번 위기에서 가장 즉각적인 반응은 '부채를 갚아야 한다!', '생산하는 것보다 더 많이 소비해서는 안 된다!' 혹은 그와 비슷한 상식적인 지침에 의존하는 것이다. 물론 그중에서도 가장 최악은 이런 방식의 악순환에 빠져버리는 것이다.

첫째로 여기에서 언급된 것과 같은 가장 기초적인 지식은 완전히 틀린 것이다. 미국은 생산한 것보다 더 많이 소비하면서도 수십 년 동안 풍족한 삶을 누렸다. 더 근본적인 수준을 살펴보면, 부채의 역설적인 면을 분명하게 확인할 수 있다. '생산하는 것보다 더 많이 소비해서는 안 된다!'는 슬로건의 문제점은 종합적으로 보았을 때 상투적인 표현의 반복에 불과하며, 기준이 아니라 사실이라는 것이다(당연히 인간은 생산하는 것보다 더 많이 소비할 수 없기 때문이다. 접시에 오른 음식보다 더 많이 먹을 수 없는 것과 마찬가지다). 하지만 이 구호가 특정한 수준에 이르면, 상황은 복잡하고 모호해진다.

사회 전체로 보았을 때, 순전히 물질적인 수준에서의 부채는 어떤 방식으로건 서로 관계가 없으며 심지어 존재하지 않을 수도 있다. 인간이 생산하는 것보다 더 소비할 수는 없기 때문이다. 그런데 부채의 정의는 생산보다 소비가 더 크다는 뜻이다. 유일하게 합리적으로 부채를 언급할 수 있는 부분은 천연자원에 관해서다(미래 세대에게 물려줄 물질적인 조건을 파괴한다는 면에서 그렇다). 천연자원의 경우, 정확하게는 아직 존재하지 않는 미래 세대에 빚을 지는 것이 가능하다. 그런데 천연자원은 아이러니하게도 우리 세대를 거쳐서 존재할 수 있고, 그렇기 때문에 존재 자체가 우리 세대에 달려 있다. 이 경우에도 '부채'라는 단어는 언어적인 의미를 갖지 못한다. 부채를 금융화해서 나타낼 수 없는데다가 돈으로도 환산할 수 없기 때문이다.

여기에서 언급되고 있는 부채는 국제사회 속에서 일부 집단(국가 혹은 그 외의 어떤 집단)이 생산하는 것보다 더 많이 소비했을 때, 다시 말해서 또 다른 그룹이 생산한 것보다 덜 소비해야 할 때 발생한다. 하지만 그 관계는 보이는 것처럼 간단하거나 분명하지 않다. 부채가 발생한 상황에서 관계가 분명해지려면, 돈이 중성화된 측정 도구가 되어야 한다. 그래서 한 그룹이 생산량에 비해서 얼마를 소비해야 하는지, 이 과정에서 어느 정도의 비용이 소요되는지를 측정할 수 있어야 한다. 하지만 실제 상황은 이와는 거리가 멀다. 공식적인 데이터에 따르면 통용되는 돈 중 약 90퍼센트는 '가상의' 신용화폐다. 따라서 '실질적'인 생산자가 금융기관에 부채를 지게 되면, 생산의 특정 단위에서의 현실과 연계되지 않은 상태에서 투기의 결과로 발생한 부채가 얼마일지를 의심하는 것이 합리적이다.

따라서 한 국가가 IMF나 민간은행 등 국제 금융기관의 압력을 받게 되면, 해당 국가는 이 압력(압력을 구체적인 요구로 설명해보면, 복지국가의 일부를 해체해서 공공 지출을 줄이거나, 민영화, 시장 개방, 은행 규율 철폐 등이 있다)이 중립적이고 객관적인 논리나 지식이 표현된 결과가 아니라, 극히 일부의(이른바 이해집단의) 지식이 표현된 결과라는 사실을 깨닫게 된다. 형식 층위로 보면, 이런 지식은 계속되는 신자유주의적인 추정을 구현시킨 지식이다. 하지만 내용 층위로 보면, 일부 국가 혹은 기관(예를 들어서 은행 등이다)의 이익에 특혜를 제공한다.

루마니아 공산주의 작가 파나이트 이스트라티가 1920년대 말에 소련을 방문했을 때, 첫 번째 숙청과 여론 조작을 위한 공개 재판이 진행되고 있었다. 당시 소련 정권의 옹호자는 이스트라티를 설득해서 소련이 적과 대항하기 위해서 폭력을 사용할 필요가 있다고 주장하면서 "달걀을 깨지 않고 오믈렛을 만들 수는 없다"는 속담을 인용했다. 그러자 이스트라티는 "좋아요, 깨진 달걀이 보이네요. 그런데 오믈렛은 어디 있죠?"라고 응수했다. IMF가 그리스에 요구한 긴축재정에 대해서도 같은 표현을 사용할 수 있다. "좋아요, 유럽 전체를 위해서 우리는 우리의 달걀을 깨뜨리고 있어요. 그런데 당신들이 약속한 오믈렛은 어디 있죠?"

금융과 관련된 추정 중에서 가장 이상적인 것은 달걀을 깨뜨려야 하는 금융 위기 속에서 달걀을 깨뜨리지 않고 오믈렛을 만드는 것이다. 키프로스Cyprus가 바로 그런 예다. 고양이가 마치 땅바닥을 걷고 있다는 듯이 아무렇지 않게 벼랑 끝을 계속해서 걷고 있는 장면이 나오는 오래된 만화를 떠올려보자. 하지만 아래를 내려다보고 자신이 높은 골짜기에 달려 있다는 것을 아는 순간, 고양이는 추락할 것이다. 키프로스의 시민들이 요즘 느끼는 기분이 이렇지 않을까? 이제 키프로스는 전으로 되돌아갈 수 없고, 앞으로는 삶의 질이 추락할 일밖에 남지 않았다는 사실을 깨닫고 있기 때문이다. 하지만 키프로스의 시민들은 아직 추락의 여파를 고스란히 느끼지 못하고 있으며, 적어도 한동안은 만화 속에서 벼랑 끝을 걷는 고양이처럼 일상을 유지할 것이다. 그렇다고 이들을 비난해서는 안 된다. 그러한 붕괴의 충격을 다 떠안지 않고 지연시키는 것도 일종의 생존 전략이다. 진정한 충격은 공황 상태가 지나간 뒤에 소리 없이 찾아온다. 이것이, 키프로스 위기가 대부분의 언론 매체에서 사라진 바로 지금 우리가 그 위기에 대해 생각하고 써야만 하는 이유다.

앞에서 예로 들었던 라비노비치에 관한 농담을 떠올려보자. 현재 유럽연합의 금융 당국과 키프로스의 라비노비치와 같은 인물 사이에 비슷한 대화가 오가고 있을 것이라고 상상하기는 어렵지 않다. 라비노비치는 "지금 우리가 극심한 공포를 느끼는 이유는 두 가지입니다. 먼저, 유럽연합이 키프로스를 가차 없이 쳐내어 우리 경제가 붕괴될지도 모른다는 것입니다……." 그러자 유럽연합의 행정관이 "우리를 믿어도 돼요. 키프로스를 버리지 않을 거예요. 꼼꼼하게 통제하고, 어떻게 해야 할지 알려줄게요!"라고 말을 가로챘다. 라비노비치는 "글쎄요"라면서 차분하게 응수하더니, "그게 공포의 또 다른 이유입니다"라고 대답했다. 키프로스가 가지고 있는 슬픈 예측의 중심은 바로 이런 딜레마다. 유럽이 없으면 번영을 지속하면서 생존할 수 없다. 하지만 유럽이 있어도 불가능하기는 마찬가지다.

스탈린이 설명했던 것처럼, 두 가지를 모두 선택하는 것은 더욱 최악이다. 루비치의 영화 〈사느냐 죽느냐To Be or Not to Be〉의 등장인물들은 잔인한 농담을 하나 던진다. 독일 장교에게 점령지였던 폴란드에 세운 독일 강제 수용소에 대해서 묻자 장교 에르하르트는 "우리는 폴란드인들을 강제로 수용하고, 폴란드인들은 수용된다"고 대답한다. 유럽에서 지속되고 있는 금융 위기도 마찬가지 아닐까? 독일을 위시한 강한 북유럽국가들은 다른 국가에게 강제적인 요구를 하고, 힘도 없고 취약한 남유럽국가들은 수용되고 있는 실정이다. 저 멀리 지평선 너머에서부터 이처럼 분단된 유럽의 형체가 드러나고 있다. 복지국가의 안전한 네트워크 바깥의 남유럽은 점차 값싼 노동력 조달 지대로, 아웃소싱이나 관광에나 적합한 지역으로 의미가 축소될 것이다. 한마디로 유럽 내에서도 선진국과 그 나머지 국가 사이의 차이가 벌어지고 있다.

부자 국가와 가난한 국가 사이의 격차는 키프로스에 관한 두 가지 이야기를 반영하고 있다. 이들은 또 그리스에서 벌어지는 두 가지 이야기와 꼭 닮아 있다. '독일의 이야기'라고 부를 수 있는 주장은 방종에 가까운 소비와 부채, 자금 세탁이 영원할 수는 없다는 것이다. '키프로스의 이야기'는 잔인한 유럽연합의 정책이 키프로스의 주권을 빼앗은 새로운 독일의 점령과 비슷하다는 것이다. 이 두 개의 이야기는 모두 사실이 아니며, 그 속에 함축된 요구는 합리적이지 못하다. 어쨌거나 키프로스는 부채를 갚을 능력이 없고, 독일과 유럽연합은 바닥에 구멍이 뚫린 키프로스의 금융 시스템에 무한정 돈을 쏟아 부을 수도 없는 노릇이다. 그런데 이 두 가지 이야기는 금융 세계의 투기를 적절하게 통제하지 않으면 나라 전체가 파산할지도 모른다는 중요한 사실을 간과하고 있다.

키프로스의 위기를 작은 국가에서 일어난 찻잔 속의 폭풍이라고 볼 수는 없다. 전체 유럽연합의 시스템 속에 있는 문제가 만들어낸 징후이기 때문이다. 따라서 해결책은 그저 돈세탁이나 여타 문제를 예방하기 위해 규제를 강화하는 데서 그쳐서는 안 된다. 그보다 (최소한) 전체 금융 시스템을 획기적으로 바꿔야 한다. 금기시되는 사실을 언급해보면, 은행이 일종의 사회화를 겪어야 한다. 2008년 이후 세계적으로 반복되었던 붕괴(월스트리트와 아이슬란드 등)에서 얻을 수 있는 교훈은 분명하다. 개인 계좌에서부터 연금펀드, 모든 파생상품의 기능에 이르기까지 금융펀드와 거래의 전체 네트워크가 사회적인 통제와 개선, 규제를 받아야 한다는 것이다. 유토피아처럼 이상적인 말로 들릴지도 모르지만, 별것 아닌 피상적인 변화로 생존이 가능한 개념이라면 유토피아로 봐도 무방할 것이다.

하지만 여기에서 반드시 피해야 하는 치명적인 함정이 있다. 금융권의 사회화를 위해서는 금융의 권력에 맞서 임금 노동과 생산적인 자본 사이의 균형을 맞추어야 한다. 금융권의 붕괴와 그 결과인 고통의 외침은 자본의 순환이 완벽한 자급자족이 가능한 고립된 영역이 아니라는 사실을 분명하게 상기시켰다.

예를 들어서, 자본의 순환은 결국 사람들의 실질적인 요구를 충족시키는 실체를 가진 물건의 생산과 판매의 현실을 직접적으로 겨냥하게 되었다. 하지만 붕괴와 고통스러운 외침에서 얻을 수 있는 좀 더 미묘한 교훈은 이런 현실로 회귀할 수 없다는 것이다. "금융 투기의 가상공간에서 실제 생산과 소비를 하는 사람들로 돌아가자"는 구호는 완전히 잘못된 것이며, 그저 순수한 이념일 뿐이다. 자본주의의 모순은 금융 투기의 더러운 폐수를 버리면 '실물경제'라는 건강한 아이를 지킬 수 없다는 것이다. 더러운 폐수가 바로 건강한 아이의 혈통이기 때문이다.

이제 존 갈트가 누구인지
모두 알고 있다!

이런 모순은 2013년 가을에 있었던 미국 정부 폐쇄Shutdown로 분명해졌다. 정부 폐쇄란 무엇일까? 2009년 4월 중순, 나는 뉴욕 시러큐스에 있는 호텔방에서 휴식을 취하면서 TV의 PBS 채널과 폭스 뉴스 채널을 번갈아 돌리고 있었다. PBS에서는 미국의 위대한 좌파 컨트리음악 가수인 피트 시거에 관한 다큐멘터리를 방영하고 있었고, 폭스 뉴스에서는 텍사스 오스틴에서 미국 내 우파 세력인 '티파티Tea Party'가 벌인 세금 반대 운동을 보도하고 있었다. 티파티의 행사에서는 또 다른 컨트리음악 가수가 버락 오바마 대통령에 반대하는 내용의 포퓰리즘 노래를 부르고 있었는데, 가사의 내용은 미국 정부가 열심히 일하는 보통 시민들에게 세금을 매겨서 월스트리트의 금융가들의 배를 불리고 있다는 내용이었다. 그런데 이들 두 가수 사이에는 이상야릇한 유사점이 있었다.

두 사람 모두 시민들을 착취하는 부자와 국가에 대해 항의하는 포퓰리즘에 의존하면서 기득권을 비판했다. 그리고 시민들의 저항 등 극단적인 조치를 요구했다. 여기에서 또 한 번 가슴 아픈 사실을 상기하게 된다. 적어도 조직의 형태에서는 오늘날의 극단적인 포퓰리즘 우파가 과거의 극단적인 포퓰리즘 좌파와 요상하게 유사하다는 것이다. 기독교도이고 생존주의자들이며 원칙주의자들의 모임인 티파티가 법적인 지위를 절반 정도 획득한 상황에서 강압적인 정부의 제도가 자신들의 자유를 위협한다고 생각하며, 1960년대의 '블랙팬서Black Panthers,1965년에 결성된 미국의 급진적인 흑인운동단체—옮긴이'와 비슷한 조직을 구성하는 것이 아닐까? 어느 경우이건, 이들은 마지막 전투를 준비하는 군사 조직을 보는 듯하다. 언제까지 이처럼 능수능란한 이념의 조작이 계속될 수 있을까? 티파티 조직의 중심은 언제까지 부유층의 착취를 운운하면서 이들에게 특권을 주고, 자신들의 이해관계와 반대로 행동하면서, 열심히 일하는 보통 사람의 이해관계를 보호하려고 노력한다는 근본적인 불합리에 의존할까?

우리들 중에는 부르주아의 '공식적'인 자유를 비난하던 악명 높은 공산주의의 장광설을 기억하는 사람들이 있다. 이들의 주장은 억측에 불과했지만, '공식적'인 자유와 '실제'의 자유의 구분에 있어서는 진실한 면이 있다. 위기 속에서 기업의 감독관은 근로자 A나 B를 해고할 '자유'를 가진다. 하지만 그의 선택에 영향을 미치는 상황을 바꿀 수 있는 자유를 갖지는 못한다. 이런 방식으로 미국의 의료보험에 관한 논의에 접근하는 순간, '선택할 수 있는 자유'는 여러 가지 이유로 사라져버린다. 미국 인구 중 대부분은 누가 이들의 질병에 보험 혜택을 제공하는지에 관한 걱정을 하고, 재정과 여타 결정의 복잡한 네트워크를 통해서 방법을 찾아내는 것과 관련해서 모호한 '자유'를 얻게 될 뿐이다. 물을 공급하는 기업을 제대로 선택해야 한다고 걱정할 필요가 없이 물을 마실 수 있듯이 기본적인 의료 서비스를 당연하게 활용할 수 있게 되면, 다른 일에 더 많은 시간과 에너지를 쓸 수 있다. 여기에서 한 가지 교훈을 얻을 수 있다. 선택의 자유가 제대로 작동하려면, 법, 교육, 윤리, 경제, 여타 다른 조건의 복잡한 네트워크가, 자유의 행사를 위한 보이지 않는 단단한 배경으로 존재해야 한다는 것이다. 그래서 선택의 이념에 반대되는 노르웨이 같은 국가를 선례로 삼아야 한다. 노르웨이에서는 모든 주요 요소가 기본적인 사회적 계약을 존중하고, 사회의 거대 프로젝트는 단결을 통해 진행된다. 하지만 노르웨이의 생산성과 역동성은 이런 종류의 사회가 정체되기 쉽다는 통념을 완전히 뒤집으면서 뛰어난 수준을 유지하고 있다.

미국의 유명 가수 프랭크 시나트라의 대표적인 노래인 '마이 웨이My Way'가 미국적 개인주의를 뜻한다고 생각한다. 원래는 '일반적' 혹은 '관습에 맞게'란 뜻의 프랑스 샹송 '콤 다비튀드Comme d'habitude'가 '마이 웨이'의 원곡이라는 사실은 잘 알려지지 않았다 (이런 모순을 이해하는 사람은 그보다도 더 적다). 원곡과 미국식의 번안곡은 서로 상반된 척박한 프랑스식의 태도와 미국의 창의성을 보여주는 또 다른 예다(프랑스인들은 정해진 관습을 따르지만 미국은 새로운 해결책을 찾는다). 하지만 상반된 듯 보이는 거짓 겉모습을 버리고, '콤 다비티드'를 이용해서 지금까지 칭송했던 새로운 방법을 모색하는 방식에 숨겨진 슬픈 진실을 찾아낸다면 어떻게 될까? '마이 웨이' 즉, 나의 방식을 활용할 수 있으려면, 각자 상당 부분을 '콤 다비튀드' 즉, 일반적인 방식에 의존해야 한다. 다시 말해서 규제받지 않는 자유를 얻기 위해서는 여타 부분에 있어서는 상당한 규제가 필요하다.[17]

2008년 금융 붕괴와 이에 대응하기 위한 조치(은행을 살리기 위해서 막대한 공적 자금을 투입한 것)가 가져온 괴상한 결과 중 하나는, 아인 랜드가 주장한 '탐욕은 좋다'는 식의 극단적인 자본주의에 대한 이념적인 표현을 재현시킨 것이다. 아인 랜드의 대표작으로 손꼽히는《아틀라스Atlas Shrugged》의 주장이 폭발적으로 실현된 것이다. 어떤 이들은《아틀라스》속의 시나리오— '창의적인 자본주의'가 파업을 한다는 내용이다—가 벌써 벌어지고 있다고 말한다. 하지만 이런 반응은 상황을 완전히 오해하고 있는 것이다. 금융 위기 해결을 위해서 투입된 막대한 양의 공적 자금은 '창의적'인 계획을 실행하지 못해서, 결국에는 붕괴를 초래한 규제를 받지 않고 있던 아인 랜드가 말하는 '거물'들에게 돌아갔다. 따라서 창의적이고 뛰어난 천재들이 게으른 일반인들을 돕고 있는 것이 아니라, 일반적인 납세자들이 실패한 이른바 '창의적인 천재들'을 돕고 있는 것이다. 멀리 생각할 필요도 없이, 2008년 금융시장의 붕괴로 이어진 장기간에 걸친 경제 절차를 이끈 이념 및 정치적인 아버지 앨런 그린스펀을 생각해보자. 앨런 그린스펀은 정책을 담당하는 아인 랜드 스타일의 '객관주의자'였다. 그럼 이제 누가 2008년의 금융 위기에 책임이 있고, 따라서 정부 폐쇄의 위험까지 몰고 간 멍청이 '존 갈트'인지가 분명해진다.

아인 랜드가 주장한 자본주의자들이 가진 '도그마의 꿈Dogma Dream'에서 벗어나려면(칸트가 표현한 적이 있듯이), 브레히트가 〈거지 오페라Beggars' Opera〉에 삽입한 대사를 우리의 상황에 적용시켜야 한다. "은행을 설립하는 일에 비교했을 때, 은행에서 돈을 훔치는 것을 범죄라고 할 수 있을까?" 시민의 집과 저축에서 수천만 달러를 갈취하고 나서 정부의 숭고하고 장엄한 도움을 보상으로 받는 금융 투기에 비교했을 때, 수천 달러를 훔치고 감옥에 가는 것을 어떻게 봐야 할까? 거대 금융가들을 비롯해서 금융 붕괴에 책임이 있는 사람들을 반인류적 범죄자들로 취급하고, 헤이그 국제인권법정에 세워야 한다고 제안했던 사라마구가 옳았는지도 모른다.

적어도 그의 주장을 조너선 스위프트 식의 시적 표현의 과장으로 취급하는 대신, 심각하게 받아들여야 했는지도 모른다. 하지만 그런 일은 일어나지 않았다. '은행은 대마불사Too big to fail'의 독트린[18](은행은 경제에서 차지하는 몫이 크기 때문에 파산할 경우 전체 경제에 미치는 파급 효과가 크다는 논리)이 받아들여졌고, 이제는 '은행이 너무 커서 기소할 수도 없다'는 독트린(은행을 기소하면, 지배적인 상류층의 재정 및 도덕적인 위상에 파괴적인 여파가 미친다는 주장)이 수용되고 있다.

상류층은 2008년 금융 위기의 주범이면서 여전히 전문가라고 자처하고 있다. 유일하게 자신들만이 금융 회복을 위한 고통스러운 길을 안내할 능력을 가지고 있으며, 따라서 자신들의 조언이 의회의 정책보다 우선해야 한다고 말한다. 이탈리아 마리오 몬티 총리의 표현을 빌리면, "지배하는 사람은 의원들에게 완전히 발이 묶이지 않도록 해야 한다"[19]고도 한다. 그렇다면 시민들을 대표하기 위해서 민주적으로 선출된 의원들의 결정을 중단시킬 만큼 막강한 권한을 가진 상위 권력은 무엇일까? 그 답은 1998년에 독일 연방은행 Deutsche Bundesbank 총재인 한스 티트마이어에게서 얻을 수 있다. 그는 각 국가의 정부들이 '시민들이 치른 국민투표'보다 '세계 경제의 영구한 투표'를 선호한다면서 찬사를 보냈다.[20] 이 터무니없는 발언이 민주주의와 관련해 펼친 주장을 주목해야 한다. 세계시장에서의 투표 방식은 영구하기 때문에(게다가 시장의 변동 속에 영원히 반영되기 때문에), 4년마다 한 번씩 진행되고 한 국가에 국한된 의회 선거보다 더 민주적이라고 한다. 그 저변에 깔려 있는 아이디어는 더욱 강력한 시장 및 전문가의 통제를 벗어난 의회의 민주적 결정은 '무책임하다'는 것이다.

이런 사고방식의 결과—여전히 이 사고방식은 진행 중이다—는 유럽 전역에서 확인할 수 있다. 니콜라에 차우셰스쿠 루마니아 대통령은 사망 전에 가진 마지막 인터뷰에서 서구권 기자로부터 질문을 받게 되었다. 기자는 루마니아의 헌법이 이동의 자유를 보장하는데도 불구하고 루마니아의 시민들이 자유롭게 해외를 여행하지 못한다는 사실을 어떻게 정당화할 수 있는지를 물었다. 차우셰스쿠의 대답은 스탈린주의 궤변 중 최선의 경우를 따랐다. 헌법이 이동의 자유를 보장하는 것은 사실이지만, 안전하고 번영된 국가의 권리 역시 보장되어야 한다는 설명이었다. 따라서 서로 다른 권리가 충돌한다고 했다. 만약 루마니아 시민이 자유롭게 국가를 떠날 수 있도록 허용한다면, 국가의 번영이 위태로워지고 국가의 권리는 위협을 받는다는 것이었다. 이런 권한의 충돌 속에서는 선택이 필요하며, 부유하고 안전한 국가를 위한 권리가 분명한 우선순위였다.

2012년 12월 19일의 슬로베니아에서는 마치 스탈린주의 궤변의 정신이 다시 되살아난 것 같았다. 슬로베니아의 헌법재판소는 배드뱅크의 설립과 정부의 관리를 제안하는 법안에 대한 국민투표가 위헌이라고 판결했다. 즉, 배드뱅크에 관한 투표는 아예 불가능하다는 뜻이었다. 국민투표는 노동조합이 정부의 신자유주의 경제 정책에 반대하여 건의했고, 투표 제안은 헌법의 당위성에 관한 폭넓은 관심을 불러 일으켰다. 정부의 아이디어는 주요 은행의 악성 부채를 새로운 '배드뱅크'로 옮기고, 부채는 정부의 공적 자금(정확하게 말하면 납세자들이 낸 돈이다)으로 구제해서 금융 붕괴를 일으킨 책임자에 대한 심각한 질책을 막는 것이었다. 금융 및 경제 정책의 하나인 이 방법은 몇 개월 동안 논의되었고, 심지어 금융 전문가들도 수용할 수 없었다. 하지만 왜 국민투표를 막으려 했을까? 2011년 그리스의 게오르기오스 파판드레우 정부가 긴축재정에 관한 국민투표를 제안했을 때, 유럽연합은 당황했지만 감히 국민투표를 금지시킬 생각은 하지 못했다.

슬로베니아 헌법재판소는 '국민투표가 헌법에 위배되는 결과를 초래할 수 있다'고 설명했다. 어떻게 그런 일이 가능할까? 헌법재판소는 국민투표가 헌법이 보장한 권리이지만, 국민투표의 이행은 경제 위기의 상황에서 더욱 중요한 다른 헌법의 가치를 위험에 빠뜨릴 수 있다고 생각했다. 여기에는 효율적인 정부기관의 기능(특히 경제 성장을 위한 조건 설정)과 인권 실현(사회 보장의 권리와 자유로운 경제활동의 권리) 등이 속한다. 다시 말하면, 헌법재판소는 국민투표의 결과를 평가하는 과정에서 긴축재정 이행을 위해서 슬로베니아 국민들을 압박하는 국제 금융 기관의 논리를 여과 없이 받아들였다. 여기에서 국제 금융 기관의 논리는 이들의 명령을 따르지 않으면(혹은 기준에 부합하지 않으면), 정치 및 경제적 위기에 직면하게 되며, 이는 위헌이라는 것이다. 더 잔인하게 말해보면, 금융권의 요구나 기대에 부합해야 헌법상의 명령을 유지할 수 있고, 이것이 바로 헌법을 우선한다는 것이다(그에 따라서 국가의 주권도 우선한다).

헌법재판소의 결정을 본 수많은 법률 전문가들의 충격은 당연했다. 오랫동안 반체제 인사로 활동했고 슬로베니아 독립의 아버지인 프랜스 부카France Bucar 박사는, 당시 사례에서 사용된 헌법재판소의 논리에 따르면 모든 행동에는 사회적인 결과가 따르기 때문에 어떤 국민투표든 금지시킬 수 있다는 점을 지적하면서, "헌법재판소의 판사들은 이번 결정으로 누구든, 어떤 생각이든, 모두 금지할 수 있는 백지수표를 얻게 되었다. 언제부터 헌법재판소가 경제 혹은 은행 기관의 상태를 평가할 수 있는 권리를 갖고 있었던가? 헌법재판소는 특정 법적 규제가 헌법에 부합하는지 여부를 평가하는 권리가 있을 뿐이다. 그게 전부다!"라고 개탄했다.

물론 헌법에서 보장한 권리 사이에서 충돌이 발생할 수 있다. 예를 들어서, 한 무리의 사람들이 공공연하게 고문을 사용할 수 있도록 허용하는 법을 승인하도록 요구하는 차별적인 국민투표를 제안한다면, 분명하게 투표를 금지할 수 있다. 하지만 그 이유는 국민투표가 촉구하는 원칙(고문의 수용)이 헌법의 조항과 정면으로 배치되기 때문이다. 하지만 슬로베니아의 사례에서 국민투표를 금지해야 한다는 논리는 헌법의 원칙 때문이 아니라 경제적 조치의 (가능한) 실용적 결과를 위해서였다.

슬로베니아는 작은 국가에 불과하다. 하지만 슬로베니아 헌법재판소의 결정은 민주주의를 제한하려는 국제적인 경향의 징후였다. 지금처럼 복잡한 경제 상황 속에서 다수의 사람들은 결정을 내릴 자격이 없다는 아이디어였다. 자신들의 요구를 충족시키는 과정에서 어떤 끔찍한 결과가 초래될지 모르면서, 지금 가지고 있는 특권만 보전하길 바란다는 논리다. 이런 종류의 주장은 전혀 새롭지 않다. 약 10년 전에 있었던 TV 인터뷰에서 이론가인 랄프 다렌도르프는 민주주의와 관련해 점점 늘어나는 불신을, 혁명이 모두 지나간 후 새로운 번영으로 향하는 길은 '눈물의 골짜기'로 이어진다는 사실과 연결지었다. 사회주의가 붕괴했다고 무조건 성공적인 시장경제의 번영으로 이어지는 것은 아니었다. 제한적이기는 해도 실질적인 사회주의적인 복지와 사회의 안전망이 해체되어야 하는데, 이 첫 번째 과정은 당연히 고통스러웠다. 서구 유럽도 마찬가지였다. 2차 세계대전 이후의 복지국가에서 새로운 국제경제로 가는 과정은 고통스러운 포기와 사회 안전망의 감소, 사회적인 배려의 감소 등과 혼합되었다.

1990년 독일에서, 미하일 고르바초프가 자리를 내놓은 후 베를린으로 가는 길에 전 서독 총리 빌리 브란트의 집을 갑작스럽게 방문했지만, 고르바초프가 (보안요원들과 함께) 브란트 전 총리의 집으로 가서 초인종을 누르자 그가 만나지 않겠다고 거절했다는 소문이 돌았다(정확하게 사실인지 여부는 확인되지 않았다). 이후 브란트 전 총리는 친구에게 그 이유를 설명했다고 한다. 브란트 전 총리는 공산권의 붕괴를 용납한 고르바초프를 용서할 수 없었다고 한다. 마음속으로 소련의 공산주의를 믿었기 때문이 아니라, 공산권이 붕괴하면 서구 유럽의 사회민주주의 복지국가가 사라진다는 사실을 알고 있었기 때문이었다. 말하자면 브란트는 자본주의 시스템은 대안적인 시스템 및 근로자의 권익을 약속하는 다른 생산 체계의 심각한 위협이 있어야만 근로자와 빈곤층에 상당한 배려를 제공한다고 생각했다. 자본주의가 정당성을 얻기 위해서는 근로자와 빈곤층에게 더 맞는다는 사실을 증명해야 한다. 하지만 이런 대안이 사라질 경우, 복지국가의 해체도 가능하다.

하지만 다렌도르프에게는 '눈물의 골짜기'를 통과해야 하는 고통스러운 통로가 (민주) 선거 주기보다 더 길다는 단순한 사실이 문제를 한마디로 요약할 수 있었다. 그래서 단기적으로 선거에서 좋은 결과를 얻기 위해서 어려운 변화는 지연시키고 싶은 버티기 힘든 유혹에 빠지게 된다. 다렌도르프의 시각에서 보았을 때, 모범적인 집단은 새로운 민주적 질서 덕분에 경제적인 결과를 얻은 포스트 공산주의국가들의 그룹이었다. 1989년의 영광된 시대를 거치면서, 이들은 민주주의를 서구의 소비주의적인 사회가 보여주는 풍족함과 동일시했다. 하지만 10년이 지난 지금도 풍족함은 여전히 누리지 못하고 있고, 그 결과 민주주의 자체를 비난한다. 불행하게도 다렌도르프는 그 반대의 유혹은 그다지 주목하지 않았다. 만약 경제가 요구하는 구조적인 변화에 대다수가 저항하면, 뛰어난 엘리트가 약 10년 정도의 기간 동안 필요한 조치를 실시하고, 그 결과 실제적으로 안정된 민주주의의 기초를 닦을 수 있도록 권력을 잡아야 하며, 이 과정에서 비민주적인 방법도 동원될 수 있다는 것이 논리적인 결론(혹은 여러 논리적인 결론 중 하나)이 아닐까?

이런 면에서 파리드 자카리아는 민주주의가 경제 선진국에서만 자리 잡을 수 있다고 지적했다. 만약 개발도상국이 '민주적으로 성숙하지 못한' 상황이라면, 그 결과는 포퓰리즘으로 귀결되고, 이는 다시 경제적인 실패나 정치 폭정으로 이어진다. 현재 경제적으로 가장 성공한 제3세계의 국가들(대만, 한국, 칠레)은 독재정권을 거친 다음에야 완전한 민주주의를 구현했다. 한 발 더 나아가서, 이런 사고방식은 중국의 독재정권을 합리화할 수 있는 최선의 주장이 아닌가?

러시아의 애국주의자들이 KGB의 수장이었다가 1982년에 소련 공산당 중앙위원회 서기가 되었지만 단 16개월 만에 사망한 유리

안드로포프에 대한 향수를 가지고 있다는 사실은 전혀 놀랍지 않다. 이들의 향수는 대안적인 역사에 대한 열망이다. 만약 안드로포프가 조금 더 오래 살았더라면, 소련은 중국과 비슷한 방식으로 살아남았을지도 모른다. 안드로포프는 급진적인 경제 개혁을 소개했고, 1965년 이를 위한 프로그램을 진행 중이었다. 안드로포프는 칠레의 피노체트와 비슷했다. 비민주적인 방식으로 독재적이고 중앙집권적인 국가권력을 도입했으며, 공공의 논의 없이 사람들이 꺼리는 서구화를 위한 근대적인 혁신을 다수 실행했다.

그는 자유주의적인 개혁에 대한 반발을 예상했기 때문에 가혹하다 못해서 스탈린주의에 가까운 독재가 필요하다는 사실을 너무나 잘 알고 있었다. 안드로포프는 또한 소련의 인종과 지역에 따른 분열을 없애고 싶어 했다. 비러시아계 공화국들이 없었다면 노멘클라투라Nomenklatura, 즉 러시아의 간부 또는 특권 관료 체제의 상당 부분이 파괴되었을 것이라는 생각 때문이었다. 따라서 그는 모든 정당 활동을 금지하는 방안을 고려했다(여기에는 소련 공산당 중앙위원회도 포함되었다). 안드로포프는 공화국을 10개의 경쟁적인 경제 지역으로 대체하려고 했다. 소련 전체에 가이드라인을 제시하고, 시스템의 저하를 전반적으로 극복하기 위한 최선의 방법이라고 생각했기 때문이었다. 중국이 사용했던 전략과 매우 흡사한 형태였다.

이들 경제 지역을 이끌어가기 위해서는 새로운 전문가가 필요하다는 것도 알고 있었다. 그래서 안드로포프는 KGB 내의 특정 관료와, 해당 방향으로 KGB와 협력했던 인물들을 주목했다. 독재를 이용해서 자유주의적인 정책을 추구하겠다는 그의 결정은 소련을 위해 레이건 대통령의 정책—혹은 1980년대 대처 총리의 정신—을

반영한 결과였다. 대안적인 스웨덴 식의 사회주의는 소련에는 맞지 않았다.[21]

2008년에 시작된 위기가 아직도 계속되고 있는 현재, 민주주의에 대한 비슷한 불신—한때 제3세계나 포스트 공산주의 개발도상국에 국한되었던 불신이다—이 서구의 선진국에도 뿌리를 내리기 시작했다. 10년 혹은 20년 전에 서구의 국가들이 다른 국가에 해댔던 조언들이 이제는 서구 국가들의 걱정거리가 되었다. 하지만 이런 불신이 정당하다면 어떻게 해야 할까? 전문가가 민주주의를 전적으로 혹은 일부만 수용해야 지금의 위기를 해결할 수 있다면 어떻게 해야 할까? 그런데 이번 위기는 일반 대중이 아니라 전문가들 대부분이 모르기는 마찬가지라는 증거들이 곳곳에서 발견된다. 서구 유럽에서는 정책을 담당하는 엘리트의 무능력이 여기저기에서 확인되고 있다. 이들은 어떻게 국가를 이끌어가야 할지 전혀 모르고 있다.

유럽이 그리스의 위기를 어떻게 해결하고 있는지 살펴보자. 그리스가 부채를 지불하도록 압박을 가하는 한편 긴축재정으로 경제를 압박하고 있다. 계속 이런 식이라면 그리스는 절대 부채를 갚지 못할 것이다. 2012년 12월 말에 IMF는 공격적인 긴축재정이 경제에 미치는 악영향이 예측에 비해 3배나 크다면서, 유럽의 위기 해결을 위해 긴축을 제안했던 원래의 조언을 취소했다. 이제 IMF는 그리스와 다른 부채국들에게 너무 빨리 적자를 줄이도록 요구하면 역효과가 난다는 사실을 인정하고 있다. 하지만 IMF의 '착오'로 인해 이미 수십만 개의 일자리가 사라진 뒤다. 이처럼 '비합리적'으로 치부되던 유럽 시민들의 시위 속에 진정한 메시지가 담겨 있었다. 정책 입안자들이 몰랐던 사실을 시위대가 알고 있었다. 시민들은 빠르고 쉬운 해결책을 알고 있다는 거짓말을 하지 않았다. 다만 본능적으로 사실을 알고 있었던 것이다. 권력을 가진 이들이 몰랐을 뿐이다.

오늘날의 유럽은 눈을 가린 장님이 또 다른 장님을 이끌고 있는 형국이다. 긴축재정을 추구하는 정책은 과학적인 근거가 전혀 없으며, 심지어 합리적이지도 않다. 긴축재정은 현대사회의 미신에 가까워서, 복잡한 문제가 발생했을 때 가장 먼저 보이는 조건반사라고 할 수 있다. 뭔가 잘못되었을 때 사람들은 죄책감을 느낀다. 뭔가 대가와 고통을 치러야 한다는 강박관념에 사로잡혀서, 스스로에게 고통을 주고 소비를 줄이자는 잘못된 생각을 갖게 된다. 긴축재정은 좌파 비판론자들의 말처럼 '너무 극단적'인 것이 아니다. 다만 너무 피상적이다. 위기의 진정한 원인을 피하는 행위이기 때문이다.

또 다른 마법과 같은 사고방식(헤겔은 이를 두고 추상적인 생각의 전형적인 모델이라고 했다)은 자유시장의 신봉자들이 과도한 세금에 반대하면서 내세운 이론인 '래퍼 곡선Laffer curve'이다. 래퍼 곡선은 가능한 세율과 그 결과로 인한 정부의 세수 간의 관계를 나타내며, 과세소득이 세율의 변화에 대응해서 어떤 변화를 보이는지를 알려준다. 래퍼 곡선에 따르면 0퍼센트 및 100퍼센트의 극단적인 비율로 세율을 결정하면 조세수입을 전혀 얻지 못하게 되며, 분명 세수를 최대로 높일 수 있는 세율이 하나 이상 존재한다.

기업에 세금을 부과하는 정부의 입장에서 보면 세율을 최고로 높인다고 해서 조세수입도 최대가 되는 것은 아니다. 세금이 너무 높으면 기업의 의욕을 꺾어버려서 자본을 유출시키고 결국에는 세수를 낮추는 지점이 존재한다. 본 이론의 암묵적인 전제는 오늘날의 세율이 이미 너무 높으며, 세율을 낮추면 기업과 국가 세수에 모두 도움이 된다는 것이다. 하지만 이런 주장에는 문제가 있다.

추상적인 의미에서 해당 이론은 어느 정도 사실이다. 하지만 세금을 경제 전체가 재생산하는 양에 놓고 보면, 이야기는 좀 더 복잡해진다. 세금을 통해서 걷어 들인 돈의 상당 부분은 다시 민간 기업의 상품에 소비되고, 따라서 기업에 대한 인센티브가 된다. 더욱 중요한 것은 세금을 집행해서 기업을 위한 적절한 환경을 만드는 데 사용할 수 있다는 사실이다. 비교 가능한 두 개 도시의 예를 들어보자. 두 개 중 한 곳은 법인세율이 낮고, 나머지 하나는 높다. 첫 번째 도시는 형편없는 의료서비스와 들끓는 범죄 등 다양한 문제를 겪고 있다. 반면 두 번째 도시는 높은 조세수입으로 교육, 에너지 공급, 교통 체계 등을 개선시키고 있다. 두 번째 도시를 더 매력적인 투자처로 생각하는 기업이 다수일 것이라는 추정이 합리적이지 않을까? 그러나 아이러니하게도 첫 번째 도시가 두 번째 도시의 세금 정책을 따른다면, 민간 기업에 대한 인센티브가 늘어난다. (또 선진국의 주요 아웃소싱 대상인 중진국 정도의 옛 공산주의국가들은 의도치 않게 이용을 당하게 된다. 서구의 기업들이 이들 국가의 공공 교육에서 혜택을 얻은 숙련 노동자들을 저렴한 인건비에 활용하는 혜택을 얻기 때문이다. 이처럼 사회주의 국가들은 서구 기업의 인력을 위한 공짜 교육을 제공한다.)[22]

부채가
삶의 방식이 되어버린 사회

오늘날의 자본주의는 유령에 쫓기고 있다. 유령은 부채라는 이름의 악령이다. 자본주의 강대국은 하나같이 이 유령을 쫓기 위한 숭고한 동맹을 결성했다. 하지만 정말 부채를 정리하고 싶을까? 마우리치오 라자라토[23]는 국가에서 개인에 이르기까지 사회의 관행과 분야의 모든 범위에서 부채가 존재한다고 세밀하게 분석했다. 헤게모니적인 신자유주의 이념은 시장 경쟁의 논리를 사회 전반에 확대시켰다. 예를 들어서 보건과 교육—심지어 정치적인 결정(투표)까지—은 개인이 각자의 자본을 활용해서 실행해야 하는 투자로 여겨진다. 이런 점에서 근로자는 노동력이 아니라 일자리 사이를 이동하거나 각자의 자본적인 가치를 증가 혹은 감소시키면서 훌륭하거나 형편없는 '투자' 결정을 내리는 개별 자본으로 인식된다.

개인이 '각자의 운명을 결정하는 기업가'라는 새로운 인식은 상대적인 소극성과 규율 조직(학교, 공장, 교도소 등)의 울타리, 인구를 생물과 정치적인 대상으로 보는 시각(복지국가에 의한 시각)에서 벗어난 것이다. 개인이 자유시장에서 선택을 내리는 자율적인 존재, 예를 들어서 '각자의 운명을 결정하는 기업가'로 고려했을 때, 이들을 어떻게 통치해야 할까? 현재의 통치Governance는 시민들이 자율적인 의사 결정을 내리는 환경에서 실행된다. 그 결과 위험은 기업과 국가에서 개인으로 이전된다.

사회 정책이 개인화되고, 사회가 제공해야 하는 보호망이 시장의 기준에 따라서 구성되면서 역시 개인화되면, 개인이 당연히 받아야 하는 보호는 조건이 된다(더 이상은 권리가 아니다). 또한 보호는 개인에게 할당되고, 개인들은 각자의 행동을 평가받게 된다. 대다수의 사람들에게 '각자의 운명을 결정하는 기업가'가 된다는 것은 적절한 자원과 권력 없이 위험에 대응하는 능력을 뜻한다.

> 현대의 신자유주의 정책은 부채와 권력을 증감시키면서 언제나 위태로운 상태의 인적 자본 혹은 '각자의 운명을 결정하는 기업가'를 생산한다. 대부분의 사람들에게 스스로를 책임지는 기업가가 된다는 것은 고용의 가능성, 부채, 급여와 소득 감소, 사회적인 서비스의 감소를 비즈니스 및 경쟁적인 기준에서 관리하는 수준에 불과하다.[24]

개인들이 전보다 더 적은 급여를 받고 사회적인 서비스도 제대로 보장받지 못하면서 더욱 빈곤해지면, 신자유주의는 부채와 지분을 통해서 보상을 제시한다. 그래서 급여와 지연된 급여(연금)는 더 늘지 않지만, 사람들은 개인 신용을 이용할 수 있게 되고, 지분으로 구성된 포트폴리오를 통해서 은퇴를 준비하도록 유도된다. 이들은 이제 주거의 권리를 보장받지 못하고, 대신 주택 담보대출과 모기지 Mortgage를 이용할 수 있게 되었다. 더 나은 교육의 권리는 얻지 못하지만 학자금 대출을 이용할 수 있게 되었고, 위험에 대한 상호적이고 집단적인 보호는 받지 못하지만 개인 보험에 가입하도록 권유를 받는다. 채무자와 부채의 연결 고리는 이런 식으로 존재하는 모든 사회적인 관계를 대체하지 않고 그 위에 덧씌워진다. 근로자는 부채가 있는 근로자가 되고(고용의 대가로 기업의 주주에게 돈을 갚아야 한다), 소비자도 부채를 지며, 시민도 부채를 짊어지게 되면서, 국가의 부채에서 일정 몫을 담당한다.

라자라토는 니체가 《도덕의 계보Genealogy of Morals》에서 설명한 아이디어에 의존하고 있다. 니체의 아이디어는 사회가 원시적인 근원에서 멀어짐에 따라, 그룹에 대한 부채 상환을 약속 및 분별할 수 있는 사람을 생산하는 능력에 따라서 사회를 구분했다. 이런 약속은 미래를 향한 특정 종류의 기억에 근거를 두고 있으며('당신에게 빚을 지고 있다는 사실을 기억한다. 따라서 당신에게 빚을 갚을 수 있는 방식으로 행동할 것이다'의 의미), 그에 따라 미래의 행동을 통제한다. 좀 더 원시적인 사회 그룹에서는 부채에 제한이 있었고, 따라서 부채에서 벗어나는 것이 가능했다. 하지만 제국과 단일신교의 시대가 되면서, 사람들의 사회적인 부채나 신에게 빚진 부채는 실제적으로 상환 불가능해졌다. 이런 메커니즘을 완성시킨 것은 다름 아닌 기독교였다. 기독교에서 말하는 전지전능한 신은 무한한 부채를 의미하게 되었고, 덕분에 부채를 상환하지 못하는 사람들의 죄의식은 내면화되었다. 이들이 부채를 갚을 수 있는 유일한 방식은 신과 교회에 복종하는 것뿐이다. 부채는 과거와 미래의 행동을 장악한 상태로 도덕적인 영향력을 발휘하고 있고, 덕분에 가공할 만한 행정적인 도구가 된다. 한편 이를 위해서 나머지 모든 것은 세속화되었다.

이 모두가 복합적으로 작용해서, 도덕심과 특정한 조건에 한정

된 세속화의 특성을 보이는 주관성이 생겨나게 되었다. 부채를 짊어진 개인은 급여를 받고 노동을 하거나 일을 하면서, 부채 상환을 약속할 수 있는 대상을 생산하지만, 한편으로는 부채를 가지고 있다는 죄의식을 수용한다. 그런데 부채에는 시간적인 제약이 있다. 부채를 상환하기 위해서(상환 약속을 지키기 위해서) 행동을 예측하고, 규칙적으로 만들고, 계산 가능하게 만들어야 한다. 그 결과 미래에 혁명을 일으킬 가능성은 줄어든다. 만약 혁명을 일으키면, 불가피하게 상환 능력에 차질이 생기기 때문이다. 뿐만 아니라 부채는 과거의 혁명에 관한 기억을 지우고, 시간의 일반적인 흐름을 깨뜨려서, 예측 불가능한 행동을 유발할 수 있는 집단적인 저항도 잊게 만든다.

부채를 짊어진 개인은 끊임없이 누군가의 확인을 통해서 평가를 받는다. 일터와 신용 평가, 개인적인 인터뷰에서 성과를 칭찬받거나 지목의 대상이 되고, 그 결과에 따라 사회로부터 혜택을 받거나 신용을 얻게 된다. 따라서 평가의 대상은 부채를 상환할 수 있는 능력을 과시하려는 충동(또한 올바른 행동으로 사회에 부채를 갚으려고 한다)과, 올바른 태도와 모든 감정에 대한 개인적인 죄의식을 수용하려는 충동에 휩싸이게 된다. 여기에서 채권자와 채무자 사이의 불균형이 생겨난다. 빚을 진 '각자의 운명을 결정하는 기업가'는 과거보다 더 활동적으로 변하고, 스스로를 통제하고 절제하게 된다. 하지만 각자의 시간을 통제하는 능력과 행동을 평가하는 능력은 박탈당하며, 덕분에 자발적인 활동을 할 수 있는 능력은 크게 줄어든다.

부채가 단순히 개인의 활동을 조절하기 위한 통제 도구인 것처럼 생각된다면, 이번에는 동일한 기술이 기관과 국가의 통치에도 적용된다는 사실에 주목해보자. 지금의 위기는 마치 자동차 충돌 사고가 천천히 펼쳐지고 있는 것과 같다. 이 과정을 주목한 사람은 누구나 국가와 기관의 끊임없는 평가를 받고(일례로 끊임없이 신용 평가를 받는다), 과거의 잘못이나 방종한 행동에 대해 도덕적인 잘못을 인정해야 하며, 미래에 사회적인 서비스나 근로자의 권리가 크게 감소되더라도 반드시 옳게 행동하겠다는 확답을 줘야만 한다. 다시 말해서 채권자에게 빚을 갚기 위해서라면 피와 살을 내놓아야 한다.[25]

이 때문에 근로자들이 자본가, 다시 말해서 각자의 미래에 투자를 결정하는(교육, 건강 등) '각자의 운명을 결정하는 기업가'가 되어서 부채를 감당하며 투자를 할 때, 자본주의는 궁극적인 승리를 얻는다. 과거에는 권리였던 대상(교육, 보건, 주택 등)이 이제는 자유로운 투자 결정이 되면서, 마치 이 기업이나 저 기업에 투자하는 금융가나 자본가의 결정과 유사하게 바뀌었다. 따라서 공식적으로 모든 자본가는 투자를 위해서 부채를 얻는다. 여기에서 자본가와 근로자의 공식적인 평등 관계를 법적인 시각으로 바라볼 필요가 있다. 이제 양측은 모두 자본가이자 투자자다. 하지만 '자본주의 무대에 등장한 인물의 골격'에는 차이점이 있다. 마르크스는 여기에 대해서 노동과 자본의 교환이 종결된 후에 나타난다고 언급한 바 있는데, 이제는 계속 성장하는 자본주의자이면서 투자자인 계급과 '각자의 운명을 결정하는 기업가'가 되도록 강요를 받는 노동자 계급 사이에서 또 한 번 확인되고 있다. 한쪽은 스스로의 가치를 강조하면서 비즈니스를 진행하고,[26] 나머지 한쪽은 수줍게 스스로를 통제하면서 시장에 숨어들어 남에게 길들여지기를 바란다.[27]

오늘날 글로벌 자본주의 속에서 부채를 짊어진 사람들의 증가는 니체가 일반적이면서 인류학적이라고 설명했던 채무자와 채권자의 관계에 비교했을 때 어떻게 달라졌을까? 분명한 깨달음이 완전히 정반대로 바뀐 아이러니다. 현재의 글로벌 자본주의는 채무자와 채권자의 관계를 극단적으로 내모는 동시에 약화시킨다. 부채는 어이가 없을 만큼 과도하다. 그래서 지금은 충격적인 단계가 되었고, 신용이 합의되면 채무를 갚지 않는 것도 예측 가능하게 되었다. 이제는 부채가 통제와 권위의 수단으로 인정되고 있다.

그래서 채무의 제공자와 관리자는 채무 국가가 마치 전혀 죄책감을 느끼지 못한다는 듯이 비난하고, 결백하다고 생각한다고 의심한다. 그리스에 긴축재정을 요구하면서 지속적인 압박을 가하고 있는 유럽연합을 상기시켜보자. 심리분석학자들이 '초자아'라고 부르는 압력을 행사하고 있다. 초자아란 윤리적인 기관이 아니라 상대에게 불가능한 요구를 남발하며, 대상이 요구를 따르지 못하는 상황을 선정적으로 즐기는 가학적인 기관이다. 프로이트가 분명하게 확인했던 것처럼, 초자아의 아이러니는 요구를 충족시키지 못할수록 죄책감을 갖게 만든다. 학생에게 불가능한 책임을 안겨주고 걱정과 공포에 휩싸이는 모습을 보며 가학적으로 시시덕거리는 사악한 선생을 상상해보라. 유럽연합의 요구와 명령이 끔찍하게 잘못된 이유는 바로 이것이다. 유럽연합은 그리스에게 기회를 준 적이 없다. 그리스의 실패는 당연한 게임의 법칙이다. 이때 정치 및 경제적인 분석의 목표는 부채와 죄책감으로 인한 열등감의 고리를 빠져나오기 위해서 전략을 만드는 것이다.

물론 약속과 의무는 금융 시스템을 기반으로 절대 충족될 수 없기 때문에, 비슷한 역설은 처음부터 작용한다. 누군가 은행에 돈을 저금한 후에 은행은 요구에 따라서 돈을 돌려줘야 한다. 하지만 우리 모두 잘 알고 있는 것처럼, 은행은 일부 예금자의 돈을 돌려줄 수는 있지만 모두의 돈을 돌려주지는 못한다. 하지만 원래 개인 예금자와 은행 사이에서 성립되어 있던 이런 역설은, 이제는 은행과 돈을 빌리는 (법적 혹은 물리적) 사람 사이에서 성립된다. 여기에 내포된 의미는 채권자에게 돈을 빌리는 진짜 목적이 이익으로 부채를 상환하기 위해서가 아니라는 것이다. 다만 부채가 무한적으로 유지되면서 채무자는 채권자에게 영원히 의존하거나 종속하게 된다.

10년쯤 전, 아르헨티나는 부채 상환 시간이 되기 전에 IMF에 돈을 갚기로 결정했다(베네수엘라에서 얻은 금융 지원도 함께 갚을 계획이었다). IMF의 표면적인 반응은 놀랍다는 것이었다. IMF(혹은 IMF 수뇌부)는 돈을 다시 돌려받게 되어 기뻐하기는커녕 아르헨티나가 국제기관에게서 얻어낸 새로운 자유 및 금융상의 독립성을 이용해서 강력한 금융 정책을 포기하거나 부주의한 소비에 빠지는 데 사용할지 모른다면서 우려를 표했다. 이런 불편한 태도는 채권자와 채무자의 관계 사이에 존재하는 진정한 의미를 뚜렷하게 나타낸다. 채무는 채무자를 통제 및 규제하기 위한 도구이며, 따라서 확대와 재생산을 목표로 한다.

여기에서 또 놀라운 점은 신학과 시문학에서는 이 사실을 아주 오래전부터 알고 있었다는 것이다. 베라르디가 '시와 금융Poetry and Finance'이라는 주제로 쓴 글이 얼마나 타당했었는지를 다시 한 번 떠올려보자. 이제 다시 근대 초반의 시대로 가보자. 왜 오페라 〈오르페우스Orpheus〉는 100개도 넘게 변형된 인류 역사 초기를 이야기의 기반으로 삼았을까? 아내인 에우리디케를 돌려달라고 신에게 부탁하는 오르페우스라는 인물은 오페라의 기본 구성 요소, 아니 더 정확하게는 오페라 아리아의 기본 구성 요소인 듯한 상호 주관적인 무리를 대표한다. 주인공(자율적인 개인 및 법적인 권한을 가진 주체)과 그 주인(신이나 왕, 사랑하는 여성)과의 관계는 영웅의 노래(합창에서 구현되는 집단성에 반대된다)를 통해서 드러나고, 이는 기본적으로 주인에게 향하는 탄원이자, 자비를 베풀어달라는 간청이며, 예외를 만들어주거나, 영웅의 잘못을 용서해달라는 부탁이다.

최초의 기본적인 형태의 주관성은 주인에게 잠깐 동안 법의 집행을 중단해달라고 요청하는 주인공의 목소리 속에 존재한다. 주인공의 간청에 답하는 주인의 은총은 힘과 무능 사이의 모호함에서 급격한 긴장이 발생한다. 공공연한 이념에 관해, 은총은 주인의 뛰어난 힘을 뜻하고, 힘은 모두의 법 위에 존재한다. 그래서 정말 강력한 주인만이 자비를 베풀 수 있다. 여기에서 확인할 수 있는 것은 인간과 신의 존재 사이에 발생하는 상징적인 교환이다. 주인공, 즉 죽음을 피할 수 없는 인간은 스스로를 희생해서 자신의 유한함을 뛰어넘고, 신성한 지위를 얻는다. 이때 신은 숭고한 은총으로 대응해서, 인간성에 대한 궁극적인 증거를 보여준다. 하지만 이런 은총은 강요되고 무의미한 분명한 징표에 의해서 확인된다. 주인은 궁극적으로 필요 이상의 미덕을 보여주고, 그래서 강요를 받았음에도 자유로운 행동이라고 홍보한다. 만약 그가 관용을 거부한다면, 주인공의 존경스러운 애원이 공공연한 반항으로 바뀌는 위험을 감수해야 한다. 이런 점에서 흥미로운 곡이 모차르트가 작곡한 오페라인 〈티토의 자비La Clemenza di Tito〉다. 여기에서 우리는 자비가 숭고하면서도 우습게 폭발하는 것을 확인할 수 있다. 티토(황제)는 마지막 부분에 용서를 베풀면서, 반란 행위가 너무 많아서 관용의 대상을 확대해야 하는 상황을 맹렬히 비난한다.

내가 하나의 범죄를 풀어내는 순간, 또 다른 것을 발견하게 된다……. 나는 내 의지와 반대되게 별들이 날 잔인하게 만든다고 믿는다. 아니다. 그들은 만족해야 한다. 내 미덕은 이미 경쟁을 지속하도록 맹세했다. 다른 이들의 배반과 나의 자비 중에 어떤 것이 더 지속적인지 확인할 수 있게 하라……. 난 변치 않으며, 모든 것을 알고 있고, 모두를 용서하고, 모든 것을 잊는다는 것을 로마에게 알려라.

티토의 불평은 로시니의 피가로Figaro에서 'Uno per volta, per carita!' 즉, '제발, 너무 서두르지 말고, 자비를 따라서 한 명씩!'이라는 뜻처럼 들릴 지경이다. 티토는 자신의 임무에 따라서 모두를 잊어버리지만, 그가 용서하는 사람들은 이를 영원히 기억할 운명이 된다.

섹스투스 : 사실이니 용서해주십시오, 황제이시여. 하지만 내 마음은 날 용서하지 못합니다. 기억이 사라질 때까지 잘못을 슬퍼하겠습니다.
티투스 : 진정으로 뉘우칠 수 있다는 것은 계속 충실한 것보다 더 큰 가치가 있네.

티토가 마지막으로 불쑥 내뱉은 대사를 통해서 드러난 비밀은, 용서를 받는다고 부채가 없어지지는 않는다는 것이다. 오히려 용서를 받았기 때문에 부채는 영원해진다. 사람들은 자신을 용서해준 상대방에게 영원히 부채를 지기 때문이다. 티토가 충성심보다 회개를 선호하는 것은 당연하다. 주인에 대한 충성심은 존중에서 우러나지만, 주인에 대한 뉘우침은 영원히 지울 수 없는 죄의식이기 때문이다. 이런 점에서 티토는 분명히 기독교에서 말하는 신과 같다. 그가 어이가 없을 만큼 자비를 베풀 수 있다는 것은 권력이 더 이상 일상적인 방식으로 작동하는 것이 아니기 때문에 늘 자비를 받아야 한다는 뜻이다. 만약 주인이 자비를 보여야 한다면, 법은 실패했고, 법적인 지위의 법칙은 이제 더 이상 유지가 불가능하기 때문에 외부의 끊임없는 중재가 필요하다는 뜻이다.[28] 오늘날의 자본주의도 마찬가지다. 피터 버핏(워렌 버핏의 아들)은 최근 〈뉴욕 타임스〉 오피니언에 발표한 사설에서 '자선을 표방하는 식민주의Philanthropic Colonialism'에 대해 설명했다.

중요한 자선 단체의 회의에 가보면 국가의 지도자들이 투자 매니저와 기업의 대표를 만난다. 이들은 모두 오른손으로 문제에 대한 해답을 찾으면서, 왼손으로는 문제를 만들어낸다……. 자선 활동은 동일한 조건을 형성하면서, 수많은 모임과 워크숍, 친목단체를 만들기 위한 '트렌디한' 도구가 되었다.
소수의 사람들을 위한 막대한 부를 창출하는 시스템이 더 많은 생명과 집단을 파괴할수록, '환원'이라는 단어는 더욱 영웅적으로 들린다. 나는 이를 두고 '양심의 세탁'이라고 부른다. 별것 아닌 자선 활동으로 삶에 필요한 것보다 더 많이 축적하는 데 대한 죄의식을 없앤다. 부자는 밤에 더 잘 자고, 다른 이들은 겨우 주전자에 물을 끓일 정도의 삶을 살아간다.

비즈니스에 입각한 정신을 가진 사람들이 행동을 할수록, 비즈니스의 원칙은 자선 활동의 중요한 요소로 군림한다……. 소액 대출과 금융 지식(이제 난 훌륭한 사람들이자 좋은 친구들을 화나게 만들 것이다)이 의미하는 것은 무엇일까? 모두가 빚을 지고 이자를 갚는 시스템에 편입된다는 것이다. 하루 2달러 이상을 버는 사람들은 상품과 재화의 세상으로 들어와서 더 많은 것을 구매하려고 한다. 하지만 이 모두는 짐승에게 먹이를 주는 것이 아닐까?[29]

버핏의 비판은 이상적으로 더 나은 인간의 삶을 위한 단순한 우려를 강요하면서, 기본적인 시스템의 변화('내가 원하는 것은 자본주의의 종말이 아니라 휴머니즘이다')에 관한 질문은 피하고 있다. 하지만 그는 이념(이념의 실행)이 전 세계 자본주의 속에서 어떻게 중요한 역할을 하고 있는지에 대한 적절한 설명을 제시한다.

페터 슬로터다이크는 조르주 바타유가 말한 국가 지출의 '일반 경제General Economy'에 대한 개념을 언급하면서, 자본주의의 끊임없는 폭리가 만들어내는 '제한된 경제Restrained Economy'에 반대하고, (그의 에세이 〈분노와 시간Zorn und Zeit〉에서) 자본주의가 그 자체의 치유력에서 스스로 분리되는 것을 설명했다. 자본주의는 '자체적으로 전통적인 좌파와는 완전히 다른 극단적인—또 유일하게 생산적인—정반대의 것을 만들면서, 비참함에 사로잡히고 꿈을 꿀 수 있을 때' 정점에 달한다.[30] 슬로터다이크가 앤드류 카네기를 긍정적으로 언급한 사실에서 이를 확인할 수 있다. 국가가 끊임없이 부를 축적하는 자기 파괴적인 행동은 시장의 순환 밖에서 가격을 넘어서 공공재, 예술, 과학, 건강 등을 소비하기 위해서다. 그 결과, 국가의 행동은 자본가들이 돈을 더 벌기 위해서 돈을 얻어내는 재생산의 끊임없는 확대가 만들어내는 악순환을 벗어날 수 있도록 만든다. 자본가들이 축적된 부를 공공의 선을 위해서 기부할 때, 이들은 단순히 자본의 인격화이자 재생산적인 순환으로 스스로를 무효화시키고 삶은 의미를 얻게 된다. 이는 더 이상 자신의 목표가 확대된 재생산이 아니다. 게다가 자본가는 사랑Eros을 격정Thymos으로 변화시키는 목표를 이루고, 축적을 원하는 왜곡된 '사랑의' 논리가 대중의 인기로 변화하게 된다.

슬로터다이크의 아이디어는 조지 소로스나 빌 게이츠 같은 인물이 스스로를 무력화시키는 자본가들의 과정을 보여주는 인물이라는 뜻이 된다. 이들의 자선 활동이나 공공의 부를 위한 막대한 기부는 진심이든지 위선이든지 단순한 괴벽이 아니라 자본주의 순환의 논리적인 결과이며, 자본주의 시스템이 위기를 맞지 않도록 지연시키기 때문에 엄격하게 경제적인 시각에서 필요한 것이다. 이는 운명적인 함정에 빠지지 않으면서 균형을 재정립한다(실제 필요한 부를 재정립하는 균형이다). 여기에서 운명적인 함정이란 일반적인 비극으로 끝날 수밖에 없는 분노의 파괴적인 논리와 강제적인 국가통제주의의 재분배를 뜻한다. (뿐만 아니라 국가가 비용을 지출하고 폭력을 조장하는 '전쟁'이라는 방식을 피하도록 돕는다.) 혹은 유명 라틴어 격언 'velle bonum alicui'을 응용해서 설명해보면, 자선 활동은(선행은) 무관심한(아무런 배려도 하지 않는) 이들의 소일거리(여흥이나 잡일)다.

치약이나 탄산음료를 구매할 때 보면, 용기나 병의 꼭대기는 대부분 다른 색깔로 되어 있고, 그 위에는 '20퍼센트는 무료!'와 같은 말이 쓰여 있다. 이 말은, 이 물건을 사면 어느 정도는 공짜로 받는다는 의미다. 어쩌면 자본주의 체제 전체가 이와 비슷한지도 모른다. '글로벌 자본주의를 구매하고 참여하면, 그중 20퍼센트는 자선 활동이나 기부를 통해서 공짜로 얻게 된다!'고 할 수 있다. 하지만 자본주의의 경우에, 신은 우리에게 거절할 수 있거나 거절해야만 하는 제안을 한다.

소금에 절인 고기는 어떠세요?

구름에 둘러싸인 자유

2013년 12월에 런던의 에콰도르 대사관에 머무르고 있는 줄리안 어산지를 방문한 일은 대사관 직원들의 친절에도 불구하고 우울한 경험이었다. 대사관은 정원이 없는 6개의 방으로 구성된 아파트였다. 그래서 어산지는 매일 산책을 할 수도 없었고, 심지어 방에서 나와 복도를 걸을 수도 없었다. 경찰들이 복도에서 그를 기다리고 있었기 때문이다. 언제나 열댓 명쯤 되는 경찰들이 건물 내부에 있었고, 일부는 주변 건물에서 보초를 섰다. 심지어 작은 화장실 창문 아래에도 경찰이 있으면서, 어산지가 벽의 구멍을 통해서 탈출하지 못하도록 막았다. 아파트는 층간 소음이 심했고, 인터넷은 뭔가 이상하다 싶을 정도로 느렸다.

그렇다면 어째서 영국 정부는 어산지가 스웨덴으로 송환되기를 거부하고 별것 아닌 성추행 혐의로 심문을 받아야 한다(그는 기소도 되지 않았다)는 구실로, 50명에 가까운 사람들을 고용해서 그를 지켰을까? 어쩌면 영국 마거릿 대처 총리의 이론을 신봉하면서 "긴축정책 면에서 보았을 때, 이것은 무슨 경우란 말인가?"라고 묻고 싶을지도 모르겠다. 만약 스웨덴 경찰이 나처럼 아무것도 아닌 사람을 비슷한 수사를 위해서 찾는다면, 영국은 날 보호하기 위해서 50명을 고용할까? 심각한 질문은 이렇다. 실소가 나올 정도로 과도한 복수의 욕망은 대체 어디에서 온 것일까? 어산지와 그의 동료, 내부 고발자들은 이 정도 대우를 받아야 할까? 어떤 면에서 보면 정부의 반응은 이해할 수 있다. 어산지와 그의 동료들은 반역자라는 비난을 들을 때가 많지만, 실은 그보다 더 심각하다(당국의 시선에서 보면 그렇다).

만약 에드워드 스노든이 정보를 몰래 또 다른 정보기관에 팔려고 한다면, 그의 행동은 '애국주의적인 게임'이라고 평가하고, 필요에 따라 스노든은 '반역자'로 제거할 수 있다. 하지만 스노든의 경우에는 완전히 다른 태도에 대응해야 했다. 한동안 '서구' 정책(혹은 정책이 없는 시스템)의 근본이던 가장 기본적인 논리와 상황에 대해서 의문을 제기하는 것이었다. 이런 태도가 모든 것을 위험하게 했고, 수익이나 그에 따른 위험을 고려하지 않았다. 위험을 무릅쓴 이유는 모든 것이 완전히 잘못되었다는 결론이 있었기 때문이다. 스노든은 어떤 대안도 제시하지 않았다. 스노든 자체가 대안이었다. (혹은 그 직전에 비슷한 내부 고발자였던 첼시 매닝이 그랬듯 그의 행동의 논리가 대안이다.)[1]

위키리크스의 성과는 어산지가 스스로를 '사람들을 위한 첩자'로 일컬은 것으로 훌륭하게 요약될 수 있다. '사람들을 위한 첩자'란 첩보 행위를 직접 부정하는 것이 아니라(그렇다면 비밀을 적에게 팔아넘기는 이중첩자일 것이다) 스스로에 대한 부정이다. 말하자면 비밀을 대중에게 공개하는 것이 목적이기 때문에, 첩보 활동과 비밀의 원칙을 약화시키는 것이다. 따라서 그 기능은 마르크스주의가 말하는 '프롤레타리아의 독재주의'가 기능하는 방식과 유하다. 그래서 독재의 원칙 자체를 모든 곳에서 스스로 부정한다. 공산주의를 허수아비로 보는 사람들에게, 위키리크스가 공산주의를 실행한다는 말을 해줘야 한다. 위키리크스는 정보의 평민화를 실행한다.

아이디어의 투쟁에 있어서 부르주아 근대주의는 전체 대중들에게 사용 가능한 모든 정보를 체계적으로 표현하는 거대한 벤처였던 프랑스 백과전서(Encyclopédie, 1751~1772)로 대표된다. 백과전서에 담긴 정보의 수신인은 국가가 아니라 대중이었다. 위키피디아가 오늘날의 백과전서라고 할 수 있지만, 여기에는 한 가지 부족한 점이 있다. 대중적인 공간에서 무시되고 억압되었던 지식들이 역시 억압되었다는 사실이다. 그 이유는 정부의 메커니즘과 기관이 우리 전체를 통제하고 규제하는 방식과 정확하게 관련되어 있다. 위키리크스의 목표는 클릭 하나로 이 모든 정보를 제공한다. 어산지는 오늘날의 달랑베르이고, 위키리크스는 21세기 사람들의 진정한 백과사전인 셈이다. 왜일까?

우리의 정보 평민화는 두 가지 면에서 계급투쟁의 중요한 공간 중 하나로 부상했다. 두 가지 면이란 좁은 의미의 경제와 사회정치다. 한편 새로운 디지털 미디어는 '지식재산권'의 고착 상태를 가지고 우리와 직면하고 있다. 월드와이드웹World Wide Web의 본질은 자유로운 정보의 흐름으로 향하는 공산주의처럼 보인다. CD와 DVD는 조금씩 사라지고, 이제 음악과 영상을 대부분 무료로 다운로드 받는 사람들이 수백만 명에 이른다. 비즈니스 주체들이 지식재산권에 대한 법을 실행해서 이런 흐름에 개인적인 재산권의 형태를 부과하기 위해서 절박하게 노력하고 있는 이유도 바로 이 때문이다.

물론 이런 자유로운 순환은 재론 래니어[2]가 지적한 것처럼 내재적인 위험성을 가지고 있다. 래니어는 대단한 사회적인 업적으로 평가받는 디지털 공간의 특성에 위협적인 요소가 있다고 생각했다. 개방성으로 창의적이지 않는 제공업체(구글이나 페이스북)가 데이터의 흐름을 규제하는 독점적인 수준의 권한을 발휘하는 반면, 콘텐츠를 만드는 개인은 네트워크의 익명성 속에서 잊히기 때문이다. 래니어는 개인 자산으로의 대대적인 복귀가 해결책이라고 제안했다. 개인적인 정보를 포함해서 웹에서 순환되는 모든 것(예를 들어서 어떤 홈페이지를 방문하고, 아마존에서 어떤 책을 검색했는지 등의 정보)은 소중한 재화로 처리되어 값을 치러야 하며, 모든 것에 대해서 개별 사용자가 정확한 정보의 출처로 밝혀져야 한다. 무정부적이고 자유로운 익명의 순환이 강력한 네트워크를 만들어낸다는 점에서는 래니어가 옳지만, 그럼에도 불구하고 그가 제안한 해결책에 대해서는 의문을 제기해야 한다. 세계적인 사유화 및 상품화가 정말 이를 위한 유일한 방법일까? 또 다른 형태의 세계적 규제는 없는 것일까?

한편 디지털 미디어(특히 인터넷과 휴대전화에 대한 보편에 가까운 접근성)는 수백만 명의 보통 사람들에게 네트워크를 만들고 이들의 집단적인 활동을 조율할 수 있는 새로운 방법을 만들어주었으며, 한편으로는 정부기관과 민간 기업에게 일반 대중과 개인의 활동을 추적할 수 있는 의외의 가능성을 제공한다.

자크 라캉에게, 정신분석학 윤리의 격언은 '자신의 욕망에 타협하지 말라'는 것이었다. 이 격언은 내부 고발자의 행동을 정확하게 규정할 때도 꼭 들어맞지 않을까? 이런 타협하지 않는 자세는 우리가 일상 속에서 개코원숭이를 닮아가고 있다는 사실을 계속해서 일깨운다. 말하자면 왜 개코원숭이는 커다랗고 툭 튀어나왔으며 털도 없는 붉은 엉덩이를 가지고 있을까? 가장 큰 이유는 암컷 원숭이의 엉덩이가 도드라져서, 수컷 원숭이에게 짝짓기를 할 준비가 되었다고 알리는 것이다. 뿐만 아니라 항복의 신호이기도 한데, 한쪽이 뒤로 돌아서 맞은편에게 엉덩이를 내보이면, "네가 더 강하다는 것을 알고 있어. 그러니까 그만 싸우자!"라는 뜻이 함축되어 있다. 엉덩이가 붉고 털이 없는 개코원숭이일수록 더 많은 짝을 유혹하고, 더 많은 자손을 생산할 수 있다. 또 평균적으로 엉덩이가 빨갛고 털이 없는 새끼들이 그 반대의 경우보다 부모 원숭이에게 더 많은 사랑을 받는다. 이념적인 헤게모니를 위한 노력도 이를 닮지 않았을까? 사람들은 털이 없고 빨간 엉덩이를 내보이면서 이상적인 아이디어에 빠져들겠다고 외친다. 폭력이 사용될 부담도 없다. 희생자의 자의에 의한 일이기 때문이다. 우리가 삶을 디지털에 의해서 상당 부분 통제당하게 되었다는 사실을 깨달았을 때도 마찬가지였다.

위키리크스를 단순히 반미 현상으로 보기는 어려운 이유가 바로 이 때문이다. 말하자면 어떻게 오바마 대통령의 행동이 위키리크스의 공개를 통해서 형성된 무리에 포함되는 것일까? 공화당 측에서는 오바마 대통령이 미국인들을 분열시키는 위험한 좌파주의자이며, 미국의 삶의 방식을 위협한다고 비난한다. 하지만 일부 좌파에서는 오바마 대통령이 제국주의적인 외교 정책을 좇는 데 있어서 부시 대통령보다도 최악이라고 비난한다. 오바마 대통령이 노벨 평화상을 수상했던 2009년으로 되돌아가보자. 그가 이루어낸 성과 때문에 상을 받은 것이 아니라, 그를 더 압박해서 선거 때 약속한 공약을 지키고 부시와는 다른 대통령이 되어달라는 절박한 제스처였다는 사실을 누구나 알고 있었다. 오바마가 기대에 부응하지 못했다는 사실에 대해서 정당하게 반응했다면, 첼시 매닝에게 노벨 평화상을 주자는 아이디어가 수용되어야 했다. 이런 실망에 대한 설명으로, 2012년에 오바마 대통령이 재선에서 승리했던 방식을 가슴에 새겨야 한다.

장 클로드 밀너는 최근 '안정적인 계급'이라는 개념을 제안했다. 과거의 지배계급이 아니라, 심지어 변화가 요구될 때마저 현재의 사회가 안정되고 지속될 수 있도록 헌신한 모든 계층이, 시스템을 더욱 효율적으로 만들면서 실질적인 변화는 일어나지 않도록 만드는 변화를 강화시킨다는 주장이다.[3] 이것이 오늘날 서구 선진국에서 치러진 선거의 결과를 해석하는 열쇠다. 오바마는 극단적인 혁신가로 인식되기는커녕 이들에게 승리하면서 재선에 성공했다. 유권자 대부분은 공화당의 시장 및 종교 원칙주의자들이 주장하는 극단적인 변화가 싫었기 때문에 오바마 대통령에게 표를 던졌다.

우리는 모두 오바마 대통령이 첫 번째 선거에서 "할 수 있어요Yes, we can!"라는 문구를 반복적으로 강조하면서 미소 짓던 그의 얼굴을 기억한다. 희망과 신뢰가 가득한 미소였다. 부시 행정부 시대의 냉소주의를 없애고 미국 시민에게 정의와 복지를 실현해주며, 미국을 다시 한 번 희망과 꿈의 땅으로 만들 수 있을 것 같았다. 현재의 미국은 은밀한 감시를 계속하고 있다. 드론을 사용하고, 더 심하게 통제하고, 정보 네트워크를 확장하며, 심지어는 우방국을 감시한다.

어떤 시위대는 "감시할 수 있어요Yes, we scan!"라면서 오바마 대통령이 사용했던 선거 표어를 살짝 틀어서 비꼬기도 한다. 아마도 오바마 대통령이 거짓된 사악한 미소를 지으면서 "살상을 위한 드론은 이제 그만!" 혹은 "우방국을 감시하는 것은 몹쓸 행동!"이라고 소리 높여 외치는 시위대에게 "Yes, we can!"이라고 대답하는 모습을 상상한다면 더욱 적절한 변형이 될 것이다.

하지만 이런 단순한 개인화는 한 가지 사실을 놓치고 있다. 내부 고발자들이 알려준 우리의 자유에 대한 위협은 좀 더 깊은 체계적 뿌리를 가지고 있다는 것이다. 에드워드 스노든을 보호해야 했던 이유는 단순히 그의 행동이 미국 첩보당국을 분노하고 당황하게 만들었기 때문이 아니다. 그가 공개한 정보는 미국에 제한된 것이 아니라, 다른 강대국(및 그보다 권력이 약한 국가) 전부(중국에서부터 러시아, 독일에서부터 이스라엘까지 포함되었다)가 하고 있는 행동에 관한 것이었다(하지만 그것도 기술적으로 밝힐 수 있는 수준까지에 불과했다). 따라서 그의 행동은 우리가 얼마나 감시와 통제를 당하는지를 짐작할 수 있는 기준의 일부분에 불과하다. 내부 고발자가 알려준 교훈은 이 모두가 전 세계적인 현상이며, 미국에 대한 표준적인 비난의 범위를 크게 벗어난다는 것이다. 우리가 스노든을 통해서(혹은 매닝을 통해서도) 아니더라도 알고 있었던 사실은 우리가 추측하지 않았던 일들이 진실일 수도 있다는 것이다. 하지만 그저 알고 있는 것과, 구체적인 데이터를 가지고 있는 것은 전혀 다르다. 자신의 섹스 파트너가 다른 누군가와도 잠자리를 한다는 사실을 짐작하는 것과 비슷하다. 추상적인 지식을 수용할 수는 있지만, 상세한 정보를 알게 되면 고통이 느껴지기 시작한다. 상대의 행동이 구체적인 그림으로 그려질 때다.

때때로 좀 더 공공연하고 직접적인 방식으로 안보를 위한 방법을 적용하는 더 작고 힘이 약한 국가에게서 상세한 정보를 얻을 때가 있다. 예를 들어서 2012년 여름에 헝가리 의회는 새로운 보안법을 통과시켰다. 법의 내용은 다음과 같다.

정부 내 내부조직은 고위직 관료들을 감시할 수 있다. 이 법에 따라서 상당수의 정부 관료들은 사생활 침해 가능성이 높은 방법으로(도청, 집안 도청, 이메일 검열 등) 매년 2개월 동안 감시당할 수 있다. 단, 감시 당사자는 감시를 받게 되는 60일의 감시 기간을 알지 못한다. 따라서 연중 내내 감시당한다는 기분일 것이다. 아마도 이것이 이 법의 중요한 점일 것이다. 헝가리는 조지 오웰의 소설《1984》에서 설명된 세계를 떠난 후 20년 만에 감시 국가로 돌아왔다.

빅토르 오르반의 청년민주동맹Fidesz 정부가 원치 않는 무언가를 발견했다면—또 불쾌한 대상에 대한 법적인 제한이 없다면—감시 대상을 해고할 수 있었다. 정부의 최고급 고위직은 감시에서 제외되었지만, 장관, 공무원, 첩보당국 전체, 검사, 외교관, 장교, 이른바 '독립적'이라고 말하는 직위뿐만 아니라 통제 대상이 아닌 인물들까지 감시를 받았다.[4]

헝가리 정부는 다음과 같은 설명으로 감시를 정당화했다.

헝가리 정부의 관료들은 이런 조치가 새롭지 않다고 말할 것이다. 이들도 지적하겠지만, 다른 국가는 고위급 간부들이 정부의 기밀을 함부로 다루지는 않는지, 대중들이 신뢰하는 사람들이 부패하지는 않았는지를 판단하는 나름의 방법이 있다. 미국 정부도 이제 모든 사람의 전화 내역과 이메일을 수집하고 있다. 그런데 헝가리 정부의 정책을 비난할 수 있을까?[5]

이런 사실에 직면했을 때, 미국의 훌륭한 시민들은 갑자기 부끄럼 없이 붉고 털이 없는 엉덩이를 내보이는 개코원숭이처럼 생각되지 않을까? 1843년으로 되돌아가보자. 당시 젊은 카를 마르크스는 독일 앙시앵레짐Ancien Régime, 구체제— 옮긴이이 "자신 외에는 믿지 않았으며, 온 세상이 같은 것을 생각해야 한다고 요구했다"고 주장했다.[6] 이런 상황에서 권력자들을 부끄럽게 만드는 것은 일종의 무기였다. 여기에 대해서 마르크스는 "압박은 그에 대한 의식을 증가시켜서 더욱 압박을 느끼게 해야 하고, 부끄러움은 공개해서 더욱 부끄럽게 만들어야 한다"[7]고 설명했다.

이것이 바로 현재 우리의 상황이다. 우리가 직면하고 있는 세계적 질서의 수치스러운 냉소주의는 그 대리인들이 민주주의, 인권, 기타의 아이디어를 믿는다고 상상하고, 위키리크스 덕분에 부끄러운 일이 공개되는 것을 더욱 부끄러워한다(이런 권력을 참아내는 우리의 수치심보다 더하다). 우리가 부끄러워해야 하는 것은 이성을 공개적으로 활용하는 사례가 줄어드는 과정이다. 바울이 기독교적인 시각에서 "남자도 여자도 없고, 유대인도 그리스인도 없다"고 말했을 때, 그는 인종의 뿌리와 국가적인 정체성, 성별이 진실의 카테고리는 아니라고 주장했다. 혹은 정확한 칸트 철학과의 용어로 설명해보면, 우리가 스스로의 인종적인 뿌리를 고려했을 때 대표적인 도그마의 추정에 의해서 제한을 받는 이성의 개인적 활용에 참여한 것이다.

말하자면 우리는 이성의 보편성을 믿는 자유로운 인간으로서가 아니라 '성숙하지 못한' 개인으로 행동한다. '세계 시민 사회'의 대중적인 공간은 보편적인 특이성의 역설 즉, 잘못된 방향으로 특정한 사고를 우회하거나, 곧바로 보편성에 참여하는 개인의 역설을 보여준다. 이는 칸트가 "계몽이란 무엇인가"라는 유명한 말을 남기면서 '개인'이라는 단어의 반대급부로 언급한 '공공 대중'을 뜻한다. 여기에서 말하는 '개인'은 공공의 단합에 반대되는 개체가 아니다. 한 사람의 특정한 정체성이 공공의 제도적인 질서에 반대되는 것이다. 한편 '공공 대중'은 개인의 이성을 시행하는 범국가적인 보편성이다. 우리는 칸트가 어디에서 자유주의적인 통념에 작별을 고하는지 알 수 있다. 국가의 영역은 나름의 방식으로 '개인적'인데, 여기에서 개인적이란 국가의 행정 및 이념적 도구 면에서 '이성의 개인적 활용'에 대한 칸트주의 개념에 분명하게 들어맞는다. 한편 전반적인 문제를 고려하는 개인들은 이성을 '공공 대중'의 방식으로 활용한다.

인터넷을 비롯한 여타 새로운 미디어가 자유로운 '대중적 활용'과 점차 증가하는 '개인적'인 통제 사이에서 갈피를 잡지 못하고 있는데서 칸트의 구분은 특히 분명하게 확인된다. 따라서 우리의 노력은 사이버 공간을 '클라우드'로 묶는 최근의 추세와 같이 범국가적인 공공의 영역에 대한 위협에 집중되어야 한다. 이런 방법으로 활동을 지원하는 '클라우드'의 기술 인프라에서 더 이상 전문기술이나 통제가 필요하지 않은 소비자에게서 세부적인 정보가 추출된다.

이때 두 개의 단어가 확인된다. 하나는 '추출된다'이고 또 다른 하나는 '통제된다'다. 클라우드를 관리하려면 기능을 통제하는 모니터링 시스템이 필요하고, 이 시스템은 본질적으로 사용자들로부터 숨겨진다. 역설적인 것은 손안에서 사용되는 작은 기계일수록(스마트폰 혹은 아이팟 등) 개인화되고, 사용이 쉬우며, 기능이 투명하며, 따라서 전체적인 설정이 외부, 즉 사용자의 경험을 조율하는 거대한 기계에서 이루어진다는 것이다. 우리의 경험이 소외되지 않고, 자발적이고 투명할수록, 이 은밀한 목적을 쫓는 국가기관이나 개인 기업의 보이지 않는 네트워크가 더 많이 규제하고 통제하게 된다.

우리의 삶을 포괄적으로 아우르는 통제를 만드는 것은 우리가 사생활을 잃는 정도의 문제가 아니라, 모든 비밀이 빅브라더Big Brother의 눈에 노출된다는 것이다. 어떤 정부기관도 이런 종류의 통제력을 발휘할 수는 없다. 지식을 충분히 알지 못해서가 아니라, 너무 많이 알기 때문이다. 데이터 세트의 양만 보아도 너무나 방대하기 때문에, 세부 정보를 분석하도록 되어 있는 컴퓨터는 의심스러운 메시지를 감지하는 모든 복잡한 프로그램에도 불구하고 적절하게 해석 및 평가를 할 만큼 똑똑하지 못하다. 그 결과 아무 죄가 없는 사람들이 잠재적인 테러리스트로 등록되는 어리석은 실수를 저지르게 된다. 사람들의 커뮤니케이션에 대한 정부의 통제가 위험한 것은 바로 이 때문이다. 어떤 불법적인 일도 저지르지 않은 사람들이 이유도 모른 채 갑자기 잠재적인 테러리스트로 지목당했다는 사실을 발견하게 된다.

허스트 신문의 편집자인 허스트는 왜 휴가를 즐기지 않느냐는 질문에 대해서 다음과 같이 답했다 "만약 내가 휴가를 간다면, 모든 것은 혼란에 휩싸이고 엉망이 될 것이다. 하지만 그보다 더 두려운 것은 내가 없는데도 아무런 문제가 일어나지 않는 것이다. 내가 필요 없다는 뜻이기 때문이다!" 커뮤니케이션에 대한 정부의 통제에 있어서도 비슷한 말을 할 수 있다. 첩보당국은 모든 것을 알고 있지만, 우리가 정말 두려운 것은 이들이 제대로 기능을 수행하지 못하는 것이다.

내부 고발자는 '공공의 이성'을 유지하는 데 있어서 핵심적인 역할을 한다. 어산지와 매닝, 스노든은 모두 영웅이고, 디지털 세상에 도움을 주는 새로운 윤리 의식의 상징적인 존재들이다. 이들은 민간 기업(은행, 담배회사, 정유회사 등)이나 공공기관의 불법 활동을 고발한 내부 고발자가 아니다. 이들이 비난한 것은 '이성의 개인적인 활용'에 참여한 공공기관 자체다. 우리는 매닝이나 스노든 같은 이들이 중국과 러시아를 비롯한 모든 국가에 존재하기를 바란다. 중국과 러시아와 같은 국가들은 물론 미국보다 훨씬 더 압제를 휘두르고 있다. 러시아 혹은 중국 법정에 매닝과 같은 누군가가 기소되었다면 어떻게 될지 상상해보자(아마도 공개재판은 열리지 않을 것이고, 중국의 매닝은 소리 소문 없이 사라졌을 것이다). 하지만 미국 정부의 부드러움을 과장해서는 안 된다. 물론 미국이 중국이나 러시아만큼 수감자를 가혹하게 대하지는 않지만, 기술적인 우선순위 때문에 공개적으로 잔인한 접근 방식을 취할 필요가 없기 때문이다(이들은 기꺼이 실제적으로 적용할 준비가 되어 있다). 이런 점에서 미국은 중국보다 더 위험하다. 잘 알려진 중국 정부의 가혹성과는 달리 겉으로 드러나지 않기 때문이다.

말하자면, 중국과 같은 국가에서는 자유에 대한 제약이 모두에게 분명하다. 여기에 대한 환상은 없으며, 정부는 공개적으로 억압적인 체제를 가진다. 미국에서는 공식적으로 자유가 보장된다. 따라서 대부분의 개인은 자유로운 삶을 경험하고 있으며, 정부의 체제에 의해서 통제받는 정도를 알지 못한다. 누군가 우리의 계좌번호를 알고, 아마존에서 어떤 책을 구매했는지 확인하고, 이메일 주소를 알아내는 것 등으로 얼마나 많은 정보를 얻어낼 수 있는지 생각해보자. 내부 고발자는 공개적으로 억압적인 체제를 비난하는 것으로 누구나 알고 있는 분명한 사실을 알리는 것보다 훨씬 더 중요한 역할을 한다. 이들은 대중에게 우리가 자유롭다고 생각했던 상황 속에 자유가 없다는 사실을 알린다.

이런 특성이 디지털 공간에만 제한되는 것은 아니다. '관대한' 자유사회를 특징짓는 주관성의 형태에 속속들이 스며들고 있다. 자유로운 선택이 최고의 가치로 부상하면서, 사회적인 통제와 압제는 더 이상 개인의 자유를 침해할 수 없는 것처럼 보인다. 개인의 자유로운 경험으로 보이기 때문이다(혹은 그렇게 유지된다). 이런 자유 없음Unfreedom은 종종 그 반대의 모습을 가진다. 보편적인 보건서비스를 박탈하고서, 선택의 자유를 주었다고 말한다(보건서비스 제공업체를 선택할 수 있다는 뜻이다). 평생직장을 기대할 수 없어서 새롭고 불안정한 일자리를 몇 년 아니, 몇 주라도 찾게 될 때, 스스로를 재창조하고 창의적인 잠재력을 개발할 수 있는 기회를 얻었다고 말한다. 자녀의 교육에 대해 대가를 지불해야 할 때는 '각자의 운명을 결정하는 기업가'가 되어서, 가지고 있는(혹은 빌린) 자본의 투자를 교육, 보건, 여행 면에서 자유롭게 선택하는 자본가처럼 행동하라는 말을 듣는다.

자격이 부족한 상황에서(혹은 그에 대한 정보가 부족한 상황에서) '자유로운 선택'이라는 말을 끊임없이 듣다가 보면 점차 자유가 참기 어려운 걱정을 유발시키는 짐이 되어버리는 일이 많아진다. 자유롭게 행동할수록 체제의 노예가 되어버리기 때문에, 고립된 개인으로서 악순환의 고리를 끊기 위해서는 통치자란 인물이 주장하는 거짓 자유가 만들어낸 도그마의 꿈에서 깨어나야 한다.

2002년 5월, 뉴욕 대학의 과학자들은 쥐의 뇌에 직접적으로 기초적인 신호를 전송하기 위한 컴퓨터 칩을 부착했다. 조종 시스템을 이용해서(아이들이 가지고 노는 원격 조정Remote Controlled 자동차와 같은 방식이다) 쥐의 운동을 통제하기 위해서였다. 역사상 처음으로 살아 있는 동물의 '의지'와 운동에 대한 '자발적인 결정'이 외부의 기계에 의해 통제된 순간이었다. 물론 이 불행한 쥐가 외부에서 결정된 운동을 어떻게 '경험'하는가 하는 위대한 철학적인 문제가 발생한다. 쥐는 행동이 '자발적인 것'으로 인식했을까(다시 말해서 조종을 당한다는 사실을 전혀 몰랐을까)? 아니면 무엇인가 잘못되었다고 느꼈을까? 아마도 중국의 시민들과 서구 자유주의 국가의 시민들 간의 차이도 마찬가지일 것이다. 중국의 인간 쥐들은 적어도 통제당하고 있다는 사실을 알고 있는 반면, 서구권의 멍청한 쥐들은 감시당하고 있다는 사실도 모른 채 주변을 어슬렁거리고 있다.

위키리크스 주변에서 새로운 백과사전이 부상하기 위해서는 독립적이고 국제적인 기반이 필수적이다. 그래야만 강대국이 또 다른 강대국과 씨름을 벌이는 불편한 상황(스노든이 러시아에서 보호를 요청한 것과 같은 상황)이 최소화될 수 있다. 우리의 이론에 따르면 스노든과 푸시 라이엇은 같은 투쟁의 일부를 구성한다. 우리 모두는 새로운 세계적인 네트워크를 통해서 내부 고발자와 이들의 메시지 전달을 보호해야 한다.

내부 고발자들은 계속 늘고 있다. 매닝, 어산지, 스노든, 시리아 접경 레이한리에서 있었던 극단적인 이슬람 단체 알누스라El-Nusra의 학살에 대한 정보(2013년 5월 11일에 170명 이상이 사망한 폭발이다. 정부에서 공개한 숫자는 53명이었다)를 유출한 터키 사병 유투크 칼리까지……. 시리아에서 폭발이 발생한 후 터키 정부는 시리아의 아사드 정부가 한 짓이라고 비난했지만, 공개된 정보에 따르면 터키 정부가 공격 전에 사실을 알고도 막지 않았다고 한다. 아니, 어쩌면 이 거짓된 작전을 지도했을 가능성까지 있었다. 유투크 칼리는 군사 기밀을 유출한 죄로 즉각 체포되어 현재 수감 중이다.[8] 당시 사건은 현재 시리아의 막후에서 어떤 일이 벌어지고 있는지를 짐작하게 한다.

내부 고발자가 영웅인 진짜 이유는 그들—권력을 가진 사람들—이 할 수 있다면, 우리도 할 수 있다는 사실을 증명했기 때문이다. 오늘날의 민주주의는 지역 사회의 풀뿌리 단계에서만 개선될 수 있다는 소리가 흔히 들려온다. 국가의 체제가 너무 경직되어서 시민들이 가지고 있는 우려에 완전히 무감각하기 때문이라고 한다. 하지만 현재 상충되고 있는 문제들은 국제적인 조직과 활동 역시 요구한다. 훌륭했던 오래전의 근대국가는 너무 거대한 동시에 너무 규모가 작아졌다. 국가에 대한 이상적인 반대 세력은 지역의 시민단체가 범국가적인 네트워크를 형성해서 직접적으로 압박을 가하는 것이다. 물론 문제는 이런 네트워크를 형성한 시위대가 분명한 소수 세력이라는 사실이다. 스노든의 고발 이후 폭넓은 언론 보도에서 확인되었던 대다수 사람들의 반응은 올트먼 감독의 〈내쉬빌Nashville〉에서 바버라 해리스의 다음과 같은 대사로 멋지게 요약할 수 있다. "내게 자유가 없다고 말하지만, 난 걱정 안 해."

뱀파이어 vs 좀비

사이버 공간을 통제하려는 이 전투는 살아 있는 사람과 부유한 사람들의 계급 간 전쟁이다. 오바마 대통령이 무책임하게 '계급 간 전쟁'을 정치에 도입했을 때, 워렌 버핏은 흡족해하면서 "물론 계급 간의 전쟁이다. 그것은 맞지만, 전쟁을 일으킨 사람들은 나의 계급인 부자들이다. 우리는 승리할 것이다"라고 평가했다.⁹ 계급 간 전쟁이 미국 시민들에게 충분히 알려지지 않는다면, 이 억압된 주제는 할리우드 식의 복수로 되돌아올 것이다.

할리우드 영화들이 그려낸 미래 속에서는 굳이 계급 간 투쟁을 찾아낼 필요도 없다. 좋든 싫든, 영화를 보자마자 예상치 못한 계급 투쟁을 확인하게 된다. 2154년을 배경으로 하는 닐 블롬캠프 감독의 영화 〈엘리시움Elysium〉과 같은 종말론적인 블록버스터 영화(심지어 비디오 게임에서도)를 보면 부자들은 거대한 인공 우주선에서 살아가는 반면, 나머지 인구는 라틴 아메리카의 빈민 지역을 닮은 망가진 지구에서 살아간다.¹⁰ 이 영화는 존 부어맨의 2293년의 종말론적인 세상을 그려낸 〈자도르Zardoz〉(1974)와 같은 부류의 영화들 중 가장 최신의 것이다. 〈자도르〉에서 지구는 끔찍하고 폭력적인 조건으로 삶을 연명하는 '브루탈Brutal, 잔혹하다―옮긴이'이라고 불리는 일반인들 대부분이 거주하는 장소다. 한편 '이터널Eternal, 영원하다―옮긴이'은 지배계급으로 브루탈 중에서 특권계급인 '엑스터미네이터Exterminator, 근절자─옮긴이'를 전사 계급으로 이용해서 브루탈을 통제한다. 엑스터미네이터는 거대한 크기의 날아다니는 텅 빈 암석인 자도르를 신으로 숭배한다. 자도르는 "총은 좋은 것이고, 성기는 사악한 것이다. 성기는 정자를 뿌려서 새로운 생명을 낳는다. 인간이라는 전염병은 과거에 그랬던 것처럼 지구를 더럽힌다. 하지만 총을 사용하면 이들을 죽이고, 지구에서 더러운 브루탈을 정화시킬 수 있다. 자, 계속해서…… 죽여라!"라고 말한다. 그래서 엑스터미네이터에게 무기를 공급하고, 엑스터미네이터는 볼텍스Vortex에 살고 있는 이터널에게 곡물을 식량으로 공급한다. 볼텍스는 보이지 않는 힘에 의해서 보호를 받는 문명인들로 구성된 별도의 무리다. 죽지 않는 이터널은 유쾌하지만 궁극적으로는 억압된 존재들이다. 예측하겠지만 영화는 이들을 보호하던 장벽이 무너지고, 이터널이 성관계와 죽음을 알게 되면서 끝난다.[11]

이 영화는 계급에 따라 극단적으로 분열된 사회를 분명한 방식으로 그려내고 있다. 이는 슬로터다이크가《자본이 만들어낸 내부 세계In the World Interior of Capital》에서 설명한 방식으로, 전 세계 자본주의자들의 근대화라는 거대한 이야기를 뻔뻔하게 설명한 것이다.[12] 슬로터다이크는 세계화의 마지막 단계에서 세계적인 시스템은 발전을 완료하고, 자본주의 체계가 모든 삶의 조건을 결정하게 될 것이라고 설명한다.

이런 발전의 첫 번째 신호는 1851년 런던에 세워진 첫 번째 박람회 건물인 크리스털팰리스Crystal Palace였다. 이 건물은 세계화가 불가피하게 가지고 있는 독점적인 성격을 포착해냈으며, 내부 세계를 나타내는 건물이자 확장된 형태인 경계다. 이 경계는 눈에는 보이지 않지만 밖에서는 뛰어넘을 수 없으며, 세계화의 승자인 15억 명의 인구가 살고 있는 곳을 표시한다. 문 밖에는 그 3배에 달하는 사람들이 살고 있다. 따라서 '자본이 만들어낸 내부 세계는 개방된 하늘 아래에 존재하는 광장이나 공정한 무역의 장소가 아니라, 한때는 바깥세상이었던 모든 것을 내부로 끌어들이는 온실'[13]이다.

그 내부는 과도한 자본 위에 세워진 것으로 모든 것을 결정한다. '근대 시대의 중요한 요소의 경우, 지구가 태양의 주위를 공전하는 것이 아니라 돈이 지구의 주위를 돈다'[14]고 할 수 있다. 세계가 통합된 공간으로 바뀌면서, '사회생활은 확장된 내부 세계, 즉 내부적으로 조직되고 인공적으로 순응된 내부의 공간'[15]이 되었다. 문화적인 자본주의가 지배하면 세계가 형성하는 모든 지각변동은 제한된다. '이런 조건에서 역사적인 사건은 일어날 수 없다. 기껏해야 내부에서 사고가 발생하는 것이 고작이다.'[16]

2013년 12월 1일, 이탈리아의 플로렌스 중심부에서 약 10킬로미터 떨어진 프라토에서 중국이 소유한 섬유 공장에서 화재가 발생했다. 이 사고로 최소 7명이 사망했다. 카드보드로 만든 공장 임시 숙소에 있던 근로자들이 빠져나오지 못하고 사망한 것이다.[17] 사고가 발생한 곳은 의류 공장이 많기로 유명한 마크로토 산업 단지였다. 지역 노동조합의 직원인 리베르토 피스토니아는 "이번 사건으로 놀란 사람은 없다. 플로렌스와 프라토까지의 지역에서 수천 명은 아니더라도 수백 명이 노예와 비슷한 여건에서 생활하면서 일하고 있다"[18]라고 언급했다. 프라토만 보았을 때, 최소 1만 5,000명의 합법적인 이주민들이 살고 있으며(총 인구는 20만 명이다), 중국이 소유한 공장은 4,000개가 넘는다. 도시에서 거주하는 불법 중국 이민자는 그보다 수천 명이 많은 것으로 추정되고 있으며, 이들은 저렴한 옷을 만들어내는 도매 및 공장 시설에서 하루 16시간에 달하는 노동을 제공한다. 이처럼 세계의 보호구역 밖에서 벌어지는 비참한 삶을 확인하기 위해서 멀리 상하이의 외곽 지역(혹은 두바이나 카타르)으로 눈을 돌리고, 중국을 위선적으로 비난할 필요는 없다. 폭스콘 Foxconn은 바로 여기, 서구사회의 코앞에 있다. 다만 이들이 보지 못할 뿐이다(아니면 보이지 않는 척할 뿐이다).

자본주의적인 세계화가 단순히 개방과 정복을 의미할 뿐 아니라 내부와 외부 세계를 분리하는 고립된 세계를 만든다는 슬로터다이크의 지적은 정확하다. 다음 두 가지 면은 필수 불가결하다. 자본주의가 세계적으로 영향력을 떨치면서, 전 세계에 걸쳐서 극단적인 계급 분열을 만들어내고, 보호받는 내부를 외부와 단절시킨다.

할리우드 영화에서 확인되는 더욱 놀라운 계급투쟁의 예는 2012년에 개봉한 에이브러햄 링컨에 관한 두 가지 영화에서 확인된다. 스티븐 스필버그가 만든 대작으로, 자유주의를 옹호하는 '고급스러운' 영화 〈링컨Lincoln〉과 딱한 수준의 졸작인 〈링컨: 뱀파이어 헌터Abraham Lincoln: Vampire Hunter〉다. 누군가의 평가처럼 "스필버그는 마틴 루서 킹 주니어가 정치 문화를 통해서 치장된 것처럼 링컨을 치장했다. 그래서 진실과 정의를 희생시키고 치유와 단결을 강조했다."[19] 남북전쟁에서 승리를 선언하기 직전에 링컨은 "똑똑하게 법을 활용하고, 옹졸한 지원과 개인적인 의지로, 노예제도를 금지하는 수정안을 시행하는 데 성공했다. 당시 행동은 정치 엘리트에게 집중된 것으로 링컨을 궁극적인 내부자로 보이게 했다."[20] 이와 정반대로 〈링컨: 뱀파이어 헌터〉는 "혁신적인 변화가 군사력을 활용하고 외부인 및 억압받는 사람들을 동원해서 달성될 수 있다는 것을 보여주었다."[21] 영화 속에서 링컨의 어머니는 뱀파이어에 의해 죽임을 당하며, 링컨은 남부연합의 계승자들 뒤에 뱀파이어가 있다는 사실을 알아낸다. 뱀파이어 지도자는 또 제퍼슨 데이비스와 거래를 한 뒤였다. 남부에서 흑인 노예를 뱀파이어들에게 필요한 식량인 피를 위해서 공급한다면, 남부연합의 병사들을 돕겠다는 것이었다. 이 사실을 알게 된 링컨은 미국에 비축되어 있던 은을 사용해서 총알을 만들어 병사들에게 나누어주었고, 그 덕에 게티스버그에서 북부의 승리를 이끌 수 있었다.

터무니없다고? 물론 그렇다. 하지만 이 터무니없음은 아이디어를 억압당했거나, 혹은 그보다 더 심하게 정신세계를 저당 잡힌 결과 그 자체. 여기에서 빠져 있는 것은 환상이 실제 현실과 부합되는 상징적인 회귀뿐 아니라 잔인한 계급투쟁이다. 누군가는 공포 영화가 계급투쟁을 뱀파이어와 좀비 사이의 차이로 위장시킬 수도 있다는 가설을 세울지도 모른다. 뱀파이어는 매너가 좋고, 아름다우며, 귀족적이다. 또한 평범한 사람들과 어울려서 살아간다. 반면 좀비는 서툴고, 느리며, 더럽다. 마치 배척당한 이들의 원시적인 반항처럼 외부에서 공격한다.

좀비를 노동계급과 동급으로 다루는 것은 영화 〈화이트 좀비 White Zombie〉(1932년 영화로 빅터 헬퍼린과 에드워드 헬퍼린이 감독했다)에서 분명하게 확인된다. 〈화이트 좀비〉는 잔인한 자본가와 근로자들의 투쟁을 직접적으로 나타내지 못하게 금했던 미국의 영화검열제도Hays Code가 할리우드를 규제하기 전에 만들어진 첫 번째 본격

좀비물이다. 영화에서 드라큘라는 나오지 않지만, 좀비를 통제하는 주요 악당을 연기한 벨라 루고시는 1년 전 드라큘라 영화로 유명해진 배우였다. 〈화이트 좀비〉는 아이티의 농장을 배경으로 하고 있는데, 이 농장은 노예 혁명으로 유명한 장소다. 루고시는 농장 주인을 맞이하면서 그에게 좀비가 일하는 자신의 설탕 공장을 보여준다. 루고시는 좀비들이 절대 파업은 하지 않고, 열심히 일할 뿐이라고 재빨리 설명한다. 이런 영화는 미국 내 영화검열제도가 시행되기 전에만 가능했다.

이는 서로 대립하는 정치적 입지의 저변에 깔린 논리를 이해해야만 알아차릴 수 있는 계급투쟁의 배경이다. 알랭 바디우[22]는 오늘날의 주요 사회정치적 성향 4가지를 구분했는데, 이들이 어떻게 또 다른 그레마스의 기호학적 사각형Greimasian semiotic square을 형성하는지 보여준다. (1)은 순수한 자유주의적인 세계의 자본주의이고, (2)는 경미한 수준의 복지국가(자본주의는 수용하지만, 보건제도, 교육, 빈곤층의 결속 등을 위해서 통제가 필요하다는 단서가 붙는다), (3)은 직접적인 반응의 근본주의적인 반자본주의, (4)는 극단적인 해방 활동이다. 이 4가지 입장은 3개의 축으로 조율될 수 있다. 친자본주의(1-2) 대 반자본주의(3-4), 정치적인 우파(1-3) 대 정치적인 좌파(2-4), 순수함(1-4) 대 불순함(2-3)이다. 마지막 축에서 순수함은 기본적인(자본주의 혹은 반자본주의) 전제에서 얻어낼 수 있는 모든 결과를 끌어내는 일관적인 입장을 나타내며, 불순함은 타협을 뜻한다(말하자면, 사회민주주의 복지국가는 제약이 있고, 통제되며, 보편적인 결속과 정의의 주제로 혼합된 자본주의를 대표한다).

추가적으로 2개의 입장이 더 있다고 볼 수 있을 것이다. (5)는 독재적인 자본주의(싱가포르나 중국의 예에서 볼 수 있는 '아시아적인 가치'의 자본주의)이고, (6)은 과거 '독재적이던' 공산주의 좌익의 잔재다(쿠바나 캄보디아의 크메르루주, 북한, 인도 및 네팔의 마오 반군 등). (5)는 우파이고, 친자본주의적이며, 불순하다. (6)은 좌파이고, 반자본주의적이며, 순수하다. 서로를 분명하게 반추하는 입장도 있다. 예를 들어서, (5)와 (2)는 분명히 서로에 대한 반대의 이미지다. 이들은 우파와 좌파의 축을 따르면서 서로 반대된 입장이며, 두 가지 모두 순수 자유주의적인 자본주의가 과도해지지 않도록 통제한다. 그중 전자는 전통적인 가치와 독재국가를 이용하며, 후자는 복지국가의 도구를 이용한다. 비슷하게 (3)과 (6)은 좌파와 우파의 축을 따르면서 서로를 반추한다. 두 가지 모두 '폐쇄된' 사회의 '독재적'인 프로젝트에 따라서 사회적인 생활을 재구성하는 방식으로 자본주의 세계를 벗어나기 위해서 노력한다.

마지막으로 (1)과 (4)도 동일한 관계인데, 이들은 기본적인 사회정치적인 반목 관계, '즉 세계 자본주의 대 그의 해방적인 극복'이라는 양극을 분명하게 구현한다는 점에서 동일한 축을 따르고 있다. 물론 핵심은 (6)과 (4), (5)와 (3)을 구분하는 것이다. (5)의 전체주의적인 자본주의와 (3)의 직접적인 반응의 반자본주의의 경우, 차이점은 분명하지만, 실질적으로는 그 차이가 사라지는 경향이 있다. 모든 '원칙주의' 종교 체계는 어떤 반자본주의 표현을 사용하든, 세계적인 자본주의에 적응하는 방법을 찾을 뿐 아니라 완벽하게 여기에 통합된다(사우디아라비아의 예를 생각해보면 알 수 있다). (4) 대 (6)의 경우는 반대다. 크메르루주 정관과 진짜 극단적인 해방 운동은 순수하고, 좌파이며, 반자본주의이지만, 다른 경우보다 훨씬 더 극단적인 차이가 있다.

이런 차이를 알아내기 위해서는 비슷하거나 혹은 심지어 똑같이 들리는 발언의 차이를 구분하는 것이 중요하다. 예를 들어서, 유럽, 그중에서도 특히 스페인에서 계속해서 인기를 얻고 있는 시위들이 공통적으로 가지고 있는 축은 좌익이든 우익이든 '정치 엘리트'는 무조건 거부한다는 것이다. 이들은 모두 부패하고, 일반인들의 실제적인 요구를 알지 못하며, 그 외에도 문제가 많은 부류로 일축된다. 하지만 이런 설명은 두 개의 상반된 시각을 포괄할 뿐이다.

하나는, 정치 계급 전체를 도덕주의적인 시각에서 일절 거절하는 상당수의 시각(정치인들은 다 똑같고, 정치는 창녀와 같다는 식)인데, 부패의 집단을 청소하고, 정직을 도입할 새로운 지도자에 대한 요구를 가린다. 한편 두 번째 시각은 이와는 완전히 다른 것으로, 헤게모니적인 정치적 공간의 윤곽을 규정하는 이분법적인 대립(예를 들어서 공화당 대 민주당, 보수파 대 진보파 등)에서 확실하게 벗어나는 것이다. 두 번째의 경우에서 분명히 존재하는 논리는 "정치인은 모두 다 똑같다"는 것이 아니라, "물론 우리의 숙적은 자본주의 우파이지만, 우리를 이용해서 우파를 막으려는 지지 수단으로 사용하는 기득권 좌파의 협박 역시 반대한다"는 것이다.

두 번째 입장은 '둘 다 싫어'다. 우리는 X를 싫어하지만, 그에 대한 내재적인 반대 의견, 즉 같은 영역에 존재하는 그에 대한 반대 입장 역시 원치 않는다는 것이다. 다시 말하면 '모두 다 같다'가 아니라, '그게 전부는 아니다'라는 뜻이다(니카라과에서는 '모두는 없다'는 역설적인 말을 사용하는데, 모두에는 언제나 예외가 있다는 의미). '모두 똑같다'고 말하는 이유는 예외를 원하기 때문이다. 부패한 정치판에서 우파 혹은 좌파와 상관없이 직설적이고 정직한 정치를 원하기 때문이다. 하지만 '둘 다 싫어'의 경우에서 우파에 대한 부정은 반드시 (기득권 세력의) 좌파는 아니다. 하지만 좌파를 부정한다고 우파를 받아들이는 것도 아니다. 기득권의 좌파가 아닌 좌파를 원하기 때문이다.

냉소주의자들의 순진함

엉망인 상황에서 원하는 방법을 찾으려면, 이념적인 제약을 깨부수어야 한다. 하지만 어떻게 가능할까? 권력자에 대한 냉소주의가 너무 직설적이고 개방적이어서, 이념에 대한 비판이 필요 없는 현재에도 가능한 옵션일까? 왜 우리는 시간을 들여서 고되기 짝이 없는 '징후적 독해Symptomatic reading'에 참여해 권력자들의 공개적인 논의 속에서 차이와 억압을 알아내야 하는 것일까? 게다가 이런 논의가 다소 공개적이면서도 몰염치하게 어느 정도 특정 이해관계를 인정하고 있는 상황인데 말이다. 그럼에도 불구하고 이런 전제에는 몇 가지 문제가 있다. 이처럼 권력자들이 스스로 무슨 짓을 자행하고 있는지를 잔인하게 인정하는 냉소주의적인 사회의 개념만으로는 충분하지가 않다. 특히 이들이 공공연하고, 어느 정도는 현실적으로 모든 것은 권력과 돈, 혹은 영향력이 좌우하며, 그 결과 극단적인 상황이 벌어진다는 사실을 인정할 때 부족하다. 환상에 빠지지 않으면서 현실을 인식하는 것이야말로 이들의 맹목적인 성격을 형성한다. 권력자들이 운명처럼 과소평가하는 것은 이들의 잔인한 파워 게임 혹은 금융 투기를 구성하고 유지시키는 효과적인 환상이다.

히틀러가 정권을 잡기 시작할 때, 거대하고 냉소적인 자본주의자들은 "히틀러가 좌파를 뒤집어엎어서 제거하도록 놔두자"고 스스로를 일깨웠다. 2008년의 금융 위기는 맹목적인 이상주의자들이 아니라 '탐욕은 좋은 것'이라는 원칙에 따라서 행동한 냉소적인 금융가들이었다. 따라서 냉소주의적 원인에 대한 슬로터다이크의 오랜 공식에는 한계가 있다. "그들은 이미 무슨 짓을 저지르는지 알고 있지만, 그래도 하고 있다."[23] 권력자들은 잔인한 '현실적' 입장에 내재된 환경에 대해서 눈을 감아버린다.

1848년 프랑스 혁명에서 보수적인 공화주의를 따르는 질서당 Party of Order이 '공화주의적인 익명의 왕국'에서 두 가지 왕정주의(오를레앙 왕가 지지자Orléanists와 정통주의자)의 연합으로 기능을 수행했다는 사실에 대한 마르크스의 뛰어난 분석을 떠올려보자.[24] 질서당의 부대표는 자신들의 공화주의를 조롱거리로 생각했다. 그래서 의회에서 토론이 있었을 때, 늘 공화주의자들을 비웃으면서 이들의 진짜 목적은 왕정을 회복시키는 것이라고 말하곤 했다. 이들이 간과한 사실은 스스로의 규칙이 사회적으로 미치는 효과를 전혀 몰랐다는 것이다. 이들이 했던 일은 사실 그렇게 무시하던 부르주아 공화주의 규칙을 위한 조건들을 만드는 것이었다(예를 들어서, 개인 자산의 안전을 보장하면서 이런 효과가 나타났다).

따라서 이들은 단순히 공화주의자의 가면을 쓴 왕정주의자들이 아니었다. 스스로를 그렇게 보았지만, 이는 '내부' 왕정주의자들의 신념이자, 자신들의 사회적인 역할을 가리는 기만적인 허울이었다. 간단히 말하면, 겉으로 드러난 공화주의 속에 숨은 진실과 다르게, 이들의 왕정주의는 공화주의에 대한 유기적이면서도 환상적인 지지였다. 마르크스는 왕정주의자들을 이렇게 설명했다.

이들은 자신들의 단결된 규칙과 관련해서 스스로를 속인다. 분열된 것으로 생각되는 각 파벌이 그 자체로 왕정주의적이라면, 이들의 화학적인 조합이 만들어낸 결과물은 공화주의다……. 따라서 이들 왕정주의자들이 처음에는 즉각적인 복구를 믿는다고 하더라도 이후에는 형성된 분노와 치명적인 욕설을 입에 담으면서 공화당의 형태를 보전한다. 그리고 최종적으로는 공화주의 내에서 서로를 견딜 수 없다고 털어놓고, 회복을 무한정 연기한다(die Restauration aufs Unbestimmte vertagen). 결합된 규칙을 즐기는 것은(der Genuß der vereinigten Herrschaft) 두 가지의 기능을 각자 강화시키고, 이들 각자가 말하자면 군주제의 회복을 위해서 서로에게 전보다 더 복종하기 어렵고, 복종하기도 싫게 만든다.[25]

마르크스는 여기에서 왜곡된 리비도와 같은 경제의 분명한 사례를 묘사한다. 그룹의 구성원들이 진정한 목적이라고 생각하는 목표(군주제의 복귀)가 있다. 하지만 여기에서 발생하는 즐거움은 전술적인 이유로 이는 공개적으로 따라야 하는 이념을 비웃는 다양한 방식이 아니다(공화주의에 대한 분노와 욕설). 다만 이들의 공식적인 목표를 깨닫는 일(그래서 단결된 규칙을 따르는 일)이 무한정 연기되는 것이다.

다음의 시나리오를 상상해보자. 사적인 공간에서 나는 불행한 결혼생활을 하고 있다. 늘 내 아내를 비웃고, 진정으로 사랑하는 정부와 함께하기 위해서 아내를 버릴 생각이라고 공언했다. 아내에 대해 욕을 하면서 작은 즐거움을 느끼지만, 진짜 즐거움은 아내를 버리고 정부를 선택하는 일을 무한정 미루는 것이다. 다시 정치로 돌아와서 레이건 정부 시절의 미국 공화당은 질서당과 사뭇 닮아 있지 않았던가? 오를레앙 왕가 지지자들은 새로운 기술을 등에 업은 자유주의적 자본주의자들이고, 정통주의자들은 기득권을 비판하는 포퓰리즘 신봉자들이었다(이후 이들은 티파티 운동으로 변화했다). 양측은 서로를 미워했지만, 함께해야만 지배할 수 있다는 사실을 알고 있었다. 그래서 이들은 각자 소중하게 생각하는 방식을 영원히 지연시켰다(예를 들어서 낙태 금지가 있다).

이것이 오늘날의 냉소주의 정치의 공식이다. 이들에게 진짜 속는 사람들은 냉소주의자들 자신이다. 자신들의 숨겨진 믿음이 아니라, 자신들이 비웃는 대상에 진실이 있다는 사실을 알지 못하기 때문이다. 따라서 냉소주의는 왜곡된 태도다. 냉소주의는 또 다른 복제물(냉소적이지 않은)을 자신의 영역으로 끌어들인다. 그래서 프로이트가 지적한 것처럼 비뚤어진 태도는 무의식이 아니라 극도의 혼란이 발현된 것이다.

냉소적인 현실정치가의 궁극적인 인물이며, 남들에 비해서 특히 두드러지는 헨리 키신저에 대한 한 가지 비밀이 있다. 그의 모든 예측이 완전히 빗나갔다는 것이다. 1991년 고르바초프에 반대하는 쿠데타가 일어났다는 소식이 서구권에 전해졌다. 키신저는 새로운 정권을(창피하게도 이 새로운 정권은 삼일천하로 끝이 났다) 실세라고 인식했다. 한마디로 말하면, 키신저는 빈사 상태인 사회주의 정권과 장기 계약을 맺은 셈이었다. 당시의 예는 냉소주의가 갖는 한계를 전형적으로 보여준다. 냉소주의는 라캉이 말하는 '속지 않는 자가 속는다les non-dupes qui errent'의 경우다. 이들은 환상의 상징적인 효율성이나, 환상이 사회적인 현실을 만들어내는 활동을 규제하는 방식을 인식하지 못한다. 냉소주의의 입장은 지혜의 입장이다. 모범적인 냉소주의는 신뢰할 수 있는 낮은 톤의 목소리로 이렇게 다음과 같이 건넨다. "하지만 모든 것이 돈, 권력, 섹스와 관계가 있으며, 숭고한 원칙이나 가치는 아무 의미 없는 공허한 어구라는 것을 모르겠나?" 이런 점에서 철학자들은 아이디어의 권력을 실질적으로 믿는다.

다시 말해, 아이디어가 세상을 지배하고, 냉소주의는 이들을 죄악이라고 비난하는 것으로 정의된다. 하지만 냉소주의는 자신의 순진함, 즉 냉소주의적인 지혜의 순진함은 보지 못한다. 진정한 현실주의자는 철학자다. 이들은 냉소주의적 입장이 불가능하고, 일관적이지 않다는 사실을 충분히 이해한다. 냉소주의자들은 사실 공개적으로 자신들이 비웃는 원칙을 따른다. 스탈린은 일종의 냉소적이었지만, 공산주의를 진심으로 믿었다.

냉소주의의 맹목성에 깔려 있는 전반적인 이론적 요점은 이데올로기에 대한 비판이 훌륭하게 구성된 무지의 이론을 포함해야 한다는 것이다. 지식과 마찬가지로 무지 역시 사회적으로 구성되며, 여러 가지 다양한 형태를 갖는다. 그래서 자신이 모른다는 것도 알지 못하는 단순하고 직접적인 무지에서부터 잘 알고 있는 사실을 정중하게 무시하는 것, 그 사이의 모든 형태, 그중에서도 특히 제도적인 무의식을 포함한다.[26] 학습해소Un-learning의 대표적인 사례였던 마틴 루서 킹 목사의 자유주의적 도용을 떠올려보자. 헨리 루이스 테일러는 최근 이렇게 설명했다.

마틴 루서 킹 목사가 누구인지 알고 있는 어린 꼬마들을 비롯해 누구나 다 그의 가장 유명한 순간이, '내겐 꿈이 있어요I have a dream' 연설을 했을 때라는 것을 안다. 하지만 그 문장밖에 없다. 누구나 킹 목사가 꿈이 있었다는 것을 알고 있지만, 그 꿈이 무엇이었는지는 모른다.[27]

킹 목사는 워싱턴에서 열렸던 1963년 3월의 집회를 통해서 '국가의 양심적 지도자'로 알려지면서 군중의 환호를 받은 후 상당히 긴 길을 걸었다. 인종격리주의 외의 여러 문제를 다루기 시작한 후로 대중의 지지를 크게 잃었고, 결국에는 버림을 받게 되었다. 역사학자인 하바드 싯코프의 표현처럼, 킹 목사는 빈곤과 군국주의가 '평등을 실질적인 문제로 만들어주며, 인종차별만의 문제가 아닌 실제적인 평등'으로 만들어주기 때문에 매우 중요하다고 생각했다.[28] 바디우의 용어로 설명하면, 그는 '평등의 자명한 이치'를 인종분리를 넘어서서까지 발전시켰다. 사망 시, 킹은 빈곤퇴치와 반전을 위해서 노력 중이었다. 베트남 전쟁에 반대하는 의견을 내놓았고, 1968년에 암살되었을 때는 멤피스에서 위생사들의 파업을 지지하던 중이었다. "킹 목사를 따르는 것은 인기가 많은 길 대신에 인기가 없는 길을 걷는 것이었다."[29] 한마디로, 킹 목사를 도덕적인 아이콘으로 부상시키려면 그에 대해서 알고 있었던 지식의 상당 부분을 체계적으로 삭제해야 한다.

또 다른 체계적인 학습해소는 정신분석과 관련이 있다. 게라드 와츠먼은 관대하다고 생각되기 때문에 모든 성적인 금기와 억압을 위반한다고 말했다. 따라서 그는 정신분석이 구시대의 유물이 된 지금

시대에서 아동의 성에 대한 프로이트의 근본적인 통찰력은 이상할 정도로 무시된다고 올바른 지적을 했다.

유일하게 남은 금지는 어쩌면 현재의 사회에 남아 있는 몇 안 되는 신성한 가치인 아동에 관한 것이다. 프로이트가 의구심을 던진 것과 달리, 아이들은 마치 천사와 같은 순수함을 가진 존재로 재발견되기라도 했다는 듯이 머리카락 한 올도 건드리지 못하게 금지되었다. 이와 관련해서 프로이트는 아동을 성적인 욕구와 연관시킨 끔찍한 인물이라는 비난을 받고 있다. 성생활이 도처에서 드러나는 현재, 아동의 순수한 이미지에 관한 것이라면 이상할 정도로 벌을 받는다.[30]

비슷한 사례는 수도 없이 많다. 식민지 개척자들이 식민지 사람들에게 부과하는 체계적인 학습해소를 떠올릴 정도다. 학습해소는 사실뿐만 아니라 이른바 '원시적'인 것을 이해하기 위해서 조율이 필요한 이념적인 공간에도 관련된다. (예를 들어서 초기 민족학자들은 새를 숭배하는 토템신앙을 가진 부족을 보게 되었을 때, 자연스럽게 부족 구성원들이 새를 보고 우스운 믿음을 갖게 되었다고 짐작했다.) 하지만 가장 기초적인 무지는 법의 세계에 존재한다. 그래서 법이 가지고 있는 외설적인 목적과 관련이 있다.

2013년 12월 3일에 이스라엘의 하아레츠 신문은 정교주의 '적절한 순찰일종의 자경단원─옮긴이'이 시야를 뿌옇게 만드는 스티커가 붙은 렌즈를 판매했다고 보도했다. 여성을 비롯해서 원치 않는 것은 보지 않고, 바로 앞 몇 미터만 보고 걸으며 타인의 통행을 방해하지 않는 것이 이 렌즈의 목적이다. 만약 시온주의자들이라면 팔레스타인과 그들의 건물을 뿌옇게 만드는 유리를 판매해서 약속의 땅을 자신들이 원하는 대로 보려고 했을 것이다.

법의 외설적인 면

전설적인 영화감독 알프레드 히치콕(가톨릭 신자였다)이 스위스의 한 작은 마을에서 운전을 하고 있었다. 갑자기 그는 자동차 유리창 밖의 무언가를 손가락으로 지목하면서 "내가 지금까지 본 중 가장 무시무시한 장면이야!"라고 외쳤다. 그 옆 좌석에 앉아 있던 친구가 그 말을 듣고 히치콕이 가리키는 곳을 쳐다보고는 깜짝 놀랐다. 이상한 점이 전혀 없었기 때문이었다. 단지 신부가 어린 소년의 팔에 손을 올리고 소년과 이야기 중이었다. 히치콕은 차를 세우고 창문을 내린 뒤 외쳤다. "얘야, 어서 도망가! 안 그러면 죽어!" 물론 이 일화는 히치콕의 별난 쇼맨십을 나타내고 있지만, 한편으로는 가톨릭 성당이 가진 '암흑의 마음'에 대해서 생각하게 만든다. 어떻게?

다양한 지역에서 일어났던 일련의 예를 짚어가면서 확실하게 살펴보자. 몬티 파이튼의 〈삶의 의미The Meaning of Life〉에서 선생님은 학생들에게 여성의 성기를 흥분시키는 방법에 대해 묻는다. 학생들은 자신들의 무지에 당황하면서 선생님의 눈을 피한 채 더듬거리기만 할 뿐 대답을 하지 못한다. 선생님은 집에서 연습도 하지 않는다면서 학생들을 책망한 후 아내의 도움을 받아서 여성의 성기에 남성의 성기를 집어넣는 법을 시범으로 보여준다. 아이들 중 한 명이 지루해서 창문 밖을 바라보자, 선생님은 냉소적으로 묻는다. "밖에 무슨 재미있는 일이라도 있나?" 이 장면이 부자연스러워 보이는 이유는 명백하게 성적인 즐거움이 강제적인 것으로 바뀌었기 때문이다. 자발적인 것이 아니라 의무가 되었기 때문이다.

이 이야기의 시작 부분은 더욱 분명하다. 학생들은 선생님이 오기를 기다리다가 지루해져서 의자에 앉아 하품을 하고 허공을 바라본다. 문간에 앉아 있는 학생이 "선생님 오신다"라고 외치자, 학생들은 갑자기 소리를 지르고, 종이를 구겨서 던지고, 책상을 흔드는 등 떠들썩한 행동을 시작한다. 선생님이 없을 때 할 만한 행동을 선생님이 오신다는 소리를 듣고서야 시작한다. 그래서 교실에 들어온 선생님은 화가 나서 "소란은 그만 뒤! 조용!"이라고 외친다. 이 장면은 아이들이 흔히 선생님을 화나게 만들기 쉬운 잘못들이 실은 선생님을 향하고 있다는 사실을 분명하게 보여준다. 자발적으로 즐겁게 하는 일이 아니라, 선생님에게 보이려고 하는 행동이다. 자발적으로 시작되기보다는 남을 흉내 내다가 결국 그 맛을 알게 되는 형태의 즐거움도 마찬가지 아닐까?

흡연이나 독한 술을 처음 경험했을 때를 떠올려보자. 마치 규칙처럼, 나이가 약간 많은 동네 형이나 오빠, 누나 혹은 언니가 어른 흉내를 내자면서 담배나 술을 권한다. 당연히 역하다는 반응부터 보인다. 기침을 하거나, 먹은 것을 뱉어내면서 "이걸 왜 해?"라고 외친다. 이후 조금씩 술이나 담배를 즐길 줄 알게 되고, 곧 중독이 된다. (콜라의 경우에도 비슷하다. 처음 맛보았을 때는 약처럼 쓴맛이 느껴진다.) 순전히 즐거움만 원한다면, 담배나 술을 고집할 필요는 없다. 섹스도 결국에는 마찬가지 아닐까? 순전히 쾌락만이라면, 자신이 스스로 알아서 하는 자위로 충분할 것이다. 군이 전체 성교를 위해서 복잡한 노력을 배워가면서 할 필요는 없다.

욕설에서도 비슷한 교훈을 얻을 수 있다. 정중한 대화를 나누던 중에 누군가 정말 화가 나서 더 이상 참을 수 없게 되면, 거친 욕설을 퍼붓는다……. 그렇지 않나? 나는 몇몇 친한 친구들과 일단 만나면 약 5분쯤 거칠고 의미 없는 욕설을 인사처럼 주고받는다("네 엄마한테 엿이나 먹여", "네 똥으로 숨 막혀 죽을 놈"이라면서 욕설을 한다). 이 정도로 됐다 싶으면, 지루하지만 꼭 해야 하는 통과의례를 마쳤다는 듯이 서로 고개를 짧게 끄덕인다. 그제야 해야 할 일에 대한 의무감에서 벗어났다는 듯 홀가분한 기분을 느낀다. 그리고 평상시의 예의바른 방식으로 서로를 배려하면서 느긋하게 말을 시작한다. 여기에서도 똑같은 교훈을 얻을 수 있다. 즐거움은 자발적이어야 하며, 과도한 쾌락은 자발적으로 얻지 못한다. 나름대로 어렵게 배워야 한다.

집단 성폭행이나 살인처럼 집합적인 폭력의 형태에도 같은 교훈을 적용할 수 있다. 같은 시대가 아닌 것처럼 관점이 다른 사회생활의 끔찍한 영향 중 하나가 여성에 대한 폭력이다. 단순히 무작위적인 폭력이 아니라 체계적인 폭력이다. 여성 폭력은 특정한 사회적인 맥락에서는 특히 하나의 패턴을 보이면서 분명한 메시지를 전달한다.

인도에서 심심치 않게 발생하는 집단 성폭행에 대해 누구나 끔찍하게 생각하지만, 이들 사건에 대한 세계적인 반향은 의심스럽다. 아룬다티 로이의 지적처럼, 도덕적인 판단이 천편일률적으로 폭발하는 원인은 가해자들이 가난하기 때문이다. 따라서 우리의 시각을 좀 더 넓혀서 유사한 현상을 포함시키는 것이 좋을 것 같다. 멕시코와 텍사스 국경에 있는 시우다드후아레스에서 여자들이 연쇄적으로 살해되는 일은 개인의 병적인 문제가 아니라 관습적인 행동이다. 지역의 갱단이 가진 문화이며(처음에는 집단 성폭행을 하고, 이후 죽을 때까지 고문한다. 가위로 젖꼭지를 자르는 고문도 포함된다), 새로운 조립 공장에서 일하는 미혼인 어린 여성들이 대상이다. 독립적이고 일하는 새로운 여성 계급에 대한 마초적인 반응이다.[32]

전혀 뜻밖의 예는 밴쿠버 근처에서 보호를 받고 있는 서부 캐나다 원주민 여성들에 대한 연속 성폭행 및 살해 사건이다. 복지국가의 표본이라고 생각되는 캐나다에서 백인 남성 집단이 여자 한 명을 납치해서 성폭행하고 죽인다. 그 다음에는 시체를 토막 내는데, 모든 범죄행위가 보호구역 내에서 자행되기 때문에 법적으로 관할 지역의 부족 경찰이 사건을 담당하게 된다. 한편 부족 경찰들은 이런 강력 범죄에 대응하기 위한 준비가 되어 있지 않다. 캐나다 당국에 요청하면, 정부는 마약과 술 때문에 일어난 가정 폭력으로 치부하기 위해서 해당 지역에 수사를 제한시킨다.[33] 이 모든 사건은 빠른 산업화와 근대화로 인한 사회적인 해체를 위협으로 인식하는 남성들에게 잔인한 대응을 유발시킨 결과다.

여기에서 찾을 수 있는 중요한 특징은 이런 폭력적인 행동이 원초적이면서 잔인한 에너지가 자발적으로 폭발해서 시민사회의 관습을 부순 것이 아니라, 특정 단체의 상징적인 요소의 일부가 외부에서 자극하고 관습화시켜서 나타난 결과라는 점이다. '순진한' 대중의 시각이 보지 못하는 것은 행동의 잔인함이 아니라, 이 상징적인 관습이 가지고 있는 '문화' 및 관습적인 요소다.

가톨릭교회를 계속해서 뒤흔들고 있는 소아성애 사건 역시 똑같은 왜곡된 사회와 관습의 논리가 작용한 것이다. 개탄스러운 일이지만, 가톨릭 종교의 대표가 내부적인 문제라고 주장하면서, 수사를 위해 경찰과 협력하기를 꺼리는 것은 어느 정도는 옳다. 가톨릭 사제들의 소아성애 행위는 교회를 제도로 생각하지 않으면서 개인적인 사정 때문에 신부가 되기를 선택한 사람들의 문제가 아니다. 가톨릭교회가 제도로 생각되고, 사회 및 상징적인 제도로서의 기능이 수행되면서 일어나는 현상이다. 개인의 '사적인' 무의식이 문제가 아니라 제도의 '무의식'이 문제다. 제도가 살아남기 위해서 성적인 삶의 병리학적인 현실에 적응하지 못해서가 아니라, 스스로를 재탄생시키지 못했기 때문에 발생하는 것이다. 원래 소아성애적인 성향을 가지고 있지 않았지만, 몇 년 동안 신부로 일을 한 후 제도적인 유혹 때문에 소아성애를 하게 되는 경우를 상상할 수 있을 것이다.

이런 비제도적인 무의식은 외설적으로 부인되고 있는 숨겨진 비밀을 가리키고 있으며, 진실을 부인해서 공개적인 제도를 유지시킨다. (군대에서는 이런 비밀이 단체의 결속을 유지하는 외설스럽고 성적인 관습을 구성한다.) 다시 말해서, 교회가 부끄러운 소아성애 스캔들을 감추려고 하는 이유는 순응적인 이유 때문이 아니다. 즉, 이들이 가장 외설적인 비밀을 숨겨서 스스로를 보호하는 것이다. 그래서 이 비밀을 인식하는 것이 가톨릭교회의 사제들이 가진 정체성을 구성하는 중요 요소라는 뜻이 된다. 어떤 사제가 진지하게(말뿐이 아니라) 이런 스캔들을 비난하면, 그는 이 괴상한 단체에서 배척된다. 더 이상 '우리'가 아닌 것이다(1920년대 미국 남부에서 KKK단을 비난한 시민이 근본적인 유대 관계를 배신했다면서 사회에서 배척되었던 것과 동일하다).[34]

권한을 가진 모든 조직에서 구조적으로 비슷한 사례가 확인된다. 근대 터키의 아버지라고 불리는 케말 아타튀르크는 1차 세계대전 말부터 1930년대 사망할 때까지 오랫동안 터키를 통치했다. 터키인들 사이에서는 아타튀르크가 밤낮없이 국가를 위해 일하는 건실한 지도자라는 공식적인 이미지와 달리 조력자의 부인들과 모두 동침한 대단한 플레이보이라는 소문이 퍼졌다. 하지만 알 만한 사람들은 그가 1920년대 중반부터 술주정뱅이에 발기불능을 앓고 있어서 간혹 아주 어린 소년들과 유희를 즐긴다고 말했다.

어쨌거나 아타튀르크의 상습적인 성행위에 대한 이야기는 조심스럽게 퍼진 잘 알려진 소문이었다. 여기에서 흥미로운 점이 있는데, 그것은 그런 소문이 공식적으로는 일축되었지만(누군가는 전 대통령의 성적 기호를 떠벌린 죄로 중벌을 받을 위험에 처하기도 했다), 실제로는 그의 에로틱한 모험에 대한 소문을 퍼뜨려서 공식적인 이미지에 손상을 입힌다면서, 가혹하게 죄를 벌하곤 했던 당국에 의해서 비밀스럽게 퍼져나갔다는 점이다. 그리고 대통령의 기운을 유지하는 데 핵심적인 역할을 했다는 점이다.

1930년 터키에서는 황당한 일이 벌어지곤 했다. 어떤 공개적인 회의에서 대통령의 공식 대변인은 대통령의 성적 스캔들에 관한 추문을 퍼뜨린 사람들을 비난했다. 그러면 청중 중 누군가 일어나서 대변인을 옹호하면서, 누구나 아타튀르크 대통령의 소문이 거짓이란 것을 알고 있다고 강조했다. 단순히 대변인의 말을 지지한 것뿐이었지만, 그 과정에서 공식적인 설명이 정반대의 상황을 말하지는 않는다는 확인이 이루어졌다. 말하자면, 대변인은 대통령의 소문을 퍼뜨리는 사람들을 비난했지만 누구나 그저 형식에 불과하다는 것

을 알 수 있었다. 공개적으로 공론화시킬 필요는 없는 진실이 되어 버렸다.[35]

가톨릭교회의 경우로 다시 되돌아가보자. 2012년 여름, 슬로베니아에서는 교회의 외설적인 모습을 냉소적으로 보여주는 사건이 발생했다. 두 명의 배우가 출연했는데, 한 명은 슬로베니아 가톨릭에서 가장 높은 지위를 차지하고 있는 보수적인 추기경 프랑 로드였다. 또 다른 한 명은 바티칸이 최초로 혐의가 완전히 벗겨질 때까지 사제직에서 제한다고 선언한 대주교 아로즈 우란이었다. 우란 주교는 일반 신도들 사이에서 매우 인기가 많아서, 그의 잘못에 대한 소문이 퍼졌을 때도 가혹한 처벌은 면할 수 있었다. 몇 주 동안 부끄러운 침묵이 계속되었지만, 결국 가톨릭 측은 비통하게 우란이 어떤 사생아의 아버지라는 의혹이 있다고 발표했다.

가톨릭의 발표는 여러 가지 이유 때문에 폭넓은 불신으로 이어졌다. 첫째, 우란이 누군가의 아버지라는 소문은 수십 년 동안 있었다. 그런데 가톨릭 측은 왜 이전에 조치를 취하지 않고, 슬로베니아의 주교로 임명한 것일까? 둘째, 우란 대주교는 아이가 없다는 사실을 증명하기 위해서 DNA와 필요한 테스트를 기꺼이 치를 준비가 되었다고 공개적으로 선언했다. 마지막으로 슬로베니아 가톨릭에서 수년 동안 보수파(그중 한 명은 로드다)와 온건파(우란은 그중 한 명이다)의 갈등이 지속되어 왔다는 것은 비밀이 아니었다. 진실이 무엇이건 간에, 대중은 슬로베니아 가톨릭이 보여준 이중 잣대에 충격을 받았다. 우란 주교가 누군가의 아버지일지도 모른다는 의심만으로 교회를 떠나게 된 반면, 일부 사제들의 아동 성범죄 사건들은 분명하게 미약한 조치를 받았다. 경찰에 신고도 이루어지지 않았고, 문제가 된 사제는 벌을 받지도 않았다. 다만 다른 곳으로 자리를 옮겼을 뿐이었다. 반대로 학대를 당한 아이들의 부모는 입을 다물라는 식의 압박을 받았다.[36]

더 큰 문제는 로드 추기경이 보여준 냉소적인 '현실주의'였다. 추기경은 라디오 인터뷰에서 "통계적으로 심각한 문제가 아니며, 100명이 넘는 사제 중 한 명, 기껏해야 두 명 정도 이런 모험에 빠진다"고 설명했다. 대중은 소아성애를 '일종의 모험'이라고 표현한 추기경의 발언에 주목했다. 아이들에게 자행된 잔인한 범죄가 모험적인 '장난'(로드 추기경의 또 다른 표현이다)인 일반적인 현상으로 설명되었다. 이후 추기경은 또 다른 인터뷰에서 "40년 정도의 시간이라면 몇 가지 소소한 죄는 저지르게 된다"고 언급했다. 가톨릭의 선정성이 고스란히 드러난 사건이었다. 희생자(아이들)와는 유대 관계가 없었고, 도덕적으로 경직된 자세 속에는 냉소적인 현실주의를 대표하는 가해자와의 유대 관계가 숨김없이 드러났다("사는 게 그렇지, 사제도 모험과 장난을 즐길 수 있지……"라는 식이다). 그래서 결국 진짜 희생자는 교회였고, 불공평한 미디어 캠페인에 스스로를 노출시킨 그들이 가해자들이었다.

여기에 분명한 선을 하나 그릴 수 있다. 소아성애자도 우리 사람이다. 우리의 더러운 비밀이다. 그래서 일반화시키고, 우리의 일반화를 위한 비밀스러운 기반이 될 수 있다. 하지만 아이의 아버지가 되는 것은 가혹하게 내쳐야 하는 진정한 잘못이라는 것이다. G. K. 체스터턴이 1세기 전에 《정통성Orthodoxy》에서 적은 글과 같다(물론, 그는 지금의 결과는 예측하지 못했겠지만).

> 기독교의 바깥 고리는 윤리적인 거부와 전문적인 사제를 단호하게 보호하는 갑옷과 같다. 하지만 이 비인간적인 갑옷 안에는 아이들처럼 춤을 추고, 젊은이처럼 와인을 마시는 늙은 인간들의 삶이 있다. 기독교는 이교도의 자유를 위한 허울이다.[37]

여기에서 어쩔 수 없이 왜곡된 결론을 확인할 수 있다. 쾌락의 삶과 동일한 이교도적인 꿈을 우울한 슬픔의 대가 없이 즐기고 싶은가? 기독교를 선택하라! 성적인 지혜를 운반하는 역할을 하고 있는 가톨릭 사제(혹은 수녀)의 모습에서 이런 역설의 흔적을 찾을 수 있다.

영화 〈사운드 오브 뮤직The Sound of Music〉에서 가장 유명한 장면으로 손꼽히는(물론 동의하지 않는 사람도 있을 것이다) 부분을 떠올려보자. 마리아는 본 트랩 남작의 성적 매력을 거부하지 못해서 그의 집을 떠나서 수녀원으로 되돌아가지만, 여전히 남작을 잊지 못해서 힘들어한다. 수도원의 원장 수녀는 마리아를 불러서 본 트랩 가족에게 되돌아가서 남작과의 관계를 해결하라고 조언한다. 원장 수녀는 이 메시지를 괴상하게도 '모든 산을 넘어서!'라는 제목의 노래를 통해 전달한다. 노래의 모티프는 놀랍게도 "당장 해! 위험을 감수하고 마음이 원하는 대로 해! 쓸데없는 자질구레한 생각으로 포기하지는 마!"라는 것이다.

이 장면이 가지고 있는 괴상한 힘은 욕망의 순간을 예측하지 못한 상태에서 보여주는 것이다. 그래서 이 장면은 당황스럽다. 절제와 금욕을 설교해야 하는 당사자가 나서서 충실하게 욕망을 부추긴다. 소아성애가 가톨릭교회의 여기저기에서 터져 나오는 지금의 상황에서, 영화 〈사운드 오브 뮤직〉의 장면을 다르게 상상하는 것도 어렵지 않다. 다름이 아니라 한 젊은 사제가 수도원장에게 접근해서 여전히 어린 소년을 보면 욕망을 느낀다면서 더 벌해달라고 청하는 장면이다.

이것이 바로 가톨릭이 가진 정체성의 핵심 곳곳에 존재하는 모순 이다. 오늘날, 이들에 대한 반감의 주요 원인도 이 때문이다. 전해지 는 이야기에 따르면, 1804년에 교황은 나폴레옹을 찾아가서 스스 로 황제의 왕관을 넘겨주었다고 한다. 나폴레옹은 왕관을 받아서 스 스로 왕이 되었다. 교황은 "당신의 목표가 기독교를 파괴하는 것임 을 알고 있소. 하지만 당신은 실패할 것이오. 믿어도 좋소. 교회 스 스로가 2,000년 동안이나 노력했지만 아직도 성공하지 못했으니 까……"라고 말했다. 슬로베니아의 로드 추기경 같은 사람을 보면, 교회가 어떻게 계속 파괴적인 행위를 하는지 알 수 있다. 이 슬픈 사 실에 기뻐할 이유는 없다. 기독교의 유산은 너무나 소중하고, 지금 은 그 어느 때보다 빛나기 때문이다. 《문화의 정의를 위한 노트Notes Towards a Definition of Culture》에서 T. S. 엘리엇은 이단과 무신론자 중 하나를 선택해야 하는 순간이 있다고 말했다. 이때 종교를 살릴 수 있는 것은 종파를 분리하는 것뿐이다. 지금 필요한 것도 바로 그것 이다.

초자아 혹은
금지된 금지

이상과 법적인 명령 사이에 내재된 불일치는 교회라는 제도 외에 다른 곳에서도 확인할 수 있다. 오늘날 가장 두드러진 경우는 중국이다. 수많은 모순에 직면했을 때, 공식적인 공산주의 이론가들은 어떻게 반응할까? 마르크스의 용어로 스스로에게 권한을 부여하지만 '근로자들이 자본주의를 뒤집을 수 있는 혁신적인 자율 조직'이라는 마르크스주의의 기본 전제를 포기한 공산당이라면 어떨까? 여기에 전설적이라고 할 수 있는 중국의 겸손함이 모두 동원된 것 같은 인상을 지울 수가 없다.

직접적으로 이들 문제를 제기하면(혹은 주장하면) 무례하게 비춰질 것이다. 겸손함에 의존해야 하는 이유는 결합시킬 수 없는 것을 결합해야 하기 때문이다. 마르크스주의를 공식적인 이념으로 시행하면서 이념의 핵심적인 이론이 전체 이론을 망치지 않도록 공개적으로 금지하기 때문에 결국 의미 없게 만드는 일은 어떤 것일까? 결과적으로 어떤 것들은 명백하게 금지되고, 이런 금지는 공개적으로 발표될 수는 없지만 어쩔 수 없이 금지된다.

노동자가 자본주의의 남용을 막는 자율 조직이라는 주장이 마르크스주의의 핵심 교리라는 사실을 제기하는 것이 금지될 뿐 아니라, 이를 공개적으로 언급하는 것 역시 금지된다.[38] 이런 방식으로 우리는 칸트가 말했던 '공공법의 선험적인 공식'이라고 부르는 것을 위반하게 된다. '공공법의 선험적인 공식'이란, '다른 사람의 권리와 관련된 모든 행동은 그 규칙이 공공적인 것과 일관되지 않는다면 부당하다'는 것이다. 법의 대상에게 알려지지 않은 비밀스러운 법은 집행하는 사람의 자의적인 폭정을 정당화한다.

중국에 대한 최근 기사의 제목과 이 공식을 비교해보자. 기사의 제목은 '중국에서는 무엇이 비밀인지도 비밀이다'[39]였다. 정치적인 억압을 보고해서 문제를 일으키는 지식인과 생태적인 재난, 지방의 빈곤에 대해서 언급하면, 국가의 비밀을 누설한 죄로 수년 동안 교도소에 수감된다. 딜레마는 비밀스러운 정부를 구성하는 법과 규제 자체가 기밀이기 때문에, 개인들은 언제 무엇을 위반하는지도 알기 힘들다는 점이다. 스노든의 폭로가 유독 뚜렷했던 이유는 테러리스트의 비밀 계획을 감시하는 미국의 정부 조직이 중국의 방식을 상당 부분 따랐기 때문이었다.

이런 금지법의 자체적인 모순은 법 자체를 트라우마가 가득한 현실로 바꾸어버리고, 사람들을 초자아(이런 현실적으로 불가능한 법을 프로이트의 용어로 표현한 것이다)의 상태로 몰아간다. 셰익스피어가 쓴 《베니스의 상인The Merchant of Venice》에서 밸서저로 가장한 포샤는 1파운드의 살에 관련된 재판에서 진 샤일록에게 "잠깐 기다리시오/……/잠깐 기다리시오, 유대인이여,/아직 당신에게 법이 적용되지 않았소"[40]라고 말하면서 법정을 떠나지 말라고 명령한다. 어떤 법일까? 외설적인 초자아적인 법이며, 자비를 구하는 법이다(법적으로는 말이 되지 않는다). 법(1파운드의 살)을 원한다면, 이를 얻어내야 한다는 것이다! 여기에서 기독교인은 외적인 할례를 필요로 하지 않지만 심장의 할례를 필요로 한다는 바울의 주장을 역설적으로 적용할 수 있을 것이다. 《베니스의 상인》에서 이 말을 문자 그대로 이해한다면, 샤일록에게 심장을 도려내어 살을 1파운드 가져가라고 강요하는 것과 같다.[41] 여기에서 초자아의 압박은 추가적인 모순을 갖는다. 원하면 가져가야 하지만, 포기해서도 안 된다는 것이다.

법적인 힘이 가지고 있는 외설적인 모호함의 현대적인 예로 눈을 돌려보자. 2012년 8월, 해당 연도의 12월부터 호주의 담배회사들은 분명한 색깔과 브랜드의 디자인, 로고를 새긴 담뱃갑을 진열하지 못한다는 보도가 있었다. 흡연의 매력을 가능한 없애기 위해서 담뱃갑은 똑같이 올리브색으로 칠하고, 그래픽으로 된 경고와 암에 걸린 입, 앞이 보이지 않는 눈, 아픈 아이들의 사진을 부착하도록 요구되었다.[42] 상품 형태의 자기지양Selbst-Aufhebung이었다. 담배의 구매를 막기 위해서 로고나 '상품의 미적인 부분'을 없애는 것이었다. 뿐만 아니라 새로운 포장은 담배가 해롭다는 사실을 공개적으로 그래픽을 이용해서 강조했다.

이처럼 상품의 가치를 떨어뜨리는 포장은 새로운 것이 아니다. 정확하게 상품의 범주에 속하지는 않지만, 그림이나 음악 같은 문화적인 상품의 매력 역시 상관이 있다. 상품이 아니라는 과시가 성공적으로 유지되어야만 구매할 가치가 있는 경우다.[43] 여기에서 상품과 상품의 가치 사이의 차이는 로고가 없는 담배와 정반대의 기능을 한다. 초자아의 명령은 "단순한 상품 이상이기 때문에 막대한 대가를 지불하고 상품을 구매할 준비를 하라!"는 것이다. 로고 없는 담배의 경우, 로고의 형태를 박탈당한 순수한 가치를 얻게 된다(할인점에서 사람들이 노브랜드 설탕, 커피, 껌을 구매하는 것과 비슷하다). 그림의 경우는 로고가 가치를 거부한다. 예를 들어서 마르크스가 지적한 대로 가격이 가치를 결정하는 듯 보인다.

하지만 이런 직접적인 '실용적 모순'이 실제적으로 상품에 대한 숭배에서 우리를 구해낼까? 잘 알려진 '나도 잘 알지만 상관없어je sais très bien, mais quand même'라는 뜻의 구절이 알려주는 또 다른 숭배를 제공하지는 않을까? 약 10년 전쯤에 독일에서 말보로 담배 광고 포스터가 공개되었다. 말보로 광고에 늘 등장하는 카우보이가 손가락으로 '흡연은 건강에 해롭습니다'라는 어구를 가리키고 있고, 예외적으로 'Jetzt erst rechts!'라는 구절이 적혀 있었다. 대략적으로 해석하면, '이제는 정말 위험해졌어!'라는 뜻이다. 여기에 담긴 의미는 분명하다. 흡연이 얼마나 위험한지 알고 있을 것이므로, 이제는 흡연에 용기가 필요하다는 것이었다. 아마도 "흡연의 위험은 잘 알고 있어. 하지만 난 겁쟁이가 아니야. 난 진짜 남자이고, 그러니까 이 정도 위험은 감수하면서 계속 충실하게 담배를 피우겠어!"라는 답을 이끌어낸다. 흡연을 소비지상주의의 일부로 만들어버린 방법이었다. "난 즐거움의 원칙을 무시하고, 건강도 생각하지 않으면서, 담배를 소비할 준비가 되어 있어"라는 뜻이 있었다.

그런데 이런 지나칠 정도의 위험한 쾌락은 대중에 대한 공개와 상품의 매력에 있어서 어디에서나 찾아볼 수 있지 않은가? 모든 실용적인 생각(이 음식은 건강해, 유기농으로 재배됐어, 공정한 조건으로 거래되었어 등의 생각)은 더 깊숙한 초자아의 명령을 포함하고 있으면서 표면적으로 사람을 속이는 정도로 끝나지 않는다. 그래서 "즐겨! 마지막까지 즐겨! 결과는 중요하지 않아!"라고 부추긴다. 호주의 '부정적'인 포장은 언제나 존재했던 초자아의 결과를 이끌어낸다. 말하자면 모든 흡연자들이 '부정적'으로 포장된 담배를 구매할 때, 조용하지만 더 분명하고 강력한 메시지 속에 숨은 초자아의 목소리를 듣는 것이 아닌가? 그 목소리는 "흡연의 모든 위험이 정말이라면─정말이라고 받아들인다면─왜 난 여전히 담배를 구매해야 할까?"의 질문에 답을 구할 것이다.

이와 동일한 초자아의 결과는 도덕적인 부분을 강조한 또 다른 금연 캠페인이 정점에 달했을 때 정반대의 방식으로 힘을 발휘했다. 이 캠페인은 전자담배를 금지하는 지속적인 방법이었다. 2년 전에, 당시 뉴욕 시장이던 마이클 블룸버그는 전통적인 담배가 금지되는 모든 곳에서 전자담배도 금지하는 법을 시행했다. 이후 미국 내 거대 항공사들 역시 같은 조치를 따랐다. 그 다음으로는 식당 주인 역시 전자담배를 금지했고, 이후 계속해서 여러 곳에서 조치가 이어졌다. 하지만 전자담배는 무취의 수증기를 내뿜는데 모두 왜 금지되었을까? 기본적인 주장은 공공장소에서 전자담배를 피우면 중독성이 강한 담배를 피우는 모습과 약한 의지(흡연의 유혹에 저항할 수 있을 만큼 의지가 충분히 강하지 않은 것)를 남들에게 보이게 된다는 것이었다. 이는 다른 사람들에게 나쁜 영향을 미칠 수 있고, 혹은 화나게 할 수 있다는 것이었다. 간략하게 말하면, 보건상의 이유나 행동의 결과 때문에 금지된 것이 아니라, 다른 사람에게 위협이 되지도 않는데 특정한 입장이나 주장을 펼치기 위해서 금지된 것이었다. 마치 케이크를 먹는 모습을 보이면 케이크 중독을 부추긴다면서 무설탕 케이크를 금지하는 것과 같은 행동이었다. 여기에서 초자아의 모순을 찾을 수 있다. 결백하지만, 그 방법이 잘못되었기 때문에 죄의식을 느낀다는 것이다(담배를 피우지 않기 위한 노력으로 가장해서 담배에 대한 욕망을 인정하기 때문이다).

그렇다면 대체 초자아란 무엇일까? 1957년에 만들어진 인기 슬로베니아 영화인 〈메이를 기다리지 마세요Ne čakaj na maj〉는 2차 세계대전 이후에 만들어진 슬로베니아 영화로서, 삶을 즐기고 재미를 원하는 젊은 세대의 권리를 주장했다. 이 영화는 놀라울 정도로 정교한 로맨틱 코미디물인데, 에른스트 루비치의 걸작만큼이나 훌륭하다. 영화 속에는 서로를 열정적으로 사랑하는 학생들의 이야기가 펼쳐진다. 여자 주인공인 베스나의 아버지는 엄격한 고등학교 수학 선생님이자 홀아비다. 이들은 결혼하지 않은 베스나의 고모와 함께 살고 있는데, 성경험이 한 번도 없는 노처녀다. 남자 주인공 사모는 경비행기를 조종하는 아마추어 파일럿이다. 이야기의 플롯은 매우 간단하다. 두 사람은 친구들과 함께 짧은 스키 여행을 가고, 베스나의 아버지는 가족과 떨어져 휴가를 즐기는 딸이 걱정되어 고모에게 여행에 동행해서 베스나를 감시해달라고 부탁한다. 아이를 지켜야 하는 고모는 오히려 연인을 하나로 묶어주는 역할을 한다. 두 연인은 질투로 인한 오해가 몇 번인가 겹친 후 둘만 남게 된다. 하지만 입맞춤을 하는 정도로 그친다. 베스나가 짧은 인연보다는 평생을 약속할 결혼을 원하기 때문에, 성관계는 원치 않기 때문이다. 집으로 돌아온 베스나는 아버지에게 결혼하고 싶다고 말하지만, 아버지는 학업을 마칠 때까지 결혼을 금지한다. 그러자 딸은 계획을 세운다.

이미 임신을 했다는 사실을 짐작할 수 있는 흔적을 남긴 후(일부러 침대에 임신 서적을 올려두고 잊은 척하거나, 입덧을 흉내 낸다), 사모와 도망친다. 아버지와 시끄러운 이웃 주민들이 소식을 알게 된 후, 젊은 세대들이 난잡하며 도덕적인 잣대가 전혀 없다는 소문이 폭발적으로 퍼져나간다. 시간이 흐르면서 아버지와 고모의 기분은 누그러진다. 두 사람은 아기 침대와 옷을 구매하면서 즐겁게 베스나와 사모의 결혼 및 출산을 준비한다. 사람들이 집 앞에 모여 있을 때, 베스나와 사모는 갑자기 집으로 돌아와서 정당치 못한 성적 쾌락을 즐길 기회를 이용하지 않았기 때문에 임신하지 않았다고 설명한다. 소문내길 좋아하던 이웃들은 이번에는 도덕심을 운운하지 않고, 대신 남자 주인공을 비웃는다. "봐요, 남자가 기회를 사용하지도 않았대요. 쓸모없는 남자라는 것을 알고 있었어요!" 심지어 베스나의 아버지 역시 실망하면서 사모의 엄마를 공격한다. "아들을 어떻게 키웠기에 내 딸을 임신시키지도 못한다는 말이오! 내 딸에겐 부족해요!" 두 연인은 다시 도망치기 위해 비행기에 오른다. 도시 위를 나는 비행기에서 베스나는 사모의 귀에 무언가를 속삭인다. 두 연인은 웃으면서 서로를 끌어안고, 영화는 끝이 난다. 베스나가 남자 주인공의 귀에 속삭인 말은 아마도 "이젠 섹스해도 돼!"일 것이다.

임신한 흉내를 내는 베스나의 전략은 복잡하다. 거짓된 기정사실 Fait Accompli로 가족과 대면해서 결혼을 수용하도록 만들었을 뿐 아니라, 연인의 관계가 가지고 있는 내면적이면서 초자연적인 경제(심지어 중요한 부분이기도 하다)와의 관련을 통해서 완벽한 행동에 들어간다. 말하자면, 베스나는 아버지가 만든 규칙을 어기는 방식을 원치 않았을 뿐 아니라, 상대(이 경우는 아버지의 권한)에 대항해서 행동(섹스)에 대한 모든 책임을 지려고도 하지 않는다. 베스나가 원한 것은 정당한 성적인 관계를 원하며, 더 정확하게는 이를 금지한 권한에 의해서 오히려 강제적으로 요구를 받으려고 한다. 그래서 일반적인 연인들처럼 겉으로는 아닌 척하면서 몰래 아버지의 눈을 피해서 섹스를 하는 대신에, 겉으로 은밀하게 섹스를 즐기는 척하면서 오히려 순결을 유지한다. 여기에서 전제는 순결한 척하면서 부정한 쾌락을 남몰래 즐기는 위선자가 되기보다는, 정반대로 남몰래 순결을 지키면서 부정한 쾌락을 즐기는 위선자가 된다는 것이다. 허락받지 못한 쾌락을 꾸며내어 외설적인 예측을 만들어내고, 이것이 사실이 아니라고 밝혀서 사람들을 실망시킨다.

이 시점에 베스나는 아버지의 권한으로 허락을 받아내어 드디어 섹스를 할 수 있게 되며, 외설적인 결과에 따른다. 이 전략은 아버지의 권한이 가지고 있는 모호함을 바탕으로 한다. 아버지가 드러내놓고 외설적인 목표를 내보이게 만드는 것이다. 동시에 성공적인 성행위가 즉각적인 열정의 문제가 아니라, 상징적인 더 큰 권한을 통해서 고찰되어야 한다는 것을 보여준다.

소문을 좋아하는 이웃들의 달라진 반응은 초자아가 어떻게 반응하는지를 보여주는 완벽한 예다. 초자아는 성적인 행동을 제한해서 성행위를 막는다. 하지만 이는 표면적인 것에 불과하며, 실제적인 결과는 "어서 해! 즐겨! 우리가 금지한 것을 하길 원해!"라는 외침이다. 다시 말해서, 금지된 것을 어기면 죄책감을 갖지만, 따르면 더 큰 죄책감을 갖는다(이것이 바로 초자의 역설을 설명한다. 명령에 따를수록 죄책감을 느끼는 것이다). 프로이트는 이 근본적인 모호함이 초자아의 구성 요소를 극단적인 수준까지 가져간다. 도덕적인 기준을 위반할 때, 죄책감을 갖는다. 이를 위반할 수 있는 기회를 활용하지 않으면, 더 큰 죄책감을 갖는다. '초자아는 어떤 경우이거나 죄책감을 갖는 것이다.'[44]

이런 필수적인 죄의식은 상식의 또 다른 반전이며, 'Strafbedüerfnis' 즉, 벌을 받아야 할 필요성과 관련되어, 고통스러운 처벌이 제공하는 괴상한 만족감의 이유가 된다. 죄의식과 처벌을 유발하는 것은 범죄가 아니다. 벌을 받아야 할 필요성이 죄의식과 범죄 의도를 만들어내는 것이다(가끔은 행동을 유발한다). 그렇다면 벌을 받아야 할 필요성이란 어디에서 오는 것일까? 프로이트는 원시 시대부터 있었던 자기학대 혹은 고통에서 즐거움을 느끼는 것이 아니라, 법적 질서 내부로 들어가면서 겪는 사회화의 매트릭스와 관련된 복잡한 시나리오라고 주장했다. 헤겔 철학과 비슷한 방식으로 법적 질서는 주기적인 위반(혹은 범죄)을 필요로 하는데, 가해자를 처벌함으로써 권한을 보여주기 위해서다. 그래서 단 한 번도 범죄를 저지른 적이 없는 이들을 포함해서 모든 사람들이 잠재적인 범죄자로 간주되는 법적 대상이 된다. 프로이트는 도스토옙스키의 《카라마조프 가의 형제들The Brothers Karamazov》에 대한 유명한 분석에서 이런 시나리오를 설명했다. 소설 속의 주인공 형제들은 아버지를 살해했다는 외설스러운 살인범으로 의심을 받는다.

누가 실제 범죄를 저질렀는지는 상관이 없다. 정신적으로 보았을 때, 누가 마음속으로 아버지를 죽이려는 욕망을 가지고 있고, 실제 아버지가 죽었을 때 누가 기뻐했는지가 문제다. 나머지 형제와 정반대인 알료샤를 제외하고 모든 형제들은 똑같이 유죄다. 충동적인 호색가이고, 회의적인 냉소주의자이며, 간질병적인 범죄자다. 《카라마조프 가의 형제들》에서 특히 이런 사실을 보여주는 장면이 있다. 드미트리와 대화를 나누던 조시마

장로는 그가 자살을 할 준비가 되었다는 사실을 알고 절을 한다. 존경의 표현이라고 볼 수는 없다. 성스러운 사람으로서 살인자를 경멸하거나 싫어할 수 없어서, 오히려 스스로를 낮춘 것이다. 범죄자에 대한 도스토옙스키의 연민은 실제 경계가 없을 지경이다. 불행한 범죄자가 가지고 있는 권리의 수준을 훨씬 넘어선다. 또한 우리들에게 과거에는 간질환자나 미치광이에게 보였을 '성스러운 경외심'을 기억하게 한다. 그에게 범죄자는 다른 사람의 죄를 스스로 지는 구세주와 마찬가지다. 그는 이미 살해했기 때문에 더 이상 사람을 죽일 필요가 없고, 다른 사람들은 더 이상 사람을 살해할 필요를 없애준 그에게 감사를 해야 한다.[45]

원시적인 범죄(외설적인 조상의 살인)가 법에 의해서 하나로 결합된 사회적인 조직을 구성한다는 것에 한해서, 법에 따른 무고한 대상은 누군가—신성한 살인범—무고한 이들의 욕망을 알고 대신 살인을 저질렀기 때문에 더 이상 사람을 살해할 이유가 없는 이들이다. 이처럼 사람들은 범죄와 무의식을 통해서 법적인 질서에 병합된다. 법의 대상은 잠재적인 범죄자로 정의된다. 이 공통의 죄책감은 법적 시민들의 보편성을 구성하고, (법적) 금지의 반사적인 증폭으로 이어진다.

법은 금지다. 법이 무엇을 금지하는 것이 아니라, 스스로 금지된 장소에서 금지되기 때문이다……. 법에 닿을 수는 없다. 법으로 존중하는 관계를 얻기 위해서는 법과 관계를 맺어서는 안 된다. 오히려 이 관계를 깨뜨려야 한다. 관계를 시작하기 위한 방법은 수호자 등 법의 대표를 거쳐야 가능하다. 이들은 메신저인 동시에 방해꾼들이다. 누가, 무엇이, 언제 법이 존재하는지를 알아야 한다.[46]

왜 아니겠는가? 법에 대해서 알아내면, 법은 정당성을 잃게 될 것이다. 법의 기반은 불법적인 폭력 행위 속에서 두드러진다. (칸트가 법적인 질서의 근본에 대해서 질문하지 못하게 했던 것도 이 때문이다.) 법이 가지고 있는 범죄적인 저변, 즉 회복을 위한 '신화적인 폭력'(벤자민)이며, 계속해서 법치를 유지하기 위한 폭력은 금지된 상태로 남아있어야 한다. 이런 금지(억압)는 대상에 압박을 가해서 작용된다. 법적 대상자는 먼저 이루어진 '아프리오리A Priori'의 죄(공식적인 죄)를 통해서 인식된다. 따라서 권한을 가진 타인의 죄(외설적인 폭력)는 법 자체의 것이며, 보이지 않는다. 하지만 이런 전환은 기능을 위해서 두 개의 형태를 받아들여야 한다. 하나는 범죄를 실제적으로 저지른 유죄인 대상이고, 또 다른 하나는 범죄자의 범행 덕분에 살해의 요구에서 해방되는 혜택을 얻게 된 무고한 방관자들이다. '범죄자가 스스로 죄를 저질러서 다른 권한을 가진 상대방(법)이 순수하고 모욕을 당하지 않는다.'

희생의 개념은 라캉주의적인 정신분석과 늘 관련이 있다. 거대한 권력자의 무능을 부정하는 행위로 보는 것이다. 가장 기본적인 단계에서, 대상은 스스로 이득을 얻기 위해서가 아니라 권력자의 부재를 메우기 위해서나 그의 전지전능한 겉치레를 유지하기 위해서, 혹은 적어도 일관성을 갖기 위해서 희생한다.

영화 〈보 제스트Beau Geste〉(1939)에서 게리 쿠퍼는 이해심 많은 숙모와 살고 있는 삼형제 중 장남인데, 숙모 가문의 자랑거리인 값비싼 다이아몬드 목걸이를 훔쳐낸다. 겉보기에는 터무니없고, 배은 망덕한 짓으로 보인다. 은혜도 모르는 범죄자로 알려질 것이며, 평판이 완전히 망가질 것이라는 사실을 짐작한 그는 목걸이를 가지고 어디론가 사라진다. 그렇다면 왜 이런 짓을 한 것일까? 영화 말미에서 우리는 게리 쿠퍼가 목걸이가 가짜라는 창피한 사실을 숨기기 위해서 도둑질을 했다는 것을 알게 된다. 숙모는 파산 위기에 처한 가문을 구하기 위해서 부유한 인도의 군주에게 목걸이를 팔았고, 대신 싸구려 가짜로 바꾸어놓았다. 게리 쿠퍼는 도둑질을 하기 전에 목걸이를 공동 소유한 먼 삼촌뻘 되는 사람이 돈 때문에 목걸이를 팔려고 한다는 사실과, 정말 목걸이를 팔게 되면 가짜라는 사실이 드러나게 된다는 것을 알게 된다. 그래서 숙모의(말하자면 가문의) 명예를 지킬 수 있는 유일한 방법으로 도둑질을 꾸며낸다.

즉, 절도를 가장한 적절한 속임수인 셈이다. 훔칠 것이 없다는 사실을 숨기기 위해서 절도를 벌이고, 이런 방법으로 또 다른 타인의 부족한 부분이 숨겨진다(말하자면, 상대가 소유한 것을 도난당했다는 환상이 유지된다). 사랑의 경우, 한 사람은 다른 사람이 가지지 못한 것을 준다. 사랑의 범죄에서는 한 사람은 사랑하는 상대가 가지고 있지 못한 것을 훔친다. 영화의 제목인 〈보 제스트〉가 암시하는 대상은 바로 이것이다. 여기에는 역시 희생의 의미가 담겨 있다. 한 사람이 스스로를 희생해서(자신의 명예와 미래를 희생한다) 사랑하는 다른 누군가를 치욕에서 구한다.

또 무고한 방관자의 실질적인 죄의식도 있다. 집단이 (필요한) 범죄에서 이익을 얻는다. '무고할수록 죄의식을 갖는다'는 프로이트의 역설이 꼭 들어맞는 상황이다. 실제 범죄에 대해서 죄가 없을수록, 범죄의 값을 치르지 않고 즐기는 결과물에 대한 죄의식은 크다. 여기에서 매우 특정한 방법으로 죄의식을 활용하는 초자아의 압박을 확인할 수 있다. 초자아의 압박은 대상의 개인성을 망가뜨리지 않는다. 그 영향은 개인성이 용해되는 군중으로 대상을 잠식시키는 것이 아니다.

반대로 초자아의 압박은 대상을 개인적으로 만든다. 혹은 발리바르가 알튀세르의 고전적 공식을 거꾸로 뒤집었던 것을 인용해서 표현하면, '초자아는 대상에게 개인적인 요소를 호소한다the superego interpellates subjects into individuals'이다. 초자아는 나를 특별한 개인으로 만들어주고, 내게 죄의식과 책임감을 요구한다. "일반적인 것으로 탈출하지 말라. 객관적인 상황에 의지하지 말고, 각자의 마음을 들여다보면서 어떤 의무를 저버렸는지 자문하라!" 그래서 초자아는 걱정을 만든다. 초자아의 눈으로 보았을 때, 난 혼자다. 내 뒤에 숨어 있는 다른 존재는 없으며, 나는 기소되었다는 사실만으로 공식적인 유죄이기 때문에 '유죄'가 된다. 만약 무죄라고 주장하면, 죄를 부정했기 때문에 또 다른 죄를 지을 뿐이다.

오늘날의 사회를 규정하는 연속된 상황은 생태학, 정치적인 교성, 빈곤 등 초자아의 개인화가 갖는 종류를 완벽하게 보여준다. 뚜렷한 생태학적 담론은 우리에게 생태학적 초자아의 압박 속에서 자연에 빚을 진 '아프리오리' 죄인이라고 말하고, 또 개인을 인식한다. 자연에 진 빚을 갚기 위해서 어떻게 해야 할까? 신문은 모두 재활용통에 넣었나? 맥주병과 콜라 깡통도 제대로 재활용을 했나? 자전거나 대중교통을 이용할 수 있는데도 자가용을 이용하지는 않았나? 창문만 열면 되는데 에어컨을 켠 것은 아닌가?[47] 이처럼 개인적인 생태학적 위험은 쉽게 식별이 가능하다. 나는 전체 산업의 문명에 대한 세계적인 문제를 제기하기보다는 스스로의 자기 성찰 속에 빠질 때가 많다.

정치적으로 끝없이 스스로를 확인하는 것도 마찬가지다. 여자 승무원을 너무나 노골적이거나 성적인 공격성을 띤 채 바라보지는 않았을까? 여자 승무원에게 말을 하면서 성차별적인 분위기가 느껴지는 단어를 사용하지는 않았을까? 이처럼 스스로를 검사하면서 느끼는 쾌락, 아니 어쩌면 흥분은 매우 분명하다. 순진한 농담이 실은 전혀 순진하지 않으며, 성차별의 뜻을 품고 있다는 사실을 확인했을 때, 기쁨과 자기 비판적인 후회가 뒤섞이는 순간을 떠올려보자. 기부를 할 때는, 소말리아에서 아이들이 굶주리고 쉽게 치료할 수 있는 질병으로 죽어갈 때, 자신의 편안한 삶에 대해서 죄의식을 갖게 하는 메시지를 줄곧 듣고 있게 되는 것을 기억해보자. 이들 메시지는 쉽게 죄책감을 빠져나갈 수 있는 탈출구를 제공하기도 한다("당신이 바꿀 수 있습니다! 한 달에 10달러로 흑인 고아들을 행복하게 만들어주세요!"라는 식의 메시지다). 여기에서도 숨은 아이디어를 쉽게 발견할 수 있다. '빚을 진 사람'에 대한 라자라토의 개념은 죄책감을 요구하는 초자아를 구성 요소로 만드는 주관성의 전반적인 개념을 제공한다. 데카르트의 말을 빌어서 표현해보면, "나는 빚을 지고 있기 때문에 사회적인 질서에 포함된 대상으로 존재한다"는 것이다.

일부 서구권의 자유주의 좌파들이 이슬람포비아Islamophobia, 이슬람에 대한 혐오증—옮긴이일지도 모른다는 병리학적인 공포도 똑같지 않을까? 이슬람을 비판하면 무조건 서방세계의 이슬람포비아가 표현된 것이라고 비난을 받는다. 살만 루시디는 괜히 이슬람인을 자극해서, (적어도 어느 정도는) 스스로 위험을 자초하는 등의 잘못을 저질렀다고 비난을 받는다. 다음과 같은 사례에서 이런 입장의 결과를 예측할 수 있다. 서방세계의 자유주의적 좌파는 스스로의 죄책감을 곱씹을수록, 이슬람 근본주의자들에게 이슬람에 대한 증오를 숨기는 위선자라는 비난을 받는다. 이런 무리는 또 다른 초자아의 역설을 재생산한다. 상대가 요구하는 것에 복종할수록 죄책감은 커진다. 이슬람을 용인할수록 스스로에 대한 압박은 강해진다. 그 의미는 테러리스트 근본주의자들이 기독교이건 혹은 이슬람이건 실질적인 의미의 근본주의자는 아니라는 것이다.

이들에게 부족한 것은 티베트의 승려들부터 미국의 아미쉬Amish, 현대 기술 문명을 거부하고 농경생활을 하는 미국의 종교 집단—옮긴이까지 진짜 근본주의자를 모두 쉽게 가려낼 수 있는 특징이다. 믿지 않는 사람들에게 분노하거나 부러워하지 않고, 이들이 가지고 있는 삶의 방식에 대한 상당한 무관심이 바로 그것이다. 오늘날 말하는 소위 근본주의자들이 자신의 방법이 진실이라고 믿는다면, 왜 이들은 믿지 않는 사람들에게 위협을 느끼고 부러워할까? 불교주의자들이 서방세계의 쾌락에 직면했을 때, 이들은 비난하지 않았다. 다만 자애롭게 행복을 좇는 쾌락이 자멸할 수밖에 없다고 강조했다. 진정한 근본주의자들과 달리, 유사 근본주의자들은 믿지 않는 사람들의 죄스러운 삶에 깊은 혼란을 느끼고, 흥미를 느끼며, 이들에 사로잡힌다. 죄스러운 질서와 싸우는 것이 아니라 스스로의 유혹과 싸우는 것이다.

근본주의자들의 폭력이 가진 열정의 강도는 진실한 신념이 부족하기 때문에 나타난다. 테러리스트 근본주의자들은 스스로에 대한 신념이 부족하다. 이들의 난폭한 폭발이 그 증거다. 이슬람이라는 종교가 판매부수도 그다지 많지 않은 덴마크 신문에 실린 웃긴 캐리커처에 위협을 느낀다면, 그 신념은 얼마나 얄팍한가? 이슬람 근본주의자들이 제기하는 위협은 이슬람의 우월함이나, 이들의 문화 및 종교적인 정체성을 전 세계에 퍼진 소비적 문화의 공세로부터 보호하기 위한 열망을 기반으로 하지 않는다. 근본주의자들의 문제는 우리가 그들을 열등하다고 생각하는 것보다는 그들이 스스로를 열등하다고 생각하기 때문이다. 그래서 서방세계에서 이슬람에 대해 우월감을 가지고 있지 않다고 정중하게 몇 번이나 고쳐주어도, 그들은 더욱 화를 내고 분노한다. 문제는 문화적인 차이(자신의 정체성을 보호하려는 그들의 노력)가 아니다. 반대로, 근본주의자들이 이미 우리를 은밀히 좋아하고, 우리의 기준과 방법을 내재화시켰기 때문이다. 역설적으로 근본주의자들에게 부족한 것은 스스로의 우월함에 대한 '인종차별에 가까운' 진정한 확신이다.

프로이트가 상세하게 설명했던 겁쟁이를 만드는 역학은 이렇게 개인화된 초자아의 압박에 대한 대응에서 시작된다. 겁쟁이의 행동은 '억압을 되갚아주는 것'이며, 신화적인 폭력이고, 참여자들을 고립된 개인으로 만들면서 이들에게 영향을 미치는 걱정과 죄책감에 이들의 개인성을 용해시키는 것이다. 이런 점에서 우리는 겁쟁이의 행동이 프로이트가 말한 초자아의 역설을 피하고 있다고 말할 수 있다. 비겁한 폭력에 참여할 때(예를 들어서 집단학살), 무죄일수록 죄책감에 빠지고, 잔인한 폭력을 자행할수록 초자아의 악순환에서 탈출할 수 있다.

여기에 기독교이자 자본주의의 외설스러운 정신에 사로잡힐수록 이기적으로 행동하는 것도 추가할 수 있다. 공산주의에 대한 정통 비판론자인 블라디미르 솔로비요프는 다윈의 물질주의와 온정적인 윤리관 사이에 끼어버린 무신론자의 사회주의적 긴장 관계를 "사람은 원숭이에서 진화했다. 따라서 서로를 사랑하는 것이 의무다"라는 잘못된 결론Non Sequitur으로 표현했다. 그런데 두 가지 전제 사이에 정말 차이가 있을까? 약한 자들을 죽으라고 비난하는 잔인한 생존주의 윤리는 다윈이 만든 물질주의의 직접적인 결과일까? 무신론의 사회주의자들이 내린 잘못된 결론은 기독교와 자본주의적인 사회가 내린 잘못된 결론을 단순히 우회한 것이 아닐까? 기독교와 사회주의적인 이념은 우리에게 이렇게 말한다. "사람은 신이 불멸의 영혼을 집어넣어서 만든 피조물이다. 따라서 우리는 인간 동물의 실용적인 쾌락 추구에 빠져들어야 한다."

3장
예후 _

등심이
어떨까요?

니체와 햄릿

니체는 햄릿에 관해 '사람이 진심으로 광대가 되기 위해서 어떤 일을 겪어야 하는지! 햄릿은 무슨 뜻인지 알까? 확신이 사람을 미치게 만든다는 것은 확실하다'[1]라고 적었다. 이 구절에는 두 가지 분명한 제안이 포함된다. 첫째, 광대의 가면 뒤에 숨어 있는 절망에 대한 니체의 시각이다. 햄릿은 미친 광대노릇을 해야 한다고 생각했다면 끔찍한 고통을 겪었을 것이다. 둘째, 그에게 고통을 주고, 미치게 만들었던 것은 아버지의 죽음에 대한 의심이 아니라 확신이었다. 또 그의 의심과 클라디우스의 죄에 대한 궁극적인 증거 찾기가 확신을 벗어나는 탈출구였기 때문이다. 참기 어려운 확신을 잊는 또 다른 탈출구는 천박한 농담으로 보이려고 애쓰는 것이다.

보스니아 문화분석가는 스레브레니차에서 친지를 잃은 유가족 사이에서 세르비아의 학살에 대한 농담이 열 개가 넘게 회자되고 있는 것을 알고 깜짝 놀랐다. 여기에 한 가지 예를 들어보려고 한다. (유고슬라비아에서 소고기를 살 때 하는 말이 언급된다. 도살장 주인은 "뼈도 줄까요? 아니면 빼고 줄까요?"라고 자주 묻는데, 뼈가 스프를 끓이는데 자주 사용되기 때문이다.) "스레브레니차 근처에 택지를 사려고 하는데, 가격이 얼마인지 알아?"라고 묻자 상대는 "가격은 어떤 땅을 원하는지에 따라 달라져. 뼈가 있는 땅이야? 아니야?"라고 대답한다. 천박하고 존중하는 태도라고는 전혀 없는 이런 농담은 참기 어려운 끔찍한 현실에 대응하는 유일한 방법이다. 희생자들에 대한 온정을 천박한 모독으로 대체해서 상대방을 당황시키는 데 성공한다.

폴 로브슨이 간단하지만 효과적으로 비판적인 이념을 가미해서 〈올드 맨 리버Ol' Man River〉를 전설적으로 재탄생시켰던 일을 기억해보자. 원래는 할리우드의 뮤지컬인 〈쇼 보트Show Boat〉(1936)에서 강(미시시피 강)은 수수께끼 같으면서 무심한 운명을 뜻하고, 현명한 노인은 '무언가 알고 있지만, 말은 하지 않으면서' 노를 저으며 조용한 지혜를 가지고 있는 인물로 그려진다. 새로 각색된 버전²에서 강은 이름도 없고 알 수도 없는 지혜의 집합이 아니라, 모든 어리석음을 짊어지고 있으며 의미 없는 고통을 수동적으로 참아내는 것으로 비춰진다. 그래서 여기에 희생된 사람의 반응은 독립적인 웃음뿐이다. 원래 사용된 곡의 마지막 가사는 다음과 같다.

> ……당신은 약간 취했고, 감옥에 가게 된다.
> 나는 피곤하고, 노력하느라 진력이 난다.
> 나는 사는 것이 피곤하지만 죽는 것은 두렵다.
> 하지만 늙은이는 노를 저을 뿐이다.

바뀐 노래의 마지막 가사는 다음과 같다.

> ……당신은 약간의 모래를 보여주었고, 감옥에 가게 된다.
> 나는 우는 대신에 계속 웃는다.
> 나는 죽어가고 있기 때문에 싸워야 한다.
> 그리고 늙은이는 노를 저을 뿐이다.

참기 어려운 현실을 벗어나기 위한 더욱 극단적인 방법은 현실
감을 잊는 것이다. 폴 러셀은 1차 세계대전 동안 이프르Ypres나 솜
Somme 강 등지에서 벌어진 참호 전투에 대한 분석에서, 바로 코앞
에서 수만 명이 죽는 모습을 목격한 군인들이 당시 상황을 영화처
럼 여겼다는 사실을 지적했다. 잔혹한 사람들의 노력에 '직접' 참
여했다는 사실을 믿기 어렵기 때문이었다. 전체 상황을 실제라고
받아들이기에는 어이가 없었고, 왜곡되어 있었으며, 잔인하고, 불
합리했다. 다시 말해서 이들은 전쟁을 영화라고 생각해야만 끔찍
한 현실에서 탈출할 수 있었다. '진정한 자신'이라는 사실을 인식
하지 않아야만 명령을 따르고 군대에서의 의무를 수행할 수 있었
으며, 현실 세계가 여전히 합리적이고 정신병원과는 다르다는 확
신을 버리지 않을 수 있었다.[3]

1차 세계대전이 끔찍한 충격이기 때문에 문명에 대한 종말을 의
미할 것이라는 생각이 지배적이었다. 모두 전쟁을 예측하고 있었지
만, 실제 전쟁이 터졌을 때는 모두가 놀랐고, 이후 전쟁이 일상이 되
면서(이 부분이 더욱 수수께끼였다) 놀라움은 재빨리 정상화되었다. 어
떻게 전쟁은 이렇게나 빨리 일상이 되었을까? 당연히 고대의 이념
적인 신화와 이야기를 사용해서 전쟁을 일상적인 흐름의 일부로 만
든 덕이었다. 터지지 않은 지뢰와 구멍, 황량함으로 둘러싸인 참호
사이에 인간의 땅은 없었고, 이는 성배의 신화에서 말하는 버려진
땅이 되었다.[4] 고대 신화와 전설을 동원했다는 것은 1차 세계대전
의 끔찍한 상황을 보여주는 궁극적인 증거였다. 이전에는 들어본 적
도 없던 일이 일어났고, 모든 고대의 신화는 이 새로운 상황을 설명
하기 위해서 사용되어야 했다. 물론 이들 신화는 적절한 상징적 이

야기가 아니라, 편집적인 환상이었다.

라캉의 말을 빌리면, 현실 세계에서 상징적인 대상으로 해석할 수 없을 정도로 충격적인 것은 편집적인 상황이나 환상으로 받아들인다. 1차 세계대전 이후 편집증이 폭발적으로 늘어난 것은 놀라운 일이 아니다. 문제는 스탈린주의도 마찬가지였다는 사실이다. 최고의 시스템이라고 생각했는데 끔찍한 실패를 겪는다면 어떻게 설명해야 할까? 스탈린의 대답은 혁명에 반대하는 모함과 반역자들을 만들어내는 것이었다. 1차 세계대전 중에 출판된 레지널드 그랜트의 《S.O.S.》에서 제시된 답과 상당 부분 일치하는데, 타의 추종을 불허하는 거짓말과 전설, 신화의 집합을 심각하게 받아들인 것이었다. 그랜트가 제시한 답은 간단했다. 독일이 소리와 적군의 공격이 내뿜는 빛을 분석해서 적진을 가로질러 정확한 포격 대상을 찾아낼 수 있을 만큼 영리하지는 않기 때문에, 영국 전선의 후방에 있는 벨기에의 농장에 있는 사기꾼 같은 농부들이 독일인들에게 영국군 무기의 위치를 알려주었을 것이라고 생각했다.

그는 몇 가지 방법이 사용되었다고 믿었다. (1) 풍차가 갑자기 바람의 반대 방향으로 회전한다.[5] (2) 해당 지역에 있는 탑의 시계가 갑자기 반대로 돌아간다. (3) 가정집의 주부들이 빨래를 널어 신호한다. 색깔(예를 들어서 흰 셔츠 두 벌과 검은 옷 한 벌이 걸렸다면……)이 암호로 사용된다. 문제는 기본적인 편집증의 입장에서 시작된 이 잘못된 (이념적인) 편집증을 구분하는 방법이다. 편집증적인 입장이 이념에 대한 비판을 구성하는 더 이상 줄일 수 없는 필수적인 요소이기 때문이다.

지중해에 있는 어떤 해변에서 그물을 손보는 어부를 본 적이 있다. 내가 묵었던 숙소의 주인은 오래전부터 이어져 온 장인의 경험과 지혜에 바탕을 둔 전통적인 방식을 보여주고 싶어 했지만, 그에 대한 내 반응은 편집증적인 것이었다. 만약 내가 본 광경이 진실을 가장한 것이며, 관광객에게 깊은 인상을 남기기 위한 행위에 불과하다면 어떻게 할까? 마치 백화점에서 싱싱한 식품을 진열해놓고, 생산 과정을 투명하게 공개한다고 거짓을 늘어놓는 것과 비슷하다면 어떨까? 만약 내가 그물에 가까이 다가갔을 때, 'Made in China'라는 마크가 붙어 있고, '진짜'인 줄 알았던 어부는 그저 생산 과정을 흉내 낼 뿐이었다면 어떻게 할까? 아니, 그보다 더 나아가서 사실 그 모습이 히치콕 영화의 한 장면과 같다면 어떨까? 사실 어부는 외국의 스파이였고, 그물에는 특별한 암호가 숨겨져 또 다른 스파이에게 비밀스러운(어쩌면 테러범의) 메시지를 보내는 것이라면 어떨까?

1차 세계대전에 대한 환상에 가까운 전설 중 가장 훌륭한 것이 있다. 외딴 황무지에 있는 전선의 참호 사이에 위치한, 사람이 있을 수 없는 공간 어딘가에서, 반쯤은 미쳐버린 탈영병 무리가 썩어버린 시신과 폭탄이 터진 자리, 버려진 참호, 동굴, 터널이 가득한 땅을 태우고 다닌다는 것이었다. 이 탈영병들은 독일, 프랑스, 영국, 호주, 폴란드, 크로아티아, 벨기에, 이탈리아 등 모든 국가의 병사들로 구성되었다고 알려졌다. 이들은 모두 우정을 나누면서 평화롭게 어울리고 있으며, 서로를 공격하지도 돕지도 않는다고 했다. 넝마를 걸치고, 수염을 길게 길렀으며, 절대 남들의 눈에 띄지 않는다는 소문이었다. 다만 가끔씩 미친 괴성과 노랫소리를 들을 수 있다고 알려져 있었다. 밤에 전투가 끝난 후에만 밖으로 나와서 시신을 뒤져서 물과 음식을 가져간다고 했다.

이 전설의 묘미는 전장에서 확인되는 미친 광기에 대해서 단호하게 "아니야!"라고 말하는 대안적인 집단을 제시했기 때문이었다. 전쟁에 참여한 국가의 병사들이 평화롭게 살아가고 있으며, 이들의 적은 '전쟁'뿐이라는 점이었다. 이들은 전쟁의 가장 광기 어린 모습이었지만—야생에서 생활했기 때문이다—동시에 스스로에 대한 부정이었고, 전선 사이에서 찾은 평화의 섬이었으며, 전선을 무시한 보편적인 동료애를 보여준 것이었다. 우리와 적 사이에 존재하는 실질적으로 분단을 나타내는 공식적인 선을 무시했기 때문에, 유일하게 의미가 있는 것은 군국주의적인 전쟁의 전체 공간을 반대하는 것이었다. 이들은 우리와 상대 사이에 존재하는 반대를 뒤집는 세 번째 요소였다. 한마디로 레닌처럼 애국적인 열정에 참여하는 것을 반복적으로 거부하는 진정한 레닌주의자였다. 이것이 바로 우리가 지금할 일이다. 부차적인 투쟁의 아수라장에서 실질적인 분단을 구분하는 것이다.

빛나는 길Shining Path 반군의 내전(1980~1992) 중에 페루에서의 이념 투쟁은 이곳의 정치적인 교착상태를 보여주었다. 한쪽에서는 "빛나는 길의 집단적인 이념은 교육적이다"[6]라고 주장했다. 심지어이들의 가장 잔인한 폭력도 "혁명과 곧 있을 끔찍한 상황에 대해서사람들을 교육시키려는 목적이 있다"[7]고 했다. 이런 교육은 자신들이 진실을 따르고 있으며, 절대적인 권한을 가지고 있다고 주장하는이들이 자행하는 순전한 독재였다.

한편 그에 반대하는 정부의 전략은 더욱 끔찍했다. 순수하게 정치적인 무장해제와 혼란이었기 때문이다. 정부는 언론을 통제하거나조작했고, 그 결과 전문가들이 '사악한 세계의 신드롬'이라고 부르는 행동을 부추겼다. 정부는 〈프렌사 치챠Prensa Chicha〉라는 연예인 가십 및 범죄 이야기에 대한 타블로이드 신문의 인기를 부추겼다. 또 실제 사건이라며 마약 중독, 가정 폭력, 불륜 등의 TV 토크쇼도 대대적으로 홍보했다. 이런 전략의 목적은 '공포를 이용해서 사회적으로 사람들을 무능하게 만들고 공공의 공간을 해체하는 것'[8]이었다. 세상은 위험하고, 사람들의 단합에서는 희망을 얻을 수 없기 때문에 스스로를 돌봐야 하며, 부자와 유명인을 부러워하고 쾌락을 추구하라는 메시지였다.

현대 역사에서 국가의 이념적인 공간이 '독재적인' 교육주의로 간결하게 분열된 적은 일찍이 없었다. 이로써 개인은 완전한 개인적 희생을 요구하는 정치적 집단에 개인을 잠식시켰으며, 이기주의를 세분화하고, 그 결과 결속을 방해했으며, 한편으로는 전통적인 자유주의를 아무것도 아닌 것으로 만들어버렸다. 이런 구분은 순수하면서도 극단적이었지만, 진짜 해방적인 정치를 위한 공간은 없었다.

또 다른 잘못된 투쟁은 반유대주의 및 오늘날의 시오니즘Zionism이 가진 위상과 관련이 있다. 일부 이슬람 좌파에게 시오니즘은 현재의 신新식민지주의 인종차별의 대표적인 예다. 이스라엘에 대응하는 팔레스타인의 저항이 모든 반인종주의 및 제국주의 투쟁의 패러다임을 가지고 있는 이유가 바로 이 때문이다. 정반대로, 일부 시온주의자들에게 반유대주의는(시온주의의 모든 비판에 포함된다) 오늘날의 인종주의가 가지고 있는 대표적인 예다. 따라서 양쪽의 경우 모두 시온주의(혹은 반유대주의)는 모든 다른 이들의 색깔에 대한 특정한 형태의 인종주의다. 현재의 반인종주의가 가지는 진정한 시험은 반유대주의(혹은 시온주의)와 싸우는 것이다. 예를 들어서, 만약 누군가 특정한 투쟁을 완전히 승인하지 않는다면, 은밀하게 인종 게임을 벌이고 있다는 의혹을 받는다(같은 방향에서 한 발 더 나아가면, 이슬람에 대한 모든 비판은 '이슬람포비아'로 인식된다). 이슬람에 대한 비판을 무조건 반유대주의라고 평가하는 심각한 본질에 대해 많은 글이 쓰인 것처럼, 시오니즘을 반제국주의 인종주의로 부상시키는 것 역시 걱정해야 한다. 이스라엘에 대한 비판은 종종 이런 식으로 시온주의를 봐야 한다고 주장한다. 팔레스타인에 대한 시온주의적인 억압은 현재의 제국주의적 압박의 실용적인 사례라고 한다.

전 세계에서 잔인한 억압이 수없이 벌어지는 상황에서 특히 이스라엘을 예외적으로 봐야 하는 이유를 묻는다면, 표준적인 답은 이런 설명이 계속되는 헤게모니에 대한 투쟁이며, 누구도 통제할 수 없다는 것이다. 유대인은 예외적인 사례로 선택되었으며, 우리는 이런 논리를 따라야 한다. 이 점을 나는 심각한 문제라고 생각한다. 특정한 인종 그룹이 보편적인 부정적 태도의 상징(혹은 화신)으로 선택되면, 이념적 전통에 대한 규정된 공간 내에서 중립적인 작용이 아니라 선택이 된다. 유대인은 이미 역사 속에서 두 번이나 선택되었다. 한 번은 신이 선택한 민족이었고(이건 종교적인 시각이다), 그 다음에는 반유대주의의 대상이 되었다. 이들은 도덕적인 부패의 화신이라고 불렸다. 따라서 더 이상의 선택은 이런 이전의 선택을 배경 속에서 설명되어야 한다.[9] 만약 유대인 국가가 인종적이거나 정치적으로 문제가 있는 일을 해서 이 세상의 상징적인 잘못으로 선택된다면, 이를 보편적인 상징으로 바꾸어버린 넘치는 리비도적인 에너지는 (반유대주의적인) 과거에서 왔을 것이다. 이런 선택의 문제 역시 계급투쟁을 부인하는 것이다.

알레산드로 루소[10]는 1960년대에 극단주의 좌파가 '메타 클래시즘Meta-Classism'(계급이 아니라 지위를 채택한 것, 배신자를 제외한 모든 선도적이고 애국적인 힘의 단결인 군중을 말한다[11])과 '하이퍼 클래시즘Hyper-Classism'(노동계급의 일부를 특권을 가진 혁신적 대변인으로 인식한다, 예로는 코그니타리아트Cognitariat, 유식계급을 일컫는 말—옮긴이, 프레카리아트Precariat, '불안정하다Precario'와 '프롤레타리아트Proletariat'를 합친 신조어로, 비정규직 노동자를 일컫는 말—옮긴이, 이민 노동자 등이 있다) 사이의 동요로 정의될 수 있다고 설명했다. 지금은 안토니오 네그리가 주장하는, 동요를 구분하는 것을 뜻할 것이다. 즉, 군중 대 군주, 근로자 대 자본의 구분이다. 하지만 군중과 군주 역시 자본과 관계가 있지 않을까? 가끔 네그리는 (자본주의) 거버넌스 대 (프롤레타리아) 군중에 대해서 이야기하면서 여기에 대해 인식한 적이 있었다. 그는 오늘날의 역동적인 자본주의(금융 투기도 포함)의 '탈영토화' 기능에 있어서 군중의 관점을 구분했다. 그러면서 가장 발전된 형태의 자본주의에 접근하고 있으며, 이것은 공산주의에 가깝다고 결론을 내렸다. 그러니까 자본주의의 형태만 없애면 된다는 것이다.

문제는 동요 속에 숨겨진 것이 핵심이라는 점이다. 전통적인 이념 투쟁이 사라졌을 때, 진짜 우리를 구분하는 문제를 뜻한다(군중과 거버넌스의 구분은 이 역할을 충분히 제공하지 못한다). 만약 이것이 여전히 계급투쟁이라면, 프롤레타리아의 범위를 확장하고, 더 이상 전통적인 노동계급에 집중하는 것이 아니라 오늘날 착취당하고 있는 근로자, 실직자, 실직 가능한 사람, 프레카리아트, 코그니타리아트, 불법 이민자, 슬럼 거주자, 시민사회의 공간을 벗어난 '깡패국가'를 모두 포함시켜야 한다.[12] (마르크스가 설명한 노동계급과 프롤레타리아 사이에서 이미 미묘한 세부적인 차이가 발생했다는 점을 명심해야 한다. '노동계급'은 사회의 일부를 뜻하는 실험적인 카테고리(임금 노동자)이고, 프롤레타리아는 이제 사회 구조 속에서 '존재하지 않는 부분의 부분'을 가리키는 더욱 공식적인 카테고리가 되었으며, 증상의 왜곡된 부분 혹은 마르크스가 지적한 대로 이유 속에서 이유가 없는 사회의 이성적인 조직이 되었다.)

알랭 바디우가 최근 아이러니하면서도 심각하게 지적했던 것처럼,[13] 지금은 사람(계급) 속에서 '원칙적인 모순'을 찾아야 하며, 사람과 사람의 적, 혹은 사람과 국가 사이에서 찾아서는 안 된다. 이는 우리가 사람이라고 부르는 것의 중심에 있는 분리이자 적대감의 원시적인 형태이기 때문이다.

나일에서의 죽음

그렇다면 왜 우리는 잘못된 구분을 통해서 진짜 구분을 얻어내야 할까(전제는 라캉주의적인 시각에서도 실질적이어야 한다)? 이집트의 사태를 살펴보자. 2013년 여름, 이집트의 군대는 수백 명 혹은 수천 명을 죽여서 이슬람 시위대와의 대치를 끝내기로 결정했다. 만약 이란과 같은 국가에서 비슷한 유형 사태가 발생했다면 어땠을지 상상해보자. 하지만 더 급한 것은 지속되는 분쟁 속에서 제3당의 부재를 확인하고, 여기에 집중하는 것이다. 2년 전 타흐리르 광장 시위대의 대표들은 어디로 간 것일까? 이들의 역할은 2011년 아랍에서 발생한 '아랍의 봄'에서 무슬림 형제단Muslim Brotherhood이 했던 역할과 비슷하지 않을까? 당시 무슬림 형제단은 놀랍지만 냉정한 관찰자였다. 2013년 6월, 2년 전에 무바라크 정권을 전복시키고 시위대의 지지를 받았던 이집트 군부는 민주적으로 선출된 대통령을 물러나게 했다. 무바라크를 축출하고 민주주의를 요구했던 시위대는 민주주의를 폐지한 군사 쿠데타를 수동적으로 지지했다. 대체 무슨 일일까?

가장 두드러진 설명은 헤게모니 이념에 맞는 것이었는데, 다름 아닌 후쿠야마가 제안했다. 당시 무바라크를 축출한 시위대는 주로 교육을 받은 중산층이었고, 가난한 근로자나 농부들은 관찰자의 역할이었다(동조하는 이들도 있었다). 하지만 일단 민주주의의 포문이 열리자, 사회적인 기반이 빈곤층이 대부분이던 무슬림 형제단이 선거에서 승리했다. 그 결과 정부는 이슬람 근본주의자들이 장악하게 되었다. 당연히 시위대의 중심이던 종교색이 옅은 지지자들은 정부에 등을 돌리고, 이들을 막을 방법으로 군사적인 쿠데타를 지지하게 되었다. 하지만 이런 단순한 시각은 시위대 활동에서 중요한 특징을 무시한 것이다. 일률적인 조직이(예를 들어서, 학생 조직, 여성 근로자 조직 등) 시민사회를 가장해서 국가 및 종교적인 제도를 벗어나 각자의 이해관계를 주장하기 시작했던 것이다.

이런 거대한 새로운 사회적 네트워크는 무바라크 정권의 축출보다 훨씬 더 큰 의미를 갖고 있으며, 아랍의 봄에서 얻어낸 중요한 성과다. 이 과정은 무슬림 형제단에 반대하는 군사적인 쿠데타 같은 거대한 정치적 변화에서 분리되어 독립적으로 계속되고 있으며, 종교적 및 자유주의적 분리 이상이다.

따라서 군대와 무슬림 형제단의 반목은 이집트 사회가 가지고 있는 궁극적인 갈등이 아니다. 군대는 중립적이면서, 자애로운 중재자이자, 사회적인 안정을 보장하는 집단이 아니다. 특정한 사회 및 정치적 프로그램을 대표하고 나타낼 뿐인데, 대략적으로 말하면 글로벌 시장에 편입, 서방세계에 찬성하는 정치적인 입장, 독재적인 자본주의 등을 들 수 있다. 따라서 대다수의 시민들이 나름의 민주적인 방식으로 자본주의를 받아들일 준비가 되어 있지 않기 때문에 군대의 개입이 필요하다. 군대가 세속적인 시각을 가지고 있는 반면, 무슬림 형제단은 근본주의적인 규칙을 부과하려 노력한다. 양측 모두 시위대가 대표했던 보편적인 사회 및 정치적인 해방은 배제하고 있다.

이집트에서 계속되고 있는 사건들은 사회적 저항의 기본적인 역동성의 또 다른 예를 보여준다. 이들은 전통적으로 두 개로 짝을 이루어서 지칭되는 두 가지의 중요한 단계로 구성된다. 예를 들어서 프랑스 혁명 때는 '1789/1793'이었고, 러시아 혁명에서는 '2월/10월'이었다. 첫 번째 단계는 바디우가 최근 언급한 '역사의 재탄생'인데, 모두가 증오하는 권력의 대상에 항거하는 것으로 상당한 인기를 끌면서 정점에 달한다(이집트에서는 무바라크에 저항했고, 30년 전 이란에서는 왕에 저항했다). 사회 전반에 걸쳐서 사람들이 함께 힘을 모아서 권력의 시스템에 저항하지만, 이는 곧 정당성을 잃는다. 전 세계 어느 곳이나 비슷한 일이 일어나서 TV로 보도가 되지만, 놀라운 단결이 보여주는 마법의 순간은 곧 끝이 난다. 약속은 아무것도 얻지 못하고, 결국 독재가 개입한다. 즉, 상상의 단결인 셈이다. 서로 다르고 상충하는 이해관계를 잊고, 증오하는 독재에 맞서기 위해서 사회가 하나로 단결하는 것이다.

1980년대 말에 해체된 공산주의 정권에서 비슷한 사건이 있었다. 모든 단체가 서로 다르고 결국에는 양립할 수 없는 이유를 가지고 있었지만, 공산당을 거부하면서 함께 단결했다. 종교 단체는 무신론을 증오하고, 세속적인 자유주의자들은 이념적인 도그마를 증오하며, 일반 근로자들은 빈곤한 삶을 싫어한다. 잠재적인 자본가들은 사유재산의 금지를 증오하며, 지식인들은 개인적인 자유의 구속을 증오하고, 국수주의자들은 프롤레타리아의 국제화를 대표하는 인종적인 뿌리의 배신을 증오한다. 코즈모폴리턴들은 막혀 있는 국경을 증오하고, 다른 국가와의 접촉이 부족하다고 싫어하며, 젊은이들은 국가가 서방세계의 팝문화를 받아들이지 않아서 짜증을 내고,

예술가들은 창의적인 표현을 막는 제한을 증오하는 식이다. 하지만 일단 과거의 체제가 해체되면, 이 상상의 결합은 곧 깨어지고, 새로운(혹은 역시 오래되었지만 반대되는) 분쟁이 서로에 대한 증오로 다시 나타난다. 종교적인 근본주의자와 국수주의자 대 세속적인 근대주의자들, 인종 대 인종, 반공산주의자 대 과거 정권에 대한 동조자들이 반목하는 식이다.

이런 연속적인 적대감은 하나의 주된 정치적 대립으로 형성되는 경향이 있는데, 대부분의 경우 종교적 전통주의 대 세속적이면서 친親서방세계이자 다양한 문화를 포함하는 자유로운 민주적 자본주의자들로 정리된다. 다만 그 세부적인 내용은 약간씩 다르다(터키에서는 이슬람이 세속적이면서 국수적인 크메르인보다 더 글로벌 자본주의를 주장했고, 헝가리나 폴란드에서는 옛 공산당원들이 세속적인 '혁신주의자'가 되었다. 러시아에서는 종교적인 국수주의자들이 그런 예다). 이 중요한 사실을 아마도 예상하기 어렵지만 평행선과 같은 예를 통해서 확인할 수 있다. 그것은 법을 사랑으로 바꾼 바울의 아이디어다. 두 가지 경우에서(법과 사랑) 우리는 '구분된 대상'을 가지고 구분을 확인하게 된다. 하지만 구분의 양식은 전혀 다르다. 법의 대상은 서로의 상대를 위태롭게 하는 자기 파괴적인 죄와 벌의 악순환에 사로잡혔다는 점에서 분산된다. 바울은 로마서 7장에서 이 복잡한 관계에 대해서 최고의 해석을 제시했다.

우리가 율법은 신령한 줄 알거니와 나는 육신에 속하여 죄 아래 팔렸도다. 나의 행하는 것을 내가 알지 못하노니 곧 원하는 이것은 행하지 아니하고 도리어 미워하는 그것을 함이라. 만일 내가 원치 아니하는 그것을 하면 내가 이로 율법의 선한 것을 시인하노니 이제는 이것을 행하는 자가 내가 아니요 내 속에 거하는 죄니라. 내 속 곧 내 육신에 선한 것이 거하지 아니하는 줄을 아노니 원함은 내게 있으나 선을 행하는 것은 없노라. 내가 원하는 바 선을 하지 아니하고 도리어 원치 아니하는 바 악을 행하는 도다. 만일 내가 원치 아니하는 그것을 하면 이는 행하는 자가 내가 아니요 내 속에 거하는 죄니라. 그러므로 내가 한 법을 깨달았느니 곧 선을 행하기 원하는 나에게 악이 함께 있는 것이로다. 내 속사람으로는 하나님의 법을 즐거워하되 내 지체 속에서 한 다른 법이 내 마음의 법과 싸워 내 지체 속에 있는 죄의 법 아래로 나를 사로잡아 오는 것을 보는 도다. 오호라 나는 비참한 사람이로다.

따라서 내가 법과 죄라는 두 가지 상반된 것 사이에서 나뉜다는 것이 아니다. 문제는 이 두 가지를 분명하게 구분할 수도 없다는 것이다. 악순환은 나눠서 극복할 수 있는 것이 아니다. 누군가 이를 사랑의 경험으로 나눈다면, 더 정확하게는 사랑은 법에서 떨어뜨리는 극단적인 차이를 경험하는 것이다. 여기에 법과 죄가 짝을 이룰 때와, 법과 사랑이 짝을 이룰 때는 극단적인 차이가 존재한다. 법과 죄를 구분하는 차이는, 실질적으로는 다르지 않다. 실은 이들은 서로 상호적으로 영향을 미치고, 혼란스러운 것이다. 법이 죄를 만들고, 이를 먹이로 삼는다.

우리가 진정한 차이를 확인할 수 있는 것은 법과 사랑으로 구성된 짝에 의해서다. 이 두 가지의 순간은 극단적으로 분리되고, 이들은 '중재되지' 않는다. 즉, 하나는 반대의 경우를 형성하지 않는다. 따라서 "그러면 우리는 영원히 법과 사랑을 나누도록 되어 있을까? 법과 사랑을 합칠 수는 없을까?"라고 묻는 것은 잘못된 것이다. 법과 죄를 구분하는 것은 법과 사랑을 구분하는 것과는 아주 다르다. 상호적으로 강화되는 악순환 대신에 동시에 같은 수준에서는 존재할 수 없는 서로 다른 영역을 구분하는 것이다. 그래서 일단 법과는 완전히 다른 사랑의 모습을 완전히 확인하면, 사랑은 이미 얻어진 것이다. 그 차이는 사랑의 시각에서만 보이기 때문이다.

이런 이론적인 외도의 순간은 여기에서 분명해져야 한다. 자유주의적인 관대함과 근본주의 무관용 사이의 끊임없는 분쟁은 법과 죄의 사이를 구분하는 것과 비슷하게 작용을 한다. 두 가지 경우 모두 양축이 서로 영향을 미치고 강화하는 것이다. 이들의 반목은 우리를 곤란함에 빠뜨린다. 게다가 법과 사랑 사이를 구분하는 것은 현재 존재하는 글로벌 자본주의 세상과(여기에서 가장 심각한 정치적인 갈등은 자유스러운 민주주의와 근본주의다) 그 밖으로 나가려고 하는 극단적인 해방(공산주의)을 구분하는 것과 동일하다.

자유주의와 극단적인 좌파의 차이도 이것이다. 이들이 똑같이 세 가지의 요소(자유주의 중도, 포퓰리즘 우파, 극단적인 좌파)를 고려하지만, 다른 위상에 놓는다는 것이다. 중도 좌파에게 극단 좌파와 우파는 똑같이 심각한 '전체주의'이며, 좌파에게 유일한 대안은 좌파와 주류 좌파의 중간이다. 포퓰리즘의 '극단'인 우파는 좌파의 위협에 대응하기 위해서 자유주의의 무능이 보여주는 증상일 뿐이다. 오늘날의 정치인이나 이론가들이 자유주의가 말하는 자유와 근본주의자들의 억압 사이에서 하나의 선택을 제시할 때, 또한 의기양양하게 "여성을 공공의 삶에서 배제하거나, 이들에게 가장 기초적인 권리를 빼앗고 싶습니까? 종교를 비난하면 무조건 죽음으로 벌할 겁니까?"라고 물을 때, 그 답이 너무 명백해서 오히려 의심이 든다. 누가 그런 것을 원하겠는가? 문제는 이런 단순한 자유주의적인 보편성이 오래전에 순수함을 잃었다는 사실이다. 그래서 진정한 좌파를 위한 자유주의적인 관용과 근본주의 사이의 분쟁은 궁극적으로 잘못된 것이다. 이는 서로를 만들어내고 예상하는 악순환의 구성 요소다. 헤겔 철학의 자세로 한 발 물러나서, 해당 조치가 근본주의 중 어떤 것이 끔찍하게 작용한 결과인지를 물어야 한다.

막스 호르크하이머가 1930년대에 파시즘과 자본주의에 대해 말했던 것(자본주의를 비판하지 않는 사람은 파시즘에 대해서도 입을 다물어야 한다는 내용이었다)을 오늘날의 근본주의에 적용할 수 있을 것이다. 자유민주주의와 그 고귀한 원칙에 대해서 (비판적으로) 말하지 않는 사람은 종교적인 근본주의에 대해서도 침묵을 지켜야 한다.

근본주의적 포퓰리즘으로의 회귀를 어떻게 이해해야 할까? 장 피에르 타거에프는 마르크스주의의 유명한 묘사에 대해서 '20세기의 이슬람'이며 이슬람의 추상적인 광신을 세속화시킨다면서, 이슬람이 '21세기의 마르크스주의'가 되어버렸다고 적었다. 그래서 공산주의가 쇠락한 후 오랜 시간이 지났지만 폭력적인 반자본주의를 지연시키고 있다고 지적했다.[14] 하지만 이슬람 근본주의가 최근 겪은 우여곡절은 '모든 파시즘의 부상은 실패한 혁명을 목격한 결과다'라고 지적한 월터 벤자민의 통찰력을 확인시켜 주는 것이 아닐까?[15] 파시즘이 부상하는 이유는 좌파의 실패를 뜻할 뿐 아니라, 혁명의 잠재성과 불만족이 존재한다는 증거다. 이는 좌파가 동원하지 못하는 것이다. 그렇다면 오늘날 이야기하는 '이슬람 파시즘'도 마찬가지 아닐까? 극단적인 이슬람주의의 부상은 이슬람 국가에서 세속적인 좌파가 사라진 것과 정확하게 관계가 있을까? 아프가니스탄이 극도의 이슬람 근본주의 국가로 그려질 때, 아프가니스탄이 40년 전의 강력한 세속적인 전통을 가지고 있고, 소련으로부터 독립하여 강한 공산당이 집권했다는 사실을 기억하는 사람이 있을까?

명백한 근본주의 운동의 경우에서도 사회적인 요소를 놓치지 않도록 조심해야 한다. 탈레반은 주기적으로 근본주의 이슬람 단체의 모습을 보이면서, 공포와 함께 규칙을 실행했다. 하지만 2009년 봄, 이들이 파키스탄의 스왓 계곡Swat Valley을 점령했을 때, 〈뉴욕 타임스〉는 '부유한 지주들로 구성된 작은 단체와 땅이 없는 세입자들 사이에 존재하는 깊은 갈등을 이용한 계급 분쟁'이라고 보도했다. 〈뉴욕 타임스〉 기사의 이념적인 편견은 탈레반이 가지고 있는 '계급 분쟁을 이용할 수 있는 능력'을 다른 경우에 사용하기 위한 진정한 목적—종교 근본주의—인 것처럼 언급한 것에서 분명하게 확인된다. 탈레반은 땅이 없는 가난한 소작농의 처지를 단순히 '악용한' 것으로 그려졌다.

여기에 두 가지를 추가해야 한다. 먼저 '진정한' 목표와 중요한 조작 사이의 구분이 탈레반에 대해서 외부적으로 이루어져야 한다. 마치 가난한 소작들이 '근본주의적인 종교'의 측면에서 각자의 처지를 경험하지 않은 것처럼 말이다! 두 번째로 만약 탈레반이 농부의 처지를 악용해서 여전히 봉건적인 상태로 남아 있는 파키스탄의 위험에 대해 경고하고 있다면, 파키스탄과 미국의 자유민주주의자들이 마찬가지로 이런 처지를 '악용하고', 땅이 없는 소작농들을 돕지 못하게 막고 있는 것은 무엇일까? 〈뉴욕 타임스〉의 보도가 이런 점을 지적하지 않았다는 사실이 미치는 슬픈 영향은 파키스탄의 '봉건적인 힘'이 자유민주주의의 '자연스러운 우방'이 아니라는 것이다.[16]

이는 분명 이집트 혁명이 제시하는 불길한 교훈이다. 만약 온건한 자유주의자들이 계속해서 극단적인 좌파를 무시한다면, 감당할 수 없는 근본주의의 물결을 만들어내게 될 것이다. 중요한 자유주의의 유산이 살아남으려면, 자유주의자들이 극단적인 좌파 동료의 도움을 받아야 한다. (거의) 모든 사람들이 민주주의가 폭발적으로 성장하기를 열렬하게 지지하지만, 이런 행동에는 이유가 있다. 서방세계에서 공식적인 부류와 거의 모든 언론은 서유럽에서 있었던 '친親민주주의' 벨벳 혁명 때와 마찬가지로 이들을 환영하고 있다. 서구권의 자유민주주의를 향한 열망이며, 서방세계처럼 되기 위한 노력이라는 것이다. 그래서 이들의 시위에서 다른 뭔가가 벌어지면, 불편함이 생긴다. 이 행동을 위한 조력은 단순한 해석의 문제가 아니다.

중요한 실질적인 결과가 있다. 우리가 국가의 숭고한 단결의 순간에 너무 매료되어서는 안 된다. 중요한 문제는 '그 다음은 무엇인가? 이런 폭발적인 상황이 어떻게 새로운 사회적 질서로 바뀌는가?' 하는 것이다. 앞에서 설명한 대로, 최근 몇 십 년 동안 사람들의 지지를 얻으면서 폭발적인 상황이 연출되었지만, 이들은 글로벌 자본주의 질서로 바뀌었다. 그중에는 자유주의 형태를 활용한 경우도 있고 (남아프리카 공화국에서 필리핀까지), 혹은 근본주의적인 형태를 띤 경우도 있다(이란). 반드시 잊지 말아야 하는 것은 혁명이 일어났던 아랍의 국가들 중 그 누구도 공식적인 민주주의 국가는 아니라는 사실이다. 정도의 차이가 있을 뿐 이들은 모두 독재국가다. 따라서 사회 및 경제적인 정의는 민주주의를 위한 요구로 쉽게 해석된다. 마치 빈곤이 권력자의 탐욕이나 부패의 결과이고, 그들을 제거하는 것만으로 충분하다는 듯하다. 그런데 민주주의를 얻었지만 빈곤이 남아 있다면 어떻게 될까? 그 다음에는 어떻게 해야 할까?

이는 기본적인 문제를 제기한다. 타흐리르 광장에서 있었던 놀라운 단결은 상상과 같은 허상에 불과하고, 이후의 상황에서 쉽게 사라져버렸을까? 이집트의 상황은 '정치적인 운동이 승리하면, 승리의 대가는 정치적 운동을 서로 미워하는 분열로 해체시키는 것'이라는 헤겔의 주장을 확인시켜 주는 것일까? 무바라크에 반대했던 시민들의 결속은 실은 친親서방세계적인 성격의 세속적인 근대주의자들(늘어나는 중산층)과 대부분 저소득층을 지지하는 이슬람 근본주의자들의 적대적인 반목을 숨긴 소설이 아닐까? 즉, 약간 변형된 계급투쟁은 아닐까?

반란의 초창기에 상상의 결속과 비슷한 무언가가 있었던 것은 사실이다. 모든 단체가 독재에 맞서서 하나로 단결한 것이다. 하지만 이들의 결속에는 상상의 이념적인 허구 이상의 것이 있다. 극단적인 혁명은 언제나 공산주의적인 성격을 갖는다. 좁은 정치적인 영역을 넘어서 경제와 개인의 생활, 문화가 결국 전체 사회로 이어질 것이라는 결속과 평등한 정의에 대한 꿈이다. 여기에서 변증법적인 역행의 움직임이 시작된다. 처음 혁명이 일어나면, 모든 사람들을 포괄하는 결속을 확인할 수 있다. 그런데 이때 이미 분열은 시작된다(사람들과 아직도 독재자를 위해 일하는 사람들 간의 분열이다).

독재자가 물러난 후에야 진짜 일은 시작되고, 사회는 급하게 변화된다. 이전에는 누구나 혁명을 위해서 노력했지만, 이 기간 동안 '혁명 없는 혁명'(로베스피에르, 프랑스 혁명기의 정치가 — 옮긴이)을 원했던 노력은 혁명이 끝났다면서 사람들을 설득시키려고 한다. 그래서 일단 독재자가 사라지면, 일상으로 되돌아가길 바란다(이집트 군대의 현재 입장이다). 모두가 혁명을 위해서 애쓰는 순간, 정말 혁명을 원하는 사람과 '혁명 없는 혁명'을 원하는 사람을 구분해야 한다는 강력한 주장이 있어야 한다. 마틴 루서 킹 목사를 다시 떠올려보자. 바디우의 표현을 빌리면, 킹 목사는 종교 분리 이상의 '평등의 이치'를 따랐다. 그는 포괄주의를 위한 진정한 전쟁을 치를 준비가 되어 있었다. 바디우가, 진정한 이념은 분열을 이끌고, 서로를 나누도록 허락한다고 말한 것도 바로 이 때문이다. 진정한 이념에서 보편성과 분열은 동전의 양면이다.

공산주의는 사람들을 분열시키는 이념이다. 독재주의를 따르는 우파 국가에서, 민주주의, 정의, 여타 자유주의 목표를 위해 싸우는 (아무리 평화적이더라도) 사람들은 누구나 공산주의자 혹은 공산주의에 속은 무지한 사람으로, 국가의 공적이라는 비난을 받았다. 이런 의혹에 대한 가장 기초적이면서 자유주의적인 반응은 "아니, 우리는 자유와 민주주의를 위한 진지한 투사다. 당신(권력자)은 자유와 민주주의에 반대하면서 공개적으로는 인정하지 않기 때문에, 우리에게 말도 안 되는 공산주의자의 누명을 씌우고 있다"라면서 거부하는 것이다. 하지만 자유를 위해 싸운 사람들을 숨은 공산주의자라고 비난했던 우파들이 맞는다면 어떻게 할까?

만약 기회주의자들이 격렬한 분노의 폭발을 두려워하고, 권력을 가진 우파와 타협하는 경향이 나타나면서 강력한 투쟁이 일어나고 있는 상황에서, 공산주의자들이 조건 없이 자유와 정의를 독재자의 권력에 맞서 옹호하는 유일한 사람이라면 어떨까? 그렇다면 의혹을 부인한 후("내가 공산주의자라고? 미쳤소? 우린 결과에 따른 자유주의자일 뿐이오!"라면서 부인할 것이다), 이런 의혹을 받아들이는 순간이 올 것이다. "그래요. 우리는 공산주의자이지만 그렇게 만든 사람은 당신들이오!" 게다가 공산주의자들이 스스로 '공산주의자'가 아니라고 불가능한 조건(검열을 받아야 할 때)에서 거짓말에 의존해야 할 때는 다른 설명('공산주의'가 아니라 '진정한 민주주의', '정의'라고 말하는 식이다)을 두려워하거나 거부하지 않아야 한다. 위험한 타협이 투쟁의 진정한 경계를 불분명하게 만들기 때문이다. 이들이 유용한 이유는 우리 투쟁의 영역을 넓히며, 이를 정의, 자유, 평등을 위한 투쟁으로 바꾸고 헤게모니를 만들어주기 때문이다.

모든 혁명이 반복되어야 하는 이유는 바로 이 때문이다. 처음의 열정적인 단결이 해체된 후에야 진정한 보편성이 형성되고, 보편성은 더 이상 상상의 환영으로 유지되지 않게 된다. 처음 사람들이 보여준 단결이 서로 해체된 다음에야, 평등하고 정의로운 사회를 위한 투쟁의 영향을 받아들이기 위한 노력이 시작된다. 단순히 독재자를 제거하는 것으로는 부족하다. 독재자를 만든 사회는 철저한 변화를 필요로 한다. 힘든 일에 참여할 준비가 된 사람만 최초의 열정적인 단결의 극단적인 핵심에 충실할 것이다. 이런 충실함은 고된 일이고, 이 과정에서 분열이 필요하다. 공산주의 이념을 현재의 질서가 만들어낸 이념적인 한계에 갇혀 있는 유대와 결속에 대한 상상

의 환영으로부터 분리해야 한다. 이런 인내심이 요구되는 정화淨化
는 적절한 혁명적인 작업이다.

그에 반대하는 이들에게 이런 활동은, 사람들을 '조작하고' 옳은
뜻으로 시작된 시위를 위험하고 폭력적이면서 극단적으로 바꾸는
행동으로, 원래의 의도와는 전혀 다른 행동이다. 하지만 혁명을 원
하던 이들에게 이는, 원래의 사건이 갖는 결과와 영향을 이끌어내는
것에 불과하다. '정의와 결속을 원하는가? 해야 할 일은 이렇다'는
것이다. 진정한 혁명의 순간이 매우 희귀한 것은 놀랍지 않다. 어떤
목적론도 이를 보장하지 못하며, (임시적이면서 예측하지 못한) 시작을
막는 정치적인 요소가 있기 때문이다.

이집트의 이야기로 돌아가서, 우리는 이집트의 봉기와 이란에서
2011년에 발생했지만 실패한 녹색 혁명Green Revolution 사이의 평행
관계를 인식해야 한다. 무사비 대통령 후보가 불법적으로 선거에 패
배했을 때 지지자들은 녹색을 선택했고, 어둠이 깔린 테헤란 광장
의 지붕에서 "신은 위대하다Allahu Akbar!"라는 외침을 터뜨렸을 때,
분명 이들은 1979년의 호메이니 혁명Khomeini Revolution을 반복하고
있다고 생각하고 있었다. 원래의 뿌리를 찾고, 혁명 이후의 부패를
없앤다고 생각하는 것이 분명했다. 이런 뿌리로의 복귀는 단순히 계
획적인 것이 아니었다. 군중의 행동과 더 관련이 있었는데, 강력한
사람들의 단결과 모든 것을 포괄하는 결속, 창의적인 자급 조직, 시
위를 벌일 수 있는 방법의 동원, 자발성과 훈련의 특별한 결합, 완벽
한 침묵 속에서 수천 명이 진군하는 것 등이다.

이 경우에는 호메이니 혁명의 기만적인 지지자들이 진정으로 인
기를 얻은 반란의 결과였다. 무사비의 이름은 혁명을 지지하는 사람

들의 바람이 다시 되살아났다는 뜻이었다. 이는 호메이니 혁명이 단호한 이슬람의 집권으로 볼 수 없다는 의미다. 호메이니 혁명은 그 이상이었다. 이런 폭발적인 상황이 호메이니 혁명이 진정한 정치적 사건이며, 사회적인 변화를 원하는 전대미문의 힘이 한꺼번에 타올라 잠깐 동안 펼쳐진 것이며, 모든 것이 가능해 보이는 순간이라는 것을 보여주었다. 그 이후는 이슬람 단체가 정치적인 통제력을 얻으면서 완만하게 종료되는 기간이었다.

약 1세기 전의 표현을 빌리면, 굳이 일기예보를 듣지 않아도 이집트에 불었던 바람이 이제 이란으로 향하게 된다는 것은 당연한 일이다. 군대가 승리하고, 상황을 안정시켰지만, 승리는 또 다른 호메이니 혁명과 같은 변화를 일으켜서, 몇 년 후 이집트를 휩쓸게 될 것이다. 하지만 이번에도 이슬람 근본주의가 정권을 장악할까? 자유와 민주주의를 향한 투쟁이 사회와 경제의 정의를 위한 투쟁으로 이루어질 것이라는 예측을 변화시킬 수 있는 것은 무엇일까? 단결, 바로 이런 단결만이 보편적인 목표다.

요구······ 그 이상

마르크스가 처음 글을 쓰기 시작했을 때, 독일의 상황에 대해 설명한 적이 있다. 특정한 문제에 대한 해결책은 보편적인 해결책으로만 가능하다는 것이었다. 여기에 개혁의 기간과 혁명의 기간 사이의 차이를 구분하는 간결한 공식이 존재한다. 개혁 기간 동안, 세계적인 혁명은 단순히 꿈이다. 기껏해야 지엽적인 변화를 실시하려는 노력을 지원하는 정도다. (그리고 최악의 경우는 실질적인 변화를 강요하지 못하게 막는 사례다.) 반면 혁명의 상황은 극단적인 변화가 특정한 문제를 해결할 수 있다는 사실이 분명할 때 발생한다. 순수하게 공식적인 면에서 보았을 때, 1990년은 혁명의 해였다. 공산주의국가에서 일어났던 부분적인 개혁이 일자리를 창출하지 못하며, 적절한 식량 공급 같은 부분적인 문제를 해결하는 것마저도 전 세계의 극단적인 노력이 요구된다는 사실이 분명해졌다.

그렇다면 당신은 이런 차이에 있어서 어떤 입장에 설 것인가? 가장 기본적인 딜레마는 단순하면서도 잔인하다. 지난 몇 년 동안 발생한 시위가 점차 다가오고 있는 자본주의 위기의 신호일까? 아니면 단순히 해결 가능한 별것 아닌 장애일까? 그래서 정확한 개입을 통해서 해결하지 않는다고 해도 세계적인 조정 속에서 단순히 지엽적인 문제가 적극적인 새로운 시대로 이어지게 될까?

이들 시위에 관한 가장 이상하면서도 불길한 것은 시스템의 약한 부분에서 발생하고, 또 그 부분이 주主무대가 아니라, 가장 성공한 것으로 알려진 지역에서도 발생하고 있다는 것이다. 지옥에서의 문제는 이해할 수 있다. 그리스와 스페인에서 왜 사람들이 시위를 하고 있는지 누구나 알고 있다. 하지만 왜 터키와 브라질, 심지어 스웨덴 같은 천국이자, 번영하는 국가, 그것도 아니라면 적어도 가장 빠르게 발전하고 있는 국가에서 문제가 생길까? (최근 교외 지역에 살고 있는 이민자들이 폭력적인 시위를 벌인 곳은 어디인가?) 돌이켜보면, 원래의 '천국의 붕괴'는 이란에서 발생한 호메이니 혁명이었다는 것을 알 수 있다. 이란은 공식적으로 성장하고 있었다. 친親서방을 표방하면서 근대화를 겪었고, 아랍권에서 서방세계가 원하는 동맹국으로 성장 중이었다. 그런데 이런 천국의 개념이 뭔가 문제가 있었던 것 같다.

최근 시위가 발생하기 전의 터키는 상당한 주목을 받았다. 터키는 성장하는 자유주의 경제와 온건한 이슬람의 혼합된 형태였다. 인간적인 면을 가지고 있었고, 유럽에 잘 어울리며, 심지어 낡은 이념의 함정에 빠져서 경제적인 자멸의 길을 걷고 있는 그리스보다 더 유럽에 맞는 나라였다. 물론 여기저기에서 불길한 징조가 있었다(아르메니아의 홀로코스트를 계속해서 부인했고, 기자 수백 명을 기소했으며, 쿠르드 사태를 해결하지 못하고 있고, 오스만 제국의 전통을 부활시키려는 위대한 터키를 원하며, 종교적인 법을 주기적으로 집행했다). 하지만 이들은 모두 전체 그림의 일부를 차지한 작은 얼룩이라고 일축되었다. 터키는 대대적인 시위가 일어나지 않을 국가로 인식되었다. 시위가 일어나서는 안 되었다.

그 순간, 예상치 못한 일이 일어났다. 탁심 광장에서 시위가 발생한 것이다. 이스탄불 중심에 있는 탁심 광장 옆에 붙어 있는 공원을 쇼핑센터로 변경하는 것에 반대하는 일은 시위대의 진짜 목적이 아니라는 사실을 누구나 알고 있었다. 표면적인 이유 속에는 더욱 심각한 불안감이 존재하고 있었다. 2013년 6월에 브라질에서 발생한 시위와 똑같았다. 당시 시위의 원인은 대중교통 요금을 소폭 인상한 데 따른 반대였지만, 이후 더 중요한 문제로 시위가 번져나갔다. 경제적으로 번영하고 있고, 미래에 대해 확신이 있는 국가—적어도 언론은 그렇게 보도하고 있는 국가—에서 시위가 일어난 것이었다. 더욱 비참했던 것은 지우마 호세프 대통령이 시위가 일어나 '기쁘다'고 표현한 점이다. 그렇다면 시위대는 공공서비스의 부패와 잘못에 대해서 누구를 지목했던 것일까?

한마디로 세계적으로 상당한 주목을 받던 터키에 찬물을 끼얹은 셈이었다. 어쨌거나 시위대의 목적은 무엇이었을까? 세속적인 시민 사회가 말없는 다수의 이슬람인을 등에 업은 독단적인 규칙에 반대해서 일어난 시위라고 규정하지 않아야 한다. 상황이 더욱 복잡했던 것은 시위대의 반자본주의 색채였다(당시 결정은 공공 공간을 민영화시키는 것이었다). 터키 시위대의 중심축은 독재적인 이슬람과 자유시장의 민영화 사이를 연결하는 것이었다. 이 연결 고리 때문에 터키 사태는 더욱 흥미로워졌고, 훨씬 더 큰 파장을 일으켰다. 시위대는 본능적으로 시장의 자유와 종교적인 근본주의가 상호 배척 관계가 아니라는 사실을 감지했다. 두 가지가 함께 작용할 수 있었다. 민주주의와 자본주의의 '영원한' 결혼은 이혼으로 치닫고 있었다.

여기에서 모순은 민주주의적인 정당성이 없기 때문에, 독재적 정권이 가끔은 민주적으로 선출된 정권보다 더 큰 책임을 시민들을 위해서 졌다는 사실이다. 그 이유는 다음과 같았다. "그래, 우리가 민주적으로 선출된 것은 아니지만, 싸구려 인기를 얻기 위한 눈속임은 하지 않기 때문에 시민들의 실질적인 요구에 집중할 수 있다." 반대로 민주적으로 선출된 정부는 구성원의 개인적인 이해관계를 위해서만 노력을 집중했다. 이들은 선거로 이미 정당성을 얻어냈기 때문에, 더 이상 정당성을 얻을 필요가 없었으며, 스스로의 행동에 대해서 별 걱정을 하지 않았다. 누군가 불평을 하면, "우리를 뽑았잖아? 이젠 늦었어"라고 말할 수 있는 셈이었다.

여기에서 기본적인 부분을 놓쳐서는 안 된다. 시위대는 하나의 '진실한' 목표를 추구한 것이 아니라, 전반적인 불편함을 일부에 집중했다. 시위대 중에서는 글로벌 자본주의에 반대하는 이도 있었고, 종교적인 근본주의에 반대하는 이도 있었다. 시민의 자유와 민주주의를 요구하기도 했다. 시위에 참여한 사람들 중 대다수가 특정한 요구를 유지하고 결합시키는 데 있어서 유동적인 불편함과 불만에 대해서 알고 있었다. 그래서 '고대 이집트의 비밀은 이집트인들에게도 비밀이었다'는 헤겔의 설명은 오늘날의 이집트에도 적용된다. 시위를 이해하려는 노력은 단순히 시위의 진정한 내용을 이해하려는 기자와 이론가들의 '인식을 위한' 노력이 아니었다. 또한 시위 자체를 위한 '존재론적' 노력이었고, 시위대의 마음속에서 계속되고 있는 노력이었다. "지금 우리는 부패한 시╫정부에 대항해서 저항하는 것일까? 독재적인 이슬람법에 대항하는 것일까? 아니면 공공 자산의 사유화에 반대하는 것일까?" 하는 의문이었다. 결과는 미정이었다. 계속되는 정치적 절차의 결과물이기 때문이다.

시위의 공간적인 측면에서도 마찬가지였다. 이미 2011년에 유럽과 중동 전역에서 시위가 퍼져나갔다. 이를 목격한 사람들은 시위를 전 세계적인 추세로 보아서는 안 된다고 주장했다. 각 상황에 맞는 반응이란 것이었다. 이집트의 시위대는 자유와 민주주의를 요구했다. 점거Occupy 시위가 일어나고 있는 사회에서는 이미 가지고 있는 대상이다. 게다가 이슬람 국가들 중에서도 이집트에서 일어난 아랍의 봄은 이란의 녹색 혁명과 완전히 달랐다. 전자는 부패한 친親서방주의 독재국가에 대한 반발이고, 후자는 독재적인 이슬람주의에 대한 반발이기 때문이다. 이처럼 시위를 각자 특정화시키면 세계의 질서를 옹호하는 무리에게 어떻게 도움이 되는지는 쉽게 알 수 있다. 전 세계적인 질서에 대한 위협은 없으며, 다만 지역의 문제라는 것이다.

하지만 여기에서 오래전에 전체주의에 대한 마르크스가 말했던 훌륭한 개념을 다시 되살려야 한다. 세계 자본주의는 다양한 국가에 다양한 방법으로 영향을 미치는 복잡한 과정이다. 그런데 시위대를 결집시키는 것은 자본주의의 세계화가 가지고 있는 다양한 면에 대한 모든 반응이 다양하게 나타난 것이라고 했다. 오늘날 글로벌 자본주의의 전반적인 경향은 시장의 통제가 더욱 크게 확장되는 추세로 나타나고 있으며, 공공의 공간은 제한되고, 공공서비스(보건, 교육, 문화)는 줄어들고, 독재주의는 늘어나고 있다. 국제적인 금융자본과 부패하고 비효율적인 정부가 기본적인 사회 서비스를 계속 줄이고 있는 것에 대한 그리스의 시위도 같은 맥락이다. 공공 공간의 사유화와 종교적인 독재에 반대하는 터키의 시위나, 서방세계가 지지하고 있는 부패한 독재정권에 대한 이집트의 시위나, 부패하고 비효율적인 종교적인 근본주의에 대항한 이란의 시위 등은 모두 유사하다.

이런 시위를 결합시켜 주는 것은 단 한가지다. 모두 (최소) 두 가지의 문제가 특정하게 결합되어서 나타나는 것인데, 다소 차이는 있지만 극단적인 경제(부패와 비효율에서부터 직접적인 반자본주의까지 모두 포함된다)와 정치적 이념이다(민주주의에 대한 요구에서부터 표준적인 민주주의 다수당을 전복시키는 것까지 포함된다). 그렇다면 월가시위Occupy Wall Street도 마찬가지일까? 다양한 설명이 있지만(그래서 혼란스럽지만), 월가 점령 운동에는 두 가지 기본적인 통찰력이 존재한다. (1) 자본주의 시스템이 불만족스럽다. 어떤 부패가 아니라 자본주의 시스템이 문제가 있는 것이다. (2) 대표 민주주의를 뜻하는 다수정당의 민주주의 형태만으로 과도한 자본에 맞서 싸울 수는 없다. 예를 들어서, 민주주의를 재탄생시켜야 한다.

전 세계 자본주의는 '무주물Res nullius'이 되어버리는 경향이 있다. 로마법에서 무주물은 노예(시민의 반대개념)를 비롯해서 그 어느 것도 누구의 소유가 될 수 없다는 뜻이다. 그렇다고 특정 대상의 권한을 반대하는 것은 아니었다. 이는 소유가 없는 재산을 뜻했다. 즉, '자유롭게 소유할 수 있다'는 뜻이었다. '소유자가 없는 재산'이 갖는 역설적인 뜻은 무주물 개념의 바탕이 되는 이념적 작용을 나타낸다. 아직 소유가 없는 것은 이미 잠재적으로 소유되었다는 뜻과 비슷하며, 재산이 된다는 것은 이미 그렇게 되도록 되어 있다는 뜻이다(가부장적인 이념에서 아직 결혼하지 않은 여성은 '소유권이 없는 재산'으로 남편에 의해서 '소유되기를 기다린다'는 것과 비슷하다).

국제법에서 무주물은 '무주지Terra nullius'로 불린다. 어떤 국가가 소유권이 없는 영토에 통제권을 주장하고, 국가의 시민 영토(탐험이나 군사적인 활동을 통해서)에 들어가면 통제권을 얻는다는 뜻이다. 예상이 가능하겠지만 이 개념은 식민지화를 정당화한다. 16세기로 되돌아가서, 교회는 미국과 아프리카의 무주지 상당 부분에 대한 권한을 주장했다. 심지어 새로 발견된 땅에 원주민이 살고 있었는데도 불구하고, 땅을 통제해서 제대로 사용하는 것이 문명화된 기독교 국가의 권리라고 주장했다.

그렇다고 시위의 진정한 원인이 글로벌 자본주의이며, 유일한 해결책이 이를 전복하는 것이라는 뜻은 아니다. 특정한 문제(르완다에서는 사람이 죽어가고 있다. 그러니까 반제국주의적 투쟁은 잊어버리고 사람의 목숨부터 살리자는 식)를 실용적으로 해결하고, 인내심을 가지고 극단적인 변화를 기다리자는 대안은 잘못된 것이다. 세계 자본주의가 일관적이지 않다는 사실을 무시하기 때문이다. 시장의 자유와 미국의 농부들을 모두 지지하고, 민주주의를 설파하면서 사우디아라비아를 지지하는 행동은 일관적이지 않다.

이렇게 일관성이 없기 때문에, 자본주의는 스스로의 규칙을 깨부숴야 하고, 진정한 정치적 개입에 공간을 개방해야 한다. 이런 불일치가 필요하기 때문에, 전 세계 자본주의 시스템은 스스로의 규칙(자유시장 경쟁, 민주주의 등)을 위반해서 일관성을 고집한다. 예를 들어서, 원칙을 따를 수 없는 시스템을 전략적으로 선택해서 시스템 자체에 대한 원칙을 고집한다. 그 결과 전체 시스템이 위태로워진다. 다시 말해서 이런 정책의 기술은 특정 요구에 대한 주장이다. 이는 현실적이기는 하지만 헤게모니 이념의 핵심을 뒤흔들고, 좀 더 극단적인 변화를 뜻한다. 분명 실현 가능하고 정당하다고는 할 수 있지만, 실질적으로는 불가능하기 때문이다. 오바마의 보편적인 의료보험 제안이 바로 이런 경우다. 평범하고 현실적인 제안이지만, 분명 미국의 핵심 이념을 뒤흔든다.

현재의 터키에서, 진정한 다문화의 관용을 요구하는 것(서구 유럽 국가 대부분에서 분명한 원칙으로 용인된 것이다)은 폭발적인 잠재력을 갖는다. 그리스에서 더 효율적이고 부패 없는 정부의 기관을 원한다는 합리적인 요구는 진지한 뜻에서 보았을 때 나라 전체를 뒤집자는 말이다. 그래서 특정 문제에 대해 신자유주의를 비난하는 일에 있어서 분석적인 가치는 없다. 지금의 세계적인 질서는 견고한 총체성 Totality이며, 그 내부에서 특정 상황은 특정한 행동을 요구한다. 대체적으로는 진부하다고 할 수 있는 자유주의적인 조치는(예를 들어서 인권의 보호) 특정 맥락에서 폭발적인 전개로 이어질 수 있다.

현재의 극단적인 좌파의 표어는 "우리는 아웃사이더가 되어야 한다. 이것은 포스트모던의 이념이며, 내가 권력의 게임에서 빠져나올 수 있는 이념이다"[17]라는 것이다. 이런 입장은 국가와 조직에 집중된 현대 프랑스 좌파 정치계의 전형적인 것이다. 극단적이면서 관용적인 투쟁은 국가와 거리를 두고 진행되어야 하며, 궁극적으로는 국가에 반대해야 한다(여기에 절대적 반격Absoluter Gegenstoss에 관한 헤겔의 교훈을 적용해야 한다. 이는 참고의 대상인 국가에 반대하는 것이다). 여기에서 마르크스의 통찰력을 잊기 쉽다. 오늘날 그 어느 때보다 뼈저린 것으로, 현대사회를 규정하는 기본적인 적대감은 국가에 대한 저항이 아니라, 국가에서 적정한 거리를 유지하면서 사회 내부의 '계급투쟁'을 벌이는 것에 대한 저항이라는 뜻이다. 다시 말하면, 직접적으로 국가에 대응하는 것이 아니라, 사회를 바꾸는 방법에 대한 대응이기 때문에 국가는 더 이상 필요가 없다는 지적이다.[18]

따라서 해방적인 투쟁이 국가 기관에 대한 반대로 시작되었다고 하더라도, 곧 그 대상을 바꾸어야 한다. 알랭 바디우는 행동의 결과로 새로운 확신을 위태롭게 만드는(혹은 그렇게 생각되는) 전통적 변증법 논리에 대한 새로운 '긍정적'인 변증법에 반대했다. 그에게 부정, 저항, 파괴의 의지는 해방적인 과정의 출발점이 될 수 없다. 사건에 의해 드러난 새로운 긍정적인 시각은 출발점이다. "우리는 이번 사건에 대한 우리의 충성도에 따라 현재의 질서에 반대하며, 결과를 얻는다"는 식이다. 이런 긍정적인 활동 없이 해방의 절차는 과거의 것을 답습한 새로운 긍정적인 질서를 부과하고, 가끔은 최악의 형태를 가지면서 극단적으로 변화한다. 하지만 긍정적인 아이디어를 가지고 시작되는 헤겔의 변증법적인 개념의 '긍정적' 개념에 대해 반대해야 하지만, 이념이 심오한 변화를 겪는 과정(전술적인 적용뿐 아니라 새롭게 기본적인 정의를 내리는 과정에서)은 반대하지 않아야 한다.

이념 자체가 현실화가 결정하는 과정에 사로잡히기 때문이다.[19] 말하자면 우리는 정의를 위한 열망에 힘을 내어서 혁명을 일으킨 것이다. 일단 사람들이 진심으로 혁명에 참여하면, 이들은 원래의 제한된 의도(예를 들어서 일부 법을 폐지하는 것) 이상의 진정한 정의를 이루기 위해서 더 많은 무언가가 필요하다는 것을 알게 된다. 물론 문제는 '더 많은 무언가'의 정확한 의미다. 자유주의적이고 실용적인 이념은 하나씩 점진적으로 해결할 수 있다. 존 카푸토는 최근 이렇게 적었다.

만약 미국의 급진 좌파 정치인들이 보편적인 의료보험을 제공하고, 조정된 세금과 함께 부를 재분배하고, 효율적으로 선거 캠페인 자금을 제안하고, 모든 유권자에게 선거권을 주고, 이민 노동자들을 인간적으로 대하고, 미국의 힘을 전 세계 공동체에 편입시키면서 시스템을 개혁할 수 있다면, 나는 정말 기쁠 것이다. 예를 들어서, 좀 더 심각하고 영향력이 큰 개혁으로 자본주의에 개입하는 것을 뜻한다…… 만약 이 모든 조치 후에 자본이라는 이름의 괴물이 우리에게 접근하고 있다고 바디우와 지젝이 불평한다면, 나는 하품하며 이 괴물을 맞이하겠다.[20]

마크 마놀로풀로스는 짓궂게도 카푸토의 잘못된 자본주의 옹호를 '카푸토주의'[21]라고 이름을 지었다. 여기에서의 문제는 카푸토의 결론이 아니다. 누군가 자본주의 없이 이 모두를 이뤄낼 수 있다면, 왜 자본주의를 고집하겠는가? 문제는 지금의 글로벌 자본주의와 조율을 하면서 이 모두를 이룰 수 있다는 기본적인 전제에 있다. 만약 카푸토가 말한 자본주의의 특정한 문제들이 우연한 문제가 아니라 구조적으로 필요한 것이라면 어떻게 해야 할까? 만약 카푸토의 꿈이 증상도 없고, '억압적인 진실'이 털어놓는 중요한 사실도 없는, 보편성(보편적인 자본주의 질서)의 꿈이라면 어떻게 해야 할까?

오늘날의 시위와 혁명은 다양한 층이 서로 겹쳐서 유지된다. 그리고 이것이 그 힘을 설명해준다. 이들은 '일반적인 것'을 위해서 싸우는 것이다. 독재정권에 맞서서 싸우는 의회 민주주의, 인종과 성차별에 대한 저항, 특히 이민자와 피난민에 대한 증오와의 싸움, 복지국가를 위한 싸움, 신자유주의에 대한 저항, 정치와 경제의 부패에 대한 싸움(예를 들어서 환경을 오염시키는 기업), 다수당의 의식을 넘어선 새로운 형태의 민주주의를 위한 싸움 등이다. 이들은 세계의 자본주의 시스템에 의문을 제기하고, 자본주의가 아닌 사회에 대한 이념을 살리려 노력한다. 이때 두 개의 함정을 피해야 한다. 잘못된 극단주의('정확하게 문제가 되는 것은 자유민주적인 의회 자본주의의 폐지다. 다른 것은 모두 그 다음이다')와 잘못된 점진주의('지금은 군사 독재에 맞서고 민주주의를 위해서 싸우는 것이 먼저다. 사회주의적인 꿈은 잊어야 한다. 다음의 문제다. 아마도……')다.

이처럼 상황은 너무 단호하고, 오래전 모택동주의에 따라서 원칙과 부차적인 모순(어쩌면 적대감), 최종 분석의 원칙인 적대감과 지금의 압도적인 적대감 사이의 구분을 거리낌 없이 활용해야 한다. 예를 들어서, 원칙적인 적대감 때문에 현재의 투쟁을 무너뜨릴 수 있는 기회가 사라진다고 주장할 수 있는 확실한 상황이 있다. 단호함으로 인한 전체적인 복잡함을 고려한 정치만 정치적인 전략이라고 부를 수 있다. 우리가 특정한 투쟁을 다루어야 할 때, 중요한 문제는 우리의 참여가 혹은 불참이 투쟁에 어떤 영향을 미치느냐는 것이다.

전반적인 규칙은 2011년 중동의 경우처럼 억압적이고 절반쯤 민주적인 체제에 대한 저항이 발생하면 자유주의를 위해서 싸운다거나, 부패에 반대한다거나 하는 등의 군중들이 좋아하는 슬로건을 가지고 거대한 군중을 운집시키기 쉽다. 하지만 이후에 더 어려운 결정에 접근해야 하고, 저항이 직접적인 목적을 이루는 데 성공하게 되면, 진짜 걱정거리(자유, 치욕, 사회의 부패, 적절한 삶을 살기 위한 가능성 부족)가 새로운 모양으로 나타난다.

이집트에서 시위대는 억압적인 무바라크 체제를 제거했지만, 부패는 사라지지 않았고, 적절한 삶에 대한 꿈은 더욱 멀어졌다. 독재정권을 전복시킨 후, 빈곤층을 위한 가부장적인 배려의 마지막 흔적은 사라졌고, 새롭게 얻은 자유는 비참함 중에서 선호하는 형태를 선택할 수 있는 자유로 바뀌었다. 대다수는 빈곤했고, 자유를 얻었기 때문에 빈곤은 스스로의 탓이라는 치욕까지 덮어쓰게 되었다. 이런 곤경 속에서 우리는 목표 자체에 결함이 있었다는 사실을 인정해야 한다. 목표가 충분히 구체적이지 못했기 때문이다. 말하자면 표준의 정치적인 민주주의는 무자유의 형태로 작동할 수도 있다. 정치적인 자유는 쉽게 경제적인 노예를 위한 법적 기틀을 제공할 수 있다. 이 과정에서 착취를 당하는 대상은 '자유롭게' 노예의 처지를 선택한다. 따라서 우리는 단순한 정치적인 민주주의 이상을 요구해야 한다. 사회 및 경제적인 삶의 민주주의를 요구해야 하는 것이다. 간단히 말해서, 민주적인 자유의 고귀한 원칙을 알아내는 데 있어서 완벽한 실패가 있었다면, 이것은 원칙 자체에 내재되어 있는 실패라는 사실을 받아들여야 한다. 개념의 왜곡, 즉 부적절한 깨달음이 어떻게 왜곡에 포함되었는지를 개념 속에서 알게 되면, 정치 교육면에서 큰 발전이 이루어진 것이다.

지배 세력의 이념은 전체 무기고를 동원해서 우리가 극단적인 통찰력에 도달하지 못하도록 막는다. 지배 세력은 민주주의의 자유에 책임도 포함되어 있으며, 자유에서 너무 많은 것을 바란다면 성숙하지 못한 데 대한 대가를 치르게 된다고 말한다. 이런 방식으로 그들은 우리의 처지를 비난한다. 자유로운 사회 속에서 우리 모두는 각자의 삶에 투자하는 자본가이고, 성공하려면 즐거움을 좇기보다는 교육에 집중해야 한다고 말한다.

좀 더 직접적인 정치적 단계를 살펴보자. 미국의 외교정책은 시민들의 저항을 수용 가능한 의회 자본주의자들의 제약으로 바꾸어서 피해를 적절하게 통제하는 구체적인 전략을 만들었다. 남아프리카 공화국에서는 아파르트헤이트Apartheid, 인종 차별 정책—옮긴이 이후의 상황에서 성공했고, 필리핀에서는 마르코스 붕괴 후에 효과가 있었으며, 인도네시아는 수하르토 정권의 붕괴 후에 성공을 거두는 등 여러 나라에서 효과가 있었다. 그리고 현재의 갈림길에서 해방적인 정책은 가장 어려운 도전 과제를 맞고 있다. 처음의 열정적인 단계가 지나간 후, 어떻게 절망적인 '독재'의 유혹에 굴복하지 않으면서 다음 단계로 나아가느냐는 것이다. 한마디로 무가베가 되지 않고 넬슨 만델라가 되는 방법이다.

넬슨 만델라는 생의 마지막 20년 동안 뛰어난 인물로 추앙받았다. 식민지였던 나라를 독재 권력과 반자본주의의 유혹에 굴복하지 않으면서 해방시킨 인물이라고 했다. 한마디로 만델라는 무가베가 아니었고, 남아프리카공화국은 자유로운 언론을 허용하는 다당 민주주의로 남게 되었다. 국가의 경제는 성급한 사회주의적인 실험에 빠질 가능성이 없고 글로벌 시장에 포함되는 역동성을 갖게 되었다. 2013년 12월 5일, 만델라의 사망 소식이 전해지자, 성자처럼 현명한 사람으로 불리던 만델라의 위상은 완전히 굳어지는 듯했다. 할리우드에서는 그에 관한 영화를 만들었고, 다른 영화에서 신과 미국의 대통령 역을 연기했던 모건 프리먼이 만델라 역을 맡았다. 유명한 록 가수에서부터 종교 지도자, 운동선수, 정치인까지, 그리고 빌 클린턴부터 피델 카스트로까지 모두 함께 만델라를 시복諡福했다.

하지만 그게 전부일까? 만델라를 뛰어난 인물로 그리는 데에는 두 가지의 비밀이 숨겨져 있다. 남아프리카공화국에서 대다수를 차지하는 빈곤층의 비참한 삶은 아파르트헤이트 때와 전혀 달라지지 않았다. 또한 정치 및 시민의 권한이 증가하는 만큼 위험과 폭력, 범죄도 증가하고 있다. 이곳에서 가장 중요한 변화는 오래전의 백인 지배계급이 새로운 흑인 엘리트와 결합되었다는 것이다. 두 번째 비밀은 아프리카민족회의African National Congress는 아파르트헤이트의 종료뿐 아니라 사회주의에 가까운 사회 정의를 약속했다는 사실을 많은 이들이 기억하고 있다. 하지만 이런 극단적이던 아프리카민족회의의 과거는 우리 기억 속에서 조금씩 잊히고 있다. 빈곤한 흑인 인구 사이에서 증가하는 분노는 당연하다.

남아프리카공화국은 오늘날 목격되는 좌익의 부활 중 하나일 뿐이다. 지도자 혹은 정당은 '새로운 세계'를 약속하고 열렬한 지지를 받으면서 선출되지만, 곧 중요한 딜레마에 봉착한다. 감히 자본주의 메커니즘에 손을 대거나 게임을 벌일 수 있을까? 자본주의 메커니즘을 혼란시키면, 시장의 어려움, 경제적인 혼란 등의 벌을 받게된다. 만델라에게 아파르트헤이트가 끝난 후 너무 쉽게 사회주의적인 시각을 버렸다고 비난하기 어려운 이유는 바로 이 때문이다. 정말 선택은 가능했을까? 사회주의로의 변화가 진정한 옵션일까? 아인 랜드를 비웃기는 쉽다. 하지만 랜드의 소설 《아틀라스》에 설명된 유명한 '돈에 대한 찬양'에는 진실이 포함되어 있다. '돈이 모든 선함의 뿌리라는 사실을 확인할 때까지, 혹은 그렇지 못했다면, 스스로 자멸할 것이다. 돈은 사람이 다른 사람을 대하는 방법이 될 것이고, 타인에 대한 도구가 될 것이다. 피와 채찍, 총, 혹은 돈이다. 선택해라. 다른 선택은 없다.'[22]

마르크스 역시 사람과의 관계가 물건의 관계를 나타낸다면서 비슷한 말을 하지 않았던가?[23] 시장경제에서 사람 간의 관계는 상호적으로 인식되는 자유와 평등의 관계로 나타난다. 직접적인 우세는 실행되거나 보이지 않는다. 문제는 랜드가 말한 전제 조건이다. 직간접적인 우세와 착취의 관계 사이에서 선택할 수밖에 없으며, 그 외에 대안은 유토피아라고 일축된다. 하지만 어쩌면 비웃음의 대상으로 치부되었어야 할 랜드의 주장이 지금은 사실이 되었다는 것을 잊어서는 안 된다. 국가사회주의가 남긴 최고의 교훈은 사유 재산과 시장이 통제하는 교환을 생산 과정을 통제하기 위한 사회적인 규제 없이 폐지한다면, 노예제도와 우세함의 관계를 부활시킨다는 것이었다. 만약 시장을 생산 및 교환을 위한 적절한 공산주의적인 조직으로 대체하지 않고 무조건 폐지해버린다면(시장의 착취를 포함해서), 우세함은 복수의 칼날과 함께 직접적인 착취를 가지고 돌아올 것이다.

이렇게 사라져버린 부분은 만델라의 장례식 가운데 되살아났다. 우리가 매일 사는 삶은 대부분 일상적인 것과 끔찍한 놀라움의 혼합이다. 하지만 가끔은 예상치 못했던 일이 번개처럼 일어나서 삶을 가치 있게 만들어준다. 2013년 12월 10일에 요하네스버그의 FNB 스타디움에서 열린 만델라의 장례식에서 이와 같은 일이 나타났다. 당시 수만 명의 사람들이 모여서 전 세계 지도자들의 말을 듣고 있었다. 바로 그때, 이 일이 일어났다(아니, 어쩌면 그 전부터 일어나고 있었는지도 모르겠다). 버락 오바마를 비롯해 세계적인 인물들과 함께 정장을 입은 흑인 수화 통역사가 서 있었다. 그는 전 세계 수백만 명의 시청자들에게 넬슨 만델라의 장례식을 수화로 통역해주고 있었다.

수화 통역이 진행되면서 아주 이상한 일이 벌어졌다. 그는 수화를 흉내 내고 있었다. 손으로 신호를 끊임없이 보냈지만 아무런 의미도 없었다.

다음 날, 사건에 대한 공식적인 발표가 있었다. 그 남자는 34세의 탐상아 잔키스로 아프리카민족회의가 고용한 수화 통역사였다. 요하네스버그의 〈스타Star〉지와의 인터뷰에서 그는 원래 정신분열증을 앓고 있으며, 약을 먹지 않는 바람에 갑작스러운 증상으로 이상 행동을 보였다고 설명했다. 그는 장례식 동안에 무의미한 손짓을 했던 이유가 정신분열증 때문이라면서 "내가 할 수 있는 것은 없었습니다. 저는 매우 위험한 상황에 홀로 남겨졌어요. 스스로를 통제해서 상황을 숨기려고 노력했습니다. 정말 죄송합니다. 제 상황이 너무 힘들었어요"라고 설명했다. 또 그럼에도 불구하고 당시 수화 통역은 매우 즐거웠다면서 "물론이에요! 너무 즐거웠어요. 제가 하는 일이요, 전 수화의 챔피언이에요"라고 털어놓았다. 그런데 그 다음 날 놀라운 소식이 다시 전해졌다. 잔키스가 1990년대부터 다섯 번 이상 체포되었지만 정신적으로 불안정하다는 구실로 매번 감옥에 가지 않았다는 것이다. 그는 강간, 절도, 주거 침입, 재산 파괴 등의 전과가 있었고, 최근의 범죄 혐의는 2003년에 살인과 살인미수, 납치였다.

이 괴상한 사건을 두고 웃음(이후 천천히 채신머리없는 짓이라면서 줄어들었다)과 분노가 동시에 쏟아졌다. 물론 보안상의 우려가 제기되었다. 삼엄한 보안에도 불구하고, 그런 사람이 어떻게 전 세계 지도자 근처까지 올 수 있었을까? 그런데 그 우려 속에는 잔키스의 출현이 마치 갑자기, 현실이 아닌 곳에서 나타난 것과 같은 기적이라는 느낌이었다. 게다가 그의 수화가 아무런 의미가 없었다는 수화연맹의 믿을 수 없는 확인이 재차 이루어지면서, 마치 무언가 숨은 의미가 있다는 것을 감춘다는 의혹마저 들었다. 만약 그가 알려지지 않은 언어로 외계인에게 신호를 보낸 것은 아닐까? 잔키스가 움직이지도 않으면서 연사보다 짧게 계속해서 비슷한 손짓을 한 것으로 보아 어쩌면 수화로 "이번에도 연사는 늘 하는 딱한 소리를 늘어놓고 있어요. 자세히 통역할 필요는 없어요"라고 정확하게 전달한 것은 아닐까? 그의 외모도 이런 의혹을 증폭시켰다. 그는 몸짓의 동요가 거의 없었고, 농담을 하는 것 같지도 않았다. 동요가 없어서 거의 로봇처럼 편안하게 동작을 취했었다.

잔키스의 수화는 의미가 없는 것이 아니었다. 어떤 의미가 담겨 있어서가 아니라, 그 자체가 의미이기 때문이다. 사람들은 수화를 이해하지 못하지만 잔키스의 동작에 의미가 있을 것이라고 짐작한다. 이 문제의 쟁점은 다음과 같다. 수화 통역사들은 정말 듣지 못하는 사람들을 위해서 의미 있는 말을 전달할까? 혹시 우리를 위한 행위는 아닐까? 연사 옆에 수화 통역사를 세워서, 고충이 있는 사람들을 배려하는 올바른 일을 하고 있다면서 정치적으로 옳다는 만족감을 얻으려는 것은 아닐까? 나는 1990년에 슬로베니아에서 있었던 첫 번째 '자유' 선거에서 좌파 정당 중 하나가 만든 TV광고를 기억한다. 광고에서 정치인은 메시지를 전달했고 옆에서는 수화 통역사가(친절한 젊은 여성이었다) 그의 메시지를 통역했다. 당시 수화 통역사의 진짜 대상은 귀머거리가 아니라, 소리를 들을 수 있는 사람들이라는 것을 누구나 알고 있었다. 진정한 메시지는 당이 장애인들을 배려한다는 것이었다. 거대한 자선사업이 암에 걸렸거나 홍수의 피해를 입은 아이들에 관한 것이 아니라, 공개적으로 선함을 행하고 결속을 보여주는 행위인 것과 마찬가지다.

잔키스의 몸짓이 아무런 의미가 없다는 사실이 분명해졌을 때, 분명한 효과를 발휘하는 이유는 바로 이 때문이다. 그를 통해서 우리는 수화 통역의 진실을 보게 되었다. 실제 귀가 먹은 사람들이 행사를 보는지는 중요하지 않았다. 통역사는 수화를 이해하지 못하는 이들의 기분을 좋게 만들어주려고 존재하는 것이다. 만델라의 장례식도 마찬가지 아니었을까? 전 세계 유명인사들이 흘린 악어의 눈물은 스스로를 위한 행위이고, 잔키스는 여기에 '아무런 의미도 없다'는 사실을 보여준 것이 아닐까? 전 세계의 지도자들이 기념한 것은 남아프리카공화국의 흑인들이 집단의 정치적 매개체가 되었을 때 폭발하게 될 위기를 성공적으로 지연한 결과일지도 모른다. 잔키스가 신호를 보낸 대상은 당시에 참석하지 않았던 가난한 흑인 군중이고, 그의 메시지는 "유명인사들은 당신들에게 관심도 없어"라는 것이다. 그는 거짓 수화로 장례식 자체의 기만행위를 보여주었다.

만델라가 남긴 유산에 충실하기 위해서는 유명인사들이 흘리는 악어의 눈물을 잊고, 그의 지도력으로 이루지 못했던 약속에 집중해야 한다. 만델라의 의심할 수 없는 도덕적 및 정치적 위대함으로 볼 때, 그는 분명히 자신의 정치적인 승리와 세계적인 영웅으로의 부상이 뼈아픈 패배를 가리고 있다는 사실을 알고 있었을 것이다. 전 세계적으로 만델라가 누린 영광은 전 세계 권력의 질서를 뒤흔들지 않았기 때문이다.

다시 한 번 말하지만, 문제는 '그 이상'이 무엇을 의미하느냐는 것이다(사회를 자유민주주의 국가로 변화시키는 것 이상을 뜻한다). 윈스턴 처칠이 민주주의에 대해서 "민주주의는 최악의 시스템이다. 다른 모든 것을 제외한다면 말이다"라고 말한 것은 누구나 알고 있다. 처칠이 (1947년 11월 11일에 영국 하원에서) 실제로 했던 말은 이보다는 덜 역설적이고 재치가 넘치는 것이었다. "정부의 많은 형태가 시도되었습니다. 또 세계에서 계속 시도되면서 죄와 고통을 불러올 것입니다. 민주주의가 완벽하고, 현명한 것처럼 꾸미는 사람은 없습니다. 사실 민주주의는 최악의 정부 형태입니다. 다만 지금까지 시도했던 모든 다른 것을 제외한다면 그렇습니다."[24] 그의 말 속에 담긴 논리를 분명하게 하려면, 여기에 라캉의 '성생활 공식'을 적용해서, 다음과 같이 변형하면 된다. "민주주의는 최악의 시스템입니다. 하지만 여기에 비교했을 때, 다른 시스템은 더 최악입니다." 만약 누군가 모든 가능한 시스템을 모아놓고, 그중에서 가치로 순위를 매긴다면, 민주주의는 가장 꼴찌일 것이다. 하지만 민주주의 시스템과 다른 시스템을 모두 비교하면, 그중에서 민주주의가 최고다.[25] 자본주의도 비슷하지 않을까(적어도 비슷해 보이지 않을까)? 누군가 추상적인 방법으로 가능한 모든 시스템의 순위를 매긴다면, 자본주의는 최악이다. 혼란스럽고, 불공정하며, 파괴적이다. 하지만 모든 대안에 대해서 가장 정확하고 실용적인 방법을 평가한다면, 자본주의가 어느 것보다 앞설 것이다.

　보편성과 구체성 사이에 존재하는 '비논리적인' 불균형은 이념의 효율성을 직접적으로 보여준다. 미국에서 2012년 6월 말에 대법원이 오바마의 의료보험 개혁에 대한 판결을 내리기 전에 여론조사가 실시되었다. 당시 대부분의 사람들은 개혁안에 포함된 내용에 찬성하지만, 오바마 대통령의 의료보험 제안은 반대하는 것으로 확인되었다. 당시 여론조사는 로이터와 입소스가 공동으로 진행했으며, 대법원의 결정을 단 며칠 앞둔 상황이었다. 여론조사 결과 유권자들은 아이들이 26세가 될 때까지 부모의 의료보험 혜택을 받을 수 있다는 등의 다양한 개혁안 내용을 지지하지만, 공화당이 유권자들이 개혁을 거부하도록 설득하는 데 성공했다는 사실을 보여주었다.[26]

여기에서 우리는 이념의 순수한 형태에 직면하게 된다. 대부분은 (이념의) 케이크를 갖는 동시에 먹고 싶어 한다. 유권자는 의료보험의 혜택을 반기면서도 이념적인 개혁('선택의 자유'에 대한 위협으로 보인다)에는 반대했다. 말하자면 물은 거부하면서 H_2O는 수용하고, 과일(의 개념)은 거부하지만 사과, 자두, 딸기는 원하는 셈이다.

고통이 주는 매력

이런 혼란을 해결(혹은 적어도 중성화)하는 한 가지 방법은 인간의 고통을 직접적으로 언급하는 것이다. 분명히 경감시킬 수 있지 않은가? 하지만 시리아의 사태는 인간의 개입과 관련된 생각과 실행이 얼마나 잘못될 수 있는지를 보여주고 있다. 그곳에서는 끔찍한 독재자가 자국민에게 독가스를 사용했다. 그런데 이 정권에 누가 반대하고 있을까? 민주주의를 외쳤던 세속적인 저항이 남긴 것은 모두 사라졌고, 대신 이슬람 근본주의 단체들이 터키와 사우디아라비아의 도움을 받아서 위세를 떨치고 있으며, 어둠 속에는 알 카에다가 강한 존재감을 보여주고 있다(1년 전에 사우디아라비아 성직자 중 최고위급의 누군가가, 저항군이 성적性的으로 만족하지 못한다면서, 이슬람 소녀들에게 시리아로 가서 집단성폭행으로 저항군을 지원하라고 촉구했다).

시리아의 아사드 정권은 겉으로는 적어도 세속적인 국가인 것처럼 행동했다. 그래서 기독교를 비롯한 다른 소수 단체들이 그의 편을 들어서 수니파 반군에 저항하는 일은 놀랍지 않다. 간단히 말하면 우리는 매우 불분명한 분쟁을 목격하고 있다. 시리아의 상황은 카다피에 저항했던 리비아의 혁명과는 사뭇 다르다. 분명한 정치적 목적도 없고, 폭넓은 해방 및 민주주의적 연합의 징후도 보이지 않는다. 다만 종교와 인종 집단이 복잡하게 얽혀 있고, 강대국(미국과 서구 유럽이 한편, 러시아와 중국이 다른 편이다)의 영향력에 의해서 규정되고 있다. 이런 상황에서 직접적인 군사 개입은 계산이 불가능한 위험을 내포한 정치적인 광기를 뜻한다. 만약 극단주의 이슬람이 아사드 정부가 붕괴된 자리를 메운다면 어떨까? 미국은 아프가니스탄 때와 같은 실수를 저질러서 잠재적인 알 카에다와 탈레반을 만들어 낼까?

이런 정신없는 상황 속에서 군사 개입은 단기적이고, 자멸적인 기회주의에 불과하다. 개입의 충동을 합리적으로 포장하기 위해서 도덕적으로 분노해야 하는 상황이라는 평계를 댈 수는 있겠지만("시민들에게 독가스를 쓰다니 용납할 수 없다!"고 비난할 수 있다) 이는 거짓이며, 진지하게 받아들여지지도 않을 것이다. (잘 알려진 대로, 미국은 사담 후세인이 이란 군대에 독가스를 사용했을 때는 훨씬 관대한 입장을 보였으며, 후세인에게 이란을 찍은 위성사진을 제공했다. 그때는 도덕심이 없었나?) 여러 근본주의 범죄 집단 속에서 일부를 지원하는 행위를 정당화시키기 위한 괴상한 윤리 의식을 보면서, 강력한 개입을 주장하는 존 매케인에 대해 "이런 정치인이 있는데, 테러리스트만 두려울까?"라고 했던 론 폴의 반응에 동의할 수밖에 없다.[27]

이처럼 시리아의 문제는 궁극적으로 잘못된 것이며, 여기에 대한 갈등에 대해서는 무관심한 태도를 유지해야 한다. 다만 여기에서 명심해야 할 것은 이집트에서 보았던 확실한 해방적인 저항이 없기 때문에 분쟁이 계속되고 있다는 사실이다. 시리아의 일은 특별할 것이 없다. 다만 중국이 경쟁국들의 약화 속에서 빠르게 세계의 강대국으로 부상하고 있다는 사실을 확인할 수 있다는 것이 예외적일 뿐이다.

하지만, 대체 시리아 국민 수백만 명의 고통 앞에서 인도주의적인 노력은 어떻게 된 것일까? 이들의 고통에 대한 무관심은 매우 충격적이다. 특히 언론에서 폭넓은 보도와 비난이 있었기 때문이다. 마치 우리를 무능하고 멍한 방관자의 입장으로 몰아넣고 있는 것 같다. 1990년대 초, 3년 동안 사라예보가 봉쇄되었던 때를 기억해보자. 시민들은 굶주렸고, 끊임없이 포탄과 총알에 노출되었다. 당시의 수수께끼는 언론이 각종 사진과 보도를 쏟아냈지만, UN군과 NATO, 미국은 사라예보의 봉쇄를 풀기 위한 작은 행동도 해내지 못했다는 것이다. 적어도 작은 탈출구라도 만들어서 사람과 물자가 자유롭게 드나들게 할 수 있지 않았을까? 비용은 거의 들지 않았을 것이다. 사라예보를 둘러싼 세르비아 군대를 매일 적당히 공포에 몰아넣는 방식으로 약간의 압박을 가했다면 끝났을 것이다 (라도반 카라치는 인터뷰에서 NATO 군대가 보스니아에 있는 세르비아의 영역을 단절시키지 않아서 놀랐다고 털어놓았다. 이는 동쪽과 서쪽을 분단시킨 좁은 지역으로, NATO가 소규모의 지상군만 투입해도 장악할 수 있었을 것이다. 그러면 보스니아 서쪽에 위치했던 훨씬 넓은 세르비아 영역은 질식했을 것이다. 또 카라치가 유고슬라비아 사태 직후에 했던 지적에 주목해야 한다. 보스니아의 세르비아가 원한 것은 절반에 달하는 영역으로 세르비아인이 아닌 인구가 10%가 안 되는 곳이었다. 그렇게 만들어진 것이 데이턴 평화협정이다!).

이 수수께끼에 대한 답은 하나다. 적십자를 대표해서 사라예보를 돕기 위한 노력을 조율했던 로니 브라우만이 제시한 것인데, '인도적인 사태'라는 사라예보의 위기가 보여준 것은 정치 및 군사적인 분쟁이 인도적인 용어로 재조명되었고, 정치적인 선택(분쟁에서 사라예보의 편을 드는 것)으로 지속되었다.

유고슬라비아에서 '인도적인 개입'이라는 치하는 정치적인 담론으로 만들어졌고, 이미 모든 분쟁의 논의는 자격을 잃었다……. 프랑수아 미테랑이 유고슬라비아에서 전쟁을 분석하는 것은 분명 불가능했다. 엄격한 인도주의적 대응으로, 미테랑은 예상치 못한 대화의 원천, 혹은 더 정확하게 말하면 허울 좋은 원천을 찾아냈다. 이는 조금은 비슷한 것이다. 미테랑은 유고슬라비아가 국경 내에 유지되는 편을 선호하는 입장을 유지했다. 또한 이 폭발적인 지역에서 특정한 안정을 보장하기 위해서 세르비아의 강력한 권한은 유지되어야 한다고 설득되었다. 곧 프랑스 국민들의 시각에서는 용인할 수 없는 입장이 되었다. 모든 호들갑과 원인에 대한 프랑스의 변함없는 의지를 재확인하기 위해서 그에게 허용된 인도주의적인 담론, 거대 세르비아의 파시즘에 대한 반대를 흉내 낸 모든 것들은 무익하게 포기되었다.[28]

희생자에 대해 동정을 하면서 정작 그 희생자를 만든 사람들을 지지하는 일은 예외가 될 수 없다. 이들의 고초를 보고 마음이 움직이더라도 결국 우리는 무심한 관찰자에 불과하며, 정치적으로 개입할 수 있는 능력도 제한된다. 그렇다면 이런 쓸모없는 동정심의 저주를 풀 수 있는 방법은 무엇일까?

전 세계에 퍼져 있는 분노와 우울증

1세기 전, G. K. 체스터턴은 극단적인 사회의 변화를 위한 운동에 대해 유용한 평가를 내렸다.

> 스스로에게 정말 원하는 것이 무엇인지 물어보라. 최근의 법 적 결정이 우리에게 어떤 것을 원하라고 명령하는지가 아니며, 최근의 논리적인 철학이 우리가 무엇을 원해야 한다고 말하는 지, 최근의 사회적인 예언가가 언젠가 무엇을 원해야 한다고 말 하는지는 신경 쓰지 말아야 한다……. 만약 사회주의라면, 그렇 게 되도록 하자. 즉, 오늘날 모든 거대한 상업적인 부분만큼이나 다양하다. 정말 뛰어난 재단사는 옷감에 따라서 옷을 재단하지 않고, 더 많은 옷감을 요구한다. 정말 실질적인 정치인이라면 현 재의 조건에 자신을 맞추는 것이 아니라, 조건이 맞지 않는다고 비판한다.[29]

이상하게도 이런(아마도 너무 이상적이어서 틀린) 원인과 결과는 현 재 유럽의 전역에서 폭발하고 있는 분노 속에서 존재하지 않고 있 다. 프랑코 비포 베라르디는 이런 분노를 다음처럼 설명했다.

분노는 무력하고 결과가 없다. 의식과 조율된 활동은 현재의 사회에서 바랄 수 없는 것 같다. 유럽의 위기를 보자. 우리 삶에서 지금처럼 혁명의 기회로 점철된 순간은 본 적이 없다. 하지만 지식인과 민병대는 그 어느 때보다 침묵하고, 따라서 새로운 방향을 보여주는 방법은 찾을 수 없다.[30]

베라르디는 다른 누군가의 기능은 폭발적으로 속도를 높이고 있고(우리 삶의 상징적인 실체) 인간의 반응은 느려지는 상황(문화, 물질, 질병 등의 이유로)에서 무력함의 원인을 확인하고 있다. "오랫동안 계속되었던 신자유주의 규칙이 사회 문명의 문화적인 기반을 잠식했고, 이것이 바로 근대 사회에서 계속되고 있는 핵심이다. 이는 되돌릴 수 없다. 우리가 직시해야 한다"[31]는 것이다. 걷잡을 수 없는 무력함이 여기저기에서 확인되는 이유는, 개인주의적인 쾌락주의가 광적이면서도 경쟁적인 일과 결합되어서 집단행동을 조율할 수 있는 공간을 막는 글로벌 자본주의 이념의 파괴적인 효과를 반증하는 것이다.

2011년에 유럽 전역에서 발생했던 거대한 시위의 물결을 생각해보자. 당시 그리스와 스페인, 런던, 파리까지 여러 곳에서 시위가 발생했다. 시위대를 모으기 위한 일관적인 정치적 프로그램도 없었지만, 이들의 시위는 거대한 규모의 교육 과정으로서의 기능을 담당했다. 시위대의 어려움과 불만이 다른 시위대를 모으는 결과를 낳았던 것이다. 광장에 수십만 명의 사람들이 집결해서 더 이상은 참을 수없으며, 이런 식으로 계속될 수는 없다고 외쳤다. 하지만 이런 시위는 참여자들을 보편적인 정치적 주체로 구성하지만, 이들은 순수하게 공식적이고 보편적인 존재로 유지된다.

이들 시위가 만들어내는 것은 분노에 찬 거부의 부정적인 태도이며, 정의에 대한 추상적인 요구다. 그래서 요구를 구체적인 정치적 프로그램으로 전환시키지는 못한다. 간단히 말해서 이들 시위는 적절한 정치적인 활동이 아니라, 타인이 특정하게 행동하길 바라기를 요구하는 추상적인 요구다. 이런 상황에서 무엇을 할 수 있을까? 시위는 물론 민주주의 선거마저도 어떤 의미가 있을까? 환상의 철회나 소극성, 포기만이 새로운 길을 열 수 있다. "사회적인 경쟁의 영역을 벗어나는 자립적인 단체만 새로운 희망의 길을 열 수 있다"[32]는 것이다.

베라르디와 하트/네그리 사이의 상반된 대조가 만들어내는 잔인한 아이러니를 주목하지 않을 수 없다. 하트/네그리는 '인식의 자본주의'를 '절대적인 민주주의'를 향한 길을 여는 방법이라고 높게 평가했다. 무형의 대상, 혹은 '무언가'가 사회적인 관계를 구성하는 일이 늘고 있다. "대중은 재화와 서비스뿐만이 아니라 협력, 커뮤니케이션, 삶의 형태, 사회생활을 생산하게 되었다."[33] 다시 말해서, 무형의 생산은 곧 삶정치적이며, 사회생활의 생산이다.

마르크스는 물질의 생산이 언제나 사회적 관계에서 발생하는 생산이라고 강조했다. 하지만 오늘날 자본주의에서는 사회적 관계 자체가 직접적인 생산의 목적이다. "노동의 새로운 형태는…… 경제의 자체적인 경영의 가능성을 보여준다. 생산에 필요한 협력의 역학이 노동 자체에 포함되기 때문이다."[34]

하트와 네그리의 도박은 이렇게 직접적으로 사회적이면서 물질적인 생산 때문에 소유주는 더 이상 필요하지 않을 뿐 아니라(생산이 형태 및 내용 면에서 직접적으로 사회적인 상황에서 왜 소유주가 필요하겠는가?), 생산자가 사회적 공간의 규제를 좌지우지한다는 것이다. 사회적인 관계(정치)가 이들이 하는 활동이기 때문이다. 경제적인 생산은 정치적 생산이 되고, 사회적 생산 자체가 된다. 이는 '절대적인 민주주의'를 위한 방법을 만들어서 생산자들이 직접적으로 사회적인 관계를 규제하도록 허용하고, 민주주의의 대표제를 우회한다. 여기에서 작동하는 환상은 알튀세르에 의해서 형성되었는데, 그는 마르크스가 생산의 관계없이 생산하는 방법으로서의 신화적 이념을 포기하지 않았다는 사실을 강조했다. (공산주의에서 개인의 자유로운 개발은 생산의 방법 면에서 사회적 관계를 대체한다.)[35]

공산주의의 '생산의 관계없이 생산하는 방법'이라는 이념은 네그리와 하트에게도 동기를 부여하지 않았을까? 사회적인 관계(생산의 관계를 포함)는 사회적인 생산에 의해서 직접적으로 생산되고, 이들은 더 이상 적절한 사회적인 관계가 아니다(예를 들어서, 사회적인 생산을 위해서 미리 주어지는 구조적인 틀). 다만 직접적으로 계획 및 생산되며, 따라서 완전히 투명해진다. 이런 입장에서 자본주의에 대한 유일한 극단적인 정치적 대응은 시위를 하거나, 방해하거나, 비판하는 것이 아니다. 자본주의자들의 파괴적인 힘에 의해서 위협을 받는 삶의 오래된 형태를 대변해서 여기에 저항하기 위해서 뿐만이 아니라, 추상적인 경향을 뿌리 뽑고, 배척하고, 해독하기 위해서라는 전제에 따라 가속화된 활동에서 가장 분명한 표현을 찾는다.[36]

베라르디의 결론은 완전히 정반대의 것이다. 오늘날의 '인식 자본주의'가 사회생활의 잠재적인 투명성을 가져 오기는커녕, 전보다 더 투명하기가 어려우며, 그 결과 '코그니타리아트'의 집단적인 단합이 보이는 모든 형태의 주관적인 조건을 망가뜨린다는 것이다.[37] 여기에서 확인되는 증상은 동일하게 개념적인 도구가 두 개의 상반된 결론으로 달라지는 것이다. 베라르디는 그가 들뢰즈의 '초역동적인 탈영토화의 찬양'이라고 부르는 것에 대해 경고한다. 그에게 있어서, 만약 우리가 시스템의 강박에서 벗어날 수 없다면, 시스템이 부과한 광적인 역동성과 우리의 신체 및 인식적인 한계 사이의 격차가 조만간 우울함으로 이어진다는 생각이다. 베라르디는 그의 친구였으며, 초역동적인 탈영토화의 찬양을 설파한 동시에 개인적으로 오랜 우울증을 앓았던 펠릭스 가타리에 관해 다음과 같은 주장을 펼쳤다.

> 우울증과 탈진의 문제는 가타리에 의해서 분명한 방식으로 설명된 적이 없다. 난 여기에서 욕망의 이론에 관한 중요한 문제를 확인한다. 유기적인 공간에 있어서 한계의 문제를 거부하면…… '장기가 없는 신체'의 개념은 유기체가 제한할 수 있는 대상이 아니라는 뜻이다. 유기체는 초과의 과정이고, 한계를 넘어서는 것이며, '다른 무언가'가 되는 과정이 아니라는 뜻이기도 하다. 이 점이 매우 중요하며, 또한 위험한 부분이다……. 어떤 신체와 마음이 변화를 겪을까? 어떤 변함없는 것이 다른 것이 되어가는 과정에 숨어 있을까? 이 문제에 답을 원한다면 죽음, 유한성, 우울증을 알아야 한다.[38]

우울증과 유한성, 탈진은 경험심리학의 분야가 아니라, 근본적인 존재론적 한계를 나타낸다. 베라르디가 우울증에 대해서 말할 때,

이는 적절한 설명을 요구하는 것과 연관된다. 예를 들어서, 원인에 대한 인간이라는 동물의 반응으로, 우리에게 설명을 한다. 특히 이전 자본주의의 설명과 연관이 있을 뿐 아니라 해방적인 동원에 관한 것이기도 하다. 수동적인 소외에 불과하다면서 대표 정치를 비판하는 것은(다른 사람에게 자신의 목소리를 대변하도록 하는 것보다는 직접 단체를 구성해야 한다) 여기에서 한계에 봉착한다. 네트워크를 만들어서 사회를 구성하는 것에 대한 이념은 세 가지의 불가능성을 혼란스럽게 만드는 유토피아다.[39]

— 실제 다른 사람을 대변하는 것(누군가를 위해 말하는 것)이 필요하다는 여러 가지 사례를 찾을 수 있다. 아우슈비츠에서 르완다까지 대량 학살의 희생자가(정신병자나 아이들 등. 심지어 동물들은 말할 것도 없다) 스스로 뭉쳐서 자신의 목소리를 내야 한다고 하면 냉소적이다.
— 수십만 명의 사람들이 수평적인 방식으로 효과적이면서도 독립적으로 조직될 때(타흐리르 광장, 게지 공원 등), 여전히 소수 단체라는 사실을 잊어서는 안 된다. 다수는 목소리를 내지 않으면서 아웃사이더로 존재한다(이집트에서 조용한 다수가 타흐리르 광장의 군중들을 패배시키고, 무슬림 형제단을 선출했다).
— 영구적인 정치적 참여는 제한적 시간을 갖는다. 몇 주 후, 그리고 가끔은 몇 달 후에 대부분은 참여를 중단한다. 문제는 일상으로 돌아갈 때 저항이 일어난 순간의 결과를 지키는 것이다.

그 의미는 헤게모니적인 권한 구조에 대한 항복이 아닐까? 아니다. 영구적인 동원과 활동적인 참여를 위한 극단적인 좌파의 일반적인 요구, 즉 초자아의 이론을 따르는 요구에 질릴 정도로 내재적인 '보수주의'는 없다. 우리는 순종할수록 죄의식을 갖게 된다. 이때 전투에 승리해야 한다. 시민들의 수동적인 영역에서 승리해야 하며, 혁명 이후 일상적인 아침으로 돌아갈 때를 말한다. 숭고한 단결을 기뻐하면서 지켜보는 것은 (상대적으로) 쉽지만, 어떻게 일반 시민들이 이들의 일상에서 차이를 느끼겠는가? 보수파가 때때로 숭고한 폭발을 보고 싶어 하는 것은 당연한 일이다. 사람들에게 아무것도 변하는 것은 없고, 곧 일상으로 되돌아간다는 것을 보여주고 싶은 것이다.

그뿐만이 아니다. 오늘날의 자연은 그 자체로 질서가 없다. 우리의 인식적인 역량을 압도하기 때문이 아니라, 우리가 개입의 효과를 마음대로 사용하지 못하기 때문이다. 유전자 조작이나 지구 온난화의 궁극적인 결과가 무엇인지 누가 알겠는가? 놀라움은 우리 자신으로부터 시작되고, 우리가 그림에 어떻게 들어맞는가의 불투명한 문제와 관련이 있다. 자크 알랭 밀러의 논문은 이런 배경에서 이해되어야 한다. 그는 '현실에 거대한 무질서가 있다Il y a un grand désordre dans le réel'[40]라고 적었다. 이것이 밀러가 근대 과학과 자본주의의 근본적인 두 개의 요소가 맹위를 떨치고 있는 지금, 우리에게 보이는 현실을 설명한 방법이다.

별에서부터 태양에 이르기까지 자연의 모든 것은 언제나 적절한 장소가 있다. 거대하고 믿을 수 있는 순환과, 이들을 규제하는 안정적인 법칙의 영역은 법 밖에 존재하는 실제적인 현실로 대체된다. 이런 현실은 영원히 스스로의 규칙을 혁신하며, 전체화된 세계(의미의 세계)로 포괄되는 것에 저항한다. 그래서 바디우는 자본주의를 부유한 선진국이 전보다 문명을 못하게 만드는 것이라고 설명했다.

이런 무리에 우리가 어떻게 반응해야 할까? 방어적인 입장을 받아들이고, 새로운 제한, 새로운 균형으로의 회귀(혹은 창조)를 모색해야 할까? 생명 윤리가 생명공학과 관련해서 노력하는 대상이 이것이고, 이 두 가지가 짝을 이루는 이유가 바로 이것이다. 생명공학은 과학적인 개입의 새로운 가능성을 쫓는다(유전자 조작, 복제 등). 또 생명 윤리는 생명공학이 할 수 있는 일에 대해서 도덕적인 한계를 부과한다. 이처럼 생명 윤리는 과학적 관행의 모든 부분에 존재하는 것이 아니다. 이는 외부에서 과학적인 관행에 개입하며, 외부의 도덕성을 부과한다. 하지만 "과학적인 욕망을 포기하지는 말되 그 길을 가차 없이 따르라"는 과학의 윤리를 배신하는 것은 바로 생명 윤리가 아닐까?

포르투 알레그로Porto Allegro의 시위대가 내세운 "새로운 세상이 가능하다"는 슬로건은 역시 새로운 한계를 제안하고, 이런 점에서 생태학마저도 새로운 한계를 제안한다(말하자면, "우리는 자연을 더 이상 남용할 수 없으며, 자연은 이를 용인할 수 없다. 곧 붕괴할 것이다"라는 것이다). 어쩌면 우리는 앞에서 설명한 정반대의 길(여러 가지 중에서 들뢰즈와 네그리)을 따르고, 자본주의의 무질서가 여전히 질서라고 생각해서, 지금의 의무에 한계가 있는 것이 아니라 제한을 넘어서서 노력해야 하는 것은 아닐까? 다시 말해서 우리는 모택동이 말했던 유명한 격언처럼 현실 속에 무질서가 있고, 따라서 상황은 훌륭한 것이라고 생각하면서 위험을 감수해야 하는 것은 아닐까? 아마도 탈영토화와 관련해 들뢰즈와 네그리가 옹호했던 것과 똑같지는 않지만, 이것이 따라야 할 길은 아닐까?

밀러는 순수한 무결점의 현실이 상징적인 이해에 저항하기 때문에, 언제나 이를 개념화하려는 시도가 외형적이고 방어적인 노력은 아닌지 알아내려 노력해야 한다고 주장했다. 하지만 만약 저변에 깔려 있는 질서가 조율을 위한 무질서 혹은 매트릭스라면 어떨까? 자본주의 역동성의 반복적인 동일함을 설명하는 것도 바로 이것이다. 변화가 많을수록 동일한 것도 많다. 또 놀라운 자본주의의 역동성의 반대가 위계적인 질서를 분명하게 유지하는 것인 이유도 바로 이 때문이다.

두 사람 사이의
공유된 시각

T. J. 클라크[41]는 마르크스주의에서 기독교 전통으로부터 상속된 종말론적 개념을 거부했고, 우리는 그를 따라야 한다. 이 개념은 횔덜린이 남긴 "위험이 있는 곳에서, 축적된 힘이 성장한다"는 말로 가장 간결하게 설명될 수 있다. 아마도 여기에 20세기 좌파들의 끔찍한 경험에 대한 교훈이 존재하는 것 같다. 이 경험 때문에 좌파는 마르크스에서 헤겔로 회귀했다. 구체적으로 설명하면 마르크스의 혁명적인 종말론에서 "역사는 예상치 못한 방향으로 언제나 방향을 바꾸기 때문에 늘 극단적인 개방성을 보인다"는 헤겔의 비극적인 시각으로 회귀한 것이다.

아마도 좌파는 역사적인 과정의 기초적인 '소외'를 충분히 받아들여야 할 것 같다. 우리는 행동의 결과를 통제할 수 없다. 비밀스러운 주인이나 운명이 어디에선가 우리를 꼭두각시 인형처럼 조종하기 때문이 아니라, 그 정반대의 이유 때문이다. 우리 행동의 결과를 고려하고 책임을 지는 누군가가 없기 때문이다. '소외'를 받아들이는 것은 냉소적인 거리를 유지하는 것과는 관계가 없다. 다만 내포된 위험을 충분히 알고, 참여하는 것을 뜻한다. 우리가 개입한 최종 결과를 보장할 수 있는 도구가 있는 더 높은 위상의 역사적인 필요성은 없다.

이런 관점에서, 현재의 난관 속에서 느끼는 절망은 새롭게 조명된다. 우리는 절망을 의미하는 종말론적인 계획을 버려야 하는 것이다. 좌파가 혼란스러운 저항과 시위를 거대하고 일관적인 구원의 프로젝트로 마법처럼 변화시키는 일은 없을 것이다. 우리에게는 행동뿐이며, 모든 역사적 위험에 노출된다. 프랑코 베라르디는 그리스에서 벌어지고 있는 사건을 보고 "나는 지금 벌어지고 있는 사건에 대한 모든 생각을 거부한다. 현재의 세계가 더 나아질 것이라는 가능성을 거부하는 것이다. 모든 희망을 버려야 새로운 가능성을 볼 수 있다"[42]라고 통렬하게 지적한 바 있다.

이 말은 우리가 '종료 시간에 살고 있다'는 주제(그리고 경험)를 버려야 한다는 뜻일까? '이런 식으로 계속될 수는 없는' 상황에서 보상이 없는 종말의 순간에 접근하고 있다는 생각을 버려야 할까? 그 대신 행복하고, 자유주의적이면서 진보적인, 경건하고 위험하지만 적절하게 실용적인 개입에 대한 '포스트 형이상학적' 시각을 가져야 할까? 아니다. 다만 종말론적 경험을 종말론에서 분리해야 한다. 우리는 지금 생태적, 경제적, 사회적으로 영점에 접근하고 있다. 세상은 변화할 것이다. 그리고 우리가 아무것도 하지 않는다면 변화는 매우 급진적일 것이다. 하지만 전 세계를 구원하기 위한 활동을 가리키는 종말론적인 변화는 없다. 정치적으로 진짜 사건은 전통적인 마르크스주의자들이 바랐던 것이 아니라(예를 들면 혁명의 주체가 깨어나는 것 등), 예상치 못한 부수적인 사건들이었다. 1917년에 러시아에서 혁명이 일어나기 단 몇 달 전을 생각해보자. 레닌은 스위스의 사회주의 청년들에게 연설을 통해 이들이 수십 년 만에 사회적인 혁명을 목격하는 첫 번째 세대가 될지 모른다고 말했다.

그렇다면 이제 시위가 일어나고 있는 국가 두 곳, 그리스와 터키로 돌아가보자. 언뜻 보기에 이들은 전혀 달라 보인다. 그리스는 파괴적인 긴축정책에 잡혀 있고, 터키는 경제적인 성장을 누리면서 지역의 새로운 강대국으로 부상하고 있다. 하지만 만약 터키와 같은 국가마다 비참한 상황에 빠져 있는 그리스와 같은 지역이 있고, 이를 통제해야 한다면 어떨까? 브레히트는 '할리우드를 위한 애도가 Hollywood Elegies'에서 다음과 같이 적었다.

> 할리우드라는 마을은 개념에 맞게 계획되었다.
> 이곳의 사람들은 천국을 가지고 있다.
> 여기에서 사람들은 결론을 내린다.
> 신이 천국과 지옥을 요구하지만, 두 개 중에서
> 건설 계획이 필요한 것은
> 단 하나, 천국뿐이라는 것이다.
> 그래서 여기는 가난하고 성공하지 못한 지옥이 된다.[43]

오늘날의 전 세계 도시가 똑같지 않을까? 특히 부자는 매혹적이고, 이민 노동자는 노예에 가까운 카타르나 두바이와 같은 도시가 대표적인 예가 아닐까? 자세히 살펴보면 터키와 그리스의 공통점을 확인할 수 있다. 두 나라 모두 민영화와 공공장소의 폐쇄, 사회 서비스의 해체, 독재적인 정치의 부상(그리스에서 공영 TV를 폐쇄하겠다는 위협과 터키의 검열을 비교해보자)을 겪는 중이다. 이런 기본적인 수준에서 그리스와 터키의 시위대는 동일한 투쟁을 하고 있는 중이다. 이처럼 진정한 사건은 두 나라의 투쟁을 조율해서 '애국적인' 유혹을 거절하고, 각자의 걱정거리를 진정시킨 뒤(역사적인 장애물로서의 그리스와 터키에 대해서), 함께 해결하고 단결해서 하나의 목소리를 내는 것이다.

　아마도 시위대의 미래는 이런 국제적인 단결을 조직하는 능력에 달려 있을 것이다. 칠레 일부 지역에서 사용하는 언어 중 'mamihlapinatapei'라는 말이 있다. 두 사람 사이에 서로 함께 공유하는 시각을 뜻한다. 여기에서는 그리스와 터키에서 시위를 하는 것이다. 양측 모두 서로 접근하고 싶지만, 먼저 움직이고 싶지는 않다. 하지만 누군가는 위험을 감수하고 행동에 나서야 한다. 지금의 우크라이나에서 일어나고 있는 사건은 이런 시각에서 해석해야 할 것이다.

우크라이나의 레닌

우크라이나의 수도인 키예프에서 야누코비치 정부에 반대하는 거대한 시위가 있었다. 이 시위에 대한 TV 보도에서, 우리는 성난 군중들이 레닌의 동상을 부수는 모습을 보았다. 레닌 동상이 소련이 행해온 억압의 상징적인 존재였고, 푸틴의 러시아가 주변 국가에 대해서 러시아를 따르도록 하는 정책을 계속 유지해왔다는 점을 생각하면, 분노 어린 공격을 이해할 수 있다. 레닌의 동상이 소련 연방 여기저기에 세워지던 역사적인 순간을 떠올려보자. 1956년 전에는 스탈린의 동상이 훨씬 많았다. 1956년에 20세기 소련 공산당 의회에서 스탈린이 비난을 받기 시작하면서, 그의 동상은 한꺼번에 레닌의 동상으로 대체되었다. 레닌은 말 그대로 스탈린을 대신했고, 1962년에 이 이상야릇한 일이 당시 소련의 공식 일간지인 〈프라우다〉의 제1면을 장식하면서 분명해졌다.

레닌은 1945년 프라우다의 이름이 되어버린 것 같다(그가 당에 대한 스탈린의 권한을 다시 한 번 보여주기 위해서 나타난 것이라고 추정해도 틀린 말은 아닐 것이다. 죽음과 부르주아 유럽을 보고 되돌아온 병사가 잠재적으로 가지고 있는 파괴적인 힘을 봐도 그렇고, 레닌이 죽음을 목전에 두고 말을 남겼다는 신화를 봐도 그렇다). 1962년 22회 공산당 의회에서 스탈린은 공식적으로 비난을 받았다. 레닌의 이미지

두 가지가 갑자기 수면 위로 떠올랐다. 마치 이상한 두 개의 레닌이 실제 자리를 차지하고 있던 '다른 지도자'의 빈자리를 메우는 것 같았다![44]

그런데 왜 동일한 레닌의 옆모습 두 개를 나란히 신문에 실었을까? 이런 이상한 반복 때문에 눈에 보이지 않는 스탈린은 더 강한 힘을 발휘하는 것 같았다. 그의 음울한 존재감이 "왜 하나가 아니고 두 개인가?" 하는 질문에 대한 답인 것 같았기 때문이다.

그럼에도 불구하고 우크라이나가 소련의 우세를 벗어나서 주권을 주장하기 위한 상징적인 행동으로 레닌의 동상을 부수는 모습은 매우 역설적이었다. 우크라이나의 국가적인 정체성이 황금기를 맞았던 시절은 재정 러시아 때(우크라이나가 독립국가를 주장했던 때)가 아니라 완벽한 국가적 정체성을 만들어냈던 소련 연방의 초기 10년 동안이었다. 다음은 1920년대 우크라이나에 대한 위키피디아의 설명이다.

소련 정부가 권력을 잡게 되었던 내전은 우크라이나를 완전히 파괴시켰다. 150만 명의 사람이 목숨을 잃었고, 수십만 명은 노숙자가 되었다. 게다가 소련에 속한 우크라이나는 1921년에 기근을 겪었다. 우크라이나의 모습을 보면서 소련 정부는 1920년대 동안 유연성을 보여주었다. 그래서 미콜라 스크립닉의 공산당 지도부가 추구한 우크라이나 정책의 후원 속에서 소련 지도부는 문학과 예술을 부흥시키도록 격려했다. 우크라이나의 문화와 언어는 되살아났고, 우크라이나는 소련이 대대적으로 이끌었던 'korenization'(말 그대로 '현지화') 정책의 지역적인 이행 대상이 되었다. 볼셰비키는 또 보편적인 보건과 교육, 사회보장 서비스, 일할 수 있는 권리와 주거의 권리를 도입하려고 노력했다. 여성의 권한은 수 세기에 걸쳐서 지속되어 온 불평등을 없애기 위해서 제정된 새로운 법과 함께 증가되었다. 하지만 스탈린이 1930년대 초에 점차 권력을 얻으면서 실질적인 당의 지도자가 된 후 급격히 후퇴했다.

'현지화'는 레닌이 만든 원칙을 분명하게 따랐다.

> 프롤레타리아는 주어진 국가의 국경 내에서 강력한 억압에 항거할 수밖에 없다. 이는 민족의 자결권을 위한 노력을 의미한다. 프롤레타리아는 '자신의' 국가가 억압하는 식민지와 국가의 정치적 승계를 위한 권한을 요구해야 한다. 그렇지 않으면, 프롤레타리아의 국제화는 의미 없는 말로 남게 될 것이고, 억압하는 국가와 억압받는 국가 사이에서 근로자 간 상호적인 신뢰와 계급의 단결은 불가능할 것이다.[45]

레닌은 끝까지 이런 입장을 견지했다. 10월 혁명October Revolution 이후 그는 소규모 국가에서 선구적인 힘이 존재할 경우에 주권을 부여해야 한다고 주장한 로자 룩셈부르크와 격렬한 논쟁을 벌였다. 레닌은 새로운 국가에 '나쁜 지도자'가 권력을 가지고 있더라도 무조건 독립시켜 줘야 한다고 주장했다. 그는 중앙집권적인 소련을 위한 스탈린의 계획에 마지막으로 투쟁하면서, 또 한 번 무조건적인 독립 권한을 허용해야 한다고 말했고(이때는 조지아가 가장 큰 화두였다), 소련을 구성하는 국가에게 완벽한 주권을 부여해야 한다고 주장했다. 1922년 9월 27일에 정치국Politburo의 구성원에게 보낸 편지에서 스탈린이 공개적으로 레닌을 '국가 자유주의자'라고 비난한 것은 놀랍지 않다. 스탈린이 일으킨 바람의 방향은 이미 러시아가 5개 공화국(우크라이나, 벨라루스, 아제르바이잔, 아르메니아, 조지아)의 정부로서 권한을 주장하기 위해서 그가 어떤 결정을 내리려고 하는지를 보여주고 있었다.

> 만약 러시아 공산당의 중앙 위원회가 결정을 내렸다면, 이는 공개되지 않을 것이다. 모든 러시아 의회가 소집되기 전에, 소련의 내부, 중앙 집행 위원회, 혹은 소련 의회 내에서 정보 전달을 위해서 공화국의 중앙 위원회 내에서만 알려질 것이다. 그곳에서 공화국의 바람이 선언될 것이다.[46]

더 높은 권력기관(중앙 위원회)과 본부의 상호작용은 폐지되었으며, 따라서 더 높은 권력기관은 의지를 부여해서 상처에 모욕까지 주는 행위를 했다. 또한 이 관계는 서로 등을 돌렸다. 중앙 위원회는 마치 원하던 바라는 듯이 본부가 더 상위의 권력기관에게 요구하는 것을 하도록 결정을 내렸다. 1939년에 발생했던 의심스러운 사건을 떠올려보자. 당시 발트 해의 3국은 자유롭게 소련에 가입하겠다고 요청했으며, 그 결과 승인을 받았다. 스탈린이 1930년대 초에 했던 일은 혁명 이전의 정책으로 되돌리는 것이었다(예를 들어서, 그 방법 중 하나는 러시아가 세르비아와 이슬람 아시아를 식민지로 만드는 것이었다. 그때는 이런 행위가 제국주의의 확장이라는 비난을 받지 않았고, 대신 전통적인 사회에 존재하는 나태함을 적극적으로 근대화시키는 것이라면서 칭찬을 받았다). 푸틴의 외교 정책은 이런 제왕적 스탈린주의를 분명하게 계승하고 있다. 푸틴에 따르면 1917년 러시아 혁명 이후, 러시아에게 해를 입힌 것은 볼셰비키로의 회귀라고 한다.

> 볼셰비키는 다양한 이유로—신이 판단하실 것이다—러시아의 역사적인 남쪽 지방 대부분을 우크라이나 공화국에 줘버렸다. 이 과정에서 인구의 인종적인 특징은 고려되지 않았으며, 오늘날은 이 지역이 우크라이나의 동남쪽을 구성한다.[47]

현재 군사 열병식이나 대중의 축하 행사에서 스탈린의 초상화가 다시 나타난 것은 당연하다. 한편 레닌은 잊혔다. 몇 년 전에 대대적으로 실시된 여론조사에서 스탈린은 지금까지 러시아의 지도자 중 세 번째로 위대한 사람으로 뽑혔고, 레닌은 순위에 없었다. 스탈린은 공산주의자가 아니라, 레닌이 반애국주의적인 '변절'을 한 이후 러시아의 위대함을 복구시킨 지도자라는 칭송을 받고 있다. 푸틴은 최근 우크라이나의 동남쪽을 가리켜 '새로운 러시아Novorussiya'라는 용어를 사용했다. 1917년 이후로 사용된 적이 없는 단어를 부활시킨 것이다. 레닌의 암류暗流들은 억압되었기는 했지만 스탈린에 반대하면서 암암리에 존재해왔다. 스탈린을 비판하는 공산주의자들은 분명 환상에 빠져 있지만, 크리스토퍼 히친스가 지적했듯이 솔제니친보다 훨씬 전에 "보리스 수바린, 빅터 세르게이, C. L. R. 제임스 등 좌파 반대 세력에서 소련의 강제 수용소Gulag에 대한 중요한 질문을 제기했다. 하지만 현실에서는 위험한 짓이었다. 이들은 용기 있고, 선견지명이 있는 이단자로, 역사에서 배제되었다(스스로는 그보다 더 끔찍한 대우를 받을 것이라고 예측했는데, 가끔은 실제 그런 일도 벌어진다).”[48]

공산주의 운동에는 거대한 규모의 비판이 내재되어 있다. 그래서 파시즘과는 사뭇 다르다. 히친스는 “지금은 상황이 더 좋아졌는데, 누구도 파시즘이 더 나아질 것이라고 말할 생각은 하지 않는다. 나치 중에는 반대자가 없었다. 독재자가 국가사회주의의 진정한 본질을 배신할 가능성에 대해서 목숨을 걸어야 했기 때문이다”[49]라고 적었다.

공산주의 활동의 중심에는 늘 긴장이 존재하기 때문에, 1930년대 소련에서 가장 위험한 장소는 새로운 러시아의 지도층이었다. 고작 몇 년이 흐르는 동안 중앙 위원회와 적군赤軍, Red Army 수뇌부의 구성원 중 80%가 처형을 당했다.[50] 게다가 독재의 가능성과 내전 중에 백인 반혁명 세력이 보여준 잔인함을 과소평가해서는 안 된다. 히친스는 이들이 승리했을 때를 가정해서 이렇게 설명한다.

> 파시즘을 일반적인 용어로 불렀다면 이탈리아어가 아니라 러시아어가 되었을 것이다. 백인의 이주에 의해서 〈시온장로 의정서The Protocols of the Elders of Zion〉가 서구사회에 알려졌다……. 1918년에 시베리아 침공(미국의 교과서에는 철저하게 미화된 사건이다)에서 미원정국을 지휘했던 윌리엄 그레이브 장군은 자신의 회고록에 러시아 우파의 왜곡되고 치명적인 반유대주의에 대해서 이렇게 적었다. “나는 역사가 지난 50년 동안 콜차크의 통치

하에 있던 시베리아보다 살인이 너무나 안전하게 자행되고, 처
벌의 위험도 적었던 나라를 보여준다면 믿지 않을 것이다."[51]

안드레이 크라브추크가 감독한 거대한 전기 영화인 〈제독The
Admiral〉(2008)에서 콜차크가 영광스러운 러시아의 애국자이며, 병
사로 그려진 것은 놀랄 일이 아니다. 또한 마치 이 우울한 과거에 화
답이라도 하듯이 유럽의 신新파시즘 우파(헝가리와 프랑스, 이탈리아,
세르비아) 모두가 우크라이나 사태에 대해 러시아를 지지하고, 러시
아 민주주의와 우크라이나 파시즘 사이에서 선택을 하기 위한 크림
반도의 투표와 관련해 러시아의 공식적인 입장이 거짓이라는 것을
보여준다. 우크라이나에서 계속 일어나고 있는 사건들은—야누코
비치와 그 정부를 전복시킨 거대한 시위—푸틴이 부활시킨 어두운
유산에 대한 방어로 이해해야 한다.

　이들은 우크라이나가 유럽연합에 통합되는 것보다 러시아와 좋
은 관계를 만드는 것이 우선이라는 우크라이나 정부의 결정에 의해
촉발되었다. 예측이 가능한 것처럼, 제국주의적 좌파 다수가 늘 그
렇듯이 빈곤한 우크라이나를 무시하면서 소식에 반응했다. "유럽이
하락세를 걷고 있는데, 아직도 유럽을 동경한다는 것은 얼마나 바보
같은 일인가? 유럽연합에 가입해봤자 우크라이나는 서구 유럽의 경
제적인 식민지가 되어서 곧 그리스와 같은 처지가 될 것이다"라는
판단이었다. 이들 좌파는 우크라이나가 유럽연합의 현실에 눈을 돌
린 것이 아니며, 이들의 문제와 불평등을 충분히 알고 있다는 사실
을 무시했다. 이들이 보내는 메시지는 다만 자신들의 처지가 그보다
훨씬 심각하다는 것이었다. 유럽의 문제는 여전히 부유한 사람들이

고민하는 문제다. 그리스의 상황이 심각하지만, 여전히 아프리카 피난민들은 무더기로 그리스로 이주하고 있으며, 스스로 애국자라고 해서 분노를 사기도 한다.

그럼에도 불구하고 분쟁에서 우크라이나를 지지해야 할까? 여기에서는 심지어 레닌주의의 추론도 가능하다. 레닌은《국가와 혁명 Sate and Revolution》의 유토피아를 포기하고 오랜 시간이 지난 후, 노년에 쓴 글에서 볼셰비키당이 좀 더 겸허하고 '현실적인' 프로젝트의 윤곽을 구분했어야 한다고 적었다. 경제 개발의 부진과 러시아 시민들의 문화적인 후퇴는 러시아가 '사회주의로 향하는 직접적인 길'은 없다는 뜻이었다. 소련이 힘으로 할 수 있는 것이라고는 '국가 자본주의'의 온건한 정치와 힘을 잃은 소작농들에 대한 강력한 문화적인 교육을 결합시키는 것뿐이었다.

'공산주의 홍보'의 세뇌가 아니라, 인내심을 가지고 점진적으로 개발되고 문명화된 표준을 시행하는 것이었다. 레닌은 사실과 통계 수치가 보여준다면서 "우리가 일반적인 서유럽의 시민 국가들의 표준에 도달하기 위해서는 얼마나 많은 기초 작업이 이루어져야 하는가……. 우리 스스로에게 반￢아시아적인 무지를 끌어내지 않았다는 사실을 명심해야 한다"[52]라고 적었다. 우크라이나의 시위대가 말하는 '유럽'은 일반적인 서유럽의 시민사회가 가진 표준에 도달하는 것을 의미한다는 것을 왜 보지 못하는가?

그런데 여기에서 복잡한 문제가 발생한다. 시위대가 말하는 '유럽'은 정확하게 무슨 의미인가? 이는 하나의 개념으로 정리할 수 없다. 여기에는 국수주의와 파시즘적인 요소도 포함되며, 전 세계 정치적인 상상에 대한 유럽의 특별한 공헌으로 이제는 유럽의 제도와 사람들도 어느 정도는 등을 돌려버린 에티엔 발리바르가 '평등의 자유égaliberté'라고 지칭한 것도 포함된다. 이 두 개의 축 사이에 유럽 자유민주주의 자본주의에 대한 순진한 신뢰가 있다. 유럽이 봐야 하는 것은 우크라이나의 시위가 최선이자 최악의 요소라는 사실이다. 하지만 이를 분명하게 보기 위해서는 일단 스스로의 시각에서 우크라이나를 바라봐야 한다.

우크라이나의 국수주의 우파는 현재 발칸에서부터 스칸디나비아, 미국에서부터 이스라엘, 아프리카에서부터 인도까지 여러 곳에서 벌어지고 있는 일의 예다. 새로운 암흑의 시대가 다가오고 있다. 인종 및 종교적인 열정은 폭발하고 있고, 계몽의 가치는 사라지는 중이다. 이런 열정은 늘 어둠 속에 숨어 있었지만, 지금은 부끄러운 줄도 모르고 민낯을 드러내고 있다. 2013년 중반, 크로아티아에서 두 건의 대중적인 시위가 발생했다. 현재 크로아티아는 심각한 경제 위기를 겪고 있으며, 높은 실업률과 절망이 사람들을 지배하고 있다. 노동조합은 근로자의 권리를 지지하기 위해서 집회를 벌이고, 우파 독립주의자들은 세르비아 소수 단체가 있는 곳의 공공건물에 키릴 문자 사용을 반대하는 시위를 벌였다. 노동조합은 자그레브 광장에 수백 명의 사람들을 운집시켰고, 국수주의자들은 수십만 명을 동원하는 데 성공했다. 그런데 국수주의자들의 시위는 동성결혼을 반대하는 것이었다. 이런 인종적인 회귀는 글로벌 자본주의의 폭발적인 개발과 정반대로 봐야 한다. 두 가지는 동전의 양면이다.

독일어 표현 'rückgängig machen'는 '소급해서 취소한다'는 뜻으로 마치 일어나지 않은 일처럼 만든다는 것인데, 여기에 꼭 들어맞는다. 윤리적인 요소를 자유, 평등, 민주주의 권리, 모든 구성원에게 기본적인 의료서비스와 교육을 의무적으로 제공하는 등의 현대적인 목표에 완전히 통합시킨 근대국가가 있다고 상상해보자. 그래서 인종차별 및 성차별은 수용할 수도 없고, 웃음거리가 되었다고 생각해보자. 공공연하게 성차별을 옹호한 사람은 누구나 심각한 괴짜로 받아들여지기 때문에, 인종차별에 반대하는 주장을 펼 필요도 없는 사회다. 그런데 어느 순간 조금씩, 사회는 이런 목표를 말로만 칭찬하고 실제적으로는 그 요소들을 배제하기 시작한다. 최근에 비슷한 예가 있었다. 2012년 여름에 헝가리의 우파 총리인 빅토르 오르반은 중부 유럽에 새로운 경제 시스템이 설립되어야 한다고 주장했다.

> 그리고 우리에게 도움이 필요하며, 경제를 살리기 위한 민주주의 대신에 새로운 정치 시스템을 만들 필요는 없게 해달라고 신게 바라야 한다……. 협력은 의도가 아니라 힘의 문제다. 아마도 이런 식으로는 안 되는 국가들이 있을 것이다. 예를 들어서 스칸디나비아의 국가들이 그렇다. 하지만 아시아인들의 절반 이상은 힘만 있다면 우리처럼 뭉칠 수 있다.[53]

이 말이 가져다주는 아이러니는 과거 헝가리의 반대 세력에게는 효과가 없었다는 것이다. 소련 군대가 1956년에 공산주의에 반대해서 궐기한 세력을 제압하기 위해서 부다페스트에 진입했을 때, 사면초가에 둘러싸인 헝가리의 지도자들은 서방세계에 계속해서 메시지를 보냈다. "여기에서 유럽을 지켜야 한다"는 것이었다. 물론 대상은 아시아의 공산주의자들이었다. 지금은 공산주의가 무너졌고, 기독교 및 보수적인 성격을 가진 정부가 현대의 서유럽이 주창하는 다문화의 소비주의적인 자유민주주의가 적이라고 말한다. 또한 지난 20년 동안 계속되어 온 '혼란스러운' 자유민주주의를 대체하기 위해서 새롭고 유기적인 공산주의 질서를 활용해야 한다고 외친다. 오르반은 이미 '아시아의 가치를 가진 자본주의'에 대해 공감을 표했고, 유럽의 압박이 계속되면 그는 동쪽에 "여기에서 아시아를 지켜야 한다!"고 외칠 것 같다.

현재는 이민자들에게 반대하는 포퓰리즘이 사람의 얼굴을 가진 야만 행위로 직접적인 야만 행위를 대체했다. 이는 이웃을 사랑하라는 기독교의 교리에서, 야만 질서에 대항해서 우리 부족(그리스와 로마)을 지켜야 한다는 특권주의로 회귀한 것이다. 그것이 기독교의 가치를 방어하는 망토라고 해도, 기독교 유산에 대단한 위협이 된다. 1세기 전에 G. K. 체스터턴은 종교에 대한 비판이 스스로를 공격하게 될 것이라면서 근본주의의 교착상태를 분명하게 설명했다. "교회와 싸우기 위해서 자유와 인간을 위한다면서, 자유와 인간을 내팽개치며 교회와 싸움을 시작한 사람들은…… 세속주의자들은 신성한 것을 망가뜨리지는 않지만 세속적인 것을 망가뜨렸다. 그나마 다행이다."[54]

종교를 옹호하는 것 역시 마찬가지가 아닐까? 얼마나 많은 광적인 종교의 옹호자들이 현대의 세속적인 문화를 공격하고, 결국에는 정말 의미 있는 종교적인 경험을 저버리는 결과를 낳게 될까? 비슷하게, 많은 자유주의적인 전사들은 반민주주 근본주의와 싸우는데 열을 올리느라, 테러와 싸울 수만 있다면 자유와 민주주의를 배척하는 것도 개의치 않고 있다. 만약 '테러리스트'가 다른 사람들을 사랑하기 위해서 이 세상을 공격한다고 해도, 테러를 막으려는 우리의 전사들은 이슬람을 비롯해서 다른 누군가에 대한 증오에 젖어 자신이 이룬 민주주의마저도 망가뜨릴 준비가 되었다.

그들 중 일부는 인간의 존엄성을 너무 사랑한 나머지, 이를 방어하기 위해서 고문─인간의 존엄을 궁극적으로 해체하는 행동─을 합법화하는 것도 서슴지 않는다. 최근 이민자들의 위협에 대해 유럽을 보호하려는 옹호자들이 늘어나는 것도 마찬가지 아닐까? 이들은 진짜도 아닌 가짜 기독교의 유산을 지키겠다는 열의에 빠져서, 기독교 유산의 진정한 중심을 버릴 준비가 되어 있다. 유럽에 대한 진정한 위협은 소위 유럽을 침입하고 있다고 손가락질을 당하는 이민자들이 아니라 유럽 내 반이민자 옹호자들이다.

이와 같은 후퇴의 신호 중 하나는 새로운 유럽의 우파들이 '극단적인' 우익과 좌익에 대한 좀 더 '균형이 잡힌' 시각을 요구한다는 것이다. 우리는 극단적인 좌파(공산주의)를 유럽이 2차 세계대전 이후(파시즘과 나치가 패배한 후) 극단적인 우파를 대했듯이 다루어야 한다고 반복해서 말해왔다. 하지만 이런 새로운 '균형'은 매우 불균형한 것이다. 파시즘과 공산주의를 같은 등식 위에 놓아서 은밀하게 파시즘에 특권을 준다. 그 예는 여러 주장에서 찾아볼 수 있는데, 예를 들어서 파시즘이 전부터 존재했던 공산주의를 베꼈다는 것이다. 무솔리니는 파시스트가 되기 전에 사회주의자였고, 심지어 히틀러도 마찬가지였다거나, 나치가 강제 수용소나 인종 학살을 같은 의미로 사용하게 된 것보다 10년 전에 소련에서도 사용되었다는 주장이 그 예다. 또 계급 간의 적을 학살했던 것에서 유대인 학살의 선례를 찾을 수 있다고 주장하기도 한다. 이런 주장의 중심은 온건한 파시즘은 공산주의 위협에 대한 정당한 대응이라는 것이다(오래전 에른스트 놀테는 1933년에 하이데거가 나치즘에 연루된 것을 변호하면서 이런 주장을 펼쳤다). 슬로베니아에서, 우파는 2차 세계대전 중에 소작농과 싸웠던 반공산주의 군대의 명예 회복을 주장했다. 이들은 공산주의를 절대 악으로 보고, 이들을 막기 위해서 나치와 협력하는 어려운 결정을 했다고 한다. 하지만 나치의 경우(혹은 파시즘의 경우)도 마찬가지다. 이들은 절대 악인 공산주의를 막기 위해서 해야 할 일을 했다고 한다.[55]

우리는 이런 상황에 어떻게 해야 할까? 주류 자유주의자들은 기본적인 민주주의 가치가 인종 혹은 종교 근본주의자들의 위협을 받고 있으며, 우리가 자유민주주의의 목표를 가지고 문화를 용인하기 위해서 서로 단결하고, 구할 수 있는 것을 구하고, 더욱 극단적인 사회 변혁의 꿈을 미루어야 한다고 말한다. 하지만 이는 단합을 요구하면서 치명적인 결함을 내포한다. 자유주의적인 관용과 근본주의는 서로를 만들고 부추기는 악순환이다.

그렇다면 우크라이나에서 꿈꾸는 자유민주주의 자본주의자들의 운명은 무엇일까? 우크라이나가 유럽연합에 참여하면 어떤 일이 벌어질지 아는 사람은 없다. 1장에서 인용했던 라비노비치의 농담을 떠올려보자. 우리는 비판적인 우크라이나와 유럽연합을 위해서 일하는 금융 관리자 사이에서 비슷한 대화가 오가는 것을 상상할 수 있다. 우크라이나는 이렇게 불평한다. "우크라이나가 공포에 질린 이유는 두 가지입니다. 하나는 유럽연합이 쉽게 우리를 버리고, 우리의 경제가 붕괴하도록 놔둘까 봐 걱정을 합니다." 그러면 유럽연합의 관리자는 "우리는 믿어도 돼요. 우리는 당신들을 버리지 않아요. 엄격하게 통제하고, 어떻게 해야 하는지 조언을 할 겁니다!"라고 말할 것이다. 그러면 우크라이나는 동요하지 않고, "그게 두 번째 이유입니다"라고 답한다.

따라서 문제는 우크라이나가 유럽에 가치가 있는지 혹은 유럽연합에 가입하기에 충분한지가 아니다. 반대로 오늘날의 유럽이 우크라이나가 바라는 만큼 가치가 있는지가 문제다. 만약 우크라이나가 인종 근본주의와 자유로운 자본주의의 혼합으로 귀결되고, 과두제의 집권층이 권한을 행사한다면, 지금의 러시아(혹은 헝가리)만큼 유럽화가 될 것이다. (그래서 현재의 우크라이나에서 일어나고 있는 사건의 배후를 형성하고 있는 서로 다른 집권층─'친親러시아'와 '친親서방'─간의 분쟁에 대해 모든 이야기를 들려주는 것이 중요하다.) 정치적인 평론가들은 유럽연합이 러시아와 분쟁 중인 우크라이나를 충분히 지지하지 않았다고 주장한다. 또 크림반도에서 러시아의 집권과 합병에 대한 유럽연합의 대응은 솔직하지 못했다고 한다. 하지만 유럽연합이 할 수 없거나 꺼려했던 일이 있다. 우크라이나에게 교착상태를 빠져나오기 위한 가능한 전략을 제안하는 것이다. 이를 위해서 유럽은 먼저 스스로 변화하고, 계승한 유산의 해방적인 핵심에 대한 의지를 다져야 한다.

솔직히 말해서, 만약 새롭게 부상하는 뉴 월드 오더New World Order는 절대 논의할 수 없는 운명이라면, 유럽은 이제 가망이 없다. 또 유럽을 위한 유일한 해결책은 위험을 감수하고, 이 저주를 부스는 것뿐이다. 이런 새로운 유럽에서만 우크라이나가 자리를 찾을 수 있다. 그렇다고 유럽에서 배울 것이 없다는 뜻은 아니다. 유럽에서 각종 광장의 시위를 이끌었던 꿈을 포함하는 법을 배워야 한다. 지금은 그 어느 때보다 유럽의 유산이 가지고 있는 해방적인 핵심에 대한 충성심이 필요하다. 극단적인 좌익만이 자유주의 유산을 구할 가치가 있는 것을 구할 수 있다.

그렇다면, 어떻게 해야 할까? 크로아티아에서 눈을 그리 멀리 돌릴 필요도 없다. 2014년 2월, 보스니아 연방의 도시들이 불타올랐다. 시작은 이슬람이 다수 거주하는 투즐라였다. 곧 시위는 사라예보와 제니카, 모스타르(크로아티아 인구의 상당수가 살고 있다), 반자 루카(보스니아 내 세르비아 지역의 수도) 등지로 번져나갔다. 수천 명의 분노한 시위대가 보스니아 연방의 대통령 집무실을 포함해서 정부 건물을 점거하고, 파괴하고, 불을 질렀다. 이런 사건들은 곧 음모 이론으로 이어졌다(어떤 시나리오에 따르면 세르비아 정부가 보스니아 지도부를 전복시키기 위해서 시위를 조직했다고 했다). 하지만 이런 음모론들은 쉽게 무시할 수 있었는데, '등 뒤에' 숨어 있는 것이 무엇이건 시위대의 절망은 진심이었기 때문이다.

여기에서 한 번 더 모택동이 남긴 유명한 말을 활용하고 싶다. 보스니아에 혼란이 있다면, 지금의 상황은 다행스러운 것이다! 왜냐고? 시위대의 요구는 너무 단순하게도 일자리와 최소한의 삶, 부패 방지였기 때문이다. 하지만 이들은 지난 수십 년 동안 끔찍한 인종 학살의 상징으로 수십만 명이 목숨을 잃었던 국가인 보스니아에서 사람들을 동원했다. 시위대 사진 중 하나에서, 시위대는 나란히 보스니아, 세르비아, 크로아티아 국기를 흔들면서 인종적인 차이를 무시하겠다는 의지를 나타냈다. 한마디로 우리는 국수주의 엘리트에 반대하는 저항을 보고 있었다. 보스니아 사람들은 드디어 진정한 적이 누구인지 알게 되었다. 적은 또 다른 인종 그룹이 아니라 스스로를 다른 집단으로부터 보호하는 국수주의 엘리트였다. 이것은 마치 오래전부터 몇 번이나 사용되었던 유고슬라비아의 티토주의의 표어 '형제와 단결'이 갑자기 현실적으로 느껴지는 것 같았다.

시위대의 목표 중 하나는 유럽연합의 행정부였다. 유럽연합 행정부는 보스니아 국가를 감독하면서, 3국의 평화를 적용하고, 중요한 재정적 도움을 제공하며, 국가가 기능을 하도록 도왔다. 놀라울지 모르겠지만 시위대의 목표는 표면적으로 유럽연합의 행정부가 가지고 있는 목표와 같았다. 이들의 목표는 똑같이 번영과 인종적 분쟁 및 부패를 종료하는 것이었다. 다만 유럽연합의 행정부가 인종적인 증오를 극복하고, 다양한 문화에 대한 관용을 홍보할 때, 이들이 보스니아를 통치한 방식은 이들 단체를 강화시킨 것이었다. 유럽연합은 국수주의 엘리트를 특권을 가진 파트너로 대했고, 이들 사이를 중재했다.

보스니아의 시위는 자유주의에 입각한 의제를 실시하는 것으로는 인종적인 열정을 극복하지 못한다는 사실을 확신시켜 주었다. 시위대를 하나로 묶어주는 것은 이들의 극단적인 정의 프로그램이었다. 다음의 가장 어려운 단계는 시위대를 조직해서 인종 간의 분열을 무시하고, 더 큰 시위를 일으키는 새로운 사회적 운동으로 만드는 것이었다. 사라예보에서 함께 분노하고 목소리를 높이는 보스니아와 세르비아인을 상상할 수 있을까? 시위가 점차 힘을 잃는다고 해도, 늘 희망의 불꽃은 사그라지지 않을 것이다. 마치 1차 세계대전에서 서로 간의 참호를 넘어서 동질감을 느꼈던 군사들과 유사한 것이다. 진짜 해방적인 사건은 언제나 관련이 있는 특정한 정체성을 무시한 것이었다.

최근 러시아의 푸시 라이엇 밴드가 미국 뉴욕을 방문한 것도 마찬가지다. 거대한 갈라쇼에서 푸시 라이엇은 마돈나의 소개를 받으면서 밥 겔도프와 리처드 기어를 비롯한 인권 운동으로 유명한 연예인들과 함께 나란히 서 있었다. 이들이 했어야 했던 일은 단 하나다. 에드워드 스노든과 손을 잡고 푸시 라이엇과 스노든이 전 세계적인 운동의 일부라고 주장하는 것이었다. 그런 행동이 없다면, 다양한 그룹을 하나로 묶는 것은 양립할 수 없다(이슬람과 보스니아의 세르비아 및 크로아티아, 터키의 세속주의자와 반자본주의 이슬람 등). 그렇다면 시위대의 활동은 언제나 알력 싸움에 빠져 있는 강대국에 속을 수밖에 없다.

우크라이나도 마찬가지다. 맞다. 광장의 시위는 영웅적이다. 하지만 진정한 시위는 이제 시작이다. 새로운 우크라이나를 위한 싸움은 푸틴의 개입을 반대하는 싸움이다. 새롭고 훨씬 위험한 영웅적인 행동이 필요하다.[56] 용감하게 국수주의에 맞서 권력의 도구로 사용되지 못하도록 막았던 러시아인들이 이들에게 본보기가 될 수 있다. 오늘날 필요한 것은 서로 다른 분쟁의 조건을 버리고, 우크라이나와 러시아 사이에서 유대를 강화하는 것이다. 서로 다른 점을 넘어서 동질감을 느낄 수 있는 사건을 조직하고, 진정으로 해방적인 우크라이나 정치 세력과 푸틴의 정권에 반대하는 러시아 반대 세력 사이에서 공통의 조직 네트워크를 구성해야 한다.

유토피아 속 이야기처럼 들릴지 모르지만 이런 '미친' 행동이 진정한 해방으로 이어진다. 그렇지 않으면 우리는 집권층이 조작하는 국수주의적 열정의 분쟁 속으로 빨려 들어갈 것이다. 영향력을 얻기 위해서 벌이는 지정학적 게임은 진정한 해방을 위한 정치와는 관련이 없다.

4장

교훈 _

원하는 대로
드리겠습니다!

자본주의의 최선보다
스탈린주의의 최악이 낫다

쥘리앵 그라크의 소설 《시르트의 강변The Opposing Shore》의 원래 프랑스 제목은 'Le rivage des Syrtes'이다. 이 제목은 이탈리아의 상상 속 장소인 오스나Orsenna 지역 최남단을 뜻한다. 그곳은 자동차나 전기도 없고, 베니스Venice라는 이름의 타락한 고대 도시의 지배를 받는다(실제 베니스는 아니다). 소설 속 모든 주인공은 거의 이탈리아 이름을 가지고 있다. 지난 300년 동안 오스나는 남쪽 바다 건너에 위치한 야만인들의 사막 도시인 파게스탄Farghestan과 휴전 상태를 유지했다. 해안에 중요 도시 두 곳이 위치하고 있고, 모래 언덕이 끝없이 펼쳐진 파게스탄은 리비아와 사뭇 닮아 있다. 다만 몇 가지 부분만 다를 뿐인데, 에트나Etna 산은 리비아가 아니라 이탈리아에 있고, 사그라Sagra라는 이름으로 불린다. 서트Sirt는 이탈리아로 가서 시르트가 되었다.

소설의 화자이자 주인공인 알도는 오스나의 상류층 가문의 일원이다. 오스나에 있는 시르트의 해군 기지를 감시하는 일을 맡게 된 알도는 파게스탄의 아름다움에 마음을 빼앗긴다. 그는 흑해를 가르는 금지된 선을 넘어서 적진의 도시인 라게Rhages까지 배를 타고 나간다. 그곳에서 배는 세 발의 포탄 사격을 받게 된다. 전쟁을 다시 촉발할 수도 있는 일을 저지른 알도는 모든 사람들이 비밀리에 꿈꾸던 자살

행위를 직접 하고 돌아온 것이다. 하지만 시르트에서 오스나로 돌아온 알도는 오스나의 지배계급이 파게스탄과의 전쟁을 구실로 국수적인 애국주의를 유지해왔다는 사실을 알게 된다. 오스나의 지도자 중 한 명인 다니엘로는 알도의 행위가 왜 의미가 있었는지를 설명한다.

지배를 할 때는 통제력을 잃는 것이 최악이다. 일단 그런 일이 일어났을 때, 그것이 오스나를 유지할 수 있는 유일한 방법이라는 이상한 깨달음을 얻었다. 시르트에 관한 모든 것, 모든 것을 다시 만들 수 있는 모든 것……, 이번 사건으로 오래전에 준비했던 것, 무력감과 무관심의 장벽 때문에 걱정거리가 아니던 모든 것들이 주마등처럼 되살아났다. 그것은 모든 사건을 이용한다. 행위는 이를 가속화시키기도 하고, 느리게 만들기도 한다. 마치 지붕을 타고 내려오는 것과 같다. 어떻게 네게 적용해야 할까에 관한 질문을 제기하면, 모든 것은 알아서 시작된다.[1]

(첫 문장인 '지배를 할 때는 통제력을 잃는 것이 최악이다'는 모택동이 혁명의 힘에 대해서 경고했던 내용을 반영하고 있다. 즉, '무엇보다, (국가의) 권력에 집중하고, 절대 (국가의) 권력이 손 밖으로 빠져나가지 못하도록 막아라'라는 것이다.) 하지만 오스나를 파시즘 국가로 설명한(긴급한 국가의 상황을 만들기 위해서 극단적인 위협을 불러일으키는 등) 그라크의 분명한 입장을 차치하고, 반드시 확인해야 하는 더 중요한 딜레마가 있다. 작은 만족을 느끼게 하는 조용하고 나태하지만 진짜가 아닌 삶과, 위험을 감수했는데 끔찍한 결과로 이어질 가능성이 있는 삶 중 어떤 것이 이상적일까? 이 선택이 바로 바디우가 'mieux vaut un désastre qu'un désêtre' 즉, 쾌락에 젖은 전체주의적인 세계에서 아무 일 없이 살아남는 것보다 사건의 끔찍한 결과로 얻는 재난이 더 낫다는 공식을 만든 목적이다. 좀 더 가혹한 정치 용어로 말하면, 자유 자본주의 복지국가가 최선일 때보다 스탈린주의가 최악인 경우가 더 낫다는 것이다. 왜일까?

현재의 자본주의는 인간의 문명이 가진 전체성을 규정하고, 그 구조를 만든다. 그래서 모든 '공산주의'의 영역은 과거는 물론 현재도 공포와 실패에도 불구하고 일종의 '자유로운 영역'이다. 프레드 제임슨Fred Jameson이 쿠바에 대해서 설명한 것과 마찬가지다. 우리가 직면하고 있는 것은 공간과 그곳을 채우는 긍정적인 내용 사이의 격차가 만들어내는 낡은 구조적인 개념이다. 긍정적인 내용을 생각해보면, 공산주의 체제는 거의 대부분이 끔찍한 실패로, 공포와 비참함을 만들었다. 하지만 이들은 특정한 공간을 제시했다. 이 공간은 유토피아의 예측을 제시하는 공간으로 무엇보다 '실제 존재하는 사회주의' 자체의 실패를 가늠할 수 있도록 해준다. (반공산주의 반대 세력이 생각하는 규칙은, 위협과 비참함의 연속이라고 비판하고 비난하는 공간이 실은 공산주의자들이 자본주의의 논리를 벗어나기 위해서 시도해본 돌파구라는 사실을 간과하곤 한다.)

여기에서 자유주의자들에게 너무나 충격적이었던 바디우의 'mieux vaut un désastre qu'un désêtre' 아이디어를 또 한 번 떠올릴 필요가 있다. 자유 자본주의자들의 민주주의의 최선보단 스탈린의 공포가 최악인 편이 낫다는 것이다. 물론 두 가지가 가지고 있는 긍정적인 내용을 비교하면, 복지국가가 만든 자본주의적인 민주주의는 비교할 바 없이 뛰어나다. 하지만 스탈린의 '전체주의'를 또 한

번 되살리는 것은 공식적인 부분, 그러니까 그것이 만들어내는 공간이다. 이런 유토피아적인 다른 공간의 세부적인 수준에서 '일반의' 사회적인 삶의 긍정적인 공간을 결합시킬 유토피아의 지점을 상상할 수 없는가? 중요한 정치적인 질문은 다음과 같다.

우리들의 '포스트모던' 시간에서 여전이 이런 결합을 위한 공간이 남아 있을까? 개발이 덜된 외곽 지역(도시의 빈민가)에 제한되거나, '산업시대 이후' 상황의 한가운데에서만 일어날 수 있을까? 누군가 '포스트모던'의 자본주의가 만드는 역동성이 새롭고 기괴한 단체들을 만들어서 새로운 기회를 만들 수 있다는 거대한 도박을 하지는 않을까? 그렇다면, 역사상 처음으로 대안 공산주의의 논리가 최신의 기술이 지배하는 국가에 접목될 수 있지 않을까?

하지만 그렇게 말할 수는 없을 것이다. 먼저 그라크의 예가 오해를 불러일으키지는 않을까? 쾌락을 탐닉하고 존재하지 않는 오스나의 사회는 사회의 적대감을 혼동시키는 잘못된 계급에 편향된 모습이다. 이런 혼동은 파게스탄[2]과의 전쟁과 관련된 사건 비슷한 유사 사건으로 유지된다. 여기에는 두 개가 아니라 세 가지의 조건이 필요하다. 사건(재난으로 이어질 수 있다), 유사 사건(파시즘 혹은 이 경우는 전쟁이다), 존재하지 않고 규제를 받는 인간의 삶이 만들어내는 쾌락에 젖고 활용적인 생물학적 정치다.[3] 오늘날의 어려움은 첫 번째와 두 번째를 구분하는 것이다. 이 두 가지가 많은 특징을 공유하기 때문이다. 짧게 말하면 'mieux vaut un désastre qu'un désêtre, 그렇다면 mieux vaut un pseudo-événement qu'un désêtre은?'의 공식에 동의하는 것이다. 즉, 파시스트의 '사건이' 아무런 사건이 없는 자본주의적인 생존보다 낫지 않을까?

선물의 경제로 회귀

　원칙적으로 답은 간단해 보인다. 모든 역사적인 상황은 나름의 유토피아적 시각을 담고 있고, 여기에 문제가 무엇이고, 어떻게 이상적인 표현을 할 수 있고, 무엇이 다른지에 대한 시각은 상황에서 훨씬 더 나은 결과를 이끌어낼 수 있다. 극단적인 사회 변화를 위한 열망이 발생하면, 이런 유토피아적인 시각을 실현시키려고 노력하는 것이 이론적이다. 이런 노력이 진실하게 해방적인 모든 투쟁이 가지고 있는 특징이다. 하지만 여기에서 문제가 발생한다. 왜 이를 위한 모든 노력은, 다시 말해서 잠재적인 유토피아를 역사적인 상황으로 바꾸어서 실현시키려는 노력은 재난으로 끝이 났을까?

　여기에서 우리는 마르크스의 실수를 확인해야 한다. 그는 자본주의가 어떻게 스스로를 발전시키는 생산성의 놀라운 역동성을 만들어낼 수 있는지를 알고 있었다. 어떻게 자본주의의 '모든 고체가 옅은 공기 속으로 녹아들었는지', 자본주의가 어떻게 인간의 역사 전체를 놀라운 혁명으로 바꿀 수 있는지에 대한 마르크스의 환상적인 설명을 확인할 수 있다. 또한 그는 이런 자본주의의 역동성이 자체적인 장애 혹은 적대감으로 더 큰 추진력을 얻는다고 생각했다. 자본주의의 궁극적인 한계(자본주의가 가지고 있는 자체적인 생산성의 추진력의 한계)는 자본주의 자체다. 끊임없는 자본주의적인 발전과, 물질적인 조건에 대한 혁명, 생산성의 무조건적인 순환이 만들어내는 광기의 춤인 것이다. 자본주의는 궁극적으로 스스로가 가지고 있는 모순에서 벗어나기 위해서 절박하게 앞으로 나아가기 위한 노력에 빠져 있는 것에 불과하다.

마르크스의 근본적인 실수는 이런 통찰력이 새롭고, 더 높은 사회적인 질서(공산주의)가 가능하며, 이를 통해서 단순히 유지되는 정도가 아니라 더 높고 효율적인 수준으로 개선되고, 내재적으로 생산성을 향상시킬 수 있는 잠재력을 갖는다고 결론지은 것이다. 이는 자본주의 내부에서—잠재적인 장애물(모순) 때문에—또 한 번 사회적으로 파괴적인 경제적 외침에 의해서 좌절된다.

한마디로 마르크스가 간과한 것은 데리다의 일반적인 조건을 고려하지 못한 것이다. 즉, 생산력이 충분히 발휘되는 '불가능한 조건'으로서의 내재적인 장애/적대감을 동시에 '가능한 조건'이라고 생각했기 때문이다. 만약 우리가 자본주의의 내재적인 모순인 이 장애를 없앤다면, 이런 한계에 의해서 가능해지는 생산성이 충분히 발휘되지 못한다. 자본주의에 의해 만들어지고 동시에 좌절되는 생산성을 잃게 된다. 장애물을 없앤다면, 장애물이 방해하고 있는 잠재력 역시 사라진다는 뜻이다(여기에서 마르크스에 대한 라캉의 비판을 확인할 수 있다. 그는 가치의 과잉과 즐거움의 과잉이 모호하게 겹치는 점에 대해서 반대했다).

따라서 공산주의를 비판하는 사람들이 마르크스의 공산주의가 불가능한 환상이라고 주장하는 것은 어느 정도 사실이다. 이들이 알지 못하는 것은 마르크스의 공산주의, 즉 자본의 영역을 벗어난 순수한 생산성의 사회가 가진 개념은 자본주의의 환상에 기인하며, 순수한 자본주의가 가지고 있는 위반이고, 자본주의가 만든 생산성을 유지하기 위한 이상적인 환상이라는 사실이다. 하지만 이런 '장애물'과 적대감을 없애는 것은—'실제로 존재하는 자본주의'의 우울한 경험이 보여주는 것처럼—스스로 생산성을 영구적으로 개선할 수 있는 사회의 효과적인 존재를 위한 가능한 기틀이다. 혁명이 반복되는 것은 이 때문이다. 끔찍한 경험은 혁명의 주체가 첫 번째 시도의 운명적인 한계를 깨닫기 때문에 가능하다. 마르크스는(특히 그가 청년기에 쓴 글은) '하기는커녕'이라는 설명을 통해서 치명적인 한계를 가지고 있는 환상에 기반을 둔 기초 공식을 제공한다. 그 잠재적인 뜻(가끔은 분명하게 드러난다)은 '하기는커녕'이라는 말로 시작되며(반론의 여지가 있지만 대상의 '일반적인' 상태를 대변한다), '일반적인' 상태의 고립된 변형을 설명하는 것으로 이어진다. 다음은 1844년에 쓴 《경제학-철학 수고Economic and Philosophic Manuscripts》에 수록된 긴 문장이다.

> 노동의 실현은 깨달음을 잃는 것과 마찬가지다. 노동자는 배고파서 죽는다는 순간에 대한 깨달음을 잃는 것이다.
> 점차 소원해지는 물건의 전용專用도 마찬가지다. 노동자가 물건을 생산할수록 그는 더 적게 소유하고, 생산의 힘을 지닌 자본으로부터 멀어진다.
> 이 모든 결과는 노동자가 '노동의 상품'과 관련해서 고립된 대상이 된다는 말에 함축된다. 이런 전제에 따라 노동자는 스스로를 사용할수록 물건으로 고립된 세상은 더욱 강해진다. 그 속에서 노동자는 자신의 힘을 넘어서 또한 자신을 해치면서 생산을 계속한다. 그가 빈곤해질수록—그의 내부 세상에서—그는 더

적게 소유하게 된다. 이것은 마치 종교와 같다. 신에게 줄수록 자신이 가지고 있는 것은 적어진다. 노동자는 더 많이 만들수록 더 적게 소유하게 된다. 따라서 활동이 늘수록 부족함을 겪는 노동자가 늘어난다. 노동으로 무엇을 생산하든지, 자신을 생산하지는 않는다. 그러므로 생산이 늘수록 노동자 자체는 감소된다.

(경제의 법칙에 따라서 노동자와 물건의 분리는 다음과 같이 설명할 수 있다. 노동자가 가치를 생산할수록 가치는 더 줄어든다. 노동자의 가치가 사라질수록 그가 생산하는 상품의 가치는 증가한다. 노동자가 형태를 잃어갈수록 물건은 더욱 개선된다. 노동자가 야만적이 될수록 노동은 강력해진다. 노동자가 힘이 없을수록 노동은 순수해지고, 노동자의 순수함이 부족해지면 그는 자연의 노예가 된다.)

따라서 결과적으로 사람은(노동자는) 자유롭게 동물적인 기능을 하게 된다. 먹고, 마시고, 아이를 생산하고, 집에 거주하고, 옷을 입게 되는 식이다. 인간의 기능을 하면서 더 이상 인간이 아니라 동물처럼 느끼게 된다. 동물은 인간이 되고, 인간은 동물이 된다.[4]

'하기는커녕'의 공식을 사용해서 다시 설명하면 더 쉽다. 노동자가 깨닫기는커녕, 노동은 그가 깨닫지 못하는 것으로 나타난다. 보여주기는커녕, 노동을 통한 물건의 전용轉用은 점점 보이지 않게 된다. 노동자는 생산할수록 더 많이 소유하기는커녕, 더 적게 소유한다. 노동자는 발전된 물건을 생산할수록 발전하지 못하게 되며, 더욱 야만적이 된다. 순수하게 '정상'적인 상태를 완벽하게 실행하려는 열망은 실패로 끝날 수밖에 없다. 이런 실패가 가져온 형태 중 하나는 공산주의적인 이상의 예측하지 못한 관행적 해석이었고, 그 결과는 악몽과 같았다.

1950년 말에 있었던 중국의 대약진 정책 중에, 중국 공산당은 사회주의를 우회해서 곧바로 공산주의를 받아들여야 한다고 생각했다. 이들은 마르크스의 유명한 공산주의 공식이 '각자가 스스로의 능력과 요구에 따라서 행동하는 것!'이라고 설명했다. 문제는 이런 해석이 농업문화에 입각한 삶을 군사화시키기 위한 정당성을 얻기 위해서 사용되었다는 것이다. 명령을 내리는 공산당 간부는 농부가 각자의 능력을 잘 알고 있다는 사실을 알고 있었다. 그래서 각자의 능력에 맞는 역할을 구체적으로 지시할 수 있었다.

또한 농부는 각자 생존에 필요한 것이 무엇인지 알고 있고, 그에 따라서 생활을 유지할 수 있도록 식량과 필요한 것을 배분한다는 것도 알고 있었다. 이렇게 군사화를 위해서 극도의 빈곤을 추구하는 조건이 공산주의를 실현하는 조건이 되었다. 물론 이것으로 고귀한 이념을 잘못 이해했다고 주장하기에는 충분치 못하다. 따라서 공산주의 속에서 가능성으로 잠자고 있다고 봐야 할 것이다.

그렇다면 이 덫에서 빠져나오려면 어떻게 해야 할까? 특히 시대의 중요한 흐름을 실제화시키고, 꿈을 실현하게 해줄 거대한 변화를 포기해야 한다면 어떻게 해야 할까? 한 가지 가능한 방법은 가라타니 고진의 제안이다. 고진의 기본적인 전제는 교환의 방식(마르크스가 생산의 방식을 이용한 것과 다르다)을 인간의 역사를 분석하는 도구로 이용하는 것이다.[5] (A) 선물 교환이다. 선물 교환은 국가 이전의 사회에서 압도적으로 사용되었다(부족들은 서로 선물을 교환했다). (B) 우세와 보호다. 노예와 봉건사회에서 많이 사용되었다(여기에서는 직접적인 우세를 기반으로 착취가 자행되었다. 또 우세한 계급이 반대 계급을 위험에서 보호하는 등의 교환이 이루어졌다). (C) 물건의 교환이다. 자본주의에서 가장 많이 이루어진다(개인의 자유로운 교환은 제품뿐만 아니라 노동력도 마찬가지다). (X) 향후에 이루어질 미래의 상황으로, 더 높은 수준의 선물 교환 상태다. 칸트의 통제에 관한 아이디어인데, 인간의 역사에서 확인되는 다양한 겉모습을 수용한 관점이다. 여기에는 집단의 결속과 연관이 있는 평등하고 종교적인 집단에서부터 무정부적인 협력자까지, 그리고 공산주의 프로젝트까지 모두 고려되었다.

고진은 여기에서 두 가지를 더 추가했다. (1) 중요한 분열이다. '정적인' 혁명이라고 불리는 것으로, 국가가 생기기 전의 초기 사회에서 발생했다. 유목민으로 사냥을 하면서 살아가던 집단이 완전히 정착해서 부족을 이루는 과정에서 발생한다. 이때의 교환은 '순수한' 선물이 좀 더 복잡한 형태의 선물 및 선물을 받은 대가로 지급하는 선물로 발전된다. 이런 특징은 X로의 발전이 사회적 경험이 고차원의 유목민적인 형태로 발전되면서 이루어지기 때문에 중요하다.

(2) A에서 B로의 변화 등이다. 이전의 단계는 사라지지 않고, 대신 '억압'되기는 하지만, 새로운 형태로 나타난다. A가 B로 변하면서, 선물 교환은 종교적인 화해 및 서로 간의 단결의 정신으로서 살아남는다. B에서 C로 변화할 때는, A는 국가 및 국가의 집단으로 살아남고, B(우세)는 국가권력의 형태로 생존한다. 이런 이유로 고진이 생각하는 자본주의는 B의 '순수한' 영역이 아니다. 반대로 나라Nation와 국가State, 자본Capital으로 이어지는 3인조(더 정확하게는 이탈리아 귀족이 사용하던 매듭과 비슷하다)다. 나라는 서로 간의 단결 형태

이며, 국가는 직접적인 우세를 과시하는 형태이며, 자본은 경제적인 교환의 형태다. 자본주의 사회의 재생산을 위해서는 이 세 가지가 모두 필요하다.

'억압된 것의 귀환'의 대표적인 사례는 기독교 사회(예를 들면 브라질의 카누도스Canudos)와 이슬람(예를 들어서 알라무트Alamut)에서 확인되는 극단적이면서 세기말적인 종교 집단이다. 종교가 이념적인 제도로 형성된 직후부터 너무 지나친 행동으로 이어지지 않도록 싸워왔던 것은 놀라운 일이 아니다. 기독교 교회는 국가의 정교로 정해진 4세기부터 문제가 있었다. 부유한 왕들이 가난한 소작농을 지배하는 와중에 찬송가 속에서는 신자들이 평등하게 모두 가난하게 묘사되고 있는데, 어떻게 봉건사회와 타협할 수 있을까?

토마스 아퀴나스가 생각해낸 해결책은 원칙적으로 번영을 공유하는 사람들이 더 나은 인간이라는 것이었다. 따라서 대부분은 죄와 개인적인 빈곤 속에서 살아야 하며, 부의 차이는 자연스러운 것이고, 사유재산의 폐지를 요구하거나, 타락한 사회 속에서 평등을 주장해서는 안 된다. 말하자면 완벽한 사람에게 맞는 요구를 불완전한 사람이 해서는 안 된다는 것이다. 이는 교회의 정체성의 핵심에 존재하는 모순으로, 오늘날 기득권을 얻은 교회를 교회에 반대하는 세력으로 만들어버린다. 진정한 종교적 경험의 핵심에 존재하는 체제 전복적인 핵심은 마르크스가 주장한 종교적 결속이 실제적인 분열을 포장하는 환상에 가깝다는 개념이 아니라, 그보다 더 강한 것을 가리킨다. 즉, 단합된 관계의 실질적인 사회적 삶은 새로운 형태의 근본을 가리킨다. 어쩌면 하이데거가 말한 "신만이 우리를 구원할 수 있다"는 아이디어를 되살려야 할지도 모른다.

물론 어딘가에 존재하는 신은 개입을 해야 하는 것이 아니라, 적절한 종교적인 포용을 발휘해야 한다. "엿 같은 일은 일어나게 마련이다"라는 말처럼 '신적인 일이 일어나기'를 바란다. 어쩌면 우리는 냉전시대에 생존을 도왔던 MAD(Mutually Assured Destruction, 상호확증 파괴)를 부활시켜야 할지도 모른다. 이제는 특별히 예측 못했던 상황을 제외하고 세계적인 전쟁이 발생할 확률이 없다는 것은 맞지 않다. 더 정확하게 말하면, 우리를 구원할 예측하지 못한 기적이 일어나지 않는다면 계속해서 재난 속에서 살게 된다는 말이 더 맞다. 종교를 두고 뛰어난 비판을 제기했던 니체는 이런 기적의 아이디어를 말하지 않았던가? 대체로, 니체가 말한 전쟁과 가혹한 투쟁의 위대함은 소위 말하는 '평화주의자'의 끊임없는 말 속에 묻혀버린다. 그중 가장 유명한 것은 진정한 정치적 행동을 요구한다면서 일괄적으로 '칼을 파괴하는 것'인데, 그런 것이 정말 가능한지 모르겠다.

가장 위대한 날은 전쟁과 승리, 군사적인 명령과 지식의 뛰어난 발전에 의해서 구분되고, 이들을 위한 상당한 희생을 감수하는 것에 익숙해진 사람들이 스스로의 의지를 외치면서 '우리는 칼을 파괴한다'고 외치고, 영원한 마음의 평화를 얻는 때일 것이다. 반면에 모든 국가에서 존재하고 있는 이른바 무장평화라는 것에는 평화로운 마음이 없다. 이때 사람들은 자신도, 이웃도 믿지 않으며, 절반쯤은 공포에 사로잡혀서 무기를 내려놓지 못한다. 증오와 공포를 버려야 한다. 또 한 번 증오와 공포를 버려야한다. 이것이 언젠가는 모든 연방의 국가를 위한 최고의 격언이될 것이다.[6]

이런 생각은 1883년 니체의 메모에서 절정에 달한다. "제압하기 위해서? 남들에게 내 종류를 강요하기 위해서? 끔찍하다! 내 행운은 다른 많은 이들을 생각하는 것에 있지 않았던가?"[7] 우리는 이 부분에서 비슷한 선물을 여러 가지 생각해봐야 한다. 만약 브라질이 인간에게 주어진 선물인 아마존 우림의 고갈을 중단시키고, 마이크로소프트가 소프트웨어에 대한 지식재산권을 버린다면 어떨까? 그외에도 비슷한 예는 많다. 이런 선물은 개발이 덜된 국가의 빈곤층을 위한 '원조' 혹은 재분배의 정의 회복을 위한 것으로 생각해서는 안 된다.

원조는 선진국에 축적된 자본을 더 늘리기 위한 행동이다. 이런 점에서 원조는 이들 국가에서 실시되는 사회 및 복지 정책을 닮아 있다. 두 가지 경우에서, 재분배는 단순히 또 다른 자본주의 축적을 위한 과정과 연결된다. 불평등을 없애기는커녕, 재분배의 정의가 오히려 불평등을 배가시킨다.[8]

하지만 이런 선물 사회에 대한 시각은 실제 현실에서 성공 가능성이 없는 유토피아는 아닐까? 이 지점에서, 이야기는 더욱 모호해지고, 개방적이 된다. 우리 사회에 새로운 선물 경제가 만들어질 가능성이 크다는 사실을 보여주는 신호다.[9] 예를 들어서 페터 슬로터다이크가 '선물의 윤리'[10]를 단순히 자기중심적이고 적극적인 시장교환 이상으로 주장하려는 시도는('복지국가의 이율배반'이라고 불리는 것에 대한 해결책) 우리를 예상치 못한 공산주의적인 시각으로 가깝게 이끌어낸다. 슬로터다이크는 변증법의 기초적인 교훈을 따르고 있다. 가끔은 옛것을 유지하는 것과 새로운 변화 사이의 반대가 전체 영역을 덮어버린다. 오래된 것을 지킬 수 있는 유일한 방법은 극단적인 개입과 변화일 때도 있다.

만약 오늘날 누군가 복지국가의 핵심을 구하고 싶다면, 21세기의 사회민주주의에 대한 향수를 버려야 한다. 슬로터다이크가 제안하는 것은 새로운 문화의 혁신이다. 즉, 착취를 당하고 있는 생산적인 계층은 노동계급이 아니라 중산층이라는 통찰력을 기반으로 극단적인 정신 및 사회적인 변화를 요구한다. 중산층은 높은 세금 부담을 통해서 다수의 교육, 보건 및 여타를 책임지는 진정한 '기부자'들이다. 이런 변화를 달성하기 위해서는 국가통제주의를 벗어나야 한다. 이는 민주주의 사회에서 살아남은 절대론적인 잉여물이다. 이 이념은 전통적인 좌파들 사이에서도 놀랄 만큼 강력하며, 국가가 시민들에게 세금을 부과하고, 이들의 생산품 중 일부를 결정하고 가져갈 수 있는(필요할 경우 법적인 강제력을 이용한다) 확실한 권한이 있다고 한다.

시민이 국가에 수익의 일부를 주는 것이 아니라, 마치 국가에 빚을 진 것과 같은 대우를 받는다. 이런 태도는 다른 경우에는 결속을 주장하는 좌파 사이에서 가장 강력하게 나타나는 염세적인 전제에 의해서 유지된다. 사람들은 모두 이기적이기 때문에 복지를 위해서 무언가를 내놓도록 강요되어야 하고, 강제적인 법적 도구를 가지고 있는 국가만이 필요한 결속과 재분배를 보장하는 일을 할 수 있다는 것이다.

슬로터다이크는 또 누구나 사회에 대한 부채를 지불하기를 거부하는 의혹이 있는 단체가 아니라, 확실하게 공헌이 확인되는 진정한 기부 단체로서 부를 생산하는 사람들을 대접하는 법을 배워야 한다고 말한다. 그래야만 자신의 관대함을 자랑스러워할 수 있기 때문이다. 첫 번째 단계는 프롤레타리아에서 자발적인 기부자로 변화하는 것이다. 부자에게 과도한 세금을 매기는 대신에 공공의 부를 위해서 자신이 가지고 있는 재산의 일부를 자발적으로 제공하는 사람에게 (법적인) 권리를 허용해야 한다. 물론 처음부터 과도하게 낮은 세금을 부과하는 것이 아니라, 적어도 약간의 영역을 개방해야 한다. 그래서 자신이 얼마나 무엇을 기부할지에 대해 스스로 결정할 수 있는 자유를 줘야 한다.

이런 시작은 대단하지는 않지만 점차적으로 사회의 기반이 되는 윤리 전체를 변화시킬 것이다. 그렇다면, 어쨌거나 의무인 사항에 대해서 자유롭게 선택을 한다는 오랜 모순에 빠지는 것은 아닐까? 말하자면 '무언가를 이루어낸 사람'의 '자발적인' 선택에 주어지는 선택의 자유는 강요된 선택에 의한 잘못된 선택은 아닐까? 사회가 정상적으로 작동한다면, '성과를 이룬 사람'은 (기부에 관한) 올바른 선택을 내려야만 (사회 혹은 다른 대상에 기부를 하는) 선택의 자유를 얻게 되는 것은 아닐까?

이 아이디어와 관련해서 다양한 문제가 존재하지만, 슬로터다이크에게 가장 먼저 물어봐야 하는 기본적인 질문은 "왜 자본주의의 제약 속에서만 관대함을 주장하는가?" 하는 문제다. 자본주의는 소유적인 경쟁의 오랜 형태가 아닌가? 이런 제약 속에서, 모든 관대함은 잔인한 소유욕에 대한 반대에 불과하게 된다. 즉, 하이드와 같은 자본주의자에 대한 자애로운 지킬과 같은 존재다. 여기에서 슬로터다이크가 언급한 첫 번째 관대함의 모델로, 강철 같은 사람이지만 황금 같은 마음을 가졌다고 하는 카네기를 떠올려보자. 그는 핑커턴 Pinkerton 탐정과 사설 경비를 이용해서 근로자들의 저항을 봉쇄했고, 그 다음에야 (부분적으로) (만든 것이 아니라) 가지고 있는 것을 기부해서 관대함을 보여주었다. 심지어 빌 게이츠의 경우도 그렇다. 그가 경쟁사를 무너뜨리고 독점적인 지위를 얻기 위해서 사용한 잔인한 전술을 어찌 잊을 수 있는가(이런 전술 때문에 미국 당국은 마이크로소프트를 대상으로 몇 건의 법정 소송을 제기했다)? 여기에서 물어봐야 하는 중요한 질문은 자본주의 기틀 밖에서 관대함을 보여줄 여지는 없느냐는 것이다. 모두 하나같이 감상적인 도덕주의자 이념의 결과여야만 할까?

슬로터다이크의 주장에 대한 '현실적' 반대라고 할 수 있는 토마 피케티의 《21세기 자본Capitalism in the Twenty-First Century》[11]에서 가능한 변화에 대한 상상이 만드는 덫을 확실하게 확인할 수 있다. 이 책은 소득과 부의 집중에 있어서 역사적인 변화에 대해 10년 이상을 연구한 결과물이다. 18세기와 19세기의 서유럽 사회는 불평등이 상당했다. 개인의 부가 국가의 소득보다 많았고, 엄격한 계급 구조의 상위 계층이 부를 독점했다. 심지어 산업화가 천천히 근로자의 임금을 인상하는 와중에도 이런 상황은 지속되었다.

이런 심각한 불평등은 1930년과 1975년 사이에 일어난 여러 가지 특별한 상황 때문에 조금씩 해결되었다. 2차 세계대전과 대공황, 공산주의국가의 성장으로 선진국 자본주의국가의 정부는 소득 재분배를 위한 방법을 사용하게 되었다. (이 사실의 괴상한 점을 주목해야 한다. 평등과 보편적인 복지는 전쟁과 위기가 가져온 상상을 불허할 정도의 끔찍함이 원인이었다.) 1975년부터, 특히 공산주의의 붕괴 이후에 불평등은 다시 시작되었다. 만약 글로벌 자본주의 체계가 내재적인 논리를 따른다면, 피케티는 낮은 경제성장을 예측하고, 기술의 발전이 20세기의 성장 수준을 되돌릴 것이라는 아이디어를 일축할 것이다. 강력한 정치적 개입만이 폭발적인 불평등을 막을 수 있다.

피케티는 최고 80퍼센트의 누진세와 함께 부자들에게 연 최대 2퍼센트의 재산세를 전 세계적으로 부과해야 한다고 제안했다. 그런데 여기에서 분명한 의문점이 하나 생긴다. 자본주의의 내재적인 논리가 불평등을 늘리고 민주주의를 약화시킨다면, 왜 우리는 자본주의를 극복하는 목표를 삼아야 할까? 피케티가 지적한 문제는 자본주의에 대한 20세기의 대안이 효과가 없다는 분명한 사실이었다. 그가 말한 내용은 자본주의가 지엽적으로 수용되어야 한다는 것이다. 가능한 해결책은 적절한 곳에 자본주의를 적용하고, 평등의 정의를 정치적으로 집행하는 것이었다. 또, 경제체제를 통제하고, 재분배를 시행하는 자본주의 권력에 의해서만 가능한 일이라고 했다. 피케티를 과소평가해서는 안 된다. 그의 제안에 포함된 프랑스의 전형적인 순진함(그는 알고 있다)은 상황의 심각성을 가리는 전략의 일부다. 피케티 제안의 문제점은 불가능하다는 것이다…….

피케티의 해결책은 슬로터다이크와 정반대이지만, 이들은 한 가지 전제를 공유한다. 자본주의의 체계가 부를 생산하는 가장 효과적인 방법이기 때문에 반드시 지켜야 하며, 불평등은 혜택을 받지 못한 사람들에 대한 부의 재분배로 교정되어야 한다는 것이다. 자본주의의 생산 방법을 변화시키는 대신에, 부의 재분배에 스스로를 제한한다. 두 사람의 차이점은 성취 방법에 있다. 피케티는 높은 세금으로 직접적이고 거대한 국가의 규제를 요구하고, 슬로터다이크는 부의 자발적인 기부를 믿는다. 두 가지 해결책은 이런 이유로 각자의 유토피아를 그리고 있을 뿐이다. 피케티는 그가 제안한 모델이 국가의 한계를 뛰어넘어서 세계적으로 적용되어야 효과가 있다는 것을 알고 있다(그렇지 않으면 자본은 세율이 낮은 국가로 이동할 것이다).

그의 세계적인 방법은 이미 존재하는 세계적인 힘이 이를 시행할 수 있는 힘과 권한을 가져야 한다는 제안이다. 하지만 오늘날의 국제적인 자본주의와 정치적인 역학의 한계 속에서 이런 세계적인 힘은 상상할 수 없다. 한마디로 이런 힘이 존재한다면, 기본적인 문제는 이미 해결되었을 것이다. 따라서 이 국제적인 권력의 개념에 대한 반복은 프로이트가 정신분석에 대해서 말했던 것과 같다. 정신분석의 조건이 모두 충족되는 상황에서, 정신분석은 더 이상 필요가 없다는 것이다.

이 시점에서 자본주의 체계를 서로 연관된 고리의 전체성으로 분석해야 한다. 또한 방법을 생각할 때, 언제나 추정과 영향에 집중해야 한다. 어떤 조건 하에서 피케티가 제안한 방법을 상상할 수 있을까? 피케티가 제안한 높은 세율을 전 세계적으로 적용하기 위해서는 어떤 방법이 추가적으로 사용되어야 할까? 물론 이런 악순환을 벗어나는 유일한 방법은 어려운 매듭을 풀고 행동하는 것이다. 그런데 행동을 위한 완벽한 조건은 없다. 그렇다 보니 모든 행동은 시기상조가 된다. 누군가 확실한 개입을 시작해야 하지만, 행동의 결과가 가져올 합병증을 고려해야 한다.

다시 말해서, 진정한 유토피아는 우리가 알고 있는 지금의 자본주의가 그대로 기능을 하고, 여기에 피케티의 높은 세율이 적용되는 것이다. 그때는 아마도 슬로터다이크의 주장이 일리가 있을 것 같다. 우리는 좀 더 극단적인 변화를 상상해야 하고, 선물 경제로 회귀해야 한다. 흔히 공산주의 시각이 위험할 정도로 인간의 이상적인 모습에 기반을 두고 있으며, 인간의 본성(이기주의 등)과는 전혀 다른 '자연의 여신' 같은 존재로 생각한다고 한다. 하지만 다니엘 핑크는 자신의 저서 《드라이브Drive》[12]에서 외부의 인센티브(금전적인 보상)가 적어도 가끔은 역효과의 가능성이 있다고 제시한다.

최적의 성과는 사람들이 자신의 일에서 근본적인 의미를 찾을 때다. 인센티브는 지루한 일로 성과를 이끌어낼 때는 효과가 있다. 하지만 지적인 능력이 요구되는 일의 경우 개인과 조직의 성공은 민첩성과 혁신에 의존하기 때문에 사람들이 일에서 가치를 얻어내야 할 필요성이 더욱 커진다. 핑크는 이런 내재적인 혁신의 요소를 다음 세 가지로 꼽았다. 자율성, 어떤 일을 어떻게 완료할지에 관한 선택의 능력, 세계를 개선시키겠다는 목적, 이 세 가지가 그것이다. 다음은 핑크가 MIT에서 실행한 연구의 보고서 내용이다.

연구진은 학생 전체를 대상으로 도전 과제를 제공했다. 연속된 숫자 외우기, 낱말 퍼즐 풀기, 또 다른 공간 퍼즐 풀기, 심지어 공을 고리 안에 넣는 신체적인 일도 있었다. 성과에 대한 인센티브로 세 가지의 금전적인 보상이 주어졌다. 중간 정도 하면 중간의 보상을 얻었다. 잘하면, 즉 최고의 성과를 내면 많은 현금을 받았다. 결과는 다음과 같다. 기계적인 기술과 관계된 일의 경우, 보너스는 예상을 적중했다. 돈을 더 많이 받을수록, 성과도 좋았다. 하지만 가장 기본적인 인지능력의 기술을 넘어서면, 보상이 커도 성과는 낮아졌다. 왜 이런 일이 가능할까? 이 결과는 우리가 경제학에서 배웠던 보상이 크면 성과도 크다는 내용과 상당히 모순되어 보인다.

가장 기본적인 인지능력의 기술을 넘어서면 보상의 효과가 사라진다는 것은, 막연하지만 좌파와 사회주의자들의 주장과 비슷하지 않은가? 혹시 괴상한 사회주의적인 음모론이지는 않을까? 음모는 아닌지 의심하는 사람들을 위해서 이번 연구에 자금을 지원한 좌파 사회주의 단체는 다름 아닌 미국 연방준비제도위원회Federal Reserve Bank임을 밝힌다. 어쩌면 MIT 학생들의 동기를 부여하기 위해서 50달러에서 60달러의 인센티브는 부족한지도 모른다. 그래서 우리 연구진은 50달러 내지 60달러의 돈이 상당한 돈으로 인식되는 인도의 농촌 지역인 마두라이로 갔다. 인도에서 우리는 똑같은 실험을 진행했다. 그 결과 중간 정도의 인센티브를 지급해도, 최소의 인센티브를 지급했을 때와 별반 다르지 않은 결과를 얻었다. 게다가 최고의 인센티브를 받은 사람들은 최악의 성과를 나타냈다. 즉, 인센티브가 높을수록 성과는 낮았다. 이 실험은 심리학자와 사회학자, 경제학자에 의해서 몇 번이나 반복되었다. 그 결과 간단하고 단도직입적인 일들은 인센티브가 효과가 있었지만, 개념적이거나 창의적인 사고가 요구되는 일은 인센티브가 효과를 발휘하지 못했다.

가장 최선의 인센티브는 돈이 문제가 되지 않을 만큼을 주는 것이었다. 충분히 돈을 주었을 경우, 사람들은 돈이 아니라 일에 집중하게 된다. 기술 정도가 높으면서 무료로 일주일에 20시간, 심지어 30시간을 기꺼이 일하는 사람들이 상당수다. 이들은 무언가를 판매하는 것이 아니라 창조하고 기부한다. 이 사람들은 왜 기술적으로 상당한 숙련도를 가지고 있으면서, 직업과 비슷하거나 그보다 더 기술적인 숙련도를 요구하는 일을, 직장이 아니라 누군가 다른 사람들을 위해서 무료로 해주는 것일까? 이상한 경제활동이다.[13]

이 이상한 경제활동은 마르크스의 유명한 표어인 '각자가 스스로의 능력과 요구에 따라서 행동하는 것!'을 따르는 행동이다. 이는 진정한 유토피아의 측면을 가진 '선물의 윤리'인 것이다. 고진은 선물 경제로의 변화가 세계적인 수준에서만 가능하다고 강조했다. 그는 칸트를 인용했는데, 칸트는 영원한 평화에 관한 에세이에서 전 세계의 국가가 연합해야 한다는 의견을 피력했다. "국가연합을 새로운 세계의 체계로 만들 수 있는 원칙은 상호적인 선물이다."[14] 말도 안되는 소리이며, 유토피아의 환상이라고 일축하기 전에, 오늘 우리가 직면한 국제적인 문제를 생각해보자. 생태학과 지식재산권, 복지국가 등 세계적인 문제는 모두 국제적 개입을 요구하고 있다. 생태적인 위협은 대처 방법을 전 세계적으로 협력해야 막을 수 있다(그래도 막지 못할지도 모른다). '지식재산권'은 통제되지 않은 데이터의 순환 때문에 더욱 약화되고 있으며, 복지국가는 빈곤 국가의 저렴한 노동력으로 인한 경쟁에 의해서 위협을 받는 식이다.

전 세계 협력의 부족은 분명하게 확인된다. 문제는 현재 세계의 중심이 여러 곳으로 분산되고 있기 때문에 이런 다양한 중심들 사이의 관계를 통제할 수 있는 규칙을 찾는 것이다.[15] 사회를 아는 것은 명확한 규칙을 아는 것이 전부가 아니다. 규칙을 적용하는 방법도 알아야 한다. 언제 적용할지 여부를 알고, 언제는 규칙을 어겨야 하며, 언제는 제안된 선택을 사용하지 않아야 하는지, 언제는 무언가에 대한 책임을 인식해야 하며, 언제는 자유로운 선택에 의해서 이루어지는 척해야 하는지 아는 것이다. 제안은 거부되기 위한 것이라는 모순을 떠올려보자.

제안을 거부하는 것은 습관이다. 또 제안을 받아들이는 사람은 누구든지 실수를 하는 것이다. 부유한 삼촌의 초청을 받으면, 양쪽 모두 삼촌이 돈을 낸다는 것을 알고 있다. 하지만 그렇더라도 나 역시 약간의 돈을 내겠다고 우기게 된다. 삼촌이 "그래, 네가 내!"라고 하면 얼마나 놀라울지를 상상해보자.

소련이 러시아로 바뀐 후 혼란스러웠던 옐친 정권 하에서의 문제는 바로 이것이었다. 법은 분명하지만(소련에서의 법과 거의 동일했다), 그 전까지 전체 사회를 떠받치던 암묵적이면서 문서화되어 있지 않은 법의 복잡한 네트워크가 해체되었던 것이다. 예를 들어서 소련에서는 더 나은 병원 치료나 새로운 아파트를 원할 때, 당국에 불만을 제기하고 싶을 때, 법원에서 소환을 당했을 때, 아이를 최고의 학교에 입학시키고 싶을 때, 공장의 담당자가 원자재가 필요하지만 정부의 계약에 따르면 제 시간에 얻을 수 없을 때 등등 각종 문제가 있을 때, 무엇을 해야 하고, 누구에게 따져야 하고, 누구에게 뇌물을 줘야 하고, 무엇을 할 수 있고, 무엇을 할 수 없는지, 누구나 알고 있었다. 하지만 소련이 무너진 후, 일반 시민들의 일상에서 가장 짜증나는 일은 이런 암묵적인 규칙들이 모두 모호해진 것이었다.

이제는 무엇을 해야 하고, 어떻게 반응해야 하고, 어떻게 명백한 법과 연결해야 하는지 알 수 없었다. '무엇을 무시해야 할까?', '언제 뇌물이 통할까?' 하는 등의 문제였다. (조직범죄의 기능 중 하나는 일종의 법적 대용물을 제공하는 것이었다. 작은 기업을 운영하거나 고객이 돈을 지불하지 않으면, 문제를 해결해주는 마피아에게 도움을 청했다. 국가의 법체계가 비효율적이었기 때문이다.) 푸틴의 정권이 유지되는 이유는 새로운 암묵적인 규칙을 투명하게 정립한 덕분이다. 이제 사람들은 다시 복잡한 사회적 작용의 거미줄 속에서 어떻게 행동하고 반응해야 하는지 알게 되었다.

국제정치에서 우리는 아직 이런 무대에 도착하지 못했다. 1990년대에는 서구 열강과 러시아 사이의 관계를 조율하는 암묵적인 협약이 있었다. 서방세계의 국가들은 러시아가 강대국처럼 행동하지 않는다는 조건 하에서 러시아를 강대국으로 대한다는 것이었다. 물론 여기에 문제는 있다. 제안을 거절해야 하는 상대가 실제 제안을 받아들인다면 어떻게 할까? 만약 러시아가 정말 강대국으로 행동한다면 어떻게 될까? 이런 상황은 당연히 재난이다. 현재 존재하는 관계의 전체 구조를 찢어버릴 위협이 되기 때문이다. 실제 몇 년 전에 조지아에서 비슷한 일이 발생했다. 강대국처럼 행동하는 데 신물이 난 러시아가 실제 행동에 나선 것이다. 어떻게 이런 일이 생긴 걸까?

'미국의 세기'는 끝이 났고, 우리는 전 세계 자본주의가 다양한 중심으로 분산되는 시기에 돌입했다. 미국과 유럽, 중국, 그리고 라틴 아메리카까지 여러 곳으로 중심이 분산되고 있다. 이들 각자는 약간씩 다른 자본주의를 대표한다. 미국은 신자유주의 자본주의를 대표하고, 유럽은 복지국가로 남아 있으며, 중국은 '동양의 가치'를 가진 독재 자본주의이고, 라틴 아메리카는 포퓰리즘 자본주의다. 미국이 강대국(세계의 경찰)의 지위를 가지려다가 실패한 후, 이제는 서로의 이해관계가 상충할 때를 대비해서 이들 지역적인 중심들 사이에서의 상호 관계를 조율하는 규칙이 필요하다.

미국과 이스라엘은 자주권에 집착하는 대표적인 국가이면서 동맹국인 이유가 바로 이 때문이다. 반대로 유럽연합은 어느 정도 혼란스러운 수준에서 적으로 인식되는 이유도 이 때문이다. 이런 시각은 공개적인 정치적 토론에서 통제되고 있지만, 보이지 않는 곳에서 선정적이고 이중적인 극단주의 우파 기독교 근본주의 정치 시각에서는 새로운 세계의 질서에 대한 집착과 같은 공포와 함께 폭발하고 있다(오바마는 은밀히 UN과 충돌하고 있고, 국제연합군은 미국에 개입하면서 진정한 미국의 애국자들을 수용소에 감금 중이다. 2년 전에 라틴 아메리카의 군대가 이미 중서부 대평원에 들어와서 수용소를 지었다는 소문이……).

이런 시각은 팀 라하이의 책에서 대표적으로 나타나는 강경한 기독교 근본주의에서 확인된다. 그의 책 제목 중 하나인《유럽의 음모 The Europa Conspiracy》는 이런 추세를 확실하게 보여준다. 미국의 진정한 적은 이슬람 테러리스트가 아니다. 그들은 단지 꼭두각시일 뿐이며, 미국의 세력을 약화시키고 UN의 지배(우세) 속에서 새로운 세계의 질서를 세우기 위해서 음모를 꾸미고 있는 유럽의 세속주의자이자 진정한 반기독교적인 세력에게 속은 것이다……. 어떤 면에서 이들의 시각은 맞다. 유럽은 단순히 지정학적 권력 집단이 아니라, 궁극적으로는 주권국가와 양립할 수 없는 세계적인 비전이기 때문이다. 유럽연합이 보여주는 것은 이른바 유럽의 '약세'라고 불리는 것의 중심이다. 유럽의 국가들 사이에서는 놀라울 정도의 상관관계가 존재하며, 이것은 세계의 군사정치 권력의 손실이다. 하지만 만약 유럽연합이 점차 약해져서 미국의 보호를 필요로 하는 국가가 된다면, 미국이 유독 불편해할 이유는 없지 않을까? 아일랜드가 새로운 유럽 조약에 대한 국민투표에서 반대 캠페인을 벌였을 때, 미국이 재정적인 지원을 했다는 증거를 떠올려보자.

우리의 시대가 겉으로 보는 것보다 위험한 것도 바로 이 때문이다. 냉전시대 중에는 세계에서 일어나는 행동이 분명했고, 강대국의 MADMutually Assured Destruction로 보장되었다. 소련이 아프가니스탄을 침공하면서 이런 암묵적인 규칙을 위반했을 때, 그 대가는 혹독했다. 아프가니스탄 전쟁은 소련 종말의 시작점이었다. 현재는 과거와 지금의 강대국이 서로를 시험하면서, 세계의 규칙에 대한 자신들의 시각을 적용하고, 대리 집단, 즉 다른 작은 국가와 지역을 이용해서 이를 시험한다. 칼 포퍼는 한때 가설의 과학적인 시험을 칭찬한바 있다. 말하자면, 이런 방식으로 우리 스스로가 아닌 가설이 대신 죽는다는 것이다. 지금은 시험 때문에 큰 국가 대신에 작은 국가가 상처를 입는다. 예를 들어서 조지아는 늘 그렇듯이 시험에 대한 대가를 치르고 있다. 비록 공식적으로는 정당한 이유가 있지만(인권과 자유 등), 게임의 법칙은 분명하다.

2014년 초에 우크라이나에서 발생한 사건은 통제되지 않고 중심이 나뉜 세계에서 통제권을 얻기 위한 지정학적 노력의 다음 단계가 아닐까? 말하자면 '조지아의 위기' 2부는 아닐까? 지금은 분명 강대국들에게 교훈을 가르쳐줘야 하는 때다. 하지만 누가 가르칠 수 있을까? 분명 유럽과 미국을 아우르는 연합체가 해야 할 일이다. 200년도 더 전에 칸트는 전 세계를 아우르는 사회가 부상할 때 범국가적인 법적 질서가 필요하다고 생각했다. "지구에서는 사람들이 구성하는 단체가 컸다가 작아지기를 반복하면서 발전해왔다. 그래서 어떤 장소에서 권리가 침해되면 전 세계에서 확인이 가능하다.

세계 시민을 위한 법에 대한 아이디어는 부풀려지거나 과장된 개념이 아니다."[16] 그런데 반론의 여지는 있지만 여기에서 새로운 세계의 질서가 '원칙적인 모순'에 직면하게 된다. 전 세계 자본주의 경제에 상응하는 세계적인 정치적 질서를 찾는 것은 구조적으로 불가능하다. 구조적인 이유로—실험적인 제한 때문만이 아니라—전 세계민주주의나 세계적인 대의 민주주의 정부를 구성할 수 없다면 어떻게 해야 할까? 글로벌 자본주의의 구조적인 문제(와 이율배반)는 사회정치적인 질서가 불가능하다는 사실에 있다(그런데 동시에 필요하다). 글로벌 시장경제는 전 세계적으로 선거를 실시하거나 하는 방식으로 자유민주주의에 의해 구성될 수 없다.

정치에서 '억압된' 경제가 되살아나고, 낡은 고착, 그중에서도 특히 중요한 (인종, 종교, 문화적) 정체성도 되살아날 것이다. 이런 부끄러운 부속품들은 글로벌 경제의 불가능하면서도 가능한 조건이다. 이 긴장이 현재 우리가 가지고 있는 어려움을 정의한다. 상품이 세계적으로 자유롭게 순환되고, 사회적인 번영은 분산된다. 그렇다면 어떻게 우리는 상품의 세계화를 좀 더 극단적인 정치적 세계화로 바꿀 수 있을까?

유럽중심주의가
남긴 상처

반자본주의와 극단적인 해방을 위한 여타의 전사들이 투쟁을 시작할 때, 이들은 각자 가지고 있는 아이디어와 조직에 관한 이치를 승인했다. 이들은 현재의 좌파에 대한 연역적인 일종의 요약처럼 보인다. 먼저 이들은 반유럽중심주의, 즉 자본주의 근대화를 낳은 서구적인 생각의 제한에서 벗어나야 하는 긴급한 요구를 강조한다. 둘째, 이들은 수동적인 삶을 비판하는 데 있어서(광적으로 활동적이 될수록 익명의 질서에 통제를 받는 수동적인 개체가 된다), 단순한 대의정치를 강하게 반대할 필요가 있다고 주장한다. 마지막으로 주인과 같은 존재의 지배를 받던 위계질서의 시대는 끝났다고 주장한다. 우리는 이제 새로운 다자주의와 역동적인 수평 관계, 절대 전체화될 수 없는 독립적인 조직의 세계로 진입하고 있다.

하지만 이 세 가지가 좌파를 갱신하기 위한 원칙적인 '인식론'을 형성한다면 어떻게 해야 할까?

글로벌 자본주의에 관련해서—유럽에서 시작되었지만 이제는 유럽이 점차 주도적인 역할을 잃고 있는 체제다—특히 과거를 돌아보지 않는 반유럽중심주의에 굴복하지 않도록 주의해야 한다. 이는 가끔은 유럽의 유산 중에서 싸울 만한 가치가 있는 것을 포기하는 이념적인 구실로 사용되기 때문이다. 이런 대표적인 인물로 최근 좌파적인 유럽중심주의를 옹호한 월터 D. 미뇰로가 있다.

비유럽적인 생각을 하는 사람으로서 나의 감각은 다음과 같
은 지젝이 쓴 글의 첫 번째 문장에 대해 반응을 한다. 누군가 유
럽중심주의를 말할 때, 자신을 존중하는 포스트모던의 좌파 지
식인은 요제프 괴벨스가 문화에 대해서 보였던 반응처럼 격렬
하게 반응한다. 파시즘적인 유럽중심의 문화적 제국주의를 비
난하면서 총을 찾는 것과 같은 반응이다. 하지만 유럽의 정치적
인 유산에 대해서 좌파적인 전용을 상상하는 것이 가능할까? 이
질문에 대한 내 답은 여러 곳에서 출판된 것처럼 다음과 같다.
누군가 유럽중심주의를 말할 때, 자신을 존중하는 포스트모던
의 좌파 지식인은 요제프 괴벨스가 문화에 대해서 보였던 반응
처럼 격렬하게 반응한다. 파시즘적인 유럽중심의 문화적 제국
주의를 비난하면서 총을 찾는 것과 같은 반응이다. 스스로를 존
중하고 식민주의에서 벗어난 지식인은 대신 프란츠 파농을 찾
을 것이다.

"지금이다, 동지들이여. 지금은 편을 바꿀 때다. 우리는 지금
까지 우리를 감싸고 있던 거대한 밤의 껍데기를 버리고, 빛을 찾
아야 한다. 새로운 날이 드리워지고 있다. 그래서 우리는 단호하
고, 지식을 얻어야 하고, 의지를 다져야 한다. 그렇다, 형제들이
여. 유럽을 따르는 것보다 더 나은 길이 있다는 사실을 어떻게
이해하지 못하겠는가." 우리는 철학자가 아니라면 탈식민주의
지식인들이고, 파농의 말처럼 유럽의 철학자들이 논의하는 새
로운 사안에 참여하는 것보다 더 중요한 일이 있다.[17]

미놀로가 제안하는 것은 보드리야르의 말처럼 "푸코를 잊으라!"
는 것이다. 다시 말해서 유럽을 잊으라는 것이다. 우리는 유럽의 철
학보다 더 중요한 일이 있으며, 심지어 끊임없이 이를 해체하는 것
보다 더 중요한 일이 있다. 여기에서 아이러니는 이런 요구가 분명
히 파농에게는 맞지 않는다는 것이다. 그는 대내외적으로 헤겔과 정
신분석학, 사르트르, 심지어 라캉도 연구했기 때문이다. 따라서 미
놀로의 주장을 읽을 때면, 나는 파농을 떠올린다. 파농의 다음과 같
은 문장이 기억난다.

> 나는 사람이다. 내가 되살려야 하는 것은 세계의 과거 전체이
> 다. 산토 도밍고에서 있었던 노예들의 반란은 나 혼자만의 책임
> 은 아니다. 누군가 영혼의 위엄이 승리를 거둘 수 있도록 공헌
> 할 때마다, 동료를 예속시키려는 시도를 거부할 때마다, 나는 이
> 런 행동에 대해서 단결심을 느낀다. 불공평하게 무시되었던 흑
> 인 문명을 되살리기 위해서 노력할 필요는 없다. 내 자신을 과거
> 의 사람으로 만들 생각은 없다……. 나의 검은 피부는 특정한 가
> 치를 위한 저장고가 아니다……. 내게는 17세기 흑인들의 복수
> 를 하는 것보다 더 나은 일이 있지 않을까? 나는 흑인으로서 백
> 인에게 과거 내 인종에 대한 무결점의 죄책감을 가지라고 희망
> 할 권리는 없다. 흑인인 나는 전에 우리 조상을 지배했던 주인들
> 의 자존심을 꺾어줄 방법을 찾을 권리는 없다. 나는 예속되었던
> 우리 조상을 위한 배상을 요구할 권리나 의무가 없다. 흑인의 의
> 무는 없고, 백인의 짐도 없다……. 내가 지금의 백인에게 17세
> 기 노예 제도에 대한 답을 물어야 할까? 내가 모든 방법을 동원

해서 이들의 죄책감을 부추겨야 할까? 난 우리 조상들의 인권을 빼앗았던 노예제도의 노예가 아니다…….

예수 이전의 3세기 동안 흑인의 글이나 건물을 찾는 일에는 상당한 열의를 보일 것이다. 플라톤과 흑인 철학가 사이에 유사성이 존재하는 것을 알게 된다면 뛸 듯이 기쁠 것이다. 하지만 이런 사실이 마르티니크와 과달루페의 옥수수 밭에서 일하는 여덟 살짜리 아이의 삶을 바꿀 수 있을 것 같지는 않다……. 내가 이 세상에서 가지고 있는 권리는 단 하나다. 타인에게 인간의 행동을 요구하는 것이다.[18]

파농은 분명 오늘날의 세계가 자본주의 세계이고, 지역적인 전-자본주의적 문화의 관점에서 문제를 제기할 수 없다고 생각한 것 같다. 그래서 1853년에 마르크스가 인도에 대해 쓴 짧은 글 두 편('인도에 대한 영국의 지배The British rule in India'와 '인도에서 영국의 지배가 가져올 미래의 결과The Future Results of British Rule in India')이 그 어느 때보다 현실성을 갖는다. 이 두 편의 글은 지금까지 포스트식민주의 연구에 의해서 마르크스의 '유럽중심주의'를 보여주는 부끄러운 사례로 비난을 받았었다.

심지어 영국은 서방세계에서는 금지된 고문을 인도에 아웃소싱했지만, 마르크스는 인도에 대한 영국의 식민정책이 가지고 있던 잔인함과 착취를 자행하는 위선에 대해 제한 없이 있는 그대로를 받아들였다(사실 태양 아래 새로운 것은 없다. 19세기 영국이 지배하는 인도에는 관타나모 같은 일이 흔했다). "부르주아 시민사회의 심각한 위선과 내재적인 야만성이 바로 우리 눈앞에 펼쳐졌다. 존중받을 곳이라고 생각되는 고향에서 멀어져서, 모든 것이 고스란히 드러나는 식민지에서 자행되었다.”[19] 마르크스가 덧붙인 내용이라고는 다음 문장이 전부였다.

> 영국은 인도 사회의 모든 기틀을 망가뜨렸다. 새로운 재건의 징후는 전혀 없다. 인도는 옛날의 세계를 잃었고, 새로운 것을 얻지 못했다. 힌두가 겪는 지금의 비참함에 대해 특별한 슬픔을 느끼면서, 영국이 지배하는 인도를 분리시킨다. 이제 영국은 과거의 전통과 멀어졌고, 과거와 달라졌다……. 인도는 실제로 인도에 사회적인 혁명을 가져왔다. 불쾌한 이익에 의해서 작동하고, 이를 시행하는 방법은 어리석다. 하지만 그것은 문제가 아니다. 문제는 인류가 아시아의 사회적인 국가에서 근본적인 혁명 없이 운명을 좇을 수 있을지의 문제다. 만약 아니라면, 영국이 어떤 범죄를 저지르건, 스스로도 알지 못하는 사이에 이러한 혁신을 가져오게 된 역사적인 도구다.[20]

여기에서 ‘스스로도 알지 못하는 사이에 이러한 혁신을 가져오게 된 역사적인 도구’라는 말을 순진한 신학적인 표현이나 사건에 대해 더욱 사악한 범죄의 도구가 된 이론적인 추론에 대한 신뢰로 일축해서는 안 된다. 여기에서 중요한 사실은 영국이 인도를 식민지로 만들면서 인도가 두 가지의 해방을 경험했다는 것이다. 하나는 전통의 족쇄이고, 하나는 식민지의 족쇄다. 그래서 마르크스의 설명은 1849년 1월 13일에 프리드리히 엥겔스가 〈신新라인 신문Neue Rheinische Zeitung〉에 기고한 ‘헝가리의 투쟁’에서 분명하게 드러나는

'비역사적인 국가'에 대해 멸시하는 태도를 보이지 않는다. 엥겔스의 글에서 발견할 수 있는 역사적인 맥락은 1848년 혁명의 패배에 관한 것으로, 당시 소규모의 슬라브족 국가들(폴란드는 예외였다)은 오스트리아의 황제가 헝가리의 봉기를 제압하도록 군사적인 도움을 주었다(이 사실은 엥겔스의 분노를 설명한다).

　　오스트리아의 크고 작은 국가들 사이에서, 역사 속에서 활동적인 역할을 담당했고 지금도 여전히 생명력을 가진 국가는 독일, 폴란드, 헝가리뿐이다. 따라서 이들은 현재 혁명적이다.
　　다른 크고 작은 국가와 사람들은 혁명이 세계를 휩쓰는 동안 사라질 운명이다. 이런 이유로 이들은 현재 반혁명적이다……. 유럽 국가 중에서 파괴된 민족이 없는 나라는 없다. 이들은 과거 인구의 남은 이들로, 국가에 의해 억압당하고 묶여 있던 이들이다. 그런데 이 국가는 이후 역사적인 개발의 주체가 되었다. 헤겔의 말처럼 역사 속에서 잔인하게 짓밟힌 유산, 즉 이런 파괴된 민족은 혁명을 광적으로 반대하게 되고, 완전히 사라지거나 국가적인 특성이 없어질 때까지 그대로 남는다. 이들의 존재 자체가 거대한 역사적 혁명에 대한 시위가 된다……. 하지만 처음 루이 나폴레옹이 모든 노력으로 이루어낸 프랑스 프롤레타리아의 성공적인 봉기에서, 오스트리아 게르만족과 헝가리는 자유가 될 것이고, 슬라브족의 야만인들에게 끔찍한 복수를 하게 될 것이다. 전체 전쟁은 그 이후에 일어나서 슬라브족을 깨부수고, 이들의 변변찮은 나라들을 소탕해서 이름만 남길 것이다.
　　다음 세계 전쟁은 그에 반응하는 계급과 역동성 때문만이 아니라 모든 반항적인 사람들 때문에 지구에서 사라지는 결과를 낳을 것이다. 하지만 그것 역시 발전이다.[21]

이 글귀는 마치 모택동이 부르주아와 프롤레타리아 국가를 구분한 것과 비슷한데, 그 방향은 정반대다. 투쟁은 국가 내의 계급 사이에서만 일어나는 것이 아니라, 선도적이고 반응적인 국가 사이에서도 확인된다. 이 모두는 말하자면 혁명의 과정에서 '변변찮은 나라들을 소탕해서 이름만 남기는 것'과 같은 파괴를 의미한다. 엥겔스의 생각은 헤겔의 이념을 간략화한 것과 비슷한 생각에 기반을 두고 있다. 역사적인 진보가 있었고, 여기에 참여한 국가들도 있었다는 것이다('역사적인 국가'를 뜻한다). 하지만 무력한 방관자였거나, 심지어 활발히 반대한 국가들도 있었다. 이들 후자는 사라질 운명이었다. (엥겔스는 헤겔을 연상시키는 반응적인 변화와 함께 이런 생각에서 한 번 더 나아갔다. 이들 국가는 존재 자체가 반응이며 과거의 잔재일 때 어떻게 반응하지 않을 수 있을까?)

엥겔스는 마지막까지 자신의 입장을 굽히지 않았고, 폴란드를 제외한 모든 작은 슬라브족 국가들이 해방을 위해서 보호자와 같은 러시아만을 쳐다보고 있다고 확신했다. 1882년, 그는 번스타인에게 쓴 글에서(번스타인은 남부 슬라브족에게 동정심을 가지고 있었다), "우리는 서유럽의 프롤레타리아를 해방시키고, 모두가 함께 목표를 따를 수 있도록 협력해야 합니다. 발칸반도의 슬라브족이 얼마나 흥미로운지는 모르겠지만, 해방을 위한 열망이 프롤레타리아의 이해와 충돌하는 순간 내가 바라는 목표를 원하게 될 거요"라고 적었다. 같은 해에 카우츠키에게 쓴 편지에서는 또 한 번 적극적이면서 반응적인 국가에 반대하면서 다음과 같이 적었다.

그래서 난 유럽 내에서 국제주의자가 되기 전에 국수주의자
가 되기 위한 권리는 없고, 의무가 있는 국가는 아일랜드와 폴란
드라고 생각하오. 이들은 국수주의자가 된다면, 최선의 국제주
의자가 될 수 있을 것이오. 폴란드는 모든 외침 속에서 이를 이
해했고, 모든 혁명의 전장에서 이를 증명했소. 폴란드를 재건하
려는 기대는 버려야 하오. 혹은 새로운 폴란드가 스스로 자멸할
것이라고 설득해야 하오. 유럽의 혁명 속에서 스스로의 이해 때
문에 사라질 테니까.[22]

또 남부 슬라브족에 대해서는 다음과 같이 적었다.

전제군주제가 붕괴해야만 범슬라브족이 세계에서 우세를 얻
게 된다는 국수주의적인 희망이 사라질 것이고, 그래야만 이들
의 운명을 스스로 보낼 수 있소. 나는 오스트리아-헝가리 슬라
브족이 독립 후 6개월이면 다시 받아들여 달라고 애원할 것이라
고 확신하오. 하지만 이 작은 국가들은 세르비아, 불가리아, 동
루멜리아처럼 절대 콘스탄티노플로 이르는 유럽 철도의 확대를
막는 권한을 얻지 못할 것이오.[23]

앞에서 설명한 것처럼, 여기에서 엥겔스의 숙적은 다름 아닌 레
닌이었다. 하지만 인도에 대한 마르크스의 글은 역시 엥겔스의 입장
과는 완전히 다르다. 마르크스의 주장은 인도가 '가까운 시일 안에

혁명의 폭풍 속에 사라질 운명'이라는 것이 아니라, 오히려 그 반대의 것이었다. 보편적인 자본주의의 역동성은 인도를 전통적인 제한에서 풀어주고, 영국의 지배에서 자유를 얻기 위한 근대적인 투쟁을할 수 있게 만들 것이라는 시각이었다. 레닌 역시 이런 생각을 견지했다. 1920년대에 유럽 혁명의 실패가 분명해졌을 때, 그는 소련의중요한 임무가 유럽의 근대적인 면을 러시아에 도입하는 것이라고했다. 사회주의를 건설한다는 등의 거대한 목표가 아니라, (부르주아의) 문화와 발전을 퍼뜨리도록 노력하고, '하나의 국가에서의 사회주의'에 반대해야 한다고 했다. 이런 겸손한 목표는 가끔은 놀라울정도로 개방적으로 표출되었는데, 레닌이 소련에 '사회주의를 건설한다'는 시도를 전면적으로 비웃을 때가 특히 그랬다. 미놀로의 반자본주의 투쟁의 입장과는 완전히 다른 입장이었다.

우리가 역사를 통해서 알고 있듯이, 문제를 인식하는 것만으로는 해결책을 얻을 수 없다. 게다가 조화를 이상적인 세계적인목표로 예측할 수도 없다. 하지만 공산주의는 이를 위해서 전진할 수 있는 하나의 방법이다. 생각이나 행동에 있어서 다양한 방법이 있으며, 하나의 방법만 해결책일 수는 없다. 공산주의는 하나의 옵션이며, 추상적이면서도 보편적인 것은 아니다……. 유럽이 아닌 세계에서, 공산주의는 해결책이 아니라 문제 중 하나다. 이는 비유럽국가에서 공산주의자가 아니라고 해서 자본주의자라는 것은 아니다……. 지젝과 다른 유럽의 지식인들이 심각하게 공산주의를 고려하고 있는 것은 이들이 다양한 옵션 중하나를 고려한다는 것이다(좌파의 새로운 방향을 제시하는 것이다).

이제는 전쟁의 필요성을 극복하고 조화를 향해서 나아갈 때다. 부패와 이기심을 만드는 성공과 경쟁을 극복하고, 발전과 죽음을 넘어서 삶의 풍요로움을 촉구해야 한다.[24]

미뇰로는 여기에서 문제와 해결책 사이를 너무 순진하게 구분했다. 우리가 역사를 통해서 배운 것이 있다면, '문제를 인식했다고 해결책을 찾은 것은 아니라는 사실이다'. 게다가 문제의 인식은 하나로 끝나지 않는다. 문제에 직면하면(일례로 세계 경제 위기), 문제가 어디에 있고, 원인은 무엇인지에 대해 다양한 형성을 얻게 된다(혹은 좀 더 근대적으로 표현하면, 다양한 설명을 얻게 된다). 국가의 규제가 너무 많거나 적고, 도덕적으로 문제가 있을 수도 있으며, 금융자본이나 자본주의의 힘에 굴복당할 수도 있다. 문제의 차이를 인식하면, 제안된 해결책과 변증법적인 결합을 구성한다. 혹은 문제의 인식이 생각하는/상상하는 해결책의 시점에서 형성되었다고 말할 수도 있다. 따라서 공산주의는 단순히 하나의 해결책이 아니라, 공산주의자들의 수평선상에 나타나는 문제가 특별하게 형성된 결과다. 미뇰로가 문제를 인식하는 것이나, 모든 제안된 해결책이 공유하고 있는 공통적인 목표의 형성은 그의 한계를 보여주는 증거다. 그래서 그를 조심스럽게 해석해야 한다. 공통의 목표는 '조화의 가능성으로 나아가면서, 풍부한 삶의 촉구'다. 문제는 '전쟁의 필요……, 부패와 이기심을 낳는 성공과 경쟁……, 발전과 죽음'이다.

그의 목표는 조화와 풍부한 삶이며, 이는 실제 존재한다고 하더라도 추상적이면서 보편적인 것이다. 마치 양립할 수 없는 여러 가지를 의미하는 빈 용기와 같다('풍부한 삶'과 '조화'를 어떻게 이해하는지에 따라서 달라진다). (신랄하게 수많은 반자본주의 운동이 '성공을 성취'하는 데 있어서 놀라운 성과를 얻었다고 덧붙일 수 있다.) 발전과 죽음으로 만드는 손쉬운 등식과 전쟁, 부패, 이기심에 대한 추상적인 거부는 의미 없는 추상적인 개념에 불과하다. (게다가 전쟁과 조화에 대한 추상적인 반대는 특히 의심스럽다. 악화되고 있는 사회적인 적대감을 반대하고, 대신 사회적인 유기체의 평화로운 조화를 요구하는 것으로 해석될 수 있기 때문이다. 만약 이런 방향을 취한다면, 나는 투쟁의 해방적인 측면을 주장하는 '좌파 파시스트'라고 불리는 쪽을 택하겠다.)

미뇰로의 제안은 근대주의의 대안이 아니라, 포스트모던의 대안이다. 말하자면 유럽의(자본주의) 근대주의를 극복하기 위한 다양한 방법인 것이다. 이런 접근을 배경으로, 누군가는 유럽의 보편적인 유산을 분명하게 방어해야 한다. 하지만 정확하게 어떤 의미일까? 인도의 문화 이론가들에 따르면 인도인들이 영어를 사용하려고 하는 이유는 이들의 진정한 정체성을 검열한 문화적인 식민주의의 한 형태라고 한다. 이들의 주장은 다음과 같다. "우리는 내면의 정체성을 표현하기 위해서 강제로 사용되었던 외국의 언어로 말을 해야 한다. 하지만 극단적인 고립의 위치에 빠지지는 않는다. 식민 지배에 대한 저항은 식민 통치자의 언어로 형성되어야 하지 않을까?" 여기에 대한 답은 그렇다는 것이다. 하지만 영어(외국어)의 사용은 그것에 의해서 '억압된' X를 만든다. 말하자면, 억압된 대상이 식민주의 이전의 인도가 아니라, 새롭고 보편적인 민주주의의 인도에 대한 진정한 꿈이다.

말콤 X는 이름에 X자를 사용하면서 이런 통찰력을 따르지 않았던가? X를 선택함으로써 고향에서 아프리카인들을 데려다가 노예로 만들고 그 가족과 인종적인 뿌리, 문화적인 삶의 세계를 박탈한 노예 상인들에게 신호를 보냈다. 하지만 X를 선택한 이유는 원시적인 아프리카의 뿌리로 되돌아가기 위한 싸움이 아니라, X가 제공하는 새로운 가능성을 잡는 것이었다. X는 아프리카의 뿌리를 완전히 잃어버리게 만든 노예제도의 과정에서 만들어진 알려지지 않은 새로운(혹은 부족한) 정체성을 뜻하는 말이었다. X는 흑인들의 특별한 전통을 빼앗았지만, 동시에 스스로를 재정의(재창조)하기 위한 독특한 기회를 제공했다. 그래서 백인의 정체성보다 훨씬 더 보편적인 새로운 정체성을 자유롭게 형성하려고 했다(물론 말콤 X는 이슬람의 보편성에서 새로운 정체성을 찾았다).

다시 인도의 이야기로 돌아가서, '화해'는 영어와의 화해를 뜻한다. 영어는 새로운 인도의 장애물이며, 토착어를 사용하기 위해 버려질 대상이 아니라 자유를 위한 긍정적인 조건이었다. 식민 지배에 대해 거둔 진정한 승리는 '진짜'라고 할 수 있는 식민지 이전의 존재로 되돌아가는 것이 아니었다. 근대의 문명사회와 근대 이전의 뿌리를 '합성'하는 것은 더더욱 아니었다. 역설적이지만, 이런 잃어버린 근대 이전의 뿌리를 완전히 찾아내는 것이었다. 다시 말해서, 침략자의 언어인 영어가 폐지되었다면 식민주의를 극복하지 못했을 것이다. 하지만 새로운 인도의 정체성이 영어를 통해서 손쉽게 형성되면서, 식민 통치자들은 게임에서 패배했다.

영어는 '원래의' 앵글로색슨족의 영어 사용자들을 이어주는 특권을 가진 연결 고리로서 그 기능을 잃어버렸다. 영어의 이런 기능이 카스트 제도의 가장 낮은 집단인 달리트Dalit 즉, 불가촉천민 출신의 많은 지식인들 사이에서 분명하게 인식되었다는 점을 지적하는 것이 중요하다. 달리트 중 다수가 영어를 환영했고, 심지어는 식민지 시대로 인해 받아들인 것들을 대다수 환영했다. 암베드카(Ambedkar, 달리트 계층에서 최고로 손꼽혔던 정치적인 인물)와 그 수유자受遺者는 영국의 식민지 통치가 자신들도 모르는 사이에 우연히 모든 인도인들을 대상으로 소위 말하는 법치 제도와 공식적인 평등에 대해 알려 주었다. 이전까지 인도에는 카스트 제도가 압도적이었고, 그 때문에 달리트 계층은 권리는 없고 의무만이 강조되었다.[25] 무엇보다 지금의 인도에서 정말 위험한 부족 집단(하이데라바드 근처의 정글에서 살고 있는 부족 등)은 전통적인 가치나 유대를 위해서 싸우지 않는다. 이들은 자본주의를 극복하기 위한 보편적인 목표에 의해서 시작된 모택동 사상에 따른 투쟁에 더 활동적으로 참여하고 있다(낙살라이트 반군). 글로벌 자본주의에 저항해서 지역의 전통과 윤리를 강조한 계층은 토착민에 속한 이들이 아니라, 높은 계층과 카스트(대부분이 브라만)에 속한 식민 이후 사상가들이었다.

전반적인 차원에서, 글로벌 자본주의가 자동적으로 모든 대상을 이기적이고 관대한 개인주의로 몰아가지는 않았으며, (인도처럼) 최근 갑작스러운 자본주의 근대화가 시작된 국가에서는 다수의 개인들이 소위 말하는 전통적(근대 사회 이전)인 신념과 윤리(가족의 가치, 무제한적인 쾌락주의를 거부, 강한 윤리적 인식, 개인의 성과보다 집단의 유대를 중요시하는 태도, 어른에 대한 공경 등)를 지켰다는 사실을 명심해야 한다. 그렇다고 자유주의 서방세계의 사람들처럼 직접적이고 완벽한 자본주의적인 근대화를 누리지 못해서 완전히 '근대화'되지 않았다는 것은 아니다. 다만 아시아와 라틴 아메리카, 아프리카 국가의 사람들은 전통적인 가치를 통해서 자본주의 역학의 맹공에서 생존했다.

　말하자면, 이들은 자유주의적이면서 쾌락에 젖은 개인주의 윤리를 받아들이지 않고 자본주의 속에서 살아남기 위해서 전통적인 가치가 필요했다. 식민 이후의 '종속 집단'에 대한 이론가들은 근대 이전의 전통이 유지되는 이유가 글로벌 자본주의와 그것의 난폭한 근대화에 저항하기 위해서라고 생각했지만, 이들의 생각은 잘못이었다. 그보다는 근대 이전의 (아시아적인) 가치를 충실하게 따랐던 중국과 싱가포르, 인도 등의 국가는 역설적으로 서부의 자유주의 국가들보다 더욱 급격한 자본주의의 역동성을 갖게 되었다. 전통적인 가치를 참고한 덕에 개인은 윤리적인 조건에서 시장의 잔혹한 경쟁에 참여한 이유를 정당화할 수 있었다("나는 부모님을 위해서 일하는 거야", 혹은 "아이들과 조카가 공부를 계속할 수 있도록 돈을 버는 거야" 등이다).[26]

　예수에 대한 세속적인 농담이 하나 있다. 예수가 체포되어 십자가에 매달리기 전날 밤, 그의 제자들은 걱정하기 시작했다. "총각인 예수님이 약간의 쾌락도 즐기지 못하고 죽어도 괜찮은 것일까?" 하는 걱정이었다. 그래서 제자들은 막달라 마리아에게 예수가 쉬고 있는 천막으로 가서 그를 유혹하라고 부탁했다. 마리아는 기꺼이 동의하고 예수에게로 갔지만, 5분 만에 공포와 분노에 떨며 소리를 지르면서 뛰쳐나왔다. 제자들이 뭐가 문제인지를 묻자, 마리아는 설명했다. "내가 천천히 옷을 벗고 다리를 벌리면서 예수께 내 성기를 보여줬어요. 예수께서는 성기를 보고 '큰 상처구나! 당장 낫거라!'라고 외친 다음 손바닥으로 부드럽게 문질렀어요." 이처럼 타인의 상처를 섣불리 치료하려는 행동에 주의해야 한다. 만약 누군가가 자신의 상처를 즐긴다면 어떨까? 이와 똑같은 방식으로 식민 통치로 인한 상처를 직접 치료한다면(식민 이전의 현실로 되돌아간다면), 이는 악몽일 것이다.

지금의 인도인들이 식민 이전의 현실로 되돌아간다면, 마치 막달라 마리아처럼 공포에 찬 비명을 질렀을 것이다. 식민주의의 상처에 관해서 리하르트 바그너의 〈파르지팔Parsifal〉 오페라가 전하는 마지막 메시지는 "상처는 공격을 했던 창으로만 치료할 수 있다Die Wunde schliesst der Speer nur der Sie schlug"는 것이다. 전통의 해체는 해방의 공간을 만들어냈다. 넬슨 만델라와 아프리카민족회의에게서 분명하게 확인할 수 있는 것처럼, 백인의 우세와 부족의 뿌리로 돌아가려는 유혹은 동전의 양면과 같다.[27]

일반적인 자유주의적인 신화에 따르면, 인간의 보편성은 평화를 가져온다. 특정한 문화의 다양성 사이에서 평화로운 공존을 위한 조건을 형성하기 때문이다. 하지만 식민지의 입장에서 보면, 자유주의적인 보편성은 잘못된 것이다. 외국의 문화가 난폭하게 침입해서 원래 있던 뿌리를 용해시키기 때문이다. 자유주의자들은 이런 접근 방식에 어느 정도 진실이 내포되어 있다고 생각하면서도, 자유주의자들은 '상처 없는 보편성'이라면서 노력을 계속한다. 보편적인 틀은 특정한 문화를 난폭한 영향을 주지 않는다는 것이 이유다. 적절한 변증법적 시각에서 보면, 우리는 정확하게 반대의 입장을 위해 노력해야 한다(혹은 그 필요성을 받아들여야 한다). 상처는 해방적이며, 혹은 해방적인 잠재력이 있다는 것이다. 따라서 우리는 적용된 보편성의 긍정적인 내용(비밀스럽게 특권을 준 부분)에 대해서 분명한 문제를 제기하고, 한편으로는 (특정한 정체성에 대한) 상처의 해방적인 면을 충

분히 수용해야 한다.[28]

또 다른 방법으로 살펴보면, 영어가 강제적으로 강요되면서 겪은 경험은 다른 모든 언어가 만드는 모호함과 마찬가지였다. 언어는 기생충과 같은 외국의 침입자다. 라캉의 연구 중에, 언어가 존재의 집이라는 하이데거의 생각을 바꾼 내용이 있다. 언어는 인간이 창조한 것이 아니라 인간의 도구이며, 사람이 언어에 '거주'한다는 것이었다. 그가 말하는 '심리적인 분석'은 '대상이 거주하는 언어의 과학'이어야 한다.[29] 라캉의 '편집증'적인 비틀기와 프로이트의 이론을 추가해서, 언어가 만든 집은 고문실이라는 해석이 만들어졌다. "프로이트의 시각에서 사람은 언어에 의해서 납치되고 고문당하고 있다"는 설명이다.[30] 사람은 단순히 '언어의 고문실'(프레드릭 제임슨이 초기에 쓴 구조주의에 관한 책의 제목이다)에 거주할 뿐 아니라, 자신도 이곳에서 살고 있다고 말했다.

프로이트가 제시한 정신병리학은 모두 영원한 고문이 남긴 상처가 몸속의 증상으로 변해서 정신분열을 일으킨 것이다. 따라서 대상과 언어 사이에 존재하는 독창적이고 치료할 수 없는 차이의 징후는 상당히 많으며, 그의 집 내부에는 절대 익숙해질 수 없는 많은 신호가 존재한다. 하이데거가 무시한 것이 바로 이 점이다. 언어 속 존재의 다른 부분은 고문을 당하고 있고, 따라서 하이데거의 이론에 있어서 즐거움의 현실이 자리할 곳은 없다. 언어가 자행하는 고문은 주로 리비도의 우여곡절을 만들기 때문이다.

G 플랫이 아니라 A

따라서 만약 외국에서 가져온 언어보다는 '내 언어'에 의해서 '진정한' 고문을 당하는 편이 낫다는 외설적인 개념을 버리면, 먼저 외국의 '보편적' 언어의 사용을 강요당하는 해방적인 부분을 강조해야 한다. 여기에는 특정한 역사적 지혜를 찾을 수 있는데, 중세시대부터 지금까지 서구권에서 사용해온 링구아 프랑카Lingua Franca라는 라틴어는 '제2언어'를 뜻하고, 그리스어로는 '하강하다'라는 뜻을 가지고 있지만, 순전히 그리스어의 영향만 받은 것은 아니다. 라틴어의 뜻에서는 공허함과 '진짜가 아니다'라는 의미를 가지고 있어서 그리스 단어의 완벽한 뜻과는 달리 유럽에서 특정한 내용의 공간을 메울 수 있게 했다.

사뮈엘 베케트는 여기에서 영감을 얻어서 외국어인 프랑스어로 집필하기 시작했고, 그의 '진짜' 언어 뿌리는 그대로 남겨졌다. 따라서 외국의 언어를 압도적으로 경험하면서 얻는 기능은 해당 언어가 가진 강제력을 모호하게 만드는 것이다. 또한 모국어를 진짜의 표현으로 가득한 잃어버린 천국으로 격상시켜 준다. 이런 이동은 외국의 언어가 억압적으로 강요되는 경험을 통해서 가능해지며, 우리의 삶과 조율이 되지 않기 때문에 발생하는 현상이 발생하면서, 모국어와 뒤바뀌게 된다.

이는 물론 고통스러운 경험이다. 우리의 존재 자체를 잃는 것과 같고, 견고한 뿌리를 잃는 것이다. 그 의미는 조지 오웰이 말한 것처럼 "내 스스로를 바꾸어서 결국에는 똑같은 사람이라고 알아보지 못하게 만드는 것"이다. 그렇다면 우리는 준비가 되었을까? 1937년에 오웰은 계급의 차이에 대한 좌파의 지배적인 태도가 모호하다면서 개탄했다.

> 우리는 모두 계급의 구분에서 멀어지고 있다. 하지만 계급을 폐지하고 싶은 사람은 거의 없다. 여기에서 우리는 모든 혁명적인 의견이 부분적으로는 '아무것도 변하지 않는다'는 남모를 확신에서 힘을 끌어온다는 중요한 사실을 알 수 있다……. 계급의 차이를 없애는 것이 나의 일부분을 없애는 일이라는 사실을 직시해야 한다. 나는 전형적인 중산층이다. 말로는 계급의 차이를 없애는 것이 쉽다고 하지만, 내가 생각하고 행동하는 모든 것은 계급의 차이에 따른 결과물이다. 내가 가진 모든 개념, 선과 악의 개념, 유쾌함과 불쾌함의 개념, 흥미와 심각함의 개념, 추함과 아름다움의 개념 등 모든 것은 중산층의 개념이다. 책과 음식, 옷에 대한 내 취향이나 명예심, 식탁 예절, 말하는 방법과 악센트, 심지어 몸의 특징적인 움직임까지 모두 사회적인 계급에서 중간의 위치에서 자라면서 얻은 특별한 결과물이다.[31]

그렇다면 조지 오웰은 이 중 어디에서 찾아야 할까? 그는 열정을 쏟거나 '노동자가 되려는 시도'도 거부했다. 실제로 오웰은 노동자들에게 목욕 등이 필요하다고 생각했다. 그렇다면 오웰이 중산층으로 남아서 계급의 차이를 받아들이고 싶었다는 뜻일까? 문제는 오웰이 그 대안을 원했고, 그래서 그의 대안은 잘못된 것이었다. 진짜 혁명가가 되는 것은 '노동자같이 되는 것'과는 전혀 관련이 없고, 빈곤층이 살아가는 방식을 흉내 낼 필요도 없다. 혁명 활동의 목표는 정반대로 전체 사회의 상황을 바꾸어서 노동자들이 더 이상 '노동자'가 아니게 만드는 것이다. 다시 말해서 오웰의 딜레마가 가진 두 가지 기둥—중산층의 가치를 고수하는 것 혹은 실제 노동자가 되는 것—은 당연히 중산층이 선택해야 할 문제다.

로베스피에르와 레닌은 분명 개인적으로는 중산층이었지만, 그 어느 곳에서도 노동자가 되겠다는 의지는 보이지 않는다. 다만 노동자의 몫을 바꾸겠다는 것이다. 오웰의 통찰력은 특정한 종류의 '부르주아' 좌파에게만 적용된다. 좌파 중에는 자신의 신념에 확신을 가지고 '혁명 없는 혁명'을 원치 않는 사람들이 있다. 로베스피에르의 표현을 빌리면, 자코뱅과 볼셰비키가 이런 경우였다. 이런 진정한 혁명의 출발점은 '부르주아' 좌파의 위치를 잡는 것이었다. 그러면 나름 극단적이라고 생각하는 태도의 가운데에서 각자의 게임을 중단하고, 자신의 위치에 대한 진지한 질문을 하게 된다. '분명하게 밝혀진 대상'과 '명확하게 말한 대상'의 차이에 대한 라캉의 구분보다 더 정통적이고 정치적인 예는 상상하기 어렵다.

먼저 직접적인 부정을 통해서 당신은 변화를 실행할 준비가 된 각자의 위치를 위험하게 만들지 않으면서 '세상을 변화'시키고 싶어 할 것이다. 다음은 '부정의 부정'이다. 변화를 실행하는 대상은 그에 따른 각자의 값을 치르고, 스스로를 변화시키고, 혹은 간디가 말한 공식처럼 스스로 원하는 변화를 준비해야 한다.

"결국 내 자신을 완전히 바꾸어서 마지막에는 같은 사람인지 알아보기 어려운 것"은 새로운 탄생에 맞먹는 극단적인 자기 변화가 아닐까? 오웰의 주장은 극단적인 것은 혁신적인 변화를 요구해서 반대의 것을 이루어야 한다는 일종의 미신과 같은 상징이라는 것이다. 말하자면, 오늘날 자본주의 문화의 제국주의를 비판하는 학계의 좌파들이 실제로는 자신의 연구 세계가 망가질까 봐 실제 이런 일이 일어나지 않도록 막는다.

거대한 예술 비엔날레의 세계를 생각해보자. 진정한 자본주의적인 실험은 '반자본주의' 이념에 의해서 지탱되고 있는데, 그 압도적인 형태는 반유럽중심주의와 근대 사회에 대한 비판이 혼합된 것이며('우리는 칸트 이후의 세계에 살고 있다'), 예술 행사에 대한 경고는 자본의 순환을 구성하는 순간이다. 그래서 마르크스가 오래전에 지인들에게 말버릇처럼 했던 말을 되풀이하게 된다. "요즘에는 예술 행사도 자본주의 역학의 한 부분이라고 하잖아. 하지만 속으면 안 돼. 진짜 자본주의 역학의 한 부분이 되었으니까!" 연극 〈오셀로Othello〉의 2막에 나오는 유명한 오셀로의 대사, "오, 아가씨. 내게 강요 말아요,/난 비판하지 않으면 아무것도 아니니까"라는 말은 오늘날의 예술 비평의 입장을 잘 설명한다. 일단 일을 시작하면, 예술 작품이 생산되고, 배급되고, 소비되는 방식을 철저하게 비난해야 하며, 비평은 국제 자본주의의 조율에 의해서 정해지기 때문이다. 이런 이념적인 후퇴의 늪에서 직접적인 '부르주아'의 가치에 대한 주장을 찾는다면 신선할 뿐 아니라 체제 전복적이기까지 하다.

로버트 피핀의 최근 주장과 마찬가지인데, 피핀은 최근 자신의 철학적 삶 전체가 부르주아의 삶의 방식을 옹호하는 것이라고 주장했다. 만약 이런 주장에 있어서 결과를 얻게 된다면, 곧 부르주아의 삶에 있어서 불일치를 확인하게 될 것이고, 이런 불일치는 그럴 만한 가치가 있는 것을 구하기 위해서 삶의 방식을 넘어서는 충동으로 이어질 것이다.

그렇다면 공산주의에 대한 아이디어에 있어서 2013년 9월 24일부터 29일까지 서울에서 열린 공산주의 비엔날레도 마찬가지가 아닐까? 혹은 어쩌면 사회적인 변형의 실질적인 힘으로 발전될 수 있는 잠재력을 가진 무언가가 시작된 것일까? 오늘날에는 누구나 행동은 못하고, 선언만 할 수 있는 것 같다. 하지만 지금의 상황이라면 할 수 있는 일을 선언하는 것이 실제 행동보다 훨씬 강력한 것 같다. 일반적으로 행동하지 않게 만드는 변명거리가 너무 많기 때문이다. 알랭 바디우의 도발적인 가정을 인용해보자. "제국이 이미 존재한다고 인식하는 것을 보이는 것으로 공식화하기 위해서 노력하는 것보다는 아무것도 하지 않는 것이 낫다." 궁극적인 목적이 시스템을 부드럽게 작동시키는 것은 지엽적인 행동에 참여하는 것보다는 아무것도 하지 않는 것이 낫다(예를 들어서 새로운 다양한 복종을 위한 공간을 제공하는 행동 등). 오늘날의 위협은 수동적인 것이 아니라, 행동과 유사한 것이며, '행동하고', '참여하고', 아무 일도 일어나지 않는 것을 감추기 위한 노력이다. 사람들은 언제나 개입하고, '무언가를 한다'. 한편 학계는 의미 없는 '토론' 등에 빠져 있다. 진짜 어려운 것은 모든 것을 되돌리고, 후퇴하는 것이다. 권력자들은 자주 '비판적인' 참여를 선호하는데, 어떤 종류이건 침묵하는 것이다. 다만 '대화'에 참여하면서 암울한 수동성을 없애려고 노력할 뿐이다. 그래서 서울에서 2013년 9월에 열린 '코뮤니즘이라는 이념' 회의가 '멈추고 생각하라!'라는 제목으로 열린 것은 상당히 합리적이었다.

당시 행사는 경제 발전이 폭발적으로 이루어진 한국에서도 이런 방향으로의 움직임을 가리키고 있었다. 한국에서는 전후 사회로의 급격한 변화에 대해서 노동자들의 저항이 폭넓게 진행되고 있다. 이런 저항은 단순히 더 나은 임금과 근로조건을 위한 노동자들의 저항 이상이다. 삶의 방식에 대한 투쟁이며, 한국의 급격한 근대화가 위협하는 세계에 대한 저항이다. '세계'는 특정한 의미의 수평선상에 서 있으며, 전체 문명 혹은 문화의 수평선에 서 있다.

한편 매일의 관습과 태도는 역사적인 상품화의 위협을 받고 있다. 그렇다면 이런 저항이 보수적일까? 오늘날의 주류로서 스스로 선언한 정치적 및 문화적인 보수주의는 실질적인 보수주의가 아니다. 자본주의가 스스로 충분히 혁신할 수 있도록 허용하기 때문이다. 이들은 단순히 전통적인 제도(예를 들어서 종교)로 현재를 효율적으로 보완한다. 그래서 사회생활에 미치는 파괴적인 결과를 막고, 사회 결속을 다진다. 지금의 진정한 보수주의는 자본주의가 가지는 적개심과 고착 상태를 충분히 인정하고, 단순한 적극성을 거부하며, 발전이 가져오는 우울한 역효과에 주의를 기울인다. 이런 점에서 극단적인 좌파만이 진정한 보수주의자다. 이런 입장은 오래전에 존 제이 채프먼(1862~1933)에 의해서 설명된 적이 있지만, 지금은 미국의 정치 활동가들과 정치적인 극단주의를 설명한 수필가들[32] 사이에서 어느 정도 잊혔다.

극단주의는 언제나 같은 것을 말한다. 이들은 변하지 않는다. 한편 다른 모든 것은 변한다. 이들은 최고로 양립할 수 없는 범죄에 대한 의혹을 받는다. 이기심의 범죄이고, 권력의 집착이며, 스스로의 원인과 광기, 시시한 문제, 유머의 바람, 익살, 불경 등이다. 하지만 이들은 분명한 소리를 낸다. 그래서 위대한 실용적인 힘은 극단적이다. 겉만 보면, 아무도 이들을 따르지 않는다. 하지만 모두가 이들을 믿는다. 이들은 음을 맞추고 A음을 낸다. 모두가 이 음이 A라는 것을 알고 있지만, 오랫동안 울린 음은 G플랫이다. 사람들은 머릿속에서 A를 지울 수 없고, A가 소리를 내는 동안에는 어느 누구도 인기 있는 음이 위를 향해 올라가는 것을 막지 못한다.[33]

여기에서 강조하는 것은 수동성과 부동성의 순간이다. 키르케고르의 용어로 설명하면, 극단주의는 창의적인 천재가 아니라 진실을 만들고 전달하는 주창자다. 그는 계속해서 같은 메시지를 전달한다('계급투쟁은 계속된다', '자본주의는 분노를 만든다' 등이다). 아무도 따르지 않는 것처럼 보이지만, 모두가 그를 믿는다. 말하자면 누구나 그가 진실을 말한다는 것을 알고 있다. 그래서 그는 계속해서 '양립할 수 없는 범죄를 저지른다는 의심을 받는다. 이기심의 범죄이고, 권력의 집착이며, 스스로의 원인과 광기, 시시한 문제, 유머의 바람, 익살, 불경 등이다'. 그 의미는 위엄과 익살스럽게 보일 위기 사이에서 선택을 할 때, 진정한 정치적인 극단주의자들은 쉽게 위엄을 버린다는 것이다.

2013년에 이스탄불의 탁심 광장에서 시위를 벌인 터키인들의 표어는 '위엄!'이었다. 훌륭하지만 너무 야심만만한 슬로건이다. '위엄'이라는 표어가 적절하기 위해서는 특정한 물질적인 요구에 대한

것이 아니라, 시위대의 자유와 해방에 관한 것임을 분명하게 밝혀
야 한다. 탁심 광장의 시위의 경우, 위엄을 요구한 것은 단순히 제도
적인 부패와 타락 때문이 아니었다. 또한—중요한 의미를 가지고 있
었던 것은—레제프 타이이프 에르도안 터키 총리의 잘난 척하는 이
념을 직접적으로 지목한 것이었다. 탁심 광장에서 열린 시위의 직접
적인 대상은 신新자유 자본주의도 이슬람주의도 아니었다. 에르도
안 터키 총리의 인격이었다. 시위대는 그에게 자리에서 물러날 것을
요구했다. 하지만 왜일까? 에르도안 총리가 세속적이면서 교육을
받은 시위대와 자본주의에 반대하는 이슬람 청년 모두의 목표가 된
이유는 무엇일까? 왜 양측 모두 그를 증오했을까? 다음은 그 이유에
대한 뷜렌트 소메이의 설명이다.

> 모두가 에르도안 총리의 사임을 원한다. 많은 활동가들의 저
> 항 중에 그리고 후에 이야기했듯이, 사람들의 삶의 방식에 끼어
> 들었기 때문이다. 여성들에게 아이는 세 명 이상 낳아야 한다고
> 했고, 제왕절개는 하지 말아야 한다고 했으며, 낙태를 반대했고,
> 술을 마시지 말라고 하고, 담배를 피우지 말라고 하고, 공공장소
> 에서 손을 잡지 못하게 했으며, 복종하고, 종교를 믿으라고 했다.
> 총리는 끊임없이 최선에 대해 말했다("구매하고 기도하라"). 이것
> 은 아마도 터키 정의당Justice and Development Party의 신자유주의
> 적('구매하고')이고, 온건한 이슬람적('기도하라') 성격을 나타내고
> 있는 것 같다. 에르도안 총리가 생각하는 이스탄불을 위한 유토
> 피아는(그는 또 4년간 이스탄불의 시장이었다) 탁심 광장과 게지 공
> 원이 거대한 쇼핑몰과 거대한 사원이 되는 것이었다. 총리는 모

든 삶에 대해서 "아빠는 다 알고 있어"라는 식으로 행동했고, 서툴게 이를 숨기려고 했다. 하지만 그가 이미지 속에 숨기고 있던 심각한 독재적인 성격은 게지 공원의 사건 중에 분명하게 확인된 후 반발을 샀다.[34]

"구매하고 기도하라"는 오랫동안 기독교에서 이야기하던 "기도하고 일하라Ora et Labora"의 완벽한 자본주의적 해석이 아닐까? 다만 노동자의 정체성(고생하는 소작농)이 소비자로 교체된 것뿐이 아닐까? 물론 그 저변에 깔려 있는 아이디어는 기도(오랜 공동의 전통에 대한 충실도를 나타내는 암호다)하면 더 괜찮은 '쇼핑객', 즉 글로벌 자본주의 시장의 참여자가 된다는 뜻이다. 하지만 시위대가 위엄을 요구했던 이유는 총리의 거만한 경고에 대한 반발심 때문만은 아니었다. 위엄은 또한 위엄의 모습으로 나타나고, 터키 시위의 경우에는 위엄에 대한 요구가 적어도 겉모습이 유지된다면, 다시 말해서 체면을 잃지 않는다면, 그런 식으로 속고 통제를 받는 것도 괜찮다는 뜻이었다. 이것이 우리의 민주주의가 보여주는 중요한 특징이 아닐까?

21세기 미국 저널리즘의 아이콘인 월터 리프먼은 미국 민주주의를 자각하는 데 있어서 중요한 역할을 했다. 《여론Public Opinion》 (1922)[35]에서 그는 '정치 계급'이 도전 과제에 맞서 싸워야 한다고 적었다. 리프먼은 플라톤의 시각으로 대중을 바라보았고, '지엽적인 의견의 혼돈' 속에서 허둥대는 것은 맹수나 당황한 무리 모두 똑같다고 보았다. 따라서 시민의 무리는 '이해관계가 단순히 지엽적인 수준을 넘어서는 특별한 계급'에 의해서 통제를 받아야 한다고 생각했다. 이들 엘리트 그룹은 지식을 가지고 있는 기구로 작용해서, '전지전능한 시민'이라는 불가능한 이상을 꿈꾸는 민주주의의 결함을 피할 수 있다는 주장이었다. 이것이 바로 우리의 민주주의가 작동하는 방법이다. 게다가 우리는 여기에 동의하고 있다. 리프먼의 주장에 비참한 구석은 없다. 분명한 사실이 있을 뿐이다. 비참한 것은 우리가 이 사실을 알면서도 불가피하게 게임을 한다는 것이다. 우리는 마치 자유로운 듯하고, 자유롭게 결정하는 것 같지만 조용히 수용하고, 심지어는 보이지 않는 개입(언론의 자유에 쓰여 있다)을 요구하면서, 어떻게 행동하고 생각해야 할지를 명령한다.

마르크스가 오래전에 깨달았던 것처럼 이 모두는 비밀이다. 이런 이유로 민주주의에서 일반 시민들은 하나같이 모두 왕이 된다. 하지만 입헌 민주주의에서 왕이란 공식적인 결정을 내릴 뿐이고, 그 기능은 행정부가 제안한 결정을 비준하는 것이다. 이 때문에 민주주의의 의식은 입헌 민주주의의 거대한 문제와 동일해진다. 왕의 위엄을 어떻게 보호할 것인가? 왕이 결정을 내리지 않는다는 사실을 누구나 알고 있는데, 어떻게 그럴듯한 모양새를 유지해야 할까? 우리가 '민주주의의 위기'라고 부르는 대상은 사람들이 각자의 권력을 믿지 않아서 생기는 일이 아니다. 반대로 이들이 엘리트를 믿지 않기 때문에 발생한다. 엘리트가 사람들에 대해서 알고, 지침을 제공해야 하기 때문이다. 사람들이 '(진정한) 왕좌가 비었다'는 신호를 보내면서 걱정을 하기 시작할 때, 결정은 정말로 사람들의 것이 된다. 이처럼 '자유선거'는 최소한의 예의를 갖춘 것이다. 권력자들이 겸손하게 권력을 갖고 있지 않으며, 우리에게 자유롭게 원하는 사람에게 권력을 주도록 결정하라는 것이다. 앞에서 설명했던 거절되기 위한 제안의 논리를 반영했다고 할 수 있다.

그렇다면 터키의 경우를 다시 이야기해보자. 시위대가 원하는 것이 정말 이런 위엄밖에 없을까? 이들은 지금까지 속았던 원시적이고 대놓고 직접적인 방식이 지긋지긋하지 않을까? "우리는 적절한 방식으로 속고 싶다. 적어도 우리의 지능을 욕하지 않는 정직한 노력을 하라!"라고 요구한다는 말일까? 아니, 그렇다면 그것이 정말 더 원하는 것일까? 우리가 무언가를 더 원한다면, 해방의 첫 번째 단계는 거짓 자유의 껍데기를 버리고, 자유가 없는 상태를 공개적으로 요구해야 한다는 사실을 깨달아야 한다. 말하자면, 여성 해방을 위한 첫 단계는 여성에 대한 허울뿐인 존중을 버리고, 여성이 억압되었다는 사실을 공개적으로 주장해야 한다. 지금의 주인Master은 정말 주인처럼 보이길 바라지 않는다.[36]

새로운 마스터를 위하여

2차 세계대전이 막바지에 이르렀던 역사적인 순간에, 윈스턴 처칠은 군사 결정과 관련된 수수께끼를 두고 고심했다. 전문가들(경제 및 군사 분석가, 심리학자, 기상학자 등)이 다양하고 정교하며 뛰어난 분석을 제공한 뒤였다. 누군가는 이런 복잡하게 얽힌 문제를 간단하게 만드는 어려운 결정을 내려야 했다. '그렇다'와 '아니다'의 두 가지 중 하나를 결정해야 하는데, 각 답에는 각 분야의 합리적인 이유가 나열되어 있었다. 즉, '공격을 해야 할까?' 아니면 '기다려야 할까?'라는 문제였다. 이처럼 확실한 이유가 없는 상황에서 결정을 내리는 사람이 바로 마스터Master다. 전문가들은 복잡한 상황에서 자신의 입장을 설명하고, 마스터는 이것들을 간단하게 요약해서 결정을 내린다.

마스터는 심각한 위기의 순간에 특히 필요한 인물이다. 마스터가 담당하는 기능은 진정한 분열 속에서 행동하는 것이다. 과거의 요소 속에서 일을 끌어가고 싶은 사람들과 변화가 필요하다는 사실을 알고 있는 사람들 사이의 분열이다. 오바마 대통령은 미국 시민들을 단결시켜서 폭넓은 다자적인 해결을 찾기는커녕 미국 시민들을 분열시키고 있다는 비난을 받는다. 하지만 그래서 뛰어나다면 어떻게 해야 할까? 이런 분열은 기회주의적인 타협이 아니라, 진정한 단결로 가는 지름길이다.

분열이 문제가 아닌 대표적 사례를 들어보자. 1940년에 프랑스에서 있었던 일이다. 프랑스 공산당의 2인자인 자크 뒤클로는 사석에서 만약 프랑스에서 자유선거가 열렸다면, 페탱이 90퍼센트 이상의 표를 차지하면서 승리했을 것이라고 인정했다. 드골은 페탱이 독일에 조건부 항복을 했다는 사실을 거부하고, 저항을 계속하는 역사적인 행동을 하면서, 비쉬Vichy 정부가 아니라 그가 진정한 프랑스를 대변했다고 주장했다('프랑스 시민의 다수'가 아니라 진정한 프랑스의 대변인이었다는 주장이었다). 독일에 대한 항복은 정당성이 없는 나름의 '민주적'인 방식을 따랐지만, 대다수 프랑스 시민들의 의견과는 반대였기 때문에 확실한 사실이었다.

마거릿 대처는 '뜻을 굽히지 않는 여인'이었고, 역시 마스터였다. 자신의 경제적 자유주의를 끝까지 관철했는데, 처음에는 미친 짓으로 여겨졌지만 이후 대처 총리의 광기는 표준으로 받아들여졌다. 가장 뛰어난 업적을 물었을 때, 대처 총리는 망설임 없이 '신노동당'이라고 대답했다. 대처의 말은 옳았다. 심지어 대처 총리의 정치 라이벌도 경제 정책을 받아들일 정도로 승리를 거두었기 때문이다. 하지만 진정한 승리는 적에게 거둔 승리가 아니었다. 적이 대처 총리의 용어를 쓰기 시작하고, 그 이념이 전체 판의 기틀을 형성했을 때가 바로 진정한 승리였다.

그렇다면 오늘 남아 있는 대처 총리의 유산은 무엇인가? 신자유주의 헤게모니는 분명히 붕괴하고 있다. 대처 총리의 행동을 반복하는 유일한 해결책은 그 반대 방향으로 움직이는 것이다. 대처는 아마도 유일한 대처주의 신봉자일 것이다. 적어도 총리만큼은 자신의 이념을 분명하게 믿었다. 반대로 지금의 신자유주의는 "믿는 사람은 자신밖에 없는데 전 세계가 똑같이 생각한다고 상상한다"(마르크스 인용). 한마디로 지금은 냉소적인 비웃음을 공개적으로 받고 있다. 또 한 번 앞에서 언급했던 루비치의 영화 〈사느냐 죽느냐〉의 농담 장면을 떠올려보자.

독일 장교 에르하르트에게 폴란드에 건설한 독일 강제 수용소에 대해서 묻자 "우리는 폴란드인들을 강제로 수용하고, 폴란드인들은 수용된다"고 대답한다. 2002년 1월에 미국에서 있었던 엔론의 파산 역시 마찬가지가 아닐까? (이후 모든 금융권이 붕괴되었다.) 엔론 사태를 위험한 사회의 개념에 대한 역설적인 사건의 하나로 이해해야 하지 않을까? 당시 수천 명의 근로자가 일자리를 잃었고, 연금마저 날릴 위기에 처했다. 하지만 이 과정에서 진정한 선택은 없었다. 위험은 이들에게 눈먼 운명이나 마찬가지였다. 한편 그 위험을 감지하고, 개입할 수 있는 사람들(최고 경영자)은 기업이 파산하기 전에 주식과 옵션에 돈을 넣어서 자신들의 위험을 최소화했다. 이런 상황이다 보니 우리가 위험한 선택의 사회에 살고 있다는 말은 맞는 것 같다. 다만 누군가(월스트리트의 경영자들)는 선택을 하고 나머지 사람들(모기지 대출을 갚는 일반인들)은 위험에 처한다.

이미 지적했듯이, 금융 붕괴가 가져온 이상야릇한 결과와 위기를 막기 위한 방법(은행을 돕기 위해서 막대한 공적 자금을 투입했다)은 아인 랜드의 작품이 되살아난 것 같다. 즉, '탐욕은 좋은 것'이라는 극단적인 자본주의 이념에 매우 가깝다. 덕분에 랜드의 대표작인《아틀라스》는 또 다시 큰 인기를 끌었다. 일부 언론에서는《아틀라스》에서 설명된 시나리오—창의적인 자본주의자가 파업을 하는 내용—가 실행될 조짐이 보인다고 보도했다. 공화당 하원의원인 존 캠벨은 티파티Tea Party 운동을 지지하면서 이렇게 말했다. "성과를 얻어낸 사람들이 파업을 하고 있다. 나는 아직은 소규모이지만 일자리를 만드는 사람들의 시위를 보고 있다……. 이들은 스스로의 야망을 접고 있는데, 그 결과가 처벌을 받는다는 사실을 알기 때문이다." 이런 추론의 모순은 상황을 완전히 잘못 읽고 있기 때문이다. 구제 금융으로 제공된 막대한 돈은 통제를 받지 않은 랜드의 '거대한 기업'에게 투입되었는데, 이들은 '창의적'인 계획으로 실패를 했고, 그래서 금융시장의 붕괴를 가져왔다. 거물이라고 하는 창의적인 천재들이 게으른 일반 시민을 돕는 것이 아니라, 일반 납세자들이 실패한 '창의적인 괴물'을 돕고 있다.

대처가 남긴 유산 중에서 좌파 비판론자들의 타깃이 되고 있는 또 다른 부분은 대처가 가진 지도력의 '독재적인' 형태다. 대처 총리는 민주주의적인 조율의 감각이 부족했다. 하지만 이는 보기보다 복잡한 문제다. 유럽 주변에서 지속적으로 일어나고 있는 시위는 다양한 요구를 하고 있으며, 자발적이면서 직관적이다. 그래서 우리가 가진 정치적인 체계가 지속적으로 겪는 위기와의 적절한 충돌에 대한 '인식론적 장애'를 형성한다. 이런 요구는 들뢰즈 정치의 포퓰리즘 버전으로 해석된다. 사람들은 자신이 무엇을 원하는지 알고 있고, 이를 발견하고 형성할 수 있다. 그런데 지속적인 참여와 활동을 통해서만 가능하기 때문에 우리는 활발한 참여 민주주의를 필요로한다. 4년에 한 번씩 유권자의 수동적인 태도를 깨뜨리는 선거의 의식을 실행하는 대의 민주주의 정치로는 부족하다. 우리는 레닌과 같은 지도자 중심의 정당이 아니라 다자주의의 독립적인 조직이 필요하다.

이는 대의 민주주의가 아닌 직접적이고 독립적인 조직이라는 신화이고, 마지막 함정으로 거부하기 가장 어려운 환상은 아닐까? 맞는 말이다. 모든 혁신적 과정에서는 단체가 결속하는 흥분되는 순간이 있다. 2011년 카이로의 타흐리르 광장에서 그랬던 것처럼, 수천, 아니 수십만 명이 함께 공공의 장소를 차지한다. 이처럼 지역의 단체가 논의하고 결정하는 강렬한 집단적인 참여의 순간이 있다. 이때 사람들은 영원히 지속되는 긴급한 상황에서 생활하면서, 스스로 일을 처리한다. 이들을 이끌어줄 지도자는 존재하지 않는다. 하지만 이런 상황은 계속되지 않는다. 게다가 이때 느끼는 '피로감'은 단순히 심리적인 요소가 아니라, 사회적인 존재의 영역이다. 대다수의 사람들은—나를 포함해서—수동적이 되기를 바라며, 전체 사회가 매끄럽게 운영되도록 보장해주는 효율적인 국가 체계에 의존하길 바란다. 덕분에 자신의 일에 집중할 수 있기 때문이다.

오늘날 이념의 정신을 따르다 보면, 마스터에게 복종하는 피라미드 같은 전통적인 계급에서부터 다변화된 리좀적Rhizomatic 네트워크에 이르기까지 변화를 요구하게 된다. 이를 따르는 정치적인 분석은 새로운 반자본주의적 시위가 유럽을 뒤덮고 있다는 사실을 지적하길 바란다. 월가의 시위에서부터 그리스와 스페인까지, 이들 시위는 행동을 조율하기 위한 핵심 기관도, 위원회도 없다. 그보다는 서로 상호 소통하는 다자적인 단체가 존재하며, 이들은 주로 페이스북이나 트위터 같은 새로운 미디어를 통해서 활동을 동시에 조율한다. 그래서 공권력을 가진 기관이 비밀리에 시위를 구성한 위원회를 찾는다면, 본질을 잃는 것이다. 2014년 2월에 슬로베니아의 수도인 류블랴나에서 1만 명의 시위대가 의회 앞에 모여서 자랑스럽게 외쳤다. "시위는 1만 명이 조직한 것이다!" 하지만 이런 '분자와 같은' 우발적이고 독립적인 조직이 가장 효율적인 형태의 새로운 '저항'일까? 이미 상황은, 그중에서도 특히 자본은 탈-오이디푸스post-Oedipal의 다자주의를 요구했던 들뢰즈의 이론과 반대로 움직이고 있지 않았던가?[37] 이 경우에 권력은 스스로 대화를 시작해야 하며, 이 트윗과 저 트윗을 이동한다. 그래서 지금은 교황과 총리도 트위터를 한다. 우리는 결론에 이르기 위해서 이런 추론을 좇는 것을 두려워해서는 안 된다. 중앙 집중적이고 수직적 계급의 권력과 수평적인 군중 사이에 존재하는 반대는 이미 존재하고 있는 사회와 정치적인 질서 내에서도 찾아볼 수 있다. 이 두 가지 중 어떤 것도 '더 낫거나' 혹은 '더 적극적'이지 않다.[38]

게다가 분자와 같은 독립적인 군중이 강력한 지도자가 유지하는 계급의 질서에 반대하는 것과 관련해서 베네수엘라의 아이러니는 주목할 필요가 있다. 그곳은 직접 민주주의(지역 의회, 협력, 공장을 운영하는 노동자)를 시도하면서 수많은 찬사를 들은 바 있다. 한편 지도자는 우고 차베스로, 그 누구보다 강력한 지도자였다. 이는 마치 프로이트가 말한 이동의 규칙이 작용한 것 같다. 개인이 '스스로를 넘어서려면' 대표 정치의 수동성을 버리고, 스스로 직접 정치에 나서야 한다. 지도자를 참고하는 것도 필요한데, 지도자는 '이상적인' 가공의 지도자인 바론 뮌하우젠처럼 이들을 습지에서 끌고 나와야 한다. 그래서 이 책에서는 바디우와 루디네스코의 대화를 통해서 전통적인 마스터가 수평적인 네트워크를 파괴하는 동시에 또 어떻게 과거의 전통적인 마스터보다 더욱 강력한 새로운 형태의 우세를 형성하는지를 지적하려고 한다. 바디우의 가설은 대상이 '인간이라는 동물'을 넘어서기 위해서는 마스터가 필요하며, 신뢰가 쌓이는 사건에 대해서 충성도를 보여야 한다는 것이다.

루디네스코 : 마지막으로, 정신분석학의 사회에서 간과하고 있는 것은 소규모의 대장들에게 도움이 되는 마스터의 위치입니다.

애스치맨 : '마스터'란 무슨 뜻입니까?

루디네스코 : 마스터의 위치는 이동을 허용합니다. 정신분석은 무엇을 분석하고 알아낼지 '알고 있어야 합니다'. 정신분석과 관련된 지식이 없다면, 고통의 원인을 찾는 일은 거의 불가능합니다.

애스치맨 : 정말 마스터를 부활시켜야 할까요?

바디우 : 마스터란 개인이 대상이 될 수 있도록 돕는 사람입니다. 말하자면 개인과 보편성 사이의 갈등에서 대상이 만들어진다는 것을 인정한다면, 개인은 중재를 필요로 하고, 따라서 권한도 필요합니다. 그래야 길을 따라서 전진할 수 있으니까요. 마스터의 위기는 논리적으로 대상의 위기입니다. 정신분석은 여기에서 벗어나지 않습니다. 마스터의 입장을 쇄신해야 합니다. 마스터가 필요하지 않다는 것은 사실이 아닙니다. 특히 해방적인 시각에서 보면 그렇습니다.

루디네스코 : 마스터가 사라지면, 그는 지배자가 되고 권위주의에 빠집니다. 그리고 조만간 꼭 파시즘으로 끝이 납니다. 불행하지만 역사가 증명하고 있습니다.[39]

바디우는 또 '민주적' 민감성을 위한 필요한 마스터의 역할에 서슴없이 반대를 피력했다.

저는 공산주의 과정에서 어떤 단계든 지도자의 자본적인 기능을 재정립해야 한다고 믿습니다. 지도력이 부족한 두 가지의 사례가 있습니다. 하나는 파리의 코뮌(Commune, 엄격하게 군사적인 영역에서 돔브로스키를 제외하면 가치 있는 지도자는 없다)이고, 또 하나는 프롤레타리아 문화대혁명입니다(모택동은 너무 나이가 많고 지쳐 있었고, '프롤레타리아 문화대혁명 집안'은 극도의 좌파에 감염되어 있었다). 혹독한 교훈이었죠.

지도자가 가진 자본의 기능은 지배적인 '민주주의'의 분위기와는 양립하지 않습니다. 그래서 저는 이런 분위기에 반대합니다(결국 누군가는 이념을 시작해야 하니까요). 저는 "나는 마스터와 같은 인물이야"라고 말하는 라캉주의자들과 대응하고 있습니다. 이들이 민병대일 때, 저는 '독재자'라고 하고(카를 슈미트의 시각에 따라), 노동자일 때는 '군중의 지도자'라고 하죠. 덕분에 저는 재빨리 이해됩니다.[40]

하지만 정말 효율적인 사례일까? 마스터를 대체할 수 있는 대안은 (잠재적 '독재자'인) '지배자'밖에 없을까? 정신분석에서 보았을 때, 마스터는 일종의 사기꾼이고, 모든 분석적 과정의 목적은 변화를 '알아야 하는 대상'의 자격으로서 마스터로 용해시키는 것이다. 분석의 결과에는 알아야 할 대상의 붕괴가 포함된다. 자크 알랭 밀러는 (분석가로서) 이른 붕괴를 용인했지만, 그럼에도 불구하고 정치의 영역이 마스터에 관한 담론의 영역이라는 바디우의 생각에는 동의했다. 차이는 바디우가 완전한 포용을 선택한 반면, 밀러는 마스터에 대해 냉소적인 거리를 유지한 점에서 차이가 있다.

> 정신분석학자는 정치적인 영역에 개입하지 않으려는 풍자가의 위치를 차지한다. 그는 행동하고, 겉모습은 각자의 위치에 남아 있는 반면, 그가 배려하는 대상은 이를 실제로 받아들이지 않도록 확실히 한다……. 어떻게든 이들에 의해서 걸려든 상태로 남아 있도록(속도록) 해야 한다. 라캉은 '속지 않는 실수'라고 말할 것이다. 만약 누군가 겉모습이 진짜가 아닌 것처럼 행동한다면, 그는 이들의 효율성을 그대로 놔둔 것이고, 상황은 더 나빠진다.[41]

극단적으로 해방적인 정책의 이치는 마스터가 우리 사회생활의 궁극적인 수평선이 아니며, 그래서 마스터가 하나로 묶지 않은 집단이 형성될 수 있다. 이런 이치가 없다면, 어떤 공산주의 정책도 번영할 수 없다. 다만 현재 존재하는 질서의 실용적인 개선만이 있을 뿐이다. 하지만 동시에 우리는 정신분석의 교훈을 따라야 한다. 해방으로 이어지는 유일한 길은 변형이고, 이는 마스터를 왜 피할 수 없는지의 이유가 된다. 따라서 우리는 무서워하지 말고 바디우의 제안을 따라야 한다. 효과적으로 개인을 도그마적인 '민주주의의 잠'에서 깨우기 위해서는, 즉 대의 민주주의의 제도적인 형태에 대한 맹목적인 의지를 부수기 위해서는 직접적이고 독립적인 조직에 호소하는 것만으로는 부족하다고 한다. 새로운 마스터가 필요하다. 아르튀르 랭보의 〈이성À une raison〉(To a Reason)의 유명한 구절을 떠올려보자.

> 드럼에 손가락을 톡톡거릴 때, 모든 음은 풀려나고 새로운 하모니가 시작된다.
> 당신의 발자국은 새로운 사람들의 징병제이고, 그들의 진격 명령이다.
> 당신이 다른 곳을 바라보면, 그것이 새로운 사랑이다!
> 당신이 과거를 돌아보면, 그것이 새로운 사랑이다!⁴²

이 시구에서 분명 '파시스트'의 요소는 찾을 수 없다. 정치적 역동성이 가지는 최고의 역설은 마스터가 개인을 나태함의 수렁 속에서 끌어내어서 자유를 위한 해방적인 투쟁에 스스로 참여하도록 동기를 부여해야 한다는 것이다. 따라서 우리가 지금의 상황에서 필요한 것은 좌파의 대처다. 대처와 같은 태도를 정반대의 방향으로 보여줄 사람이 필요하다. 다양한 성향의 정치 엘리트들이 공유하고 있는 공통적인 생각을 변화시켜야 하기 때문이다. 우리가 사로이 지리가 말하는 모든 계급 구조를 불신하는 '무정부주의적인 수평주의'를 거부해야 하는 것도 이 때문이다. 한쪽에서 적극적인 운동이 일어나서 지도자가 되고 다른 쪽을 동원할 때, 우리는 당당하게 '선구자'의 아이디어를 주장해야 한다.

합의와 수평주의가 우리를 보살펴주는 자유주의와 유사한 자존심에 머무르지 않게 될 때, 우리는 어떻게 더 구체적인 정치의 개념에 공헌을 할 수 있는지를 상세하게 설명해야 한다. 아마도 이는 수평주의와 합의를 정치적으로 올바르게 끌어내는 것보다 공산주의 정치를 되살리는 옳은 방법일 것이다.[43]

지리는 오클랜드에서 월가 시위가 일어났을 때, 일반 시위대와 분리되었던 협의회를 예로 들었다.

독립된 기관이었고, 활동과는 확실히 분리되었다. 중요한 결정을 내리고, 이를 실행했다. 이는 (막 시작된) 수직주의로 민주적인 의사 결정 혹은 수평적인 자연스러운 활동을 거부했다. 이렇게 생긴 수직주의가 수평주의와 그 진실을 적용할 수 있을까? 시위에서 각 열을 구성하는 소수가 주관적인 생각을 비준하지는 않는다.[44]

'극단적'인 전술의 경우도 마찬가지다. 이는 생산성을 악화시킬 수도 있지만, 폭넓은 지지자들을 극단적으로 변화시킬 수 있다. "소수의 극단적인 행동은 분열로 이어지지 않으며, 더욱 혁명적인 결합을 만들어낸다."[45]

고통의 권리

  그렇다면 마스터의 기본적인 행동은 무엇일까? 놀랍게도 헤겔이 지적한 것이다. 헤겔이 말한 '고통의 권리(Notrecht, 위급권)'[46]에서 부터 시작해보자.

  127 자연적인 의지가 가지고 있는 이해관계의 독특함은 전체적으로 보았을 때 개인의 존재 혹은 삶이다. 극단적인 위험이나 누군가와 합법적인 재산을 위한 분쟁에 휘말렸을 때, 이런 삶은 (자비가 아니라 권리로) 고통의 권리를 주장할 수 있다[위급권]. 이런 상황에서 한쪽은 사람의 존재에 대한 무한한 상해이고, 그 결과는 모든 권리의 소실이기 때문이다. 또 다른 한편은 자유에 대한 한 가지의 제한된 구현에 대한 상해다. 이는 두 가지의 권리를 모두 인정하며, 권리에 대한 상해를 입은 사람의 능력도 인정한다. 상해는 그의 재산에만 이루어지기 때문이다.

  평가 : 고통의 권리는 성징록Beneficium Competentiae의 기본이며, 채무자는 자신의 삶을 지지하기 위해서, 즉 그의 사회 수준을 지지하기 위해서 필수 불가결한 수준으로 도구와 농사를 위한 도구, 옷 등의 채권자의 자원을 소유하도록 허락을 받는다.

  추가 : 종료의 총계로 구성된 삶은 추상적인 권리에 대한 권리를 갖는다. 예를 들어서, 기본적인 생활을 위해서 빵을 훔친다면,

이 행동은 물론 누군가의 재산에 대한 침해이지만, 이를 일반적인 절도로 취급하는 것은 옳지 않다. 삶이 위기에 빠진 사람이 스스로를 보호하기 위해서 저지른 행동을 허용하지 않는다면, 그는 권리를 박탈당한 것이며, 삶을 빼앗겼기 때문에 자유도 완전히 무시된 것이다…….

128 이런 고통은 유한하고, 따라서 권리와 권리의 복지에 대한 만일의 사태는 특정한 사람을 구현하지 않은 자유의 추상적인 구현이며, 권리의 보편성 없이 특정한 의지의 국면으로 봐야 하는 복지의 구현이다.

헤겔의 설명은 인도적인 생각으로 합법적인 열정을 누그러뜨리라는 것이 아니다(만약 가난한 아버지가 배곯는 아이들을 위해서 빵을 훔친다면, 우리는 자비를 베풀어야 하고, 그가 왜 법을 어겼는지 이해해야 한다). 열정을 줄이면서 고통과 싸우고, 고통이 일어나고 있는 경제 및 법적인 문제는 고스란히 놔두어야 한다는 접근을 지지하는 사람들은 "피에 굶주렸으면서 인간적인 흉내를 내며 비명을 내지르는 것에 불과하고, 부르주아들이 압도하고 있는 사회적인 조건이 역사의 궁극적인 결과물이라고 생각한다".47 마르크스의 설명은 오늘날의 빌 게이츠 같은 인도주의자에 꼭 들어맞는다. 헤겔이 한 말은 기본적인 법적 권리로, 다른 특정한 법적 권리보다 우선하는 것이다. 달리 말하면, 우리는 삶과 권리의 법적 체계에 대한 제한 사이에서 발생하는 갈등을 다루는 데서 그치는 것이 아니라, 모든 공적인 권리를 넘어서는 (삶의) 권리를 다룬다. 다시 말해서 권리의 영역에 내재된 갈등을 뜻하며, 이 갈등은 법적 체계가 가지고 있는 한계와 불일치하다. 또 '추상적'인 특성을 나타내기 때문에 불가피하고, 필요하다. "삶의 위기를 맞은 사람이 스스로를 보호하기 위해서 하는 행위—생존에 필요한 음식을 훔치는 것—를 허용하기를 거부하는 것은 그를 권리도 없이 배척하는 것이다."

여기에서 중요한 점은 정당한 도난에 대해 죄를 묻는 것이 대상에게 삶을 빼앗는 문제가 아니라, 그를 법의 영역에서 배제하는 것과 관련된 문제다. 다시 말해서 이런 거절은 대상이 권리를 가질 권리를 빼앗는 것이다. 게다가 앞에서 인용된 '평가'는 이런 논리를 채무자의 상황에 적용해서, 삶을 유지하는 데 필수 불가결한 정도가 아니라 '그의 사회적 수준'에 대한 자원을 보유하도록 허용해야 한다고 주장한다. 그리스와 같은 부채 국가에서 빈곤한 삶을 살고 있는 상당수의 상황과 큰 관련이 있는 주장이다. 하지만 여기에서 핵심적인 의문점은 우리가 '고통의 권리'를 보편화시켜서 전체 사회 계급과 또 다른 계급의 재산에 반하는 행위로 확대할 수 있느냐는 것이다. 헤겔은 이 문제를 직접적으로 설명하지는 않았지만, 그가 '폭도'를 사회적인 인식의 영역에서 배척된 단체 혹은 계층으로 설명한 것은 체계적이었다.

> **244 추가**: 본성에 반해서 사람은 권리를 주장할 수 없다. 하지만 일단 사회가 형성되면, 빈곤은 하나의 계층에 의해서 다른 계층에 대해 즉각 형성된다.

이런 상황에서 사람들의 전체 계층은 체계적으로 위엄 있는 생존 이하로 하락하고, '스스로의 생존을 위한 조치'(여기에서는 정립된 법적 명령에 대한 공개된 저항을 뜻한다)를 허용하지 않겠다고 거부한다. 한마디로 헤겔을 해석하면서 얻는 것은 모택동의 면을 가진 헤겔이며, 이때의 헤겔은 모택동이 문화혁명 초기에 청년층에게 했던 다음 어구를 우리에게 말해준다. "저항하는 것이 옳다!" 이것이 진정한 마스터의 교훈이다.

진정한 마스터는 훈육과 금지의 대리인이 아니다. 그의 메시지는 "당신은 할 수 없어!"도 "당신은 해야 해!"도 아니다. 반대로 "당신은 할 수 있어!"라고 하는 해방적인 메시지다. 그런데 무엇을 할 수 있다는 말일까? 불가능한 일을 하라는 뜻이다. 말하자면, 현재의 우리가 협력을 해도 불가능해 보이는 일이다. 그리고 지금은 매우 분명한 일이라는 뜻이기도 하다. 자본주의와 자유민주주의를 넘어서 우리 삶의 궁극적인 기틀을 생각할 수 있다. 마스터는 당신에게 당신을 돌려주고, 자유의 심연으로 데려갈 점차 사라지고 있는 중재자다. 진정한 리더의 말을 들을 때면, 우리가 원하는 것을 알게 된다(혹은 더 정확하게 말하면 알지 못하고 있었지만 이미 원하던 것이다).

마스터가 필요한 이유는 우리가 직접 우리의 자유에 응할 수 없기 때문이다. 접근하기 위해서는 우리를 외부로 밀어내야 한다. 우리의 '자연 상태'는 나태하고 이기적이며, 바디우가 말한 대로 '인간 동물'이기 때문이다. 여기에 깔려 있는 모순은 살아갈수록 '마스터가 없는 자유로운 인간이 된다'는 것이다. 자유가 없는 상태가 될수록 현재의 가능성에 갇히게 된다. 우리는 마스터의 자유에 내밀리거나 방해를 받아야 한다.

우디 알로니가 만든 다큐멘터리 〈예술/폭력〉에서, 제닌 자유 극장Jenin Freedom Theater의 설립자인 줄리아노 메르 카미스에게 애도를 표하는 부분이 있다. 어떤 젊은 팔레스타인 여배우가 나와서 줄리아노가 어떤 의미를 가진 사람이었으며, 그와 동료가 된다는 것은 어떤지를 말한다. 그는 동료에게 자유를 준다고 한다. 말하자면 무엇을 할 수 있는지를 알게 해주고, 새로운 가능성을 열어준다고 한다.

피난민 수용소의 집 없는 아이들에게도 마찬가지였다. 이것이 진짜 마스터의 역할이다. 무언가 두렵다면 (그리고 죽음의 공포가 당신을 노예로 만드는 궁극적인 공포라면) 진정한 친구는 이렇게 말할 것이다. "겁내지 마. 있잖아, 내가 할게. 네가 무서워하는 것, 내가 할게. 해야 해서가 아니라, 네 친구니까. 난 두렵지 않아!" 친구 덕분에 우리는 자유가 되고, 할 수 있는 일이라는 것을 알게 된다. 그래서 나도 할 수 있고, 노예가 아니라는 것도…….

오바마 대통령의 첫 번째 대통령 선거 캠페인의 구호에서는 진정한 마스터의 흔적을 발견할 수 있었다. 그 외침은 "할 수 있어요!"였다. 새로운 가능성을 열어주는 구호였다. 하지만 히틀러도 공식적으로 비슷한 일을 했던 것을 알고 있는가? 그때 히틀러가 독일 국민들에게 전달한 메시지는 "그래요, 우리는 유대인을 죽이고, 민주주의를 부수고, 인종차별을 하고, 다른 국가를 공격할 수 있어요"가 아니었나? 좀 더 자세히 분석해보면 차이를 확인할 수 있다. 히틀러는 진정한 마스터와 달리 포퓰리즘 선동가로 사람들의 은밀한 욕망을 조심스럽게 이용한다. 마치 이 과정은 스티브 잡스가 남긴 유명한 말 "대부분 사람들은 그들에게 직접 보여주기 전까지는 원하는 것을 모른다"는 것과 같다. 잡스의 행동은 많은 비판을 받고 있지만, 이 구호를 이해하는 점에 있어서는 진정한 마스터에 가까웠다.

애플이 소비자의 니즈를 파악하기 위해서 얼마나 많은 질문을 하는지 물었을 때 그의 대답은 다음과 같았다. "전혀 묻지 않습니다. 소비자가 무엇을 원하는지 알아내는 것은 소비자의 일이 아니기 때문이죠……. 우리는 우리가 원하는 것을 알아냅니다."[48] 정말 놀라운 대답이라는 사실에 주목해보자. 소비자들이 원하는 것을 알지 못한다고 말했지만, 그 다음을 예측되는 말로 하지 않았다. "우리가 해야 할 일은(창의적인 자본가들이 해야 하는 일은) 소비자가 원하는 것을 찾아서 시장에서 보여주는 것이죠"라고 말하지 않았다. 대신 "우리는 우리가 원하는 것을 알아냅니다"라고 말했다. 이것이 진정한 마스터의 방식이다. 그는 사람들이 원하는 것을 추측하지 않는다. 다만 자신이 원하는 욕망을 좇고, 사람들이 그를 따를지 결정하게 만들었다. 다시 말해서, 그의 힘은 욕망에 대한 충성 및 타협에서 얻은 것이었다. 여기에 진정한 마스터와, 다른 지도자(예를 들어, 스탈린과 같은 지도자)의 차이가 있다. 이들은 사람들이 원하는 것을 알고 있는 척하고(자신들이 더 잘 알고 있는 것처럼 행동한다), 원하는 것을 하는 척하고(사람들을 위하는 것처럼 행동한다), 그 다음 사람들의 의지에 반하는 일을 한다.

마스터의 고착 상태에 대한 헤겔의 해결책을—마스터를 갖는 것은 (왕을 갖는 것과 마찬가지로) 이름만 남게 된다. 즉, 모든 일에 대한 자격을 완전하게 분리시키는 순수한 상징적인 권한, 전문가들이 준비한 제안에 이름을 서명만 하는 군주처럼 명분만 남는다—'결국 바보가 될 마스터를 갖자'는 냉소적인 입장과 혼동해서는 안 된다. 이런 방식의 속임수는 불가능하다, 다음 중 하나를 선택해야 하기 때문이다. 마스터를 진지하게 받아들이지 않거나(이 경우에 마스터는 단순히 수행적인 기능이 아니다), 혹은 직접적인 의식적 아이러니에도 불구하고 우리가 마스터를 우리의 행동 방식에 따라 진지하게 받아들이는 것(이 경우는 실제 마스터를 무시하는 수준에 이를 수도 있다) 중 하나를 선택해야 한다. 후자의 경우, 우리는 간단하게 '나도 너무 잘 알지만'이라면서 부인하며 해결한다. 역설적인 거리가 마스터와 관계의 일부이며, 이때 마스터는 효율적으로 참아낼 수 있는 주관적인 환상의 기능을 한다. 말하자면 우리는 마스터를 심각하게 받아들이지 않는 척하면서 마스터가 진정한 우리의 마스터라는 사실을 감내한다.

이런 속임수와 비슷한 것이 정치적인 마스터를 위한 필요성을 수용하는 것이다. 하지만 마스터라는 인물이 집합적인 해방의 과정에 대응하도록 허락하는 것만 이루어져야 한다고 주장한다. 사람들이 고착 상태에 도달했을 때, 마스터가 직접 해결책을 가져올 수는 없다. 이런 경우, 우리는 자신의 행동도 잘 모르는 독재자를 갖게 된다. 사람들은 먼저 프로젝트를 중심으로 자신들의 의지를 모아야 하며, 그 다음에야 마스터와 같은 존재가 이들의 프로젝트에서 확인되는 길을 따라서 지도력을 발휘할 수 있다. 논리적으로 보이지만, 이런 개념은 잘못된 것이다.

앞에서 논의했듯이 진정한 리더는 사람들이 원하고 계획하는 일을 하지 않는다. 이들은 사람들이 원하는 것을 알려주고, 이들을 통해서만 이들이 원하는 것을 이룬다. 여기에 진정한 정치적 지도자의 행동이 존재한다. 지도자의 말을 들은 다음에야 사람들은 자신이 언제나 원했던 것이 무엇인지 깨닫는다. 마스터의 말을 들으면서 사람들은 제안된 프로젝트 내에서 자신의 위치를 분명히 알게 되고, 스스로를 파악하고, 가장 중요한 요구를 확인한다.

하지만 진짜 마스터는 리더가 될 필요가 없다. 에델만(1919~2009)은 유대인 출신의 폴란드 정치인이자 사회 활동가였다. 2차 세계대전 이전에 그는 좌파인 전 유대인 노동당 연합(General Jewish Labor Bund, 시온주의 프로젝트에 반대했다)에서 활발하게 활동했다. 전쟁 중에는 유대인 전투 조직을 공동으로 설립했고, 1943년에는 바르샤바 게토 시위에 참여했다(모르데하이 아니레빗가 사망한 후에는 리더가 되었다). 또한 1944년에는 도시 전체에서 발생한 시위에 참여했다. 전쟁이 끝난 후 에델만은 유명 심장병 전문의가 되었다. 1970년대 이후로는 노동자 보호 위원회와 협력했고, 1989년에는 연합회원의 자격으로 폴란드 원탁회의에 참여했다. 폴란드의 반유대주의와 싸운 에델만은 평생을 반시온주의자로 살았다. 1985년 인터뷰에서 그는 시오니즘이 "명분을 잃었다"고 말하고, 이스라엘의 생존 능력을 의심했다. 말년에는 공개적으로 팔레스타인의 저항을 지지하면서, 평생 유대인들을 방어했지만 이제는 그 반대편에 서게 될 위기에 섰다고 주장했다.

2002년 8월에는 팔레스타인 지도자들에게 공개적으로 편지를 썼다. 편지에서는 자살폭탄을 비판했지만, 편지 내용은 이스라엘 정부와 언론의 분노를 샀다. 저항을 하는 동료 전사에 대한 결속의 정신에 관한 편지였을 뿐 아니라, 과거 유대인의 시위를 이끌었던 지도자가 점령지의 팔레스타인 저항 세력에 절박하게 편지를 써 보냈기 때문이었다. 이 때문에 에델만은 어떤 공식적인 정당에서도 영웅으로 인정받지 못했다. 지칵 라빈이 총리 자격으로 폴란드를 방문했을 때, 에델만은 바르샤바 공항에서 그를 기다리는 대표단 중 한

명이었는데, 라빈 총리는 에델만의 악수를 거부했다(이유는 분디스트 Bundist, 유대인 사회주의 운동—옮긴이와 악수를 하고 싶지 않았기 때문이었다).[49]

에델만을 '스스로를 증오하는 유대인'이라고 지목하는 것은 다분히 외설적인 표현이다. 그가 현재에는 찾아보기 어려운 윤리적인 입장을 대변하기 때문이다. 에델만은 행동할 때(독일에 대항해서)를 알고 있었고, 공개 발언을 할 때(팔레스타인을 위해서)를 알고 있었으며, 정치적인 활동에 참여해야 할 때(결속을 위해서)를 알고 있었으며, 시기도 알고 있었다. 1968년에 반유대주의 캠페인이 세력을 넓힌 후 아내와 아이들이 이민을 갔을 때는 폴란드에 머무르면서 아우슈비츠 유대인 수용소의 폐허가 된 건물의 돌멩이에 자신을 비유했다. 이때 "모두가 죽은 후에 누군가는 머물러야 한다"고 말했는데, 여기에 모든 뜻이 담겨 있었다. 정말 중요한 것은 아무 말 없이 묵묵하게 존재하는 것 그 자체. 어떤 선언도 필요하지 않았다. 에델만의 존재에 대한 인식, 즉 '거기에 있다'는 사실이 사람들을 자유롭게 만들었다.

부록

주의해요!
Nota bene!

배트맨과
트라우마

'Nota bene'은 두 가지의 의미가 있다. '특별히 주의를 기울이라는 것'(올바른 뜻이다)과 '잘 자라는 것'('nota'를 '밤'으로 잘못 이해해서 실수한 것이다)이다. 이는 오늘날 이념의 비평가들의 운명을 너무나 정확하게 보여준다. 지금은 냉소적으로 무심한 세상이다. 이념을 비판하는 메시지는 "내 말을 잘 들어. 현실에 눈을 뜨라고!"라고 외치는 것이다. 한편 이런 외침에 대한 답은 대부분 "당신은 너무 따분해. 당신 때문에 졸려. 잘 자!"다. 이런 도그마의 잠을 어떻게 깨뜨리고, "잘 자"를 "응, 당신의 말을 잘 듣고 있어"로 바꿀 수 있을까?

이 일이 너무나 어려운 이유는 이념적인 꿈이 명백한 반대가 아니기 때문이다. 이들은 현실을 구성한다(우리의 경험도 마찬가지다). 하지만 만약 우리가 경험하는 현실이 실은 환상에 의해서 구성된 것이고, 환상은 우리가 차가운 현실에 직접 압도되지 않도록 막아주는 보호막이라면 어떨까? 그렇다면 현실 자체가 현실을 대면하지 않도록 돕는 탈출구의 기능을 할 것이다. 꿈과 현실의 괴리에서 환상은 현실의 편이다. 우리는 꿈에 빠져서 트라우마와 같은 현실을 대면한다. 꿈은 현실을 감내하지 못하는 사람들 때문에 존재하는 것이 아니다. 오히려 현실이 꿈을 감내하지 못하는 사람들을 위해서 존재한다(현실은 분명하게 드러난다). 이것이 바로 라캉이 아들의 관을 지키다가 잠이 든 아버지의 꿈에서 얻은 교훈이며, 프로이트도 〈꿈의 해석 Interpretation of Dreams〉에서 언급한 내용이다.

아버지의 꿈에 죽은 아들이 나타나서 "아버지, 내가 타는 것이 보여요?"라며 끔찍한 말을 던진다. 깜짝 놀라 잠에서 깬 아버지는 양초 중 하나가 넘어져 아들의 관에 불이 붙은 것을 알게 된다. 그렇다면 왜 아버지는 잠에서 깨었을까? 연기가 너무 강해서 더 이상 잠을 잘 수 없었기 때문에 꿈속으로 들어가 아버지를 깨우는 것이 가능할까? 라캉은 훨씬 더 흥미로운 해석을 한다. 이 불행한 아버지를 깨운 것은 외부 현실의 신호가 침입한 것이 아니라, 그가 꿈에서 본 너무나 충격적인 요소라는 것이다. '꿈'은 현실을 피하기 위한 상상인데, 이 아버지는 계속 꿈을 꿀 수 없어서 일어난 것이다. 말하자면 이렇다. 아버지의 잠은 연기 때문에 방해를 받는다. 그러자 아버지는 꿈을 계속 연장하기 위해서 방해 요소(연기 혹은 불)를 꿈속에 포함시키려고 하지만, 그가 포함시킨 것은 트라우마(아들의 죽음에 대한 책임)였다. 현실보다 더욱 강한 트라우마 때문에 아버지가 잠에서 깨어난 것이다.

그 의미는 이념에 대한 비판이 현실에 대한 비판으로 시작하는 것이 아니라, 꿈에 대한 비판에서 시작되어야 한다는 것이다. 혁명을 꿈꾸는 기술은 혁명 이전 시대에는 상당한 의미를 가졌다. 이런 꿈은 극단적인 힘에만 제한되는 것은 아니다. 왜곡된 방식으로 보수주의 혹은 자유주의 세력이 해방적인 사건의 위협적이면서도 어두운 면을 상상했던 것에서 역시 많은 것을 배울 수 있다. 실제 사건은 흔적을 남기고, 참고를 위한 모호한 지점을 제공한다. 크리스토퍼 놀란 감독의 〈다크 나이트 라이즈The Dark Knight Rises〉가 흥미로운 것도 이 때문이다. 영화는 상상했던 사건의 배경을 제대로 이해하고 있다. 영화의 내용은 (간략하게 설명하면) 이렇다.

다크 나이트의 사건이 발생한 후 8년이 지났고, 고담 시에는 법과 질서가 찾아온다. 경찰청장 고든은 덴트 특별법의 권한으로 폭력과 조직범죄 소탕에 거의 성공한다. 하지만 고든은 덴트의 범죄를 은폐한 사실에 죄책감을 느낀다(덴트가 고든의 아들을 죽이려고 했고, 배트맨은 아들을 구한다. 이때 덴트는 죽게 되고, 배트맨은 덴트에 대한 잘못된 인식을 이용한다. 그래서 스스로 고담 시의 악당이 되어서 비난을 받는다). 고든은 덴트를 기리는 행사에서 사실을 밝히려고 하지만, 고담 시는 진실을 들을 준비가 되어 있지 않다. 브루스 웨인은 배트맨의 역할을 중단하고, 고립된 삶을 살아간다. 한편 웨인이 핵융합 기술을 이용한 청정에너지 프로젝트에 투자한 후, 그의 사업은 기울기 시작한다. 하지만 실제로는 에너지의 핵심 부분이 핵무기로 사용될 수 있다는 사실을 알고, 웨인은 프로젝트를 폐쇄한다. 웨인의 이사회 중역 중 한 명인 아름다운 미란다 테이트는 그에게 사회에 다시 복귀해서 자선사업을 진행하도록 격려한다.

이때 영화의 (첫) 악당이 모습을 드러낸다. 베인은 '어둠의 리그'라는 범죄 조직의 테러리스트 리더로, 고든의 연설문을 얻어낸다. 베인의 금융 책략으로 웨인의 기업은 파산 위기를 맞는다. 웨인은 미란다에게 회사를 맡아달라고 부탁하고, 이 과정에서 두 사람은 짧게 연인 관계가 되기도 한다(미란다는 부자에게 돈을 훔쳐서 부를 재분배하는 캣우먼 셀리나 카일과 경쟁 관계다. 카일은 이후 웨인과 함께 법과 질서를 만든다). 베인이 핵융합의 핵심 부분을 가져갔다는 사실을 알게 된 웨인은 배트맨으로 돌아가 베인과 싸운다. 베인은 어둠의 리그 리더인 라스 알 굴이 죽고 나서 자신이 그 자리를 차지했다고 말한다. 베인은 배트맨과의 전투 후 웨인을 탈옥이 불가능한 감옥에 가둔다. 수감자들은 웨인에게 탈옥에 성공한 사람은 단 한 명이며, 절박함과 의지로 빠져나갔다고 말한다. 감옥에 갇힌 웨인은 부상을 회복하고, 배트맨의 힘을 되찾는다. 베인은 그동안 고담 시를 고립된 도시국가로 만드는 데 성공한다. 먼저 고담 시의 경찰 병력을 지하로 불러서 가둔 후, 폭발물로 고담 시와 본토를 잇는 다리 대부분을 파괴한다. 또한 한 사람이라도 도시를 빠져나가면, 폭탄으로 바꿔놓은 핵융합 장치를 폭발시키겠다고 협박한다.

이때 영화는 매우 중요한 부분에 이른다. 베인이 도시를 점령한 후, 거대한 정치 이념 공격이 가세된다. 베인은 덴트의 죽음에 관한 비밀을 밝히고, 덴트법으로 수감된 죄수들을 석방한다. 그는 부자와 권력자들을 비난하며, 일반 시민들의 권한을 회복시키고, "도시를 되찾으라"고 요구한다. 베인은 "월가 점령 시위대처럼 99퍼센트가 힘을 합쳐서 사회적인 엘리트를 전복시켜야 한다"[1]고 주장한다. 그 다음은 일반인들의 권력에 대한 영화의 이념이 그려진다. 간략하게 부자들에 대한 재판과 처형이 그려지고, 도시는 범죄와 악당이 득세하는 등의 상황이 벌어진다.

결국 웨인은 탈옥에 성공하고, 배트맨으로 고담 시에 돌아온다. 그는 친구들을 모아서 도시를 해방시키고, 핵융합 폭탄을 폭발 전에 막아낸다. 배트맨은 베인과 싸워서 그를 제압하지만, 미란다가 개입해서 배트맨을 칼로 찌르면서 자신이 라스 알 굴의 딸인 탈리아 알 굴이라고 말한다. 감옥을 빠져나온 유일한 아이는 미란다였고, 베인은 탈옥을 도운 사람이었다. 미란다는 고담 시를 파괴하려는 아버지의 계획을 완료하겠다고 선언하고 탈출한다. 이후 고든은 폭탄의 원격 조종 장치를 망가뜨리고, 셀리나는 베인을 죽인다. 덕분에 배트맨은 탈리아를 쫓는다. 배트맨은 탈리아가 병합실에 폭탄을 가져가서 안정화시킬 수 있도록 하지만, 탈리아는 병합실에 물을 끌어온다. 트럭 충돌 사고가 발생하면서 탈리아는 죽고, 배트맨은 폭탄을 도시의 경계까지 가져간다. 바다 위에서 폭탄이 터지게 되고, 그때 배트맨이 죽는 것처럼 그려진다.

배트맨은 고담 시를 구한 영웅으로 칭송되고, 웨인은 폭동 중에 사망한 것으로 알려진다. 웨인의 재산은 분할된다. 그의 충직한 집사인 알프레드는 웨인과 셀리나가 피렌체의 카페에 함께 앉아 있는 모습을 목격한다. 한편 배트맨의 정체를 알고 있는 젊고 정직한 경찰 블레이크는 배트맨의 동굴을 물려받는다. 한마디로 "배트맨은 세상을 구했고, 상처 하나 없이 일상생활을 즐기며, 그의 자리는 다른 사람으로 대체되면서 시스템이 유지된다"[2]는 것이다.

배트맨, 조커, 베인

영화의 결말이 확실하게 보여준 이념의 첫 번째 실마리는 집사인 알프레드가 웨인의 장례식에서(장례식처럼 보이는 장소에서) 찰스 디킨스가 쓴 《두 도시 이야기Tale of Two Cities》의 마지막 줄을 읽는 장면에서 확인할 수 있다. "내가 한 일은 그 어떤 일보다 더 낫고, 알고 있던 것보다 훨씬 더 먼 곳으로 갔다." 일부에서는 이 인용이 다음의 사실을 보여준다고 생각한다.

> 서방세계의 기술이 가진 고귀한 수준에 항거해서⋯⋯ 영화는 미국 전통의 중심에 호소한다. 즉, 보통 사람을 위해 고귀하게 희생하는 것이다. 배트맨은 스스로를 낮추고, 새로운 삶을 위해서 사라진다⋯⋯. 마치 예수의 존재처럼, 그는 스스로를 희생시켜서 다른 이들을 구한다⋯⋯. 영화는 정치적인 철학을 드러내지는 않지만, 서구 문명의 중심 전제前提를 보여준다.[3]

이런 시각에서 영화는 디킨스에서 한 발 뒤로 물러나 십자가에 못 박힌 그리스도에 한 발 더 가까이 간다. '누구든지 제 목숨을 구원코자 하면 잃을 것이고, 누구든지 나를 위하여 제 목숨을 잃으면 찾으리라. 사람이 만일 온 천하를 얻고도 제 목숨을 잃으면 무엇에 유익하리요?'(마태복음 16장 25~26절) 배트맨의 희생은 그리스도 죽음의 반복일까? 그런데 영화의 마지막 장면(웨인과 셀리나가 피렌체의 카페에 있는 장면)은 이런 아이디어를 훼손하는 것은 아닐까? 영화 결말을 종교적인 요소에서 볼 때 예수님이 십자가형에서 살아남아서 오랫동안 평온한 삶을 살았다는(일부 자료에 의하면 인도나 티베트라는 이야기도 있다) 이야기는 신성모독이 아닐까?

이 마지막 장면을 만회할 수 있는 유일한 방법은 알프레드가 카페에 혼자 앉아서 꿈을 꿨다는(상상을 했다는) 것뿐이다. 영화 속에서 또 찾을 수 있는 디킨스의 특징은 빈부의 격차에 대한 비정치적인 불평이다. 영화 처음에, 셀리나는 상류층의 파티에 참석해 웨인과 춤을 추면서 "폭풍이 오고 있어요, 웨인 씨. 당신과 당신 친구들은 숨어야 할 거예요. 폭풍이 몰아치면, 남들보다 훨씬 많이 소비하면서도 남긴 것은 별로 없다는 것을 깨닫게 될 테니까"라고 속삭인다. 크리스토퍼 놀란 감독과 함께 시나리오를 쓴 그의 동생 조너선 놀란은 (모든 선한 자유주의자가 그렇듯이) 빈부의 격차에 대해 '걱정을 했으며' 영화에 그 걱정이 반영되어 있다고 인정했다.

영화 속에서 내가 본 것은 실제 세상이 정직하지 못하다는 것과 연결되어 있다. 이 영화에서는 모든 사실이 밝혀진다……. 경제적인 공정함의 개념이 영화 속에 숨어 있는데, 그 이유는 두 가지다. 첫째는 브루스 웨인이 억만장자라는 것이다. 이는 설명이 되어야 했다……. 둘째는 삶에 수많은 요소가 있다는 것이다. 경제는 그중 하나다. 여기에서 우리는 신뢰와 관련해 들었던 말 중 상당 부분을 얻을 수 있다. 우리 대부분은 무슨 일이 벌어지는지를 알 수 있는 분석적인 도구를 가지고 있지 않다고 생각한다……. 나는 영화 속에서 좌파 혹은 우파적인 시각을 느끼지 못한다. 다만 정직한 평가 혹은 세상에 대한 설명이 있을 뿐이다. 우리를 우려하게 만드는 것들이다.[4]

영화를 본 사람들은 웨인이 엄청난 부자라는 것을 알면서도, 그가 어떻게 돈을 벌었는지는 잊는다. 웨인은 무기를 제조하고, 주식 시장에서 투기를 하면서 돈을 벌었고, 그래서 베인의 주식 전환 게임이 그의 제국을 붕괴시킬 수 있었다. 무기상과 투기꾼, 그것이 배트맨의 가면 밑에 숨은 진짜 비밀이다. 영화는 어떻게 이 부분을 다루고 있을까? 디킨스의 전형적인 '선한 자본가'의 비유를 부활시켜서 해결한다. 선한 자본가는 고아원에 기부를 하고(웨인) 못되고 탐욕스러운 자본가(디킨스의 소설에 나오는 스트라이버)와 대비를 이룬다. 디킨스의 과도한 도덕화에서, 빈부 격차는 '정직하지 못한 것'으로 이해되고, 이는 우리가 신뢰할 수 있는 인식의 사상寫像, Mapping이 부족하더라도 '정직하게' 분석되어야 한다. 이런 '정직한' 접근은 디킨스와 평행을 이룬다.

조너선 놀란도 여기에 대해 솔직하게 털어놓았다. "《두 도시 이야기》는 내게 붕괴된 시민사회의 연관성과 중요성에 관련해서 일종의 초상화와 같았다. 그 시절에 프랑스 파리에서 일어난 끔찍한 사건은 결국 비극적으로 끝났을 것이라고 쉽게 짐작할 수 있다."[5] 영화 속에서 악당이 포퓰리즘을 이용해서 봉기하는 장면(폭도가 사람들을 무시하고 이용했던 부자들의 피를 요구하는 장면)은 프랑스의 사건에 대한 디킨스의 묘사를 떠올리게 만든다. 그래서 영화는 '정치와 상관이 없지만'(크리스토퍼 놀란 감독의 설명이었다) 혁명을 광기로 '정직하게' 묘사하는 디킨스의 소설을 따르고 있으며, 그 결과 다음을 제시한다.

실제 현실의 모습을 묘사하는 것은 이념적으로 혁신적인 투쟁의 구조적인 불평등이다. 할리우드는 기득권이 알리고 싶은 말을 전한다. 혁명은 잔인한 피조물이며, 인간의 삶을 완전히 무시한다는 것이다. 자유에 대한 해방적인 수사에도 불구하고, 그 속에는 사악함이 숨어 있다. 그래서 그들의 이념은 사라져야 한다.[6]

"영화는 자선사업을 하는 억만장자와 부패하지 않은 경찰의 형태로 기득권을 보호한다"[7]고 평가한 톰 채리티의 말은 옳다. 영화는 손에 무언가를 쥔 사람들에 대한 불신 속에서 '사회 정의를 위한 열망과 폭도의 손에 그런 상황이 펼쳐질 때의 공포를 그린다'.[8] 라마크리쉬넌 카식은 이전 영화에서 조커라는 인물의 인기와 관련해서 명석한 의문을 제기한다. 이전 영화에서 조커는 관대하게 그린 반면 이번 작품에서 베인을 가혹하게 설정한 이유는 무엇인가? 그 답은 간단하면서도 확실하다.

조커는 순수한 형태의 무정부주의를 요구했다…… 존재하고 있는 부르주아 문명의 위선을 비판적으로 강조했다. (하지만) 그의 시각은 집단의 행동으로 이어지지 않았다…… 베인은 억압의 체제에 대해 실제적인 위협을 가했다…… 그의 힘은 신체적인 것에서 그치지 않고, 사람들을 명령하고 선동해서 정치적인 목적을 이루는 것이다. 그는 구조적인 변화를 가져온 정치적 투쟁을 일으키는 억압된 세력의 선봉이자 조직적인 대표다. 이런 힘은 강력한 체제 전복의 잠재력을 가지고 있으며, 체제는 이런 힘을 받아들일 수 없어서 제거해야 한다.[9]

하지만 베인이 히스 레저가 연기한 조커의 놀라움을 가지고 있지는 못했다고 해도, 둘 사이를 구분하는 분명한 특징이 있다. 베인의 무조건적인 사랑이다. 사랑은 베인이 가진 힘의 근원이다. 짧지만 감동적인 장면에서 베인은 웨인에게 끔찍한 고통을 당하면서 사랑을 위해서 탈리아를 구했던 이야기를 들려준다. 베인은 결과는 신경 쓰지 않은 채, 그에 대한 끔찍한 값을 치렀다(베인은 탈리아를 보호하느라 죽도록 맞는다).[10] 카식은 마치 체 게바라 일기에 적힌 유명한 문구에서처럼 이 사건을 오랜 전통 한 가운데 배치하는데—어느 모로 보나 정당한 행위다—일기의 문구는 다음과 같다. "우습게 보일지 모르는 위험을 감수하고, 나는 진정한 혁명이 사랑의 힘에서 나온다고 말하고 싶다. 이런 본질이 없다면 진정한 혁명을 생각하는 것은 불가능하다."[11] 우리가 여기에서 목격한 것은 '체 게바라'의 예수화라기보다는 '예수의 체 게베라화'다. 누가복음에 수록된 예수의 '문제시되는' 발언(무릇 내게 오는 자가 자기 부모와 처자와 형제와 자매와 자기 목숨까지 미워하지 아니하면 능히 나의 제자가 되지 못하고(14장 26절))은 체 게바라가 남긴 "강해져야 한다. 하지만 부드러움을 잃어서도 안 된다"는 명언과 정확하게 같은 방향이다. "진정한 혁명은 사랑의 힘에서 나온다"는 게바라의 말은 혁명이 '살인 기계'라는 '문제 있는' 발언과 함께 해석되어야 한다.

증오는 투쟁의 요소다. 적에 대한 끊임없는 증오는 사람의 자연적인 한계를 뛰어넘게 만들고, 효과적이면서도 폭력적이고, 선별적이면서 무서운 살인 기계로 변하게 한다. 우리의 병사는 이와 같아야 한다. 증오가 없는 사람은 잔인한 적 앞에서 움츠러든다.[12]

혹은 칸트나 로베스피에르를 인용해보면, 잔인함이 없는 사랑은 힘이 없다고 한다. 한편 사랑이 없는 잔인함은 맹목적이며 짧은 열정으로, 오랫동안 지속되지 않는다고 한다. 게바라는 사랑과 검의 결합에 대한 예수의 선언을 반복한다. 두 가지 모두 같은 역설을 바탕에 깔고 있는데, 사랑을 천사 같은 일로 만드는 것, 다시 말해서 단순히 불안정하고 딱한 감정 이상으로 만드는 것은 사랑의 잔인함이며, 폭력과의 연관성이라는 사실이다. 이런 연관성 때문에 사랑은 사람의 자연적인 한계 이상이 되며, 그 결과 무조건적인 노력으로 바뀐다. 게바라는 분명 사랑의 힘이 변화를 가져온다고 믿었던 것 같다. 하지만 "사랑밖에 난 몰라"라고 외쳤던 것은 아니다. 키르케고르가 말한 것처럼 '증오와 함께하는 사랑'이 필요하다고 했다. 이는 기독교에서 요구하는 '적을 사랑하라'는 말의 당연한 결과('진실')다.

적을 사랑하라는 것은 사랑을 바탕으로 사랑하는 사람을 증오하라는 것이다……. 사랑이 법을 충족시킬 경우, 기독교가 요구하는 사랑은 너무 어렵다. 인간의 입장에서 보면 일종의 광기다. 그래서 필요할 때는 아버지와 어머니, 형제와 자매, 사랑하는

사람도 미워하라고 하는 것이다.[13]

에로틱한 사랑과 반대되는 이런 개념의 사랑은 바울과 관련이 있다. 순수한 폭력의 영역, 즉 법(법적 권한)을 벗어난 영역을 말하는데, 이런 법을 만드는 것도 지키는 것도 아닌 폭력의 영역은 아가페(무조건적인 사랑)의 영역이다.[14] 결과적으로, 여기에서 말하는 것은 잔인하고 질투에 어린 신이 잔인하게 증오를 요구하는 것이 아니다. 예수님이 즐기는 '증오'는 변증법과 비슷한 시각에서 본 사랑의 반대되는 개념이 아니라, 아가페의 직접적인 표현이다. 우리를 유기적인 집단에서 '떼어내서' 우리가 태어난 곳으로 연결하도록 명령하는 것이 바로 사랑이다. 혹은 성 바울이 설명한 것처럼 기독교인들에게는 남성이나 여성도, 유대인이나 그리스인도 없다. 따라서 혁명의 폭력이 엄격한 키르케고르의 시각에서 말하는 '사랑의 작용'이라면, 이는 혁명의 폭력이 '진정으로' 비폭력의 조화를 만드는 것이 목적이기 때문은 아니다. 반대로 진짜 혁명의 자유는 폭력과 좀 더 관계가 있다. 해방을 시키는 것이 폭력이다(버리고, 다른 것을 만들고, 분리를 위한 폭력적인 태도다). 자유는 축복을 받아서 조화와 균형이 중립 상태가 된 것이 아니라, 바로 이런 균형을 뒤흔드는 폭력 자체다. 다시 〈다크 나이트 라이즈〉로 돌아가서, 영화에서 표현되는 진짜 사랑은 배트맨에 반대되는 '테러리스트'인 베인의 사랑뿐이다.

같은 맥락에서 탈리아 알 굴의 아버지인 라스 알 굴을 더 주의 깊게 분석해야 한다. 라스는 아랍과 동양의 특징이 혼합된 인물이다. 그는 부패한 서구 문명과 균형을 이루면서 공포와 싸우는 도덕적인 인물이다. 이 역은 리암 니슨이 맡았는데, 영화 속에서 그가 맡는 역할은 언제나 위엄 있는 신이거나 현자다(영화 〈타이탄The Clash of Titans〉에서는 제우스 신 역할을 했다). 한편 영화 〈스타워즈Star Wars〉의 첫 번째 에피소드인 〈보이지 않는 위험The Phantom Menace〉에서는 콰이곤 진의 역을 맡았다. 콰이곤 진은 오비완 케노비의 스승이며, 아나킨 스카이워커를 발견한 제다이 기사다. 콰이곤 진은 아나킨이 선택받은 기사이며, 우주의 균형을 회복시킬 것이라고 믿는다. 그래서 아나킨의 불안정한 성품에 대한 요다의 경고를 무시하고, 결국 〈보이지 않는 위험〉의 마지막 부분에서 다스 몰에게 살해당한다.[15]

세 편으로 이루어진 배트맨 영화 시리즈에서 라스 알 굴 역시 어린 웨인의 선생님이다. 〈배트맨 비긴즈Batman Begins〉에서 그는 중국 감옥에 갇혀 있는 웨인을 찾아낸다. 그는 자신을 '헨리 듀카드'라고 소개하고 소년에게 '길'을 알려준다. 웨인은 자유의 몸이 되어서 어둠의 리그의 본거지를 찾아가고, 그곳에서 기다리고 있던 듀카드는 자신이 라스 알 굴의 부하인 척한다. 고통스럽고 긴 훈련이 끝난 후, 듀카드는 웨인에게 악과 싸우기 위해서는 필요한 일을 해야 한다고 알려주고, 실은 웨인을 훈련시켜서 어둠의 리그의 지도자로 만든 후 너무 부패해서 가망이 없는 고담 시를 파괴시킬 목적이었다고 말한다.

몇 달 후, 웨인은 그가 헨리 듀카드가 아니라 진짜 라스 알 굴이었다는 사실을 알게 된다. 이후 몇 번의 대면에서 라스 알 굴은 역사 속에서 어둠의 리그가 어떤 일을 했는지 설명한다(로마를 약탈했고, 흑사병을 퍼뜨렸으며, 런던의 대화재를 일으켰다). 그는 고담 시의 파괴가 인간의 잘못을 바로잡기 위해서 지금까지 해왔던 의무 중 하나일 뿐이라고 설명하는데, 환경 보호가 목표인 듯 보인다. 라스 알 굴은 심복을 시켜 웨인을 죽일 심산으로 그의 집에 불을 지르게 한다. 이때 "정의는 균형이다. 너도 우리 집에 불을 질러서 날 죽게 해라. 그러면 우리는 비긴 것이다"라고 말한다. 웨인은 배트맨으로 화재를 이겨내고 라스 알 굴에 맞선다. 배트맨은 라스 알 굴을 제압한 후, 폭발하는 열차에 놔두어 죽게 한다. 라스 알 굴은 마지막 순간 명상을 하며 죽은 것처럼 그려진다. 하지만 타 버린 열차에서 그의 시신은 발견되지 않는다. 라스 알 굴은 단순한 악의 화신이 아니다. 그는 미덕과 공포의 조합을 대변하고, 부패한 제국과 맞서는 평등주의의 노력을 경주한다. 그래서 (최근 영화 중) 〈사구Dune〉의 폴 아트레이디스나 〈300〉의 레오니다스와 같은 맥락의 인물이다. 또 웨인이 그의 제자라는 것도 중요하다. 그가 배트맨을 만드는 것이기 때문이다.

유토피아의 흔적

놀란의 배트맨 시리즈가 따르는 논리를 이제는 분명하게 확인할
수 있을 것이다.[16] 〈배트맨 비긴즈〉에서 영웅은 자유주의 질서의 제
약 속에 남아 있다. 체제는 도덕적으로 수용 가능한 방법에 의해서
보호된다. 이 영화는 존 포드가 만든 전형적인 고전 웨스턴 영화 두
편(〈아파치 요새Fort Apache〉와 〈리버티 밸런스를 쏜 사나이The Man Who Shot
Liberty Valance〉)의 현대판인 셈이다. 이 영화들은 미국 서부를 개선
하기 위해서 어떻게 '신화를 만들고' 사실을 무시하는지를 보여준
다. 한마디로, 서구의 문명이 거짓에 기반을 두고 있다는 뜻이다. 규
칙을 없애야 체제를 보호할 수 있다.[17]

또 다른 방법으로 설명하면, 〈배트맨 비긴즈〉의 영웅은 전형적인
도시의 자경단自警團으로, 경찰이 벌을 줄 수 없는 범죄자를 벌한다.
문제는 경찰, 즉 공식적인 공권력 기관이 모호하게 배트맨의 도움을
받는다는 사실이다. 경찰은 배트맨의 효율성을 인정하는 동시에, 그
가 독점적인 공권력에 대한 위협이며 경찰의 무능을 상징한다고 생
각한다. 하지만 배트맨의 범죄는 순전히 공식적이다. 그는 정당성이
없으면서도 법을 대변해서 행동한다. 다만 그의 행동이 법을 어기지
는 않을 뿐이다.

〈다크 나이트The Dark Knight〉는 이런 조율을 바꾸어버린다. 배트
맨의 진짜 라이벌은 조커가 아니라 하비 덴트이다. '백기사'로 불리

는 덴트는 얼마 전 부임한 공격적인 검사다. 범죄와의 광적인 전쟁을 벌이던 이 공식적인 자경단원은 무고한 사람이 살해되는 사건을 겪으면서 파괴된다. 마치 덴트는 배트맨의 위협에 대한 법적 질서의 답변처럼 보인다. 배트맨의 투쟁에 대응해서, 체제가 스스로 만들어냈고 직접적으로 법을 집행하려는—배트맨보다 훨씬 폭력적인—불법적인 잉여가 아닐까? 그래서 여기에 시적인 정의가 엿보인다. 웨인은 공개적으로 자신이 배트맨이라고 밝힐 계획이지만, 덴트가 끼어들어서 대신 자신이 배트맨이라고 발표한다. 그는 '배트맨보다 더 배트맨 같은' 사람이다. 배트맨이 저항해왔던 유혹을 현실화시키는 것이다. 따라서 영화 마지막 부분에 배트맨은 일반인들에게 희망을 심어주는 인기 영웅의 평판을 지키기 위해서 덴트가 저지른 범죄를 덮어 쓰게 된다. 스스로를 깎아내리는 이 행동에는 진실의 알맹이가 포함되어 있다. 배트맨이 나름대로의 방식으로 덴트에게 호의를 돌려주는 것이다. 그의 행동은 상징적인 교환을 의미한다. 먼저 덴트는 배트맨이라고 스스로를 지칭하고, 다음에 웨인—진짜 배트맨—은 덴트의 범죄를 덮어 쓴다.

마침내 〈다크 나이트 라이즈The Dark Knight Rises〉는 한 단계 더 나아간다. 덴트가 아니라 베인이 극단적인 방법으로 스스로를 부정하지 않는가? 덴트는 체제가 공정하지 않다는 결론을 내리고, 그래서 체제에 등을 돌리고 싸우는 사람이 되어서 불공정을 효과적으로 해결하는 것은 아닐까? 같은 행동의 일환으로, 자제력을 모두 잃어버린 덴트는 목적을 이루기 위해서 모든 범죄의 잔혹함을 사용할 준비가 된 것은 아닐까? 이런 인물의 부상은 전체 무리를 완전히 바꾼다. 배트맨을 포함해서 모든 참여자에게 도덕성은 상대적이 되고,

편리함의 문제가 되며, 상황에 따라 결정된다. 공개적인 계급 전쟁이 되어버리고, 미친 범죄자들뿐 아니라 시민들의 봉기를 다루어야 할 때, 체제를 지키기 위해서 모든 것이 허용된다.

이것이 전부일까? 영화는 극단적인 해방 투쟁에 참여한 모든 이들에게 단호하게 거부되어야 하지 않을까? 그렇지는 않다. 여러 가지가 더욱 모호해지고, 영화는 중국의 정치적인 시를 읽을 때처럼 해석되어야 한다. 부재와 놀라운 존재가 모두 중요한 것이다. 오래전부터 프랑스에 전해지는 어떤 부인의 이야기를 떠올려보자. 이 부인은 남편의 친한 친구가 자신에게 혼외정사를 청했다면서 불평한다. 놀란 친구가 부인의 말을 이해하는 데는 약간의 시간이 걸린다. 역설적인 방법으로, 부인은 남편의 친구에게 자신을 유혹해달라고 요청하고 있는 것이다. 프로이트의 무의식이 부정을 하지 않는 것과 비슷하다. 어떤 것에 대한 부정적인 판단이 중요한 것이 아니라, 언급되었다는 자체가 중요하다. 〈다크 나이트 라이즈〉에서는 사람들의 힘은 일반적인 배트맨의 적(범죄자인 거대 자본주의자, 범죄자, 테러리스트)과의 사건 속에서 나타난다.

여기에서 영화의 모호함에 대한 첫 번째 실마리를 얻게 된다. 월가 시위가 힘을 얻고, 맨해튼에 시민에 의한 민주주의를 설립하는 가능성은 너무나 분명하게 불합리하고 비현실적이다. 그래서 "왜 할리우드의 블록버스터 영화가 이를 꿈꾸는 걸까?"라는 질문을 하지 않을 수 없다. 왜 이런 모습을 그린 걸까? 왜 월가 시위가 폭력적인 점령으로 변하는 꿈을 꾸는 걸까? 명백한 답(월가 시위가 테러와 독재의 가능성이 있다는 의혹으로 중상모략을 하는 것)은 '시민의 힘'의 가능성이 보여주는 이상한 매력을 설명하기에는 불충분하다. 당연히 이런 힘의 적절한 기능은 비어 있는 채로 남는다. 시민의 힘이 어떻게 기능을 하고, 무엇이 사람들을 동원했는지에 대한 세부 정보는 없다(베인이 사람들에게 원하는 것은 뭐든지 할 수 있다고 말하는 장면을 기억해 보자. 베인은 사람들에게 자신의 질서를 적용하지 않는다). 여기에서 필요한 검열이었다는 가능성을 이야기할 수 있을 것이다. 베인의 점령 하에서 독립적인 조직의 모습을 조금이라도 그렸다면, 영화의 효과는 지금보다 덜했을 것이고, 일관성이 크게 떨어졌을 것이다.

그래서 이 영화는 좀 더 자세한 이해가 필요하다.[18] '고담 시의 사람들의 공화국'이나 맨해튼에서 프롤레타리아들의 독재 사건이 영화에 내재되어 있다. 그것은 (1970년대부터 사용했던 낡은 표현을 사용하면) '부재하는 중심'이다. 그래서 영화 외부의 비판은 불충분하다(월가 시위의 점령에 대한 표현은 우스운 묘사다). 비판자 역시 내재되어야 하며, 진짜 사건을 가리키는 다양한 신호를 영화 속에서 확인해야 한다(예를 들어서 베인이 잔인한 테러리스트가 아니라 애정과 희생의 존재라는 사실을 기억하자). 한마디로, 순수한 이념은 가능하지 않다. 베인의 진정성은 영화의 맥락에서 흔적을 남겨야 한다.[19]

폭력,
무슨 폭력?

———

그럼에도 불구하고, 놀란에 대한 우리의 해석에는 두 가지 일반적
인 비난이 적용된다. 첫째, 스탈린에서부터 크메르루주까지 실제 혁
명에서 괴물 같은 학살과 폭력이 존재했었다. 따라서 영화는 단순
히 반응적인 이미지에 참여하는 것이 아니다. 둘째, 정반대의 비난
이 있다. 월가 시위는 폭력적이지 않았고, 그 목표는 위협이 아니었
다는 사실이다. 베인의 저항이 월가 시위를 차용한 것이라면 영화는
그 목적과 전략을 어이가 없을 정도로 잘못 나타낸 것이다. 계속되
고 있는 반反글로벌 시위는 베인의 잔인한 위협과는 정반대다. 베인
은 국가가 만드는 공포와 공포에 사로잡힌 잔인한 근본주의자의 이
미지를 대표한다. 하지만 인기 있고 독립적인 조직을 통해서 국가가
주는 공포를 넘어서려는 노력과는 다르다. 이 두 가지의 비난이 공
유하고 있는 것은 베인의 인물에 대한 거부다. 두 가지 비난에 대한
답은 여러 가지다.

첫째, 실제 폭력의 범위를 분명하게 밝혀야 한다. 억압에 대한
폭력적인 폭도의 반응이 원래의 억압보다 더 나쁘다는 주장에 대
한 최선의 답은 마크 트웨인이 쓴《아서왕 궁정의 코네티컷 양키A
Connecticut Yankee in King Arthur's Court》에서 찾을 수 있다.

두 가지의 '공포'가 있다. 이를 기억하고 고려해야 한다. 하나는 뜨거운 열정에서 온 것이고, 하나는 냉혹함에서 나온다…….

우리는 오히려 심각하지 않은 공포, 말하자면 순간적인 공포를 더 두려워한다. 도끼로 잠깐 죽음의 공포를 겪는 것을 평생 배고프고, 춥고, 모욕당하고, 잔인함에 떨고, 마음에 상처를 입는 것에 비할까? 도시의 묘지에는 잠깐의 공포를 겪은 관들이 포함되어 있다. 이들은 우리가 몸을 떨고, 애도했던 대상이다. 하지만 프랑스 어디에도 더 오래되고 진정한 공포의 관은 없다. 진짜 공포는 말할 수 없이 고통스럽고 끔찍한 것이며, 우리 중 그 누구도 마땅한 공허함과 동정을 준 적이 없다.

폭력이 가지고 있는 이런 병행적인 특성을 이해하기 위해서는 먼저 다양한 정도에 대해서 집중해야 한다. 말하자면 힘과 사회적인 폭력의 차이에 주의를 기울여야 한다. 황폐함의 원인이 된 경제 위기는 통제되지 않은 자연적인 힘과 비슷한 것으로 경험되었다. 하지만 공포로 경험되어야 했다.

둘째, 진정한 사람들의 힘을 상상해내지 못한 것은 놀란의 영화뿐만이 아니다. 또한 '진정한' 극단적 해방 운동은 불가능한 것으로 비쳐졌다. 이들은 오랜 사회의 조율에 갇혀 있고, 그래서 적절한 '사람의 힘'은 종종 폭력적인 공포가 된다.[20] 혁명의 잔인함과 행동의 결과로 인한 인적 비용의 무시는 정당하게 의문을 제시해야 한다. 말하자면, 어떤 국가가 점령되고, 대다수의 인구가 불안해하며, 투쟁에 참여해야 할지 여부를 결정하지 못할 때, 극단적인 저항은 점령한 주체의 강한 보복을 유발할 수 있다(마을을 태우고, 포로를 사살하는 등). 이런 행동의 목적은 분노를 불러일으키는 것이다. 이런 끔찍한 인적 비용은 사람들을 동원하기 위해서 치러야 하는 값으로 수용된다. (반대 주장은 이런 극단적인 전략이 실용적인 고려를 넘어선 위기를 동반한다는 것이다. 앞에서 설명했던 루비치의 〈사느냐 죽느냐〉 영화의 "우리는 수용을 하고, 폴란드인들은 수용된다"라는 농담을 또 적용할 수 있을 것 같다. 리더는 자신의 목숨을 걸지 않고, 점령한 이들을 자극한다. 그 결과는 일반 시민의 고통이 된다.)

게다가 폭력의 문제는 분명하게 밝혀서, 21세기 공산주의가 너무 많은 폭력을 사용했으며, 이런 덫에 다시 빠지면 안 된다는 단순한 주장을 거부해야 한다. 물론 슬픈 사실이다. 하지만 이처럼 폭력에 직접 집중하는 것은 그 저변에 깔려 있는 문제를 혼란스럽게 한다. 21세기 공산주의 프로젝트의 내재적인 잘못은 무엇이고, 어떤 약점이 있어서 권력을 가진 공산주의자(공산주의자들뿐만은 아니었다)가 통제되지 않은 폭력에 의존하게 되었던 것일까? 다시 말해서 공산주의자들이 '폭력의 문제를 무시한다'는 말로는 부족하다. 이들을 폭력으로 밀어 넣은 사회 및 정치적인 실패를 알아야 한다. (공산주의가 '민주주의를 무시한다'는 개념도 마찬가지다. 사회적인 변형의 전반적인 프로젝트는 이런 '무시'를 강행했다.)

달리 말하면, '이론적 정치의 윤리적인 중단'의 논리를 단호하게 거절해야 한다. 이는 정치적(혹은 종교 정치적) 참여가 기본적인 도덕의 규칙을 어길 때, 다시 말해서 학살과 여타의 고통을 자행할 경우, 이들을 기꺼이 제한해야 한다는 아이디어다. 그렇다면 '정치(혹은 종교)의 시각으로 억압을 당할 때, 현실에 적용하지 말고 한 발 물러나서 남들에게 어떤 영향을 미칠지, 어떻게 이들의 삶을 방해할지를 생각하라'는 논리에서 잘못된 점은 무엇일까? 기본적인 도덕적 규칙(고문하지 말라, 살인을 도구로 사용하지 말라 등)이 있어야 하고, 정치적인 참여보다 우선해야 한다는 뜻이 아닐까? 제재를 주고, 극단적인 (이론 및) 정치적 참여가 기본적인 도덕의 위반을 정당화한다고 주장하는 것은 논점에서 어긋난다. 중요한 것은 학살을 정상화하는 (이론 및) 정치적인 시각에 대한 우리의 비판이 반드시 내재되어야 한다는 것이다. 외부적인 도덕적 잣대를 대표해서 이런 시각을 거절하는 것으로는 부족하다. 이런 시각에는 (이론 및) 정치적인 면에서도 분명 문제가 있다.

마지막으로 월가 시위나 비슷한 운동에 폭력적인 잠재력이 없다고 주장하는 것도 너무 단순한 것이다. 모든 진정한 해방적 절차에는 폭력적인 부분이 있다. 영화 〈다크 나이트 라이즈〉의 문제점은 이런 폭력성을 살인의 공포로 해석했다는 것이다. 이 점을 분명하게 밝히기 위해서 나를 비판하는 사람들의 의견을 잠깐 살펴보자. 이들은 "히틀러는 충분히 폭력적이지 못했다"는 내 말이 더 많은 사람을 학살해야 했다는 뜻이 아니라고 하면, 비난의 내용을 바꾸어서 내가 별로 흥미롭지도 않은 일반적인 상식을 주장하기 위해서 일부러 자극적인 용어를 쓴다고 비난한다. 간디가 히틀러보다 더 폭력적이라는 나의 주장에 대해서 비판론자 중 누군가 쓴 글이다.

> 지젝은 사람들을 자극하고, 혼동을 주려는 목적으로 용어를 사용한다. 그의 말은 정말 간디가 히틀러보다 폭력적이라는 뜻은 아니다……. 그가 의미하는 것은 '폭력적'이라는 단어의 일반적인 이해를 바꾸어서 영국에 대한 간디의 비폭력 운동이 히틀

러의 끔찍하게 폭력적이었던 세계 정복과 인종 학살의 시도보다 더 폭력적으로 받아들여져야 한다고 주장하는 것이다. 지젝에게, 특히 이 경우에 폭력이란 거대한 사회적 변화를 뜻한다. 이런 방식에서 그는 간디가 히틀러보다 더 폭력적이라고 생각한다. 하지만 이는, 다른 그의 글과 마찬가지로 전혀 새로울 것도, 흥미로울 것도, 놀라울 것도 없다. 그래서 지젝은 분명한 태도가 아니라 자극적이고, 혼란스럽고, 괴상한 태도를 선택한다. 만약 간디의 비폭력이 히틀러의 폭력보다 더 큰 체제의 변화를 가지고 왔다고 말한다면, 우리 모두 동의할 것이다……. 하지만 그 말 속에는 어떤 심오한 의미도 없다. 지젝의 시도는 우리에게 충격을 주어서 그가 말하기 전에 이미 대부분이 알고 있던 간디와 히틀러에 대한 일반적인 결론을 포장하는 것뿐이다.

논란의 여지가 있는 유대와 반유대주의에 대한 그의 주장도 마찬가지다. 유대인을 미워한 나치의 마음에는 모두 증오의 대상이 될 만한 가상의 유대인이 있었을 것이라는 주장은 전혀 놀랄 만한 내용이 없다. 지젝이 지적한 대로 나치에게서 유대인을 없애려 했다면 나치는 스스로 자멸한다고 히틀러가 직접 말한 적도 있다(반유대주의를 위해서는 이들의 마음속에 늘 유대인이 존재해야 하기 때문이다). 한마디로 지젝은 일반적인 이야기를 심오하게 꾸미기 위해서 말장난을 한다. 간디의 방법이 세상을 변화시켰던 이유는 체제를 좇았기 때문이며, 반유대주의자들의 세계관은 가상의 유대인을 필요로 했기 때문에 이들은 증오의 대상을 죽이지 않았다.

두 개의 주장은 모두 같은 비난이다. 내가 간디는 사람을 파괴하는 것이 아니라 세상을 바꾸려 했다는 간단한 전제를 홍보하고 있으며, 이미 이는 상식이기 때문에 '폭력'의 의미를 요상하게 확대해서 제도적인 변화를 포함시키며 사람들을 자극한다는 것이다. "반유대주의에는 유대인이 있지만, 유대인들에게도 반유대주의가 있다"는 말도 마찬가지라고 한다. 일반적인 상식을 강요하기 위한 꼼수로, 유대인을 미워한 나치의 마음에는 모두 증오의 대상이 될 만한 가상의 유대인이 있었다는 말을 했다는 것이다. 정말 그럴까? 만약 내 '말장난'을 일반적인 상식으로 고치는 과정에서 중요한 논점이 사라졌다면? 두 번째 경우는 단순히 나치가 말하는 '유대인'이 그의 이념적인 가상의 대상이라는 것이 아니라, 그의 이념적인 정체성이 함께 상상 속에(단순히 여기에 의존하는 것은 아니다) 자리 잡게 되었다는 (효과적으로 분명한) 주장이다. 나치는 '유대인'에 대한 자신의 인식 속에서 형성된 인물이고, 스스로도 이를 인식하고 있다. 일반적인 상식과는 거리가 먼 주장이다.

또 왜 나는 영국의 입지를 약화시키려는 간디의 시도가 히틀러의 대량 학살보다 '더 폭력적'이라고 했을까? 국가의 '일반적'인 기능을 유지하는 근본적인 폭력성(벤자민은 이를 두고 '신화적인 폭력'이라고 불렀다)과 국가의 기능을 약화시키려는 시도를 유지하는 근본적인 폭력성(벤자민이 '성스러운 폭력성'이라고 부른 것이다)에 주목하려고 했기 때문이다.[21] 이 때문에 위협이 되는 이들에 대한 국가권력의 반응은 잔인하다. 또 이런 잔인한 반응은 분명 '반응적'이고 보호적이다. 따라서 폭력의 개념에 대한 확장은 전혀 이상한 행위가 아니며 중요한 이론적 통찰력이다. 폭력이 '일반적'인 것과 거리가 멀고, 어느 모로 봐도 물리적인 양상을 보이면서 제한되는 이유는 이런 이 념적인 왜곡에 기반을 두고 있기 때문이다. 히틀러와 크메르루주와 관련해 초극단적인 폭력성에 마음을 빼앗겨서 '충분하지 못했다'고 표현한 것에 대한 비난도 논점을 벗어나기는 마찬가지다. 이런 종류 의 폭력성에서 충분하지 못했다는 것이 아니라, 전체 지형에 대한 변화를 말한다.

진정으로 폭력적이 되어서 사회적 생활의 기본적인 부분을 폭력 적으로 뒤흔드는 행동을 하는 것은 어렵다. 브레히트가 일본에서 귀 신가면을 보았을 때, 그는 부풀어 오른 혈관과 기괴한 모습이 "모두 도망가며/얼마나 힘든 노력이 필요하며/사악해져야 하는가"라고 적었다. 체제에 영향을 미치는 폭력성도 마찬가지다.

중국의 문화혁명에서 중요한 교훈을 얻을 수 있다. 과거의 유산을 파괴하는 행동은 과거에 대한 진정한 부정이 아니다. 그보다는 무능 한 'passage à l'acte', 즉 과거를 제거하지 못한 실패의 목격자를 낳 는 행동이다. 모택동의 문화혁명 결과가 현재 중국의 자본주의적 역 동성이 만들어낸 폭발적인 결과와 비교도 되지 않는다는 사실은 일 종의 시적인 정의다. 모택동의 자체적인 혁명, 즉 나라의 구조가 경 직되는 것에 반대하는 영원한 투쟁과 자본주의에 내재된 역동성에 는 중요한 구조적인 공통점이 있다. 브레히트의 표현을 또 사용해 보자. "은행을 설립하는 일에 비교했을 때, 은행에서 돈을 훔치는 것 을 범죄라고 할 수 있을까?" 문화혁명에 사로잡힌 홍위병의 폭력적 이고 파괴적인 행위를 진정한 문화적 혁명, 다시 말해서 자본주의가 가져온 모든 생활의 영구적인 해체에 비교했을 때, 변화라고 할 수 있을까?

독일의 나치도 마찬가지다. 수백만 명이 잔인하게 살해되었다는 사실에 마음을 빼앗겨서는 안 된다. 히틀러를 악당으로 규정짓는 이유는 수백만 명을 살해하고, 끝까지 강력한 의지로 자신의 목표를 좇았기 때문만은 아니다. 윤리적으로 혐오스러운 사람이었기 때문만도 아니다. 전적으로 틀렸기 때문이다. 아니, 히틀러는 변화를 위한 '능력'을 가지고 있던 적이 없다. 그의 모든 행위는 근본적으로 반응에 불과했다. 그래서 변화는 없었다. 히틀러는 진정한 변화를 요구하는 공산주의자들의 위협을 막았다. 히틀러가 유대인을 공격한 이유는 분명 진짜 적―자본주의 사회적 관계의 핵심―을 피하기 위한 방법이었다. 그는 혁명을 꾸며냈고, 그 결과 자본주의적인 질서가 살아남았다. 여기에서 역설적인 것은 부르주아의 안도감을 경멸했던 그의 태도가 오히려 이들의 안도감이 지속되도록 만들었다는 것이다. 나치주의는 독일을 깨우기는커녕 오랫동안 동면 상태에 있게 했고, 1945년에 독일은 패배했다.

웨더맨과 가족의 가치

현재의 좌파들은 스탈린이 준 경험의 트라우마에 빠져서 폭력이란 민감한 주제를 일부러 애매하게 만드는 경향이 있다. 로버트 레드포드가 만든 〈컴퍼니 유 킵The Company You Keep〉(2012) 영화에서도 마찬가지다. 이 영화는 과거 급진적이었던 좌파가 자신의 과거를 마주하는 내용이다. 문제를 간소화시키기 위해서 이야기는 최근 아내를 잃은 홀아비 짐 그랜트에 집중된다.

그는 웨더Weather 지하조직의 일원으로 베트남 전쟁에 반대하면서 은행 강도와 살해를 꿈꾸던 민병대였으며, 뉴욕 올버니에서 변호사 행세를 하면서 30년 넘게 FBI의 눈을 피해 살았다. 진짜 정체가 드러난 후, 도망자가 된 그랜트는 FBI에 잡히기 전에 과거 연인이었던 미미를 찾아서 누명을 벗어야 했다. 그렇지 않으면 11살 딸 이자벨을 비롯해 모든 것을 잃게 될 처지였다. 미미를 찾기 위해 그랜트는 미국 전역을 여행하고, 이 과정에서 과거 웨더맨Weatherman 동료들 다수를 만난다. 드디어 짐과 미미는 캐나다 국경 가까이에 있는 호수의 오두막에서 만날 약속을 한다. 미미는 여전히 웨더 조직의 목표에 열정적이며, 30년 전의 행동을 후회하지 않는다. 하지만 짐은 "난 지치지 않아. 난 성장했어"라는 답으로, 여전히 명분을 믿지만 이제는 가족을 책임져야 한다는 뜻을 내비친다. 짐은 미미에게 자수를 권하면서, 자신의 알리바이를 확인시켜 달라고 한다.

딸인 이자벨과 만나기 위해서라면서, 30년 전에 미미와 자신이 저질렀던 잘못을 반복하고 싶지 않다고 한다. 다음 날 아침 미미는 오두막을 빠져나가 배를 타고 캐나다로 떠나지만, 심경의 변화를 느껴서 미국으로 돌아와 자수한다. 다음 날 짐은 감옥에서 풀려나게 되고 이자벨과 재회한다.

어떤 신랄한 비평가의 말처럼 〈컴퍼니 유 킵〉은 테러범이 우리와 똑같은 외모에, 똑같은 옷을 입고, 확인이 가능한 앵글로색슨족의 이름을 가지고 있던 시절에 대한 향수를 자아낸다. 하지만 영화는 극단적인 좌파들이 정치 및 이념적인 현실 속에서 어떻게 사라졌는지를 뼈아프게 그려내면서 현실감을 안겨준다. 과거 급진 좌파의 생존자들은 동정심에 젖은 좀비 같거나, 이전 시대의 유물이거나, 낯선 세계를 떠도는 낯선 이들이다. 레드포드가 테러범과 공감을 하고 용인했다는 보수주의자들의 비난은 당연했다. 영화(또 영화의 원작인 닐 고든의 소설)의 진정성은 과거의 웨더맨에 대한 공감 어린 묘사뿐 아니라 도망자의 생활에 대한 길고 자세한 놀라운 묘사 덕분이다(어떻게 미행을 확인하고 도망가는지, 새로운 ID는 어떻게 얻는지 등).

웨더 지하조직에 관해서, 웨더맨이 테러에 있어서 퇴보한 것이 아니라는 점을 지적해야 한다. 이들의 목표는 사람을 죽이는 것이 아니라 건물을 파괴하는 것이다. (미시건 은행 강도는 웨더 그룹의 공식적인 해체 후 작은 단체에 의해서 자행된 것이다.) 웨더맨은 미국 내 좌파를 공격했고, 시위대의 지지를 고립시켰다는 비난도 받는다. 심지어 FBI의 사주를 받았다는 이야기도 있다. 하지만 이런 비난은 잘못된 것이다. 이들이 폭력을 사용한 이유는 SDS(민주사회를 위한 학생들의 단체)가 사람들을 동원해서 베트남 전쟁을 막는 데 실패한 탓이었다.

다시 말하면, 좌파의 실패는 이미 분명하다. 웨더맨의 폭력은 실패, 그 효과, 원인의 징후다. 이들의 활동에서 잘못을 찾으려면 조직의 구조나 행동 등을 확인해야 할 것이다. 예를 들어서 '웨더 집단'은 서로 성관계를 맺었는데, 모든 여성 조직원은 남성 조직원과 성관계를 맺어야 했고, 또 다른 여성들과도 성관계를 맺도록 되어 있었다. 그 이유는 일부일처제가 반혁명적이라고 생각했기 때문이다. 중요한 것은 이런 성적인 행동이 '너무 극단적'이라는 점이 아니다. 반대로, 이런 난교가 현재의 성적 관대함과 '과도한' 집착에 대한 공포에 잘 맞는다는 것이다. 웨더맨들은 부르주아의 이념을 약화시킨다고 생각했지만, 오히려 멍석을 깔아준 셈이었다.

〈컴퍼니 유 킵〉에서 웨더맨의 활동을 마주하는 과정에서 실패한 부분은 현재의 시각에서 이들의 행동에 문제가 있다고 지적한 것이다. 이들의 행동이 폭력적이었기 때문이다. 영화는 분명하게 급진 좌파의 명분에 동조하지만, 나이가 들면서 폭력의 길을 거부하는 것이 전반적인 내용이다. 젊은 시절에는 열정이 있지만(이는 쉽게 폭력적인 광기로 바뀐다), 이후 나이가 들면서 가족의 가치나 자녀에 대한 책임 때문에 정치적인 명분이 폭력적으로 바뀌지 않도록 막는다는 것이다. 이런 관점은 주인공이 전 여자 친구에게 하는 대사 "우리는 명분을 넘어선 책임이 있어. 우리는 아이가 있어"에서 잘 드러난다. 〈컴퍼니 유 킵〉은 닐 고든의 원작 《잃어버린 발자취에 대하여 le roman des illusions perdues》에 대한 평가처럼 이런 방식으로 상황을 바라본다.[22]

하지만 성장하고, 가족의 책임을 가지는 등의 문제가 우리의 정치적인 참여에 제한을 주는 비정치적인 중립적 지혜를 구성할까? 아니면 이념에 개입해서 우리가 처한 정치적인 고립을 그만두는 분석을 하지 못하도록 막는 것일까? 이 두 번째 옵션은 폭력적인 공포를 정당화하려는 시도가 아니라 각자의 조건에 맞게 분석하고 판단하기 위한 의무다. 짐에게 딸이 없다고 상상해보자. 웨더맨의 전략에 있어서 문제는 여전히 존재할 것이다. 이런 극단적인 자기 성찰이 아니라면, 우리는 모두 현재의 법적 및 정치적 질서를 승인하게 된다. 이 기틀이 사생활을 안정되게 만들기 때문이다. 〈컴퍼니 유 킵〉의 내용이 주인공이 법적인 갱생을 통해서 어두운 과거에 쫓기지 않는 평범한 시민이 되기 위한 과정이라는 것은 당연하다.

하지만 여기에서 약간 모호한 부분이 있다. 영화의 마지막 부분에 짐과 미미가 재회하는 장면의 신화적인 분위기는 꽤나 경이적이다. 심지어 소설보다 한층 더한데, 〈잘 가요 내 사랑Farewell, My Lovely〉의 무스 말로이와 벨마의 마지막 재회처럼 두 사람의 만남은 윤리적이고 형이상학적이다. 짐과 미미가 서로를 만나기 위해서 숲의 한가운데 있는 외딴 오두막에 접근할 때, 소설은 뛰어난 내레이션 과정을 사용한다. 두 사람이 번갈아서 주고받는 짧은 이메일로 이들의 여정을 묘사한 것이다. 남자 주인공은 전 여자 친구의 여정을, 여자는 남자의 여정을 설명하는데, 마치 신화적인 교감이 이들의 여정을 조율하는 것 같다. 두 사람이 드디어 재회했을 때, 시간적인 개념은 사라져서 마치 20년의 세월이 없어진 것처럼 느끼는 것은 당연하다. 두 연인은 과거와 현재가 겹쳐지는 영원한 순간에 들어온 것 같다.

이야기는 윤리적인 요소와 함께 끝이 난다. 마지막 부분에서는 연인 관계가 맺어지는데 짐과 미미가 아니라, 짐의 정체를 밝힌 기자 벤 슐버그와 (FBI 요원에게 입양된) 짐과 미미의 딸 레베카 오스본이 연인이 된다. 영화는 연인이 탄생되는 전형적인 할리우드의 공식을 따르는 듯 보이지만, 다른 영화와 달리 윤리적인 시험을 거친다. 누가 시험 대상일까? 짐도 미미(캐나다로 도주하지만 짐을 살리기 위해서 배를 돌려 미국으로 돌아와 자수하는 인물)도 아니다. 영화의 마지막 부분에서 윤리적인 시험에 대면하는 사람은 다름 아닌 벤이다. 그는 레베카가 짐과 미미의 딸이라는 특종을 보도하지 않기로 하면서, 레베카에 걸맞은 짝이라는 사실을 증명한다.

이 영화는 폭력, 정당성, 수용성의 어려운 주제를 피하기 위해서 영화와 (또 관객들과도) 잘 어울리는 주제인 가족을 동원한다. 가혹한 점령이나 독재에 있는 국가라면 폭력적인 '테러리스트' 투쟁에 전념하는 것도 정당화된다. 만약, 2차 세계대전 중에 독일에 저항하는 프랑스 레지스탕스가 이제는 충분히 성숙했고, 가족에 대한 책임 때문에 투쟁을 포기한다고 가정해보자. 이 결정은 윤리적으로 분명한 것과는 거리가 멀다.《실존주의는 휴머니즘이다Existentialism and Humanism》의 유명한 글귀에서 사르트르는 1942년을 살아가는 청년이 병든 홀어머니에 대한 의무와 레지스탕스가 되어서 독일에 저항해야 하는 의무 사이에서 겪는 딜레마를 보여주었다. 이 딜레마에 대한 연역적인 답은 다음과 같다. 청년은 자신의 결정에 대한 책임을 전적으로 진다는 것이다. 명분에는 우선순위가 없고, 가족의 의무를 위한 선택은 도덕적인 배신과 마찬가지다. 딜레마는 실제이고, 상처를 피할 방법은 없다.

말뚝박기

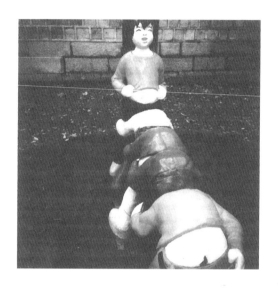

　그렇다면 오늘의 우리는 어디에 서 있을까? 아마도 우리는 서 있는 것이 아니라 특정한 방법으로 기대고 있는지도 모른다. 서울의 어린이 박물관 근처에 이상한 동상이 있다. 동상은 처음 보는 사람에게는 아주 외설적인 모습일 수 있다. 어린 소년들이 일렬로 서서 앞 사람의 가랑이 사이에 고개를 박고 있는 동상이다. 줄의 맨 앞에는 소년이 서 있고, 그 다음 소년은 서 있는 소년의 가랑이 사이에 머리를 박고 있다. 여기에 대해서 물었더니, 단순히 말뚝박기라는 게임을 하는 동상이라고 했다. 재미있는 게임으로 한국에서는 소년·소녀 할 것 없이 고등학교 때까지 즐긴다고 한다. 게임은 두 개팀으로 나누어서 하는데, A팀 중 한 명은 벽을 등에 대고 서고, 나머지는 앞 사람의 엉덩이, 즉 가랑이 사이에 머리를 집어넣어서 거대한 말의 모습을 만든다. B팀은 한 사람씩 A팀의 등 위로 뛰어오르는데, 이때 가능한 많은 힘을 사용한다. 누구라도 먼저 땅에 쓰러지면 진다.

동상은 지금의 보통 사람과 이들이 현재의 글로벌 자본주의에서 겪는 곤경을 보여주는 완벽한 비유가 아닐까? 우리의 시각은 바로 앞에 있는 누군가의 다리 사이에 머리를 집어넣고 보는 것처럼 제한적이다. 누가 우리의 마스터인지에 관한 아이디어는 바로 앞에서 성기와 고환을 남에게 핥도록 맡긴 채 일렬로 쭈그리고 있는 사람이다. 하지만 진짜 마스터는 우리에게 보이지 않고, 자유롭게 등을 뛰어넘고 있다. 이것이 바로 자본의 자유로운 이동이다.

스코틀랜드에 'tartle'이라는 멋진 동사가 있다. 화자가 잠깐 누군가의 이름(일반적으로 대화 중인 상대방의 이름이다)을 잊을 때의 당황스러운 순간을 뜻하는 말이다. 이 단어는 당황스러움을 피하기 위해서 사용한다. "미안해, 난 잠깐 tartle했어!"라고 말하면 된다. 지난 수십 년 동안 우리 모두가 '공산주의'라는 해방적인 투쟁의 궁극적인 수평선을 잊었던 것은 아닐까? 이제 우리가 이 단어를 기억할 때가 되었다.

이 책도 어쩌면 그렇게 보일지도 모른다. 빚으로 유지되는 경제에서 사이버 공간에 대한 통제를 위한 노력, 아랍의 봄이 가져온 난관, 반유럽중심주의의 무익함, 이념의 초자아, 우리의 투쟁에 있어서 폭력의 불분명한 역할에 대한 이념까지 이런저런 주제를 다루었기 때문이다. 이런 소소한 주제들에 깔린 하나의 이념이나, 네그리의 '다중'도 피케티의 '부자 세금'도 이 책의 분석을 특정한 방향으로 이끌어서 분명한 정치적 전략으로 끌고 가지 못한다. 하지만 나는 주의 깊은 독자들이 다양한 주제 속에서 공산주의의 수평선을 분간하길 희망한다.

오늘날 공산주의는 해결책의 이름이 아니라, 문제의 이름이다. 모든 면의 서민들의 문제다. 삶을 채우는 본능의 서민, 우리의 생물 발생적인 서민의 문제, 문화적인 서민의 문제('지식재산권') 그리고 마지막으로 어느 누구도 배제할 수 없는 보편적인 공간으로의 서민이 있다. 해결책이 무엇이든, 이들 문제를 해결해야 한다. 알바로 가르시아 리네라가 했던 말처럼 우리의 수평선은 공산주의로 남아 있어야 한다. 수평선이란 절대 접근할 수 없는 이상이지만, 우리가 움직이는 아이디어의 공간이니까 말이다.

자본주의의 우울한
미래에 대한 통찰

이택광(경희대 글로벌커뮤니케이션학부 교수)

'쓰는 기계' 지젝

《자본주의에 희망은 있는가》는 서울에서 개최된 '공산주의의 이념' 학술대회에서 지젝이 발표한 원고와 경희대학교의 석좌교수로 부임하면서 강의했던 내용을 함께 묶은 책이다. 지젝의 제의로 학술대회를 조직했던 한 사람으로서 남다른 감회를 느낀다. 출간하는 족족 한국어판으로 나온다고 말해도 과언이 아닐 정도로 그의 책은 한국의 독서시장에서 여전히 인기를 끌고 있다. 철학자이면서 국제적인 팬덤을 몰고 다니는 것도 희귀한 경우다. 겉모습 때문에 종종 오해를 받기도 하지만, '철학계의 엘비스 프레슬리'나 'MTV 철학자'라는 반쯤은 농담 같은 호칭이 그의 '쓰기'에 이르면 경쾌한 진지함으로 바뀌는 경험을 하지 않을 수 없다.

그는 한마디로 '쓰는 기계'다. 그의 정체성을 놓고 왈가왈부하는 말도 없지 않지만, 그는 무엇보다도 쉬지 않고 말하고 쓴다는 점에서 쉽게 무시해버릴 수 없는 '논평가'이기도 하다. 물론 이런 여러 가지 '논평'에 현혹되어서 그를 진지한 철학자로 여기지 않는 분위기도 있지만, 무엇보다도 지젝 자신은 스스로 '존재론'을 다루는 철학자로 자리매김하고자 한다.

광범위한 주제를 넘나드는 철학자

최근 지젝은 〈나는 철학자인가?〉라는 글에서 자신에 대한 비판을 반박하면서 자신의 철학은 분명하게 '현실의 구조를 개괄하는 것'이라고 밝힌다. 존 그레이의 비판을 의식한 듯이, 지젝은 자신의 철학에 나타나는 비일관성이 칸트 철학의 경우처럼 실재에 접근할 수 없기에 출현하는 다수의 서사multiple narratives가 아니라, '물物 자체를 특징화하는 존재론적 불가능성 내부로 인식론적 장애를 반전시키는' 변증법적 사유 운동의 결과라고 정의한다. 말하자면, 소란스럽게 보이는 '논평'도 사실은 이런 철학적인 기획의 일환으로 수행하고 있다는 말이다.

주제의 종류로 따지자면 지젝은 엄청난 범위를 자랑하는 '철학자'다. 《자본주의에 희망은 있는가》에서도 현기증이 날 정도로 이 주제에서 저 주제로 옮겨 다니는 그의 발걸음을 확인할 수 있다. 그러나 이처럼 다양한 편린처럼 보이는 글쓰기의 기법은 모두 '현실의 구조'를 드러낸다는 하나의 목적을 가진다.

그의 논리대로 한다면, 인식 불가능한 물物 자체의 속성, 말하자면 그 인식의 장애 자체를 그대로 드러내는 것이야말로 그가 이토록 쉬지 않고 많은 글을 쓰는 이유이기도 한 것이다. 파도를 그리기 위해 파도가 되어야 한다는 벤야민의 미메시스론 같은 이야기다. 이런 지젝의 변론이 얼마나 설득력을 지니는 것일지는 독자 여러분들이 각자 가늠해보길 권한다.

말뚝박기 조각상과 자본주의의 곤경

지젝과 나의 인연은 영국 유학 시절로 거슬러 올라간다. 런던에서 열렸던 학술대회에서 처음 보았던 그의 모습이 아직도 기억에 선하다. 당시 지젝을 나에게 소개해준 사람은 박사논문 지도교수였다. 그러나 그와 본격적으로 연락을 주고받은 것은 《더 낫게 실패하라》라는 인터뷰집을 기획할 때였다. 아랍의 봄과 자본주의의 종언이 큰 소리로 울려 퍼지던 때에 나는 이 상황에 대한 세계 지식인들의 생각을 한번 들어보고 싶었다. 절반은 개인적 호기심에서 시작한 인터뷰가 끝난 뒤에 지젝은 나에게 2013년 '공산주의의 이념' 학술대회를 개최할 수 있겠는지 물어왔다.

'공산주의의 이념' 학술대회는 바디우와 지젝의 의기투합으로 2009년부터 매년 세계 각지의 도시를 거점 삼아 개최하는 행사였다. 런던에서 처음 시작했을 때, 이례적으로 수천 명의 청중이 모여들어서 주목을 받았다. 아시아 대회를 일찍부터 계획하고 있었는데, 남북이 서로 다른 체제로 대치하고 있는 한반도의 서울이 적격이라는 전언이었다. 바디우와 상의를 거쳐 대중적인 행사를 기획하기로 결정했다. 그 전에 지젝은 상황을 점검하기 위해 서울을 방문했고, 이듬해 성황리에 행사를 마칠 수 있었다.

지젝은 특별히 한국에 애정을 보이는 철학자다. 같은 시기에 방한했던 비포의 방문기와 거리를 두면서 지젝은 그의 방문기를 이 책의 말미에 덧붙이고 있다. 경복궁에 갔다가 발견한 '말뚝박기' 조각상을 찍어 와서 무엇을 형상화한 것인지 물어보고는, 바로 그날 이에 대한 글을 써서 강의록으로 사용했다. 이 조각상을 두고 지젝은 글로벌 자본주의의 현실을 떠올렸던 모양이다. 그는 "지금의 보통 사람과 이들이 현재의 글로벌 자본주의에서 겪는 곤경을 보여주는 완벽한 비유"라고 이 조각상을 정의했다. 진짜 마스터가 누구인지 모르는 채 일렬로 쭈그리고 있는 사람들이 있다. 그리고 그 사람들의 등을 진짜 마스터인 자본이 자유롭게 뛰어넘는다.

'새로운 마스터'의 조건

2013년 '공산주의의 이념' 학술대회에 앞서 있었던 특강에서 지젝은 '새로운 마스터'에 대한 이야기를 했다. 이 내용 역시 이 책에 수록되어 있다. '마스터'는 불확실한 상황에서 결정을 내리는 사람을 뜻한다. 마스터는 행동의 존재다. 모두가 망설일 때, 마스터는 결정하고 움직인다. 지젝의 논의는 바디우에게 빚지고 있다. 지젝은 루디네스코와 바디우가 나눈 대화를 인용하면서 마스터에 대한 바디우의 정의를 소개한다. 바디우는 마스터를 일컬어, "개인이 대상이 될 수 있도록 돕는 사람"이라고 말한다. 이 말은 마스터가 "개인과 보편성 사이의 갈등에서 대상이 만들어진다"는 전제에서 개인을 중재하는 권한을 가진 존재라는 의미다. 그래야 우리는 길을 따라 전진할 수 있다는 것이다.

이런 바디우의 생각은 마스터를 '사기꾼'으로 파악하는 정신분석학적인 한계를 넘어서 있다. 라캉을 스승으로 여기는 지젝이 이런 바디우의 생각을 수용한다는 것은 의미심장한 일이다. 당연히 지젝은 바디우의 생각에 찬성하되 자기만의 '논평'을 덧붙인다. 마스터를 전적으로 포용해야 한다는 바디우의 주장에 반해, 지젝은 마스터를 일컬어 '궁극적인 지평'이 아니라고 말한다. 마스터로 묶이지 않은 채 엄연히 존재하는, 묶이지 않은 이질적인 것을 인정해야 해방적인 정치를 이룰 수 있다는 것이다. 한편, 그럼에도 마스터는 여전히 필요하다는 것이 지젝의 입장이다.

어쩌면 마스터는 끊임없이 새로운 존재여야 하는 것인지도 모른다. 철의 여인 마거릿 대처와 같은 행동을 정반대로 보여주는, 말하자면 좌파의 대처가 필요하다는 말이다. 이런 식이라면 스탈린의 행동을 정반대에서 보여주는 마스터도 가능하다. 이런 마스터를 새로운 마스터라고 부를 수 있을 것이다. 여기에서 새롭다는 말은 단순하게 다르다는 차원을 넘어서 기존의 체제를 전복시키는 차원을 의미한다. 그러나 지젝은 이런 마스터가 모든 사회를 장악할 수는 없다고 말한다. 스탈린이 이 문제를 제대로 파악하지 못했기 때문에 실패했다는 것이 지젝이 평소에 주장하는 것이다. 모든 것을 마스터에 맞추면 그것은 곧 독재사회일 수밖에 없다. 바디우는 독재자와 민중의 지도자 사이를 민병대와 노동자의 차이로 봤지만, 지젝은 마스터 자체를 기능적으로 보고 있다. 마스터가 자신의 권능으로 지배할 수 없는 자율적인 부분이 있다는 것을 사회에서 인정하는 것이 중요하다는 말이다.

이런 지젝의 논의를 앞서 예로 든 바디우라는 주인 담론을 의식한 결과로 보기는 어렵다. 오히려 지젝은 여기에서 바디우와 일정하게 다른 입장을 표명하고자 하는 것이다. 이 입장의 차이를 철학적 차이라고 부를 수 있을까? 얼핏 보기에 지젝은 바디우보다 더 정신분석학에 기울어 있는 느낌이다.

최근 나는 이 문제를 프란츠 파농을 읽으면서 해결해보고자 했는데, 지젝 역시 이 책에서 파농을 언급하고 있어서 반가웠다. 물론 짧게 언급하고 지나가는 수준이긴 하지만, 지젝은 파농에게 중요했던 것으로 '타인에게 인간의 행동을 요구'하는 문제라고 보았다. 마스터에 대한 논의랑 겹치는 부분이다. 파농은 정신분석가를 포기하고 혁명운동에 뛰어들었다. 이 지점을 바디우와 지젝이 논의하는 마스터의 문제로 치환해서 고민해볼 수 있을 것이다.

'세계에서 가장 위험한 철학자'로 일컬어지는 지젝의 일상은 소박하기 그지없다. 아침 일찍 일어나서 아들에게 밥을 차려주고 아내의 출근을 돕는다. 잠깐 오침한 뒤에 글을 쓰기 시작하는 것이 그의 일상이다. 강연이나 학술대회를 위해 외국으로 나가지 않는 한, 그는 언제나 집에 머문다. "나에게 큰 보람은 책을 쓰고 출간하는 것"이라고 항상 그는 말한다. 여기에 그의 기록이 또 하나 추가된다. 한국에 관한 에피소드가 많이 등장한다는 점에서도 이 책은 여러모로 한국 독자들에게 매력적일 것 같다. 은퇴하면 한국에 와서 살고 싶다는 지젝의 꿈이 이루어지길 빈다.

자본주의는 없다

헬조선과 소득 불평등

자본주의가 요동친다. 20세기 동안 혹독한 과정을 거쳐서 중심 사상으로 승승장구했던 자본주의가 최근 여기저기에서 허점을 드러낸다. 보통사람들이야 정치가 어찌되건 크게 관심을 두지 않지만, 이번은 다르다. '자본주의의 단점'이라는 심각한 현상이 우리의 일상 곳곳에 파고드니 말이다.

십 년 전만 해도 자본주의가 만들어낸 불평등을 쉽게 확인할 수 있었지만 분노할 정도는 아니었다. 단지 아프리카 남부에서 하루 1달러 미만으로 살아가는 아이들을 위해 기부하며 불평등에 대한 마음의 짐을 덜어냈는지도 모른다. 하지만 이제는 모두가 울분을 토한다. 점점 벌어지는 소득격차는 물론이거니와, 소득의 성장이 자본의 성장을 따라가지 못하기 때문이다. 이와 같은 이유로 매일의 일상에서 사람들은 자본의 불공정한 분배에 따른 불평등을 뼈저리게 느끼면서 신음한다. 설상가상으로 가파르게 성장하던 경제가 둔화되면서, 그나마 소득 재분배의 기회마저 줄어들었다. 높아진 교육

수준과 그에 부응하지 못하는 일자리가 서로 극심한 불일치를 만들어내면서, 경제를 떠받칠 청년세대를 일컬어 삼포세대 더 나아가 사포세대, 오포세대라고 명명되고 있다. 중년세대는 한창 커가는 자식을 부양해야 할 때 고용 불안정과 박봉에 전전긍긍하고, 노인세대는 그 인구수는 증가하지만 정작 소득이 없다.

위기의식은 유럽이나 미국도 마찬가지다. 자본주의의 대표주자라고 할 수 있는 미국에서도 이제는 더 좌시할 수 없다는 분위기다. 미국의 경우, 내로라하는 재계의 대표적인 인물부터 시작해 오바마 대통령까지 소득 불균형을 줄여야 한다고 거듭 강조한다. 수정 자본주의를 채택하고 있는 유럽은 미국보다 더 사정이 좋지 않은 것을 봐서, 수정 자본주의 역시 유일한 대안은 아닌 것 같다.

그런데 말뿐이다. 문제는 분명히 보이는데, 해결책을 찾기가 쉽지 않다. 최근 프랑스 경제학자 토마 피케티의 이론은 모두에게 공감을 끌어내면서 열렬한 지지를 얻어냈다. 구체적인 데이터를 통해 자본의 불균형을 지적하고, 대안으로 전 지구적인 부유세를 주장했다. 그러나 자본주의 사회에서 그 실현 가능성은 낮아 보인다.

한국은 어떨까? 한국은 자본주의의 흥망성쇠를 함께한 국가다. 전쟁 후 갑자기 밀려든 자본주의 덕에 급성장하면서, 자본주의의 혜택을 상당 부분 누렸다. 분단 이후 북한이 공산주의를 받아들인 결과 경제적으로 점점 더 빈곤해지는 것과 달리, 한국은 빠르게 성장했다. 삼성과 현대 등의 세계적인 기업을 배출했고, 국민소득은 높아졌으며 풍족한 생활에 젖어들었다. 그리고 이제는 자본주의의 문제점을 그 어떤 국가보다 뼈저리게 겪고 있다. 올해 들어 한국은 OECD 50개 국가 중 소득 불균형 4위를 기록했다. 이 책의 도입부에 천국과 지옥이 동시에 공존하는 찰스 디킨스의《두 도시 이야기》의 전형적인 예로 한국을 꼽은 이유가 절절하게 느껴진다.

대안은 '수정 공산주의'다

헤겔과 라캉주의를 따르며, 정치적인 활동가인 슬라보예 지젝은 '가장 위험한 철학자'로 불린다. 이제 몇 남지 않은 공산주의자라는 사실도 그렇지만, 급진적인 개혁과 해방적인 활동을 요구하는 그의 이론 때문이다. 쉽게 말하면 지금까지의 시스템을 모두 개혁해야 한다는 것이다. 그리고 시민들은 이를 목적으로 분연히 일어나야 한다고 주장한다.

지젝의 주장은 일종의 '수정 공산주의'라고 명명될 수 있다. 자본주의는 물질적인 풍요 덕에 크게 번영했고, 그 과정에서 단점도 드러났다. 이를 조금씩 보완하기 위한 노력은 있었지만 그 정도가 미미했다. 그 결과 자본주의는 본질적인 문제에 봉착하게 되었다. 그러나 공산주의에게는 그 기회가 주어지지 않았다.

공산주의의 기수였던 소련에서는 레닌이 정권을 잡은 후 공산주의가 변질되었다. 지금까지 그 어느 국가도 진정한 공산주의를 실현하지는 못했다. 그나마 극소수의 사람들은 공산주의에 대해 올바른 시각을 가지고 있었지만, 그 원칙을 실현할 기회는 주어지지 않았다. 뿐만 아니라 지젝은 처음부터 공산주의 이론에 공산주의가 아닌 요소가 섞여 있었다고 설명한다. 지젝의 말에 따르면 공산주의자의 창시자인 마르크스마저 철저하게 공산주의를 표방하지는 못했다고 한다. 자본주의의 풍요에 매료된 세계는 공산주의를 버리고 자본주의를 택했다(북한은 공산주의라기보다 독재에 가깝고, 중국 역시 독특한 자본주의 체계라고 할 수 있다). 그래서 공산주의는 스스로 내부적인 문제점을 바로잡을 기회를 얻지 못한 것이다.

지젝은 진정한 공산주의가 가진 의미를 전달하고, 무엇 때문에 공산주의가 제대로 적용되고 실현되지 못했는지에 대한 통찰력을 제공한다. 지젝이 주장하는 바는 지금의 위기는 자본주의 때문이 아니라, 공산주의의 문제라는 것이다. 공산주의가 문제점을 극복하지 못하면서 제대로 적용되지 않았기 때문에 지금의 위기가 시작되었다고 주장한다.

책 속에서는 이슬람권의 문제, 그로 인한 테러, 전 세계적인 높은 실업률, 자본의 불평등과 같은 현안들이 현재 어떤 상태이고, 왜 심각한지를 조목조목 설명한다. 눈에 띄는 것은 고통스러울 정도의 현실 인식이다. 처음에는 좋은 의도에서 시작된 일이 이후 변질되고, 그 결과 사람들의 지지를 얻어내지 못하는 일이 발생한다. 이슬람의 자스민 혁명을 생각해보자. 인터넷의 힘을 등에 업고 변화를 위해 시민들이 함께 힘을 합쳐서 독재에 맞서 싸웠다. 각 국가의 독재정권은 축출되었다. 모두가 축제 분위기에 젖었지만, 축제는 거기까지였다. 독재정권을 대체할 성숙한 체계는 갖추어지지 못했고, 원하던 경제적인 번영은 여전히 요원하다. 목숨을 걸고 싸우면서 독재를 무너뜨린 이유가 무색할 따름인 것이다.

지젝으로 사고하라

지젝은 영화나 얼마 전에 있었던 사건, 유명한 시, 다른 누군가의 글, 심지어 강연을 위해 한국을 여행했을 때 목격했던 것까지 총동원한다. 친숙한 일을 이용해서 자신의 이념을 설명하는 것이다. 이념 자체는 낯설지만, 그의 아이디어를 생각하게 만드는 단초는 낯설지 않다.

문제를 짚어내고, 여기에 신선한 시각을 제공하는 지젝의 능력은 훌륭하다. 공산주의 이론의 주창자이면서, 북한과 대치하고 있는 한국에서 몇 번이나 초대되어 강연을 할 수 있었던 이유는 아마도 이런 뛰어난 혜안 때문일 것이다. 아쉬운 점이 있다면, 독자들이 문제를 정확하게 파악하고 지금까지의 고정관념에서 벗어나도록 돕는 데서 그치고 있다는 점이다. 좀 더 성숙한 대안을 기대했지만, 구체적으로 제시되지 않아 아쉬웠다.

개인적으로 이번 작업은 애로사항이 많았다. 철학적인 내용인데다가, 아주 오래 전 영화까지 예시로 설명되면서 개인적으로 힘에 부쳤던 작업이었다. 처음 책을 보았을 때, "이 작업이 끝나면 아마 한 단계 성장해 있지 않을까?"라고 생각했을 정도다. 마지막 교정을 보면서 편집자께 무척이나 감사했던 것도 이 때문이다. 나의 부족한 부분을 성실함과 꼼꼼함으로 메워 주신 덕분에 훌륭한 결과물이 만들어질 수 있었다. 출판사와 편집자 모두에게 감사를 드린다.

주석

프롤로그

1. Aaron Schuster, 'Comedy in Times of Austerity'(논문).

2. James Harvey, *Romantic Comedy in Hollywood: From Lubitsch to Sturges*, New York: Da Capo, 1987, p. 56.

3. Chesterton, G. K., 'A Defense of Detective Stories', in H. Haycraft (ed.), *The Art of the Mystery Story*, New York: The Universal Library, 1946, p. 6.

4. http://th-rough.eu/writers/bifo-eng/journey-seoul-1.

5. 그럼에도 불구하고 우리는 현대사회에서 '정상적인' 시간이 없었다는 사실을 기억해야 한다. 근대화는 언제나 적절하게 이루어지지 않았고, '너무 빨리' 발생하면서 트라우마를 남겼다.

6. Stacey Abbott, *Celluloid Vampires: Life After Death in the Modern World*, Austin: University of Texas Press, 2007.

7. Richard Taruskin, 'Prokofiev, Hail……and Farewell?', *New York Times*, 21 April 1991.

8. B. R. Myers, *The Cleanest Race*, New York: Melville House, 2011, p.6.; B. R. 마이어스, 고명희·권오열 옮김, 《왜 북한은 극우의 나라인가》, 시그마북스, 2011. 여기에서 '하지만 아버지가 남편이 아니라면 어떻게 하나?'라는 의문이 생기는 것을 막을 수 없다.

9. Jacques-Alain Miller, 'Phallus and Perversion', *lacanian ink* 33, p. 23.

10. Jacques-Alain Miller, 'The Logic of the Cure', *lacanian ink* 33, p. 19.

11. Miller, 'Phallus and Perversion', p. 28.

12. http://www.theatlantic.com/magazine/archive/2004/09/mother-of-all-mothers/3403/.

13. Myers, 앞의 책, p. 9.

14. 그렇다면 북한은 상징적인 질서를 거부하는 배타적인 정신병 환자일까? 그렇지는 않다. 왜? 상징적인 질서에 대해 거리를 두고 있을 뿐이고, 공식적인 이념적 문구에서도 이 사실이 드러나기 때문이다. 말하자면, 북한의 공식적 이념의 담론(마이어스가 말한 '문구Text')은 지도자에 대한 직접적인 신성화에 빠지지는 않는다. 다만 신성화는 지도자의 지혜에 의해서 매료된 '순진한' 서방세계 방문객들의 몫이다. '문구가 미국인이나 한국인 등 외부인들에게 어리벙벙한 주의를 끌면서 김일성을 신성한 존재로 간주하게 만들지만, 그 자신이 직접 신성화하는 것은 아니다'(Myers, 앞의 책, p. 111). 이것이야 말로 다른 신념이 전치된 순진한 다른 누군가의 '믿어야 할 대상'의 사례가 아닐까? 이와 비슷하게 북한의 책에서 지도자(김일성과 김정일 등)가 용변도 보지 않을 정도로 순수한 존재로 그려지는 것은 이념적인 광기로 보아서는 안 된다. 다만 '왕'의 두 가지 신체가 가지는 극단적인 논리를 이끌어내는 것이기 때문이다. 북한 사람들은 '말 그대로 지도자가 용변도 보지 않는다'고 믿는 것이 아니라, 용변을 보는 행위를 지도자의 숭고한 신체의 일부로 생각하지 않는 것이다.

1장 진단
애피타이저는 무엇으로 하시겠습니까?

1. http://www.spectator.co.uk/the-week/leading-article/8789981/glad-tidings/.

2. http://www.rationaloptimist.com/. Matt Ridley, *The Rational Optimist: How Prosperity Evolves*, New York: Harper, 2011.; 매트 리들리, 조현욱 옮김, 《이성적 낙관주의자: 번영은 어떻게 진화하는가?》, 김영사, 2010.

3. Steven Pinker, *The Better Angels of Our Nature: Why Violence Has Declined*, London: Penguin Books, 2012.; 스티븐 핑커, 김영남 옮김, 《우리 본성의 선한 천사》, 사이언스북스, 2014.

4. Fredric Jameson, *Representing Capital*, London: Verso Books, 2011, p. 149.

5. Fredric Jameson, *Valences of the Dialectic*, London: Verso Books, 2009, pp. 580~581.

6. Jameson, *Representing Capital*, p. 149.

7. Jameson, *Valences of the Dialectic*, p. 580.

8. 프랑스와 영국의 개입 후 리비아의 실질적인 분열—혹은 '콩고화'—(현재 리비아는 소비자들에게 직접 원유를 판매하는 지역의 무장 세력이 지배하는 영토로 구성되어 있다)은 콩고가 더 이상 예외가 아니라는 사실을 보여준다. 강력한 국가주권에 의해서 지장을 받지 않고 저렴한 원자재를 안정적으로 공급받아야 하는 현재의 자본주의의 전략 중 하나는 풍부한 광물이나 석유 자원의 저주를 받은 국가를 해체 상태로 유지하는 것이다.

9. Carlo Vercellone, 'The Crisis of the Law of Value and the Becoming-Rent of Profit', in Fumagalli and Mezzadra (eds.), *Crisis in the Global Economy*, Los Angeles: Semiotext(e), 2010, p. 88.

10. Andre Gorz, *L'immatériel*, Paris: Galilee, 2005, p. 55.

11. Vercellone, op. cit., p. 117.

12. 같은 책, p. 86.

13. Wang Hui, 'Debating for Our Future: Intellectual Politics in Contemporary China' (저자 제공 논문).

14. 같은 곳.

15. Karl Marx, *Capital*, Vol. 1, New York: International Publishers, 1967, pp. 254~255.; 카를 마르크스, 김수행 옮김, 《자본론》 1권, 비봉출판사, 2015.

16. 같은 책, pp. 236~237.

17. 원래의 프랑스 곡에서 '콤 다비뒤드'는 단순하고 공허한 의식의 '일반적' 인 의미가 아니라, 개인적인 성격의 핵심을 표현하는 개인의 일상적 의식 이다. 이런 점에서 분명하게 '나의 길My Way'을 지칭한다. 하지만 그렇다 고 두 곡을 언급한 이유가 저해되지는 않는다. 굳이 설명하자면 프랑스 곡 인 '콤 다비뒤드'는 미국의 '마이 웨이'보다 더욱 개인적이다. 후자는 공 허하고 순응적인 개인주의를 불러일으키기 때문이다. 게다가 사회적인 의미도 다르다. 보편적인 의료 제도는 결속을 실행하는 '우리의 방법'이 며, 단순히 모호하고 인간성이 상실된 법적 규제가 아니다.

18. *New York Times*, 11 December 2012. 사설.

19. *Der Spiegel*, 5 August 2012.

20. Luciano Canfora, *Critica della retorica democratica*, Roma-Bari: Laterza, 2011, p. 33.

21. Paul Goble, 'Window on Eurasia: Andropov Wanted to Do Away with National Republics', http://windowoneurasia2. blogspot.com/2012/11/ window-on-eurasia-andropov-wanted-to-do.html.

22. 워렌 버핏이—세계 3대 부자이다—자신이 비서보다 더 낮은 세금을 내고 있다고 지적했을 때, 자유시장 비평가 중 한 명은 다음의 설명으로 이를 정당화하려 노력했다. '비서는 확실한 임금에 대해서 세금을 내지만, 버 핏은 위험 자산에 대한 투자로 돈을 벌기 때문에 위험에 대한 보상으로 더 낮은 세율을 적용받아야 한다.' 이런 추론에서 확실하게 한 가지 망각된 사실은 버핏이 물론 투자 위험을 감수하지만, 그가 벌어들이는 수익으로 충분히 보상받고 있다는 사실이다.

23. Mauricio Lazzarato's *The Making of the Indebted Man*, Cambridge: MIT Press, 2012.; 마우리치오 라자라토, 허경·양진성 옮김,《부채인간》, 메디치미디어, 2012.

24. 같은 책, p. 139.

25. 마틴 오셔너시에 대한 라자라토의 설명을 참조. http://lafranceetlacrise. org/2012/08/23/lazzarato-and-the-governmental-power-of-debt-la-fabrique-de-lhomme-endette-or-the-making-of-indebted-man.

26. Karl Marx, *Capital*, Vol. 1, London: Penguin Books, 1990, p. 280.; 카를 마르크스, 김수행 옮김,《자본론》1권, 비봉출판사, 2015.

27. '각자의 운명을 결정하는 기업가'라는 용어의 사용은 이처럼 헤겔이 말하는 '추상적인 보편성'의 대표적인 사례이다. 추상적인 보편성이란 무엇일까? 이는 추상적인 개념의 중요한 분별적인 구성 요소를 없애는 특정한 내용에서 시작되는 추상적인 개념화이다. 의식적인 다이어트와 굶주림은 필요보다 덜 먹는다는 점에서 같은 종류라고 할 수 있다. 하지만 다름 아닌 〈뉴욕 타임스〉의 최근 기사에서 확인할 수 있는 것처럼 두 가지를 비교하는 것은 외설적인 의무감이다. '덜 먹고 더 행동하면서 생기는 정신적인 스트레스The Mental Strain of Making Do With Less': 다이어트는 단순히 몸무게를 줄이는 것이 아니라, 정신적인 능력을 감소시킨다. 다시 말해서, 다이어트는 사람을 멍청하게 만든다. 이 사례가 자발적인 칼로리 억제와 전혀 다른 빈곤의 어려움 등 다양한 경험을 강조하는 이유를 이해하면…… 아마 문제는 빈곤층이 아니라 빈곤이 이를 견뎌내야 하는 모든 이들에게 부과한 정신적인 스트레스일 것이다. (Sendhill Mullainathan, *New York Times*, 21 September 2013).

28. 국가사회주의 체제에서 같은 상황을 목격할 수 있다. 소련의 전기에서 확인되는 신화적인 장면에서 스탈린은 들판을 걷다가 트랙터가 망가진 사람을 만나게 되고, 현명한 조언으로 기계를 고치도록 돕는다. 이 이야기의

의미는 어떻게 보면 국가사회주의의 경제적인 위기 속에서는 트랙터마저 정상적으로 작동하지 않는다는 뜻이다.

29. Peter Buffett, 'The Charitable-Industrial Complex', *New York Times*, 26 July 2013.

30. Peter Sloterdijk, *Zorn und Zeit*, Frankfurt: Suhrkamp, 2006, p. 55.

2장 정밀진단
소금에 절인 고기는 어떠세요?

1. Alenka Zupančič, 'When I Count to Ten, You Will be Dead…', *Mladina-Alternative*, Ljubljana, 2013, p. 31.

2. Jaron Lanier, *Who Owns the Future?*, London: Allen Lane, 2013.

3. Alain Badiou and Jean-Claude Milner, *Controverse*, Paris: Editions du Seuil, 2012.

4. http://krugman.blogs.nytimes.com/2013/06/17/1984-hungarian-edition/?_r=0.

5. 같은 곳.

6. http://www.marxists.org/archive/marx/works/1843/critique-hpr/intro.htm.

7. 같은 곳.

8. 이스탄불에서 엔진 커테이Engin Kurtay의 메시지.

9. Ben Stein, 'In Class Warfare, Guess Which Class is Winning', *New York Times*, 26 November 2006.

10. 이 주제의 저변에 깔린 현실에 대한 태도는 소위 말하는 '텅 빈 지구에 대

한 가설(어떤 사람들에 따르면 히틀러도 이를 믿었다고 한다)'에 있어서 극단적
인 수준에 이른다. 이 아이디어는 사람들이 살고 있는 지구의 표면 내부는
속이 비어 있는 구체, 즉 영원히 변치 않는 바위와 얼음 덩어리로 수없이
떠다니는 거대한 구체의 구멍이며, 구멍의 중심에는 움직이지 않는 태양
이 존재한다는 것이다. (그렇다면 일출과 일몰은 어떻게 설명해야 할까? 이 가설의
옹호자들은 햇빛을 설명하기 위해서 놀라울 정도로 복잡한 이론을 나열했었다)

11. 2년 후, 비슷한 이야기가 마이클 앤더슨의 영화 〈로간의 탈출Logan's Run〉
    에서 설명되었다. 거대한 거품 속에 오만한 사회가 존재하며, 바깥에는 생
    명이 존재하지 않는다고 당연하게 생각한다는 이야기였다.

12. Peter Sloterdijk, *In the World Interior of Capital: Towards a Philosophical
    Theory of Globalization*, Cambridge: Polity, 2013.

13. Sloterdijk, 앞의 책, p. 12.

14. 같은 책, p. 46.

15. 같은 책, p. 171.

16. 같은 책.

17. http://www.reuters.com/article/2013/12/01/us-italy-fire-
    idUSBRE9B00ED20131201.

18. http://www.nbcnews.com/news/other/deadly-factory-fire-highlights-
    near-slavery-conditions-italy-f2D11681836.

19. Louis Nayman, 'Lincoln: Better Off Undead', *In These Times*, 15
    November 2012.

20. 같은 책.

21. 같은 책.

22. '전 세계 자본주의와 신좌파Global Capitalism and the New Left' 회의에서, 이
    스탄불, 2013년 10월 11일~12일.

23. Peter Sloterdijk, *Critique of Cynical Reason*, Minneapolis: University of

Minnesota Press, 1988, p. 17.; 페터 슬로터다이크, 이진우 옮김, 《냉소적
    이성 비판》, 에코리브르, 2005.

24. Karl Marx, 'Class Struggles in France', *Collected Works*, Vol. 10, London:
    Lawrence and Wishart, 1978, p. 95.

25. 같은 책.

26. *Agnotology: The Making and Unmaking of Ignorance*, ed. Robert Proctor
    and Londa Schiebinger, Stanford: Stanford University Press, 2008.

27. http://www.boston.com/news/nation/articles/2008/01/21/kings_
    complexity_often_ignored/.

28. 같은 곳.

29. 같은 곳.

30. Gerard Wajcman, 'Intimate Extorted, Intimate Exposed', *Umbr(a)*, 2007,
    p. 47.

31. http://www.haaretz.com/blogs/routine-emergencies/why-ultra-orthodox-
    men-wearing-modesty-glasses-is-a-fabulous-idea-1.457453.

32. Sergio Gonzales Rodriguez, *The Femicide Machine*, Los Angeles:
    Semiotext(e), 2012.

33. Wally T. Oppal (Commissioner, British Columbia), *Forsaken: The Report
    of the Missing Women Commission of Inquiry*, 19 November 2012, http://
    www2.gov.bc.ca/assets/gov/law-crime-and-justice/about-bc-justice-
    system/inquiries/forsaken-vol_1.pdf.

34. 놀랍게도 법의 바탕에 깔려 있는 선정적인 요소는 자기계발서의 영역에
    서도 증가하고 있다. 필립 맥그로Phillip McGraw가 최근에 발표한 베스트
    셀러 《자아Self Matters》의 제목에서 잘 드러나고 있는 이 기본적인 입장
    은 우리에게 '내면을 표출해서 자신의 삶을 창조하는 법'을 가르치고 있
    으며, '완벽하게 사라지는 방법How to Disappear Completely'과 같은 제목에

서 논리적인 보완을 찾는다. 그 내용은 자신의 이전 존재를 흔적마저 지우고, 스스로를 '재탄생'시키는 것이다. 더그 리치몬드Doug Richmond's의 《완벽하게 사라지는 법How to Disappear Completely and Never be Found》(Secausus: A Citadel Press Book, 1999)은 공개적으로 수용 불가능한 욕망을 직접적으로 다룬 데일 카네기의 책처럼 '공식적'인 안내서를 새롭게 외설적인 모양으로 바꾼 자기계발서 시리즈에 포함된다. 이와 비슷한 책으로 《사기꾼은 언제나 승리한다Cheaters Always Prosper》,《발전된 모험과 비난의 기술Advanced Backstabbing and Mudslinging Techniques》,《복수의 기술Revenge Tactics》,《배우자 감시하기Spying on Your Spouse》 등이 있다. 이들의 공통점은 비밀스럽고 초월적인 욕망이자 법의 외설적인 또 다른 모습을 직접적으로 마케팅했다는 사실이다.

35. 엄격하게 상응하는 방식으로, 이스라엘의 정책을 옹호하는 시온주의자들은 자신들이 미디어(TV와 책)를 통제하고 있다는 사실을 알리려고 한다. 이스라엘에 대한 과도한 비판을 막기 위해서이다. 하지만 이를 알리는 반면(시온주의자들의 힘을 두려워하게 된다), 공개적으로 말하지는 못하게 되어 있다. 그 순간 반유대주의로 비난을 받기 때문이다.

36. 적을 비난하기 위한 또 다른 냉소적인 전략이 있다. 미국의 가톨릭 당국은 1960년대 성적 관대함이 교회에 만연한 소아성애의 원인이라고 결론을 내린 것처럼 보이는 연구를 언급했다.

37. G. K. Chesterton, *Orthodoxy*, San Francisco: Ignatius Press, 1995, p. 164.; G. K. 체스터턴, 홍병룡 옮김, 《정통》, 상상북스, 2010.

38. 이론가에게 일반적으로 얻을 수 있는 것은 개인적인 허용이다. 물론 이는 모순되지만 그럼에도 불구하고 모순적인 이념적 논리는 놀랍게 효과가 있다. 이것이 중국의 빠른 경제 성장과 안정을 유지할 수 있는 유일한 방법이다. 가장 순수하게 표현해서 '추정의 개인적인 이용'이라고 덧붙일 필요가 있을까?

39. 'Even What's Secret is a Secret in China,' *Japan Times*, 16 June 2007, p. 17.

40. 《베니스의 상인The Merchant of Venice》 4장 1막.

41. 이 주장은 우디 알로니Udi Aloni 덕분임.

42. http://news.yahoo.com/australian-court-oks-logo-ban-cigarette-packs-004107919—finance.html.

43. Charles Rosen, *Schoenberg*, London: Fontana/Collins, 1975, p. 77.

44. Jean Laplanche, *Problématiques I: L'angoisse*, Paris: PUF, 1980, p. 353.

45. Sigmund Freud, 'Dostoyevsky and Parricide', in *Penguin Freud Library*, Vol. 14: *Art and Literature*, London: Penguin 1985, p. 455.

46. Jacques Derrida, *Acts of Literature*, New York: Routledge ,1992, p. 201.; 자크 데리다, 정승훈·진주영 옮김, 《문학의 행위》, 문학과지성사, 2013.

47. 생태학자는 특정 생태계에 유입된 외래종이 어떻게 생태계를 파괴하는지 지적하길 좋아한다. 새로운 포식자는 해당 지역의 동물종을 먹어버려서 생명의 연결 고리 전체를 파괴하고, 새로운 식물은 다른 식물을 고사시키고 먹이사슬을 파괴한다. 하지만 가장 끔찍한 침입자는 사람이다. 폭발적인 성장으로 생태계를 황폐화시키고, 덕분에 자연은 새롭고 약한 생태 균형을 다시 세워야 한다.

3장 예후
등심이 어떨까요?

1. Friedrich Nietzsche, *Ecce Homo*, Mineola: Dover, 2004, p. 40.; 프리드리히 니체, 김태현 옮김, 《도덕의 계보/이 사람을 보라》, 청하, 1982.

2. 여러 가지가 있지만 그중에서도 1949년의 악명 높은 모스크바 기록에서 확인할 수 있다(러시아 혁명Russian Revelation, RV 70004). 여기에서 로브슨은 짧게 자신을 완벽한 러시아인으로 소개했다.

3. Paul Fussell, *The Great War and Modern Memory*, Oxford: Oxford University Press, 2000.

4. 같은 책에서 인용.

5. 공교롭게도 이 아이디어는 히치콕이 만든 2차 세계대전 스릴러 영화 〈해외 특파원Foreign Correspondent〉에 사용되었다. 영화 속에서 나치를 따르는 선한 사람들이 풍차가 돌고 있는 목가적인 네덜란드의 한 지역에 도착한다. 모든 것이 평화로워 보이고, 나치 대원은 보이지 않는다. 그런데 선한 사람 중 한 명이 이상한 점을 눈치채고, 완벽해 보이는 풍경을 흐트러뜨린다. "풍차를 봐! 왜 바람과 반대 방향으로 돌지?" 목가적인 풍경은 순진함을 잃어버리고, 이후를 암시하는 장면으로 바뀐다.

6. Matthew Shadle, 'Theology and the Origin of Conflict: The Shining Path Insurgency in Peru', *Political Theology*, Vol. 14, No. 2 (2013), p. 293.

7. 같은 책.

8. 같은 책, p. 295.

9. 유대인들은 유럽의 변방 지역에 만족하지 못하고, 20세기의 유럽적인 인류의 조상Ur-Vater, 즉 전-오이디푸스의 깡패 두목으로 부상했다. 원시시대의 아버지를 살해한 것에 관한 프로이트의 신화처럼, 이들은 유럽인들에 의해 함께 살해된 후(홀로코스트는 범죄였다) 전 유럽에게 죄책감을 느끼게 만드는 초자아로 부상했다.

10. 서울에서 2013년 9월 27일~29일까지 열린 4회 '코뮤니즘이라는 이념' 회의에서.

11. 예상과 달리, 계급 정책에 대한 강조가 '독재주의'를 끌어들일 필요는 없다. 유명한 공산주의 전면 정책(Popular Front Communist Policy, 스탈린

은 1930년대, 모택동은 1940년대)은 분명 '개방'을 추구했지만, 모든 적극적인 세력이 결집하도록 요구했다. 여기에는 배신자를 제외한 '애국주의적인 부르주아'도 포함되었다. 역설적인 것은 '개방' 정책이 결국 더 심각한 '전체주의'로 이어졌다는 것이다. 그래서 파시스트를 만들어냈고, 국가적인 연합을 만들기 위해서 '종파적인' 계급의 분열은 극복했지만, 반대 세력을 악으로 규정하고 배척했다. 이런 국가적인 적은 계급의 적일 뿐 아니라 배반자였고, 국가의 화합을 위해서는 반드시 배제되어야 하는 존재였다(파시스트가 유대인을 배척했던 것과 같다).

12. 노동계급이 사라지고 있다고 지적하는 주장은 어느 정도는 옳다. 적어도 시각적으로는 사라지고 있다. 대신 새로운 노동계급이 부상하고 있다. 아랍에미리트에서 한국까지, 집과 가족을 떠나서 보이지 않는 노동자가 된 유목민 같은 계급으로 부유한 도시의 외곽에서 고립되고 비참한 생활을 하고 있으며, 정치 및 법적인 권한도 없고, 보건 제도나 은퇴 혜택도 누리지 못하고 있다. 해방적인 명분을 위해 이들을 동원하고 조직하려면, 진정한 정치적인 사건이 필요하다.

13. 서울에서 2013년 9월 27일~29일까지 열린 4회 '코뮤니즘이라는 이념' 회의에서.

14. http://www.zionism-israel.com/ezine/New_Antizionism.htm.

15. Walter Benjamin, 'Theories of German Fascism', *Selected Writings*, Vol. II, Cambridge (Ma): Harvard University Press, 1999, p. 321.

16. Jane Perlez and Pir Zubair Shah, 'Taliban Exploit Class Rifts to Gain Ground in Pakistan', *New York Times*, 16 April 2009.

17. John Caputo and Gianni Vattimo, *After the Death of God*, New York: Columbia University Press, 2007, p. 113.

18. 스탈린주의는 강력한 국가의 분명한 존재의 예와는 거리가 멀었다. 괴상한 변증법적인 변화가 '몸이 없는 장기'를 만든 셈이었다. 스탈린은 사회

주의를 건설하는 동안 국가는 장기(물론 원칙적으로 비밀경찰 기관을 뜻한다)
가 강화되는 과정을 겪는다고 설명했다.

19. 마르크스는 《정치경제학 비판 강요Contribution to the Critique of Political
    Economy》의 서문에서 인간은 해결 가능한 문제만 제시한다고 썼다(혁명에
    관한 경우로는 최악이었다). 사람들은 마르크스의 발언을 반대로 뒤집어서 인
    간은 해결할 수 없는 문제만 제시하고, 그래서 재정립의 과정에서 예측하
    지 못한 절차를 유발한다고 말하고 싶을 것이다.

20. John Caputo and Gianni Vattimo, 앞의 책, pp. 124~125.

21. 《정치 신학Political Theology》14권, No. 3(2013)에서 '카푸토가 말하는 "카
    푸토주의"에 대한 사랑스러운 공격과 공산주의의 거절A Loving Attack on
    Caputo's "Caputolism" and his Refusal of Communism' 참조.

22. Ayn Rand, *Atlas Shrugged*, London: Penguin Books. 2007, p. 871.; 아인
    랜드, 민승남 옮김, 《아틀라스》, 휴머니스트, 2013.

23. Karl Marx, *Capital*, Vol. 1, London: Penguin Classics, 1990. p. 165.; 카
    를 마르크스, 김수행 옮김, 《자본론》 1권, 비봉출판사, 2015.

24. 우연하게도 여기에서 누구를 지목하는지는 알려지지 않았다. 개인일까?
    아니면 일반적인 통념을 지칭한 것일까?

25. 판단의 논리와 이론에 따라서 우리는 가끔 비슷한 모순을 목격하게 된다.
    A가 B보다 낫고, B는 C보다 나을 때, 언제나 A가 C보다 나은 것은 아니
    다. A와 C를 직접 비교했을 때, C가 더 나을 수도 있다. 만약 이런 모순을
    단순히 기준을 차별 적용해서 설명한다면 너무 쉬울 것이다(누군가 모든 체
    계를 고려할 때는 동일한 기준을 적용하지만, 개별적으로 비교할 때는 기준이 바뀐다).
    어느 면에서는 사실이지만, 기준은 자의적이 아니라 내재적이기 때문이
    다. 말하자면 기준이 달라지는 이유는 특성의 차이 때문이다. 어떤 세 사
    람의 미모를 비교한다고 가정해보자. A는 B보다 아름다워 보이고, B는 C
    보다 아름다워 보인다. 하지만 A와 C를 비교하면, 중요하지 않았던 특성

이 강조되면서, A의 아름다움이 망가지고, 그래서 A가 C보다 못나 보일 수 있다.

26. http://www.reuters.com/article/us-usa-campaign-healthcare-idUSBRE85N01M20120624.

27. http://www.dailypaul.com/170397/whos-afraid-of-ron-paul.

28. Rony Brauman, 'From Philanthropy to Humanitarianism', *South Atlantic Quarterly* 103:2/3 (spring/summer 2004), pp. 398~399, 416.

29. G. K. Chesterton, 'The Man Who Thinks Backwards', http://www.online-literature.com/chesterton/2573, 마지막 문단.

30. Franco Bifo Berardi, *After the Future*, Oakland: AK Press, 2011, p. 175.; 프랑코 베라르디 비포, 강서진 옮김, 《미래 이후》, 난장, 2013. 하지만 정말 새로운 현상일까? '단조로운 혁명'은 중세 소작농의 봉기에서부터 인민헌장 때까지 이어지는 전통의 일부가 아닐까? 1914년 11월에 에밀리아노 자파타와 팔초 빌라는 멕시코시티로 병사를 이끌고 입성했다……. 몇 주에 걸친 토론 끝에, 권력을 어떻게 처리할 줄 몰라서 돌아갔다.

31. Berardi, 앞의 책, p. 177.

32. 같은 책, p. 176.

33. Michael Hardt and Antonio Negri, *Multitude*, New York: The Penguin Press, 2004, p. 339.; 마이클 하트·안토니오 네그리, 조정환·정남영·서창현 옮김, 《다중》, 세종서적, 2008.

34. 같은 책, p. 336.

35. Louis Althusser, *Philosophy of the Encounter*, London: Verso Books, 2006, p. 37.

36. *The Accelerationist Reader*, edited by Robin McKay and Atrmen Avanessian, Falmouth: Urbanomic, 2014.

37. 지적인 활동의 중요성이 높아지면서, 중국과 인도로 물리적인 활동이 대

량으로 이동하는 것을 목격하게 된다. 하지만 이런 물질적인 활동의 세계적인 아웃소싱이 소위 말하는 '가치의 노동 이론'을 유지하는 데 도움이 될까? 지식이 오늘날의 요소가 아니라 가치의 요소라는 주장은 오래전에 마르크스가 설명하지 않았던가?

38. Berardi, 앞의 책, pp. 177~178.

39. 로완 윌리엄스가 런던 버크백 대학 법대에서 2014년 5월에 열린 〈신학적 정치의 실제The Actuality of the Theologico-Political〉 학회에서 발표한 '항의에 관하여On Representation'를 인용함.

40. Jacques-Alain Miller, 'Un réel pour le XXIe siècle', in *Un réel pour le XXIe siècle*, Paris: Scilicet, 2013, p. 18.

41. T. J. Clark, 'For a Left with No Future', *New Left Review* 74 (March/April 2012).

42. Franco Bifo Berardi, 'Humankind is Reaching its End' (슬로베니아 판) *Ljubljanski dnevnik*, 24 May 2014, p. 11.

43. http://substitute.livejournal.com/986052.html.

44. 제니아 체르카예프Xenia Cherkaev와 개인적으로 소통.

45. V. I. Lenin, 'The Socialist Revolution and the Right of Nations to Self-Determination' (January–February 1916), www.marxists.org/archive/lenin/works/1916/jan/x01.htm.

46. Moshe Lewin, *Lenin's Last Struggle*, Ann Arbor: University of Michigan Press, 2005, p. 61.

47. edition.cnn.com/2014/03/19/opinion/motyl-putin-speech.

48. Christopher Hitchens, *Arguably*, New York: Twelve, 2011, p. 634.; 크리스토퍼 히친스, 김승욱 옮김, 《논쟁》, 알마, 2013.

49. 같은 책, p. 635.

50. 공산주의의 마지막 순간에 확인된 또 다른 긴장의 신호는 시위대가 국

가 등 공식적인 노래를 자주 부르면서 지켜지지 않은 약속을 상기시켰다
는 것이다. 1989년에 동독의 군중들에게 국가를 부르는 것 외에 더 나은
방법이 있었을까? 1950년대부터 1989년까지 '독일이여, 단결된 국가여
Deutschland einig Vaterland'라는 가사는 동독이 새로운 사회주의 국가라는 뜻
에는 맞지 않게 되었기 때문에 공개적으로 부르는 것이 금지되었다. 다만
국가 행사가 있을 때만 경음악으로 연주되도록 허용되었다. 동독은 국가
를 부르는 것마저 위법행위인 특별한 국가였다! 나치주의와 비슷하지 않
은가?

51. Hitchens, 앞의 책, p. 635.

52. V. I. Lenin, *Collected Works*, Vol. 33, Moscow: Progress Publishers, 1966,
    p. 463.

53. http://www.voxeurop.eu/en/content/news-brief/2437991-orban-
    considers-alternative-democracy.

54. G. K. Chesterton, *Orthodoxy*, San Francisco: Ignatius Press, 1995, pp.
    146~147.

55. 같은 맥락에서 반유대주의의 자본주의적 비판론자들 일부는 현대의 반
    유대주의가 주로 좌파적인 성향을 띨 뿐 아니라, 공산주의의 출발점에서
    유래되었다고 주장한다. (소련이 들어서고 5년 동안 레닌 중앙위원회의 구성원 대
    부분이 유대계였다는 사실을 강조하는 것만으로 충분히 반박이 될 것이다. 서방세계에
    서 매우 이례적인 일이었다. 레닌을 뭐라고 설명하든, 확실한 것은 반유대주의는 아니
    라는 것이다.)

56. 일리야 포노마레프Ilya Ponomarev는 러시아 의회에서 유일하게 우크라이나
    의 크림반도 합병에 반대표를 던진 인물이다. 그는 자신의 결정과 관련해
    중요한 지적을 했다. 러시아가 크림반도에 대한 설득력 있는 주장을 펼쳤
    다고 강조하고, 다만 우크라이나에서 반환받는 절차에 동의할 수 없다는
    것이었다. 이것이 바로 문제의 핵심이다. 중요한 것은 주장이나 주장의 정

당화가 아니다(모든 면에서 양면적이었기 때문이다. 서방세계는 세르비아로부터 코소보를 인수하는 것은 찬성했으면서, 크림반도의 합병은 반대했다. 러시아는 크림반도의 국민투표는 지지하면서 체첸에서는 반대하는 등이다). 크림반도에 대한 합병에 있어서 문제점은 조직(러시아의 군사적인 억압)과 그 뒤에서 일어나고 있는 거대한 지정학적 투쟁이다.

4장 교훈
원하는 대로 드리겠습니다!

1. Julien Gracq, *The Opposing Shore*, New York: Columbia University Press, 1986, p. 284.

2. 그라크Gracq는《시르트의 바닷가》를 쓰기 직전에 〈어부의 왕The Fisher King〉이라는 희곡을 썼다. 책의 내용은 파르시팔 기사의 전설에 특별한 요소를 덧붙인 것이었다. 그의 희곡에서는 암포르타스가 성배에 가까이 다가가면 파괴적인 힘이 나온다는 경고로 파르시팔을 성배에 접근하지 못하게 설득하려고 한다. 희곡의 마지막 부분에서는 성을 떠나는 파르시팔을 성공적으로 설득한다(쿤드리는 여기에서 성배를 찾으라고 격려하는 역할로 나온다). 따라서 파르시팔이 성배를 찾아서 왕권을 얻는 사건은 일어나지 않는다. (게다가 그라크는 암포르타스의 상처에 집중한다. 그의 상처는 반복해서 생리혈로 묘사되면서 바람직하지 못한 것으로 설명되지만, 동시에 성배와 깊은 관련이 있는 것처럼 연관되어 설명된다) 그라크는 이 마지막 부분의 이야기를 다음의 설명으로 일반화시킨다. "내가 쓴 책에서 이들이 공유하는 한 가지 요소가 있다. 이 사건이 절대 일어나지 않았다는 것이다."(쥘리앵 그라크가 1971년 7월 12일에 길버트 언스트와 가진 라디오 토론에서. 〈위스망스의 노트Cahier de l'Herne〉 No. 20(1972), p.

214에 수록) 그렇다면《시르트의 바닷가》마지막 부분에서는 어떤 일이 일어난 것일까? 사건이었을까? 아니면 사건과 비슷한 것이었을까?

3. 그라크와 비슷하게 1990년대 초에 바디우가 유고슬라비아 전쟁 이후에 밀로셰비치의 승리가 반대 세력의 승리보다 훨씬 흥미로웠을 것이라는 내용의 글을 집필한 적이 있다는 것을 지적할 필요가 있다. 아무 일도 일어나지 않은 것보다는 국수주의자가 일으킨 사건과 비슷한 상황이 더 낫다는 분명한 선호도를 보이고 있다. 한층 더 깊이 들어가 보면, 바디우가 존재와 경제, 아무런 사건도 일어나지 않은 것에 대한 질서를 거부한다는 문제가 있다.

4. http://www.marxists.org/archive/marx/works/1844/manuscripts/preface. htm.

5. Kojin Karatani, *The Structure of World History*, Durham: Duke University Press, 2014.; 가라타니 고진, 조영일 옮김,《세계사의 구조》, b, 2012.

6. Friedrich Nietzsche, *Sämtliche Werke: Kritische Studienausgabe*, Vol. 2, Berlin: Walter de Gruyter, 1980, p. 679.

7. Friedrich Nietzsche, *Sämtliche Werke: Kritische Studienausgabe*, Vol. 10, Berlin: Walter de Gruyter, 1980, p. 529.

8. Karatani, 앞의 책, p. 303.

9. 여기에서는《위험한 꿈의 시대The Year of Dreaming Dangerously》의 끝에서 두 번째 장 내용을 축약해서 설명했다(London: Verso Books, 2013).

10. Peter Sloterdijk, *Repenser l'impôt*, Paris: Libella, 2012.

11. Thomas Piketty, *Capital in the Twenty-First Century*, New York: Bellknap Press, 2014.; 토마 피케티, 장경덕 외 옮김,《21세기 자본》, 글항아리, 2014.

12. Daniel H. Pink, *Drive: The Surprising Truth about What Motivates Us*, New York: Riverhead Books, 2009.; 다니엘 핑크, 김주환 옮김,《드라이

브》, 청림출판, 2011.

13. http://dotsub.com/view/e1fddf77-5d1d-45b7-81be-5841ee5c386e/
    viewTranscript/eng.

14. Karatani, 앞의 책, p. 304.

15. 여기에서는 《종말의 시대를 살아가기Living In the End Times》 2장의 주장을
    활용했다(London: Verso Books, 2012).

16. http://www.mtholyoke.edu/acad/intrel/kant/kant1.html.

17. http://www.aljazeera.com/indepth/opinion/2013/02/20132672
    747320891.html.

18. Frantz Fanon, *Black Skin, White Masks*, New York: Grove Press, 2008,
    pp. 201~206.; 프란츠 파농, 노서경 옮김, 《검은 피부, 하얀 가면》, 문학동
    네, 2014.

19. http://www.marxists.org/archive/marx/works/1853/07/22.htm.

20. http://www.marxists.org/archive/marx/works/1853/06/25.htm.

21. 해당 부분의 문제적인 성향 때문에 원본을 그대로 인용한다.

Die ganze frühere Geschichte Östreichs beweist es bis auf diesen Tag,
und das Jahr 1848 hat es bestätigt. Unter allen den Nationen und
Natiönchen Östreichs sind nur drei, die die Träger des Fortschritts
waren, die aktiv in die Geschichte eingegriffen haben, die noch jetzt
lebensfähig sind—die Deutschen, die Polen, die Magyaren. Daher sind
sie jetzt revolutionär.

Alle andern großen und kleinen Stämme und Völker haben zunächst
die Mission, im revolutionären Weltsturm unterzugehen. Daher sind
sie jetzt kontrerevolutionär ... Es ist kein Land in Europa, das nicht
in irgendeinem Winkel eine oder mehrere Völkerruinen besitzt,

Überbleibsel einer früheren Bewohnerschaft, zurückgedrängt und unterjocht von der Nation, welche später Trägerin der geschichtlichen Entwicklung wurde. Diese Reste einer von dem Gang der Geschichte, wie Hegel sagt, unbarmherzig zertretenen Nation, diese Völkerabfälle werden jedesmal und bleiben bis zu ihrer gänzlichen Vertilgung oder Entnationalisierung die fanatischen Träger der Kontrerevolution, wie ihre ganze Existenz überhaupt schon ein Protest gegen eine große geschichtliche Revolution ist ... Aber bei dem ersten siegreichen Aufstand des französischen Proletariats, den Louis-Napoleon mit aller Gewalt heraufzubeschwören bemüht ist, werden die österreichischen Deutschen und Magyaren frei werden und an den slawischen Barbaren blutige Rache nehmen. Der allgemeine Krieg, der dann ausbricht, wird diesen slawischen Sonderbund zersprengen und alle diese kleinen stierköpfigen Nationen bis auf ihren Namen vernichten.

Der nächste Weltkrieg wird nicht nur reaktionäre Klassen und Dynastien, er wird auch ganze reaktionäre Völker vom Erdboden verschwinden machen. Und das ist auch ein Fortschritt.

핵심 문장은 '크고 작은 모든 경주와 사람의 핵심 임무는 혁신적인 홀로코스트 속에서 사라지는 것'으로 해석된다. 따라서 마르크스에 반해서 홀로코스트의 원조로 사용된 것이다. 하지만 이 문장에서 '홀로코스트'란 단어는 사용되지 않았다. 반혁명적인 국가는 'im revolutionären Weltsturm unterzugehen' ('혁신적인 폭풍 속에서 사라지는 것')이라고 언급되었다.

22. https://www.marxists.org/archive/marx/works/1882/letters/82_09_12.

htm.

23. https://www.marxists.org/archive/marx/works/1882/letters/82_06_26.
htm.

24. http://www.aljazeera.com/indepth/opinion/2013/02/
20132672747320891.html.

25. 샨드라 반 프라사드, 달리트의 지식인으로 '달리트 여신, 영국인'이라며
영국인을 기념했다. http://www.openthemagazine.com/article/nation/
jai-angrezi-devi-maiyya-ki 참조. 이 데이터는 내 좋은 친구인 S. 아낸드s.
Anand가 제공했다(뉴델리).

26. 이 생각은 뉴델리의 사로이 기리Saroi Giri의 도움 덕분에 만들어진 것이다.
오늘날의 중국에 비슷한 설명을 할 수 있다. 중국이 진정한 자본주의국가
가 되거나, 자본주의 개발을 완전히 버리고 공산주의를 유지하겠다는 선
택의 기로에 서 있다고 말하면 잘못된 것이다. 이 선택은 잘못된 것이다.
중국에서 자본주의 성장은 공산주의에도 불구하고 지속되는 것이 아니
라, 공산주의 덕분에 이루어지고 있는 것이다. 따라서 공산주의는 자본주
의 개발에 대한 장애물이 아니며, 자유로운 자본주의를 위한 최적의 조건
을 보장한다.

27. 이런 자유로운 상처의 극단적인 예를 또 하나 들어보자. 2013년 10월
7일, 언론은 인도에서 '아기 공장'이 문을 열었다고 보도했다. 대리모가
서방세계의 부부를 위해서 약 8천 달러를 받고 임신을 하는 공장이다. 냐
나 파텔Nayna Patel 박사가 만든 이 공장은 수백만 파운드를 들여서 건설한
것으로, 수백 명의 대리모를 수용한다. 공장에는 신생아를 데리러 온 부부
를 위한 선물 가게와 호텔도 갖추어져 있다고 한다. 아이를 임신하는 대리
모 여성들은 가난을 벗어나기 위해서 수수료를 받고, 운반된 정자와 난자
를 이용해서 임신한다. 한편 아이가 없는 부부는 인도를 방문해서 갓 태어
난 아들과 딸을 데려간다. 파텔 박사는 자신의 일이 도움이 필요한 여성과

임신을 할 수 없는 여성을 이어주는 '여권 신장을 위한 임무'라고 생각한다. 물론 이 발언은 상당한 비웃음을 샀다. 하지만 한 여성이 다른 여성에게 자궁을 빌려주는 행위는 여성성에 대한 전통적인 개념에 도전하는 여성들의 단합된 행동으로 상상할 수 있지 않을까?

28. 하지만 우리의 언어가 지역적이고, 원시적이며, 병적인 열정과 선정성으로 강조되는 반대의 경험은 어떻게 해야 할까? 이는 이론과 표현을 가리고, 명백하고 자유로는 생각을 위한 보편적이면서 부차적인 언어를 사용하도록 우리를 이끄는 경험을 사라지게 만든다. 이것이 변증법의 다양성을 대체하기 위한 국가 언어를 구성하는 논리가 아닐까?

29. Jacques Lacan, *The Psychoses: The Seminar of Jacques Lacan, Book III, 1955~56*, London and New York: Routledge, p. 243.

30. 같은 책.

31. George Orwell, *The Road to Wigan Pier* (1937), http://www.orwell.ru/library/novels/The_Road_to_Wigan_Pier/english/e_rtwp. 조지 오웰, 이한중 옮김, 《위건 부두로 가는 길》, 한겨레출판사, 2010.

32. 채프먼의 삶에서 기묘한 이야기는 진정한 포용이 무엇인지를 보여준다. 1887년 채프먼은 법과대학 학생 시절, 자신의 여자 친구인 미나 티민스를 공격한 남성에게 욕을 하고 폭행을 했다. 이후 죄책감에 빠진 그는 자신의 손을 스스로 불 속에 넣어 벌을 주었는데, 화상이 너무 심해서 손을 잘라야 했다.

33. John Jay Chapman, *Practical Agitation*, New York: Charles Scribner & Sons, 1900, pp. 63~64.

34. Bülent Somay, '*L'Orient n'existe pas*' (박사 논문, Birkbeck School of Law, London, 2013).

35. Walter Lippman, *Public Opinion*, Charleston: BiblioLife, 2008.; 월터 리프먼, 이충훈 옮김, 《여론》, 까치, 2012.

36. 2013년 여름, 서유럽국가들은 모스크바에서 볼리비아로 돌아가는 에보 모랄레스 대통령의 비행기를 착륙시켰다. 비행기 안에 에드워드 스노든이 볼리비아로 망명하기 위해서 타고 있을 것이라는 의심 때문이었다. 정말 부끄러웠던 것은 유럽이 권위를 유지하기 위해서 한 행동이었다. 서유럽국가들은 공개적으로 미국의 압력에 따라서 행동했다고 인정하지 못했고, 대신 당시 착륙이 기술적인 결함 때문이라고 변명했다. 모랄레스 대통령의 비행기가 관제탑에 적절하게 등록되지 않았다는 것이다. 이들의 행동이 가져온 효과는 비참했다. 미국의 하수인 노릇을 했을 뿐 아니라, 그 사실을 숨기기 위해서 어설픈 기계 결함을 핑계로 삼았다.

37. 버크백 대학에서 열린 공개 토론 때 웬디 브라운Wendy Brown이 강조한 것과 동일.

38. '직접 민주의'에 대해서는 스위스의 사례에서 교훈을 얻을 수 있다. 스위스는 '세계에서 직접 민주주의에 가장 가까운 국가'라는 말을 듣지만, 이는 스위스가 1971년에서야 여성에게 투표권을 주었으며, 몇 년 전에도 이슬람 사원의 설립을 금지했으며, 이민 노동자의 귀화를 반대하면서 '직접 민주주의'의 형태(국민투표, 시민들의 발언권 등)를 유지하고 있는 덕분이다. 게다가 국민투표 구성 방법도 특별하다. 각 유권자는 자신의 결정을 쓸 종이와 함께 투표에 관한 정부의 '제안'이 담긴 책자를 받는다. 게다가 스위스의 직접 민주주의 형태는 의사 결정 과정에 있어서 세계에서 가장 불투명하다. 중요한 전략적인 결정은 대중의 토론 및 통제를 벗어나 내각에 의해서 결정되기 때문이다.

39. Alain Badiou/Elisabeth Roudinesco, 'Appel aux psychanalystes. Entretien avec Eric Aeschimann', *Le Nouvel Observateur*, 19 April 2012.

40. 개인적으로 소통(2013년 4월).

41. Nicolas Fleury, *Le réel insensé: Introduction a la pensée de Jacques-Alain Miller*, Paris: Germina, 2010, pp. 93~94.;

42. John Ashbery 번역, http://www.poetryfoundation.org/poetrymagazine/poem/241582

43. Saroj Giri, 'Communism, Occupy and the Question of Form', *Ephemera*, Vol. 13(3), p. 594.

44. 같은 책, p. 595.

45. 같은 책, p. 590.

46. 헤겔의 '위급권'에 대한 언급은 코스타스 더지나스의 힘을 빌렸다. 그는 2013년 5월 10일~12일 동안 런던의 버크백 대학이 조직한 헤겔 관련 세미나인 '유일한 것의 실재The Actuality of the Absolute'에 참여한 바 있다. 문단은 www.marxists.org/reference/archive/hegel/works/pr/prconten.htm 에서 인용된 헤겔의《법철학Philosophy of Right》에서 발췌했다.

47. 마르크스가 조셉 웨이데미어에게 1852년 3월 5일에 쓴 편지, MECW 39, p. 65.

48. 인도에서 가난한 지식 노동자 수천 명은 역설적으로 '좋아요 농장'이라고 불리는 곳에서 일자리를 구했다. 이들은 (비참한) 임금을 받고 하루 종일 컴퓨터 앞에 앉아서 일했는데, 방문자나 고객에게 문제의 제품이 '좋은지' 혹은 '좋지 않은지'를 묻는 페이지에서 끝임 없이 '좋아요' 버튼을 눌렀다. '많은 소비자가 만족했다면 뭔가 있을 것이다'라는 논리에 따라서 제품을 인공적으로 인기 있게 만들어서, 정보가 부족한 소비자가 구매하도록 만들기 위해서이다(아니면 적어도 확인하게 하는 것이다). 소비자의 반응은 그만큼 중요하다(이 정보는 뉴델리의 사로이 지리Saroj Giri에게 얻은 것이다).

49. 로빈의 정부에서 교육 장관인 슐라미스 알로니Shulamith Aloni는 이스라엘 대표 중 하나였다.

1. Tyler O'Neil, 'Dark Knight and Occupy Wall Street: The Humble Rise', *Hillsdale Natural Law Review*, 21 July 2012, http://hillsdalenaturall awreview.com/2012/07/21/dark-knight-and-occupy-wall-street-the-humble-rise/.

2. R. M. Karthick, 'The Dark Knight Rises a "Fascist"?', *Society and Culture*, 21 July 2012, https://wavesunceasing.wordpress.com/2012/07/21/the-dark-knight-rises-a-fascist/.

3. Tyler O'Neil, 앞의 책.

4. Christopher Nolan, *Entertainment* 1216 (July 2012), p. 34.

5. http://www.buzzinefilm.com/interviews/film-interview-dark-knight-rises-christopher-nolan-jonathan-nolan-07192012.

6. Karthick, 앞의 책.

7. http://edition.cnn.com/2012/07/19/showbiz/movies/dark-knight-rises-review-charity/index.html?iref=obinsite.

8. Forrest Whitman, 'The Dickensian Aspects of *The Dark Knight Rises*,' 21 July 2012, http://www.slate.com/blogs/browbeat/2012/07/23/the_dark_knight_rises_inspired_by_a_tale_of_two_cities_the_parts_that_draw_from_dickens_.html.

9. Karthick, 앞의 책.

10. 베인 역을 맡은 톰 하디는 〈장기수 브론슨의 고백Bronson〉(2010)에서 베인과 비슷한 캐릭터인 정의와 예술적인 감각과 폭력성이 섞인 영국 역사상 최장기 복역수 찰스 브론슨 역을 맡았다.

11. Jon Lee Anderson, *Che Guevara: A Revolutionary Life*, New York: Grove,

1997, pp. 636~637.; 존 리 앤더슨, 허진·안성열 옮김, 《체 게바라: 혁명가의 삶》, 열린책들, 2015.

12. 같은 책.

13. Søren Kierkegaard, *Works of Love*, New York: Harper & Row, 1962, p. 114.

14. 토니 모리슨의 《빌러비드Beloved》에서는 '사랑하는 사람을 죽이는' 예가 등장한다. 여자 주인공은 딸이 노예가 되지 못하도록 죽인다.

15. 리암 니슨의 아들은 독실한 시아파 이슬람이며, 그 역시 향후 이슬람으로 개종할 것 같다고 말하곤 한다.

16. 이 아이디어는 스렉코 호벳recko Horvat(자그레브)의 덕을 보았다.

17. 〈다크 나이트〉의 더 상세한 분석에 관해서는 슬라보예 지젝의 《종말의 시대에 살아가기Living in the End Times》, (London: Verso Books, 2010)의 1장을 참조.

18. 오로라 극장의 살해에 대해서는 영화에서 드러나지도 않았고, 고려하지도 않으려고 한다.

19. 랄프 파인즈Ralph Fiennes가 〈콜리올라누스Coriolanus〉에서 했던 것과 비슷한 대안을 상상하는 데 두려워해서는 안 된다. 영화에서 로마의 정교한 계급 밖에 있는 콜리올라누스는 볼스키족에 합류하면서 자유를 얻는다(이들의 지도자인 아우디피우스는 베인의 역할을 맡고 있다). 그는 단순히 로마에 복수하기 위해서 뿐만 아니라, 그곳에 속하기 때문에 합류한다. 볼스키족에 합류한 콜리올라누스는 별것 아닌 복수를 위해서가 아니라, 정체성을 다시 얻기 위해서 로마를 배신한다. 유일한 배신 행위는 영화 마지막 부분에 나오는데 로마에 대항해서 볼스키족의 군대를 이끄는 것이 아니다. 볼스키족과 로마 사이의 평화 협정을 조직해서 진정한 초자아적인 사악한 존재인 그의 어머니의 압력 속에서 굴복하는 것이다. 그는 자신에게 어떤 일이 일어날지를 정확하게 알고 볼스키족으로 돌아간다. 그것은 바로 배신으

로 인해 반드시 받아야 할 처벌이다. 그렇다면 배트맨이 고담 시에서 베인과 손을 잡는다면 어떨까? 베인이 국가의 주권을 물리치도록 도운 후, 굴복해서 평화를 중재하고, 배신의 대가로 죽임을 당하게 된다는 것을 알면서 반란군에게 돌아간다면 어떨까?

이런 대안적인 줄거리를 활용한 실험은 비평적인 잠재력을 가진다. 마크 밀러의 〈슈퍼맨: 레드 선Superman: Red Son〉(DC 코믹스, 2003)의 스토리를 살펴보자. 여기에서 슈퍼맨은 소련에서 자란다. 이야기(DC 코믹스의 히어로 만화와 스탈린 및 캐네디 등 정치적인 실존 인물이 등장하는 현실적인 대안이 섞인 것이다)는 슈퍼맨의 우주선이 미국 캔자스가 아니라 우크라이나의 집단 농장에 착륙한다. 그 결과 슈퍼맨은 진실과 정의, 미국의 방식을 위해서 싸우는 것이 아니라, 소련 라디오 방송에서 '스탈린과 사회주의, 바르샤바 조약의 국제적 확장을 위해서 끊임없이 투쟁하는 일반 노동자의 영웅'으로 묘사된다. 레드 선은 브레히트 식의 '소외'(Verfremdung)의 훌륭한 예를 제공하지 않을까? 슈퍼맨의 우주선이 소련에 착륙했다는 설정은 즉각 '무언가 잘못됐다'는 느낌을 안겨준다. 슈퍼맨이 잘못된 곳에 착륙했다는 느낌은 슈퍼맨의 존재가 미국의 이념에 강하게 뿌리를 두고 있다는 사실을 주지시킨다.

20. 미국이 테러리스트에게 자행하는 물고문이 고문인지 아닌지에 대한 논의는 말도 안 되는 소리로 일축되어야 한다. 고통과 죽음의 공포를 일으키지 않는다면, 왜 강인한 테러 용의자들이 사실을 털어놓겠는가? 그래서 물고문이 단순히 '정신적인 고문'이며, 피해자가 위협을 느끼지만 실제 위험하지는 않다는 나름 현실적이라는 주장은 무시되어야 한다. 우리는 잘못된 행위와 그런 행위로 얻어낸 혜택과 다른 이들의 목숨을 구할 수 있다는 가능성을 조율해야 한다. 하지만 물고문을 당하는 피해자가 실제 익사의 위험을 느낀다는 것은 죄수에게 위협사격을 했을 때(오래전 도스토옙스키가 설명했다), 실질적으로 위험은 없지만 공포를 느낀다는 것과 유사하

다. 따라서 우리는 실용적인 문제로 돌아가야 한다. 한 사람이 잠깐 동안 겪는 고통을 다수의 죽음과 바꿔야 한다.

21. 우리의 언어에도 상응하는 절차가 있다. 정계에서는 (역설적이지만) 능동의 뜻을 수동적인 형태로 흔히 사용한다. '자발적'으로 물러나게 압력을 받았다면, 그저 '물러났다'고 한다. 중국에서는 문화혁명 동안 중성적인 형태가 사용되기도 했다. 예를 들어서 '투쟁하다'라는 단어를 인공적인 수동 형태 혹은 능동 형태로 사용한 것이다. 수정주의라는 의혹을 받는 주요 간부가 '이념적인 투쟁'에 복종하면, 그는 '투쟁되었다'고 하거나 혹은 혁명 단체가 그에게 '투쟁했다'고 했다. (이처럼 능동태가 수동태로 바뀌면서 누군가에게 투쟁했다는 뜻으로 사용되었다.) 이런 문법의 왜곡을 보며 언어를 난폭하게 사용했다고 비난하는 대신에, 일반적인 언어의 사용에 있어서 난폭성을 공개했다고 칭찬해야 한다.

22. 영화의 줄거리에서 세부적인 부분까지 얼마나 신경을 썼는지는 쉽게 알 수 있다. 웨더 조직의 일원이었던 여성들(수잔 서랜든과 줄리 크리스티)은 과거의 임무에 충실한 반면 과거의 웨더맨(남성)은 가족에 대한 책임 때문에 타협한다. 여성이 가족에 대한 애착이 크고, 남성은 명분을 위해서 위험을 감수한다는 전통적인 개념과 반대이다.

옮긴이 _ **박준형**

서울외대 통번역대학원에서 한영 통번역 석사학위를 취득했다. 환경부, 재정경제부 등 정부기관과 여러 방송국에서 통번역 업무를 담당했으며 이데일리 경제부에서 기자로 근무했다. 현재 출판번역 에이전시 베네트랜스에서 전속 번역가로 활동 중이다. 옮긴 책으로는《필립코틀러의 다른 자본주의》《당신의 시대가 온다》《DEO의 시대가 온다》《왜 추세추종전략인가》《헤지펀드 시장의 마법사들》《싱글리즘》 등이 있다.

자본주의에 희망은 있는가
Trouble in Paradise

1판 1쇄 | 2017년 1월 16일
1판 3쇄 | 2019년 6월 10일

지은이 | 슬라보예 지젝
옮긴이 | 박준형

펴낸이 | 임지현
펴낸곳 | (주)문학사상
주소 | 경기도 파주시 회동길 363-8, 201호(10881)
등록 | 1973년 3월 21일 제1-137호

전화 | 031)946-8503
팩스 | 031)955-9912
홈페이지 | www.munsa.co.kr
이메일 | munsa@munsa.co.kr

ISBN 978-89-7012-937-2   (03300)

이 도서의 국립중앙도서관 출판예정도서목록(CIP)은 서지정보유통지원시스템 홈페이지 (http://seoji.nl.go.kr)와 국가자료공동목록시스템(http://www.nl.go.kr/ kolisnet)에서 이용하실 수 있습니다. (CIP제어번호: 2016029076)